谨以此书纪念毛泽东诞辰120周年

毛泽东

与共和国非常岁月

MAOZEDONG YU GONGHEGUO
FEICHANG SUIYUE

高中华　尹传政 ◎著

人民出版社

目　录

第一章
筹建新中国,建立人民政权 / 1

　　建立一个新中国,是中国人民一百多年来梦寐以求的理想。百余年来,为了改变我们国家任人欺侮、任人宰割的屈辱命运,为了改变广大人民当牛做马、水深火热的悲惨生活,无数志士仁人抛头颅、洒热血,前仆后继,浴血奋战。就在黎明即将到来,美好的目标即将实现,中国的历史即将进入一个新的时代时,开国的领袖们又是如何心潮澎湃地筹建新中国,巩固新生政权的呢……

第二章
毛泽东与莫斯科的恩恩怨怨 / 35

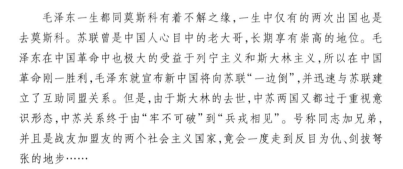

毛泽东一生都同莫斯科有着不解之缘,一生中仅有的两次出国也是去莫斯科。苏联曾是中国人心目中的老大哥,长期享有崇高的地位。毛泽东在中国革命中也极大的受益于列宁主义和斯大林主义,所以在中国革命刚一胜利,毛泽东就宣布新中国将向苏联"一边倒",并迅速与苏联建立了互助同盟关系。但是,由于斯大林的去世,中苏两国又都过于重视意识形态,中苏关系终于由"牢不可破"到"兵戎相见"。号称同志加兄弟,并且是战友加盟友的两个社会主义国家,竟会一度走到反目为仇、剑拔弩张的地步……

第三章
抗美援朝,维护国家战略安全 / 79

抗美援朝距今已有60多年了,当年的炮火硝烟和英雄烈士都已在历史长河中渐渐消逝了。60多年前,数百万人将生命置于那个半岛上,誓死捍卫着理想和自己的家园,那份舍我其谁的勇气,那份慷慨赴死的执着,那份保家卫国的壮志感天动地、气壮山河,……这一切曾感染过几代人,最可爱的人的事迹一直流传至今。直到今天,透过历史的只片对这场战争进行回味、总结的地方还有很多很多:或许有很多擦不去的伤痕,或许有那么一份为民族崛起而誓死捍卫的尊严,这是毛泽东带领亿万中国人走向世界的一个开端。

第四章
从开展三大运动到"三反"、"五反" / 125

是谁让那些几千年来被践踏在地、饱受蹂躏的劳苦大众真正成为国家的主人;是谁把那些几千年来骑在人民头上作威作福的老爷以及他们的追随者们打翻在地,在人民面前颤抖;是谁扫除了旧中国的遗毒,创造了一个团结友爱的干净社会,让这个千疮百孔的国家从此生机勃勃、欣欣向荣……

第五章
实施农村制度的伟大变革 / 165

中国革命的根本问题是农民问题,而农民问题的实质又是土地问题。谁能解决好农民的土地问题,谁就能得到农民的拥护和爱戴。毛泽东深切地认识到农民问题的极端重要性,从新民主主义革命时期到社会主义改造与建设时期,他始终关注农民问题,重视从制度上解决农民问题,高瞻远瞩地提出了一系列解决问题的理论、路线、方针、政策,先后进行了土地改革、农业合作化运动,实施了农村制度的伟大变革,为中国人民留下了极为宝贵的精神财富。

第六章

炮击金门,武力威慑台湾 / 193

炮击金门是毛泽东围绕台湾问题的一次重大决策,蕴含着复杂的历史原因和深层的战略考虑。美国对台湾的武装控制是这场战争爆发的最直接原因。"二战"结束以后,台湾不仅在法律上而且在事实上已经归还中国。然而在国民党撤到台湾后,加之美国等西方反华势力的插手,使台湾再次与祖国大陆分离。1950年6月,朝鲜战争爆发,美国将第七舰队驶入台湾海峡,阻止中国人民解放台湾。1954年12月,美台签订了《共同防御条约》,1955年3月条约生效。在美国的支持下,台湾当局发出"反攻大陆"的声音,使原本属于中国内政的问题变得复杂化。1958年7月15日,美国海军陆战队在黎巴嫩首都贝鲁特附近登陆,开始武装干涉黎巴嫩和伊拉克内政,中东燃起战火。在远东,美国则重申不承认新中国,国际形势骤然紧张起来。在这一背景下,毛泽东决定炮击金门,以牵动全球战略格局,震慑美蒋顽固势力。

第七章
探索中国式建设道路 / 221

毛泽东是一个伟大的探索者。他在艰辛探索中国式社会主义建设道路的历程中,提出了丰富的且具有开创性的建设理论,但也包含了一些矛盾的观点或论断,其中既有对马克思主义的重大发展和突破,也有对乌托邦空想的追求;既有成功的经验,也有失误的教训。但无论是成功的,还是失败的,或是有待于用实践进一步验证的,都是我们今天建设中国特色社会主义的珍贵思想财富。正是基于此,为了更好地开创中国特色的社会主义伟大事业,我们必须实事求是地回顾毛泽东探索的轨迹,整理、总结他的结论,进一步学习他的探索精神,恢复和发展他的正确思想,吸取他的失败教训。

第八章

从"百家争鸣"到文化界的风暴 / 261

　　国家的发展离不开文化事业的繁荣,为了顺应这一历史要求,毛泽东提出了"双百"方针,新中国的文化事业获得了前所未有的发展。然而,由于指导思想的偏差,为了实现文化领域的思想统一和突出马克思主义的指导原则,致使中国文化界风暴骤起……

第九章

处理接班人问题 / 295

　　遵义会议后,作为中国共产党第一代中央领导集体的核心,毛泽东担任中共中央主要领导人长达41年。在此期间,为了中国革命的顺利发展和中国社会主义事业的长治久安,苦心孤诣,反复思考,多次选择接班人。毛泽东选择接班人的实践,留下了诸多发人深省、引人反思的经验与教训。

第一章
筹建新中国，建立人民政权

建立一个新中国，是中国人民一百多年来梦寐以求的理想。百余年来，为了改变我们国家任人欺侮、任人宰割的屈辱命运，为了改变广大人民当牛做马、水深火热的悲惨生活，无数志士仁人抛头颅、洒热血，前仆后继，浴血奋战。就在黎明即将来到，美好的目标即将实现，中国的历史即将进入一个新的时代时，开国的领袖们又是如何心潮澎湃地筹建新中国，巩固新生政权的呢……

一、中国人民站起来了

（一）黎明前的号召

在解放战争中，毛泽东一边指挥着波澜壮阔的人民解放战争，一边密切关注着深刻变化的时局，天下大势已了然于胸，他思考着如何着手筹建一个新中国。

1947年10月，人民解放军转入战略进攻，毛泽东在《中国人民解放军宣言》中提到："联合工农兵学商各被压迫阶级、各人民团体、各民主党派、各少数民族、各地华侨和其他爱国分子，组成民族统一战线，打倒蒋介石独裁政府，成立民主联合政府。"①1948年4月30日，毛泽东审定了中共中央纪念五一劳动节口号，发出"迅速召开政治协商会议"，讨论"成立民主联合政府"的号召。② 5月1日，毛泽东又致信中国国民党革命委员会主席李济深和中国民主同盟中央常务委员（在香港主持盟务）沈钧儒，提议由中共中央、民革中央、民盟中央发表联合声明，倡议召开政治协商会议，"成立民主联合政府"，"拟订民主联合政府的施政纲领"。③这一号召，得到了中国国民党革命委员会、中国民主同盟、中国民主促进会、中国致公党、中国农工民主党、中国人民救国会、中国国民党民主促进会、三民主义同志联合会、九三学社、台湾民主自治同盟等民主党派和海外华侨的热烈响应。

从1948年8月开始，经过周密的安排，各民主党派、爱国民主人士和海外华侨代表，从国统区陆续进入东北和华北解放区。北平解放后，已到解放区的各民主党派及爱国民主人士汇合到北平。在北平解放前夕，毛泽东、周恩来致函在上海的宋庆龄，希望宋庆龄北上参加新的政治

---

① 《毛泽东选集》第4卷，人民出版社1991年版，第1237页。

② 中央档案馆编：《中共中央文件选集》第17册，中共中央党校出版社1992年版，第146页。

③ 中共中央文献研究室编：《毛泽东文集》第5卷，人民出版社1996年版，第90页。

协商会议,并对如何建设新中国给予指导。

根据毛泽东的提议,全国性的人民团体相继成立。1949年3月至7月间,中华全国学生联合会、中华全国民主妇女联合会、中国新民主主义青年团、中华全国民主青年联合会、中华全国文学艺术界联合会成立。全国自然科学工作者联合会、社会科学工作者联合会、教育工作者联合会、新闻工作者联合会等组织的筹备会也分别成立。这些全国性群众团体的成立,把社会各界群众进一步组织起来,是召开新的政治协商会议的重要组织准备之一。

毛泽东从西柏坡来到北平后,广泛地同各界代表人物接触,和他们共商建国大计。1949年春的一天下午,毛泽东由香山乘车来到北平城内,拜访北平师范大学代校长汤璪真、文学院院长黎锦熙、地理系主任黄国璋。他们有的是毛泽东在长沙读书时的老师或同学,有的是北平九三学社的成员。毛泽东诚恳地对他们说,民主党派要积极参政,共同建设新中国。“积极参政”这句话对新中国政治生活具有深刻的政治意义。民主党派参加新政协并将担任中央人民政府各项职务,标志着民主党派地位的根本变化。他们成为新中国人民民主专政的参加者,在中国共产党的领导下,和共产党一起担负着管理国家和建设国家的历史重任。

(二)新政协筹备会议

1949年6月15日至19日,新政协筹备会议第一次全体会议在北平中南海勤政殿召开。参加会议的有中国共产党和各民主党派、无党派民主人士及各人民团体等23个单位的代表,共134人。毛泽东在会议的开幕式上讲话。他说:这个筹备会的任务,就是完成各项必要的准备工作,迅速召开新的政治协商会议,成立民主联合政府。我们所反对的只是帝国主义制度及其反对中国人民的阴谋计划。中国人民愿意同世界各国人民实行友好合作,恢复和发展国际间的通商事业,以利发展生产和繁荣经济。中国的命运一经操在人民自己的手里,中国就将迅速地荡涤反动政府留下来的污泥浊水,治好战争的创伤,建设起一个崭新的强盛的名副其实的人民共和国。①

---

① 《毛泽东选集》第4卷,人民出版社1991年版,第1463、1466、1467页。

这次会议一致通过《新政治协商会议筹备会组织条例》《关于参加新政治协商会议的单位及其代表名额的规定》，选出了以毛泽东为主席的筹备会常务委员会。

　　会议结束后10多天，为了进一步阐明将要诞生的人民共和国的性质、国内各阶级的地位和相互关系等基本问题，毛泽东在6月30日发表了《论人民民主专政》这篇重要文章。这篇文章是他用两天时间写成的。他在文章中说：在中国现阶段，人民是工人阶级、农民阶级、城市小资产阶级和民族资产阶级。对于人民内部，实行民主制度，对地主阶级和官僚资产阶级以及代表这些阶级的国民党反动派及其帮凶们实行专政。这两方面，对人民内部的民主方面和对反动派的专政方面，互相结合起来，就是人民民主专政。人民民主专政的基础是工人阶级、农民阶级和城市小资产阶级的联盟。工人阶级（经过共产党）领导的、以工农联盟为基础的人民民主专政就是我们的主要纲领。人民民主专政的国家，必须有步骤地解决国家工业化的问题。严重的经济建设任务摆在我们面前，我们不熟悉的东西正在强迫我们去做。这就是困难。我们必须克服困难，我们必须学会自己不懂的东西。①

　　新政协筹备会在以毛泽东为主席的常务委员会之下，设立了六个小组，分别完成以下任务：拟定参加新政协的单位及其代表名额；起草新政协组织条例；起草共同纲领；起草宣言；拟定中央人民政府大纲；拟定国旗、国徽及国歌方案。毛泽东就新政协所要讨论的各项问题，继续同各民主党派领导人和其他爱国民主人士进行交谈。先后会见了张澜、李济深、沈钧儒、陈叔通、何香凝、马叙伦、柳亚子等。

　　他的卫士长李银桥回忆道："毛泽东对这些民主人士很尊敬，十分亲切有礼，一听说哪位老先生到了，马上出门到汽车跟前迎接，亲自搀扶下车、上台阶。一些民主人士见到毛泽东总要先竖起大拇指，连声夸耀'毛主席伟大'。对于这种情况，毛泽东十分不安。一次，毛泽东出门迎接李济深，李老先生一见面就夸毛泽东了不起，毛泽东扶他进门坐下后说：'李老先生，我们都是老朋友了，互相都了解，不要多夸奖，那样我们就不

---

　　① 《毛泽东选集》第4卷，人民出版社1991年版，第1475、1477、1478、1479、1480、1481页。

好相处了。'""有一天,毛泽东准备会见张澜先生,事前他吩咐我:'张澜先生为中国人民的解放事业作了不少贡献,在民主人士中享有很高威望,我们要尊敬老先生,你帮我找件好些的衣服换换。'我在他仅有的几件衣服里选了半天也没找到一件没有补丁的衣服。我心里很不是滋味,对他诉苦道:'主席,咱们真是穷秀才进京赶考,一件好衣服都没有。'毛泽东说:'历来纨绔子弟考不出好成绩,安贫者能成事,嚼得菜根百事可做,我们会考出好成绩!'我说:'现在做衣服也来不及了,要不先找人借一件穿?'毛泽东不同意:'不要借,有补丁不要紧,整齐干净就行。张老先生是贤达之士,不会怪我们的。'毛泽东就是穿着补丁衣服会见张澜,会见过许多民主人士。"①

毛泽东一直在思考新中国的政体问题,在《新民主主义论》和《论联合政府》中也已经说得很明确。他认为中国的政权组织形式既不能照搬苏联的苏维埃,也不能照搬西方国家的议会制,而是在一个短时间内在新解放地区先建立各界人民代表会议,然后通过普选实行人民代表大会制。他特别重视这种有利于加强人民政权同群众的联系,发扬人民民主的制度。1949 年 1 月,他就曾批示:"各地新区外均应建立人民代表会议制度,首先是区、村人民代表会议,方能防止命令主义与官僚主义。"②

8 月 13 日,毛泽东参加北平市各界代表会议,并在会上讲了话。他说:"希望全国各城市都能迅速召集同样的会议,加强政府与人民的联系,协助政府进行各项建设工作,克服困难,并从而为召集普选的人民代表大会准备条件。"并说:"一俟条件成熟,现在方式的各界人民代表会议即可执行人民代表大会的职权,成为全市的最高权力机关,选举市政府。"③讲话时,毛泽东从衣袋里取出一封市民的来信,说:这封信提出了三个问题,"一是物价高涨;二是捐税多、失业多;三是共产党员吃苦耐劳,工作勤奋,军纪严明,这是好的地方。"

19 日,毛泽东又通过电报致各中央局、分局:"太原解放至今,不到三

① 李银桥:《毛泽东在香山双清别墅》,李荻生主编:《中共中央在香山》,中共党史出版社 1993 年版,第 243、344 页。
② 中共中央文献研究室编:《毛泽东年谱》,中央文献出版社 2002 年版,第 287 页。
③ 《人民日报》1949 年 8 月 14 日。

个月,开了五次各界代表会议,成绩很好。各地除石家庄、上海、北平已报告开会外,尚未据报开会,这是很不好的。"并且规定:"三万以上人口城市均须开各界代表会。""你们应重视此事,总结经验,报告中央为要。"①

8月27日,毛泽东出席新政协筹备会常务委员会,讨论修改《中央人民政府组织法(草案)》,在关于中央集权与地方分权问题上阐述了自己的看法,指出:"对于必须集中的尽量集中,必须抓紧的要抓紧,例如对司徒雷登的外交问题。有人说我们只管政策不管事务。事务是管不胜管,政策问题是关乎几十万、几百万人民的政治经济生活的。""我们是抓紧大的人事、大的政策。我们要有些集中有些不集中,才能搞好,所以有些地方要给地方以监督之权。鉴于蒋介石的集权,我们是又集中又不集中,需要集中的集中。"②这对新中国而且几亿人口大国的意义不言而喻。

8月28日,特邀新政协代表宋庆龄在邓颖超陪同下,从上海抵达北平。"毛泽东、朱德、周恩来、刘少奇等党中央领导人早已在前门车站站台上迎候她。当晚,毛泽东设宴为宋庆龄洗尘,热烈欢迎她前来共商国家大事。"③

9月7日,特邀代表、湖南军政委员会主席程潜由湖南到达北平。曾在当时为毛泽东摄影的徐肖冰回忆道:"当程潜走下火车后,毛主席快步迎上去,紧紧握住他的双手。就在握手的刹那间,程潜的泪水流了下来,激动得说不出话来。还是毛主席先开了口,风趣地说:多年未见,您历尽艰辛,还很康健,洪福不小啊!这次接你这位老上司来,请你参加政协,共商国家大事。"接着,毛泽东把程潜扶进车里,两人同乘一辆车,来到中南海的菊香书屋。晚宴时,毛泽东对程潜说:"我们这个民族真是多灾多难啊!经过八年浴血抗战,打败了日本侵略者,也过不成太平日子。阴险的美帝国主义存心让蒋介石来吃掉我们。我们是被迫打了四年内战,

---

① 转引自中共中央文献研究室编,逢先知、金冲及主编:《毛泽东传(1949—1976)》上册,中央文献出版社2003年版,第979页。

② 转引自中共中央文献研究室编,逢先知、金冲及主编:《毛泽东传(1949—1976)》上册,中央文献出版社2003年版,第980页。

③ 李银桥:《在毛泽东身边十五年》,河北人民出版社1991年版,第133页。

打出一个新中国。这是人心所向啊。"①

正当新政协代表应中国共产党的邀请从四面八方奔赴而来之时,政协的根本纲领——《中国人民政治协商会议共同纲领》也在紧张的起草中,《共同纲领》由周恩来亲自负责起草。毛泽东也亲自参与同周恩来等一起讨论修改草案的每个细节。譬如,他曾就纲领草案内容改写过这样一段话:"各级人民代表大会闭会期间的各级政府机关为各级人民政府。国家最高政权机关为全国人民代表大会。全国人民代表大会闭会期间中央人民政府为行使国家政权的最高机关。"②

经过三个月的紧张准备,9月17日,新政协筹备会召开第二次全体会议。会议原则通过了《中国人民政治协商会议组织法(草案)》《中国人民政治协商会议共同纲领(草案)》《中华人民共和国中央人民政府组织法(草案)》,同意将起草大会宣言和拟制中华人民共和国国旗、国徽、国歌工作移交给政协第一次全体会议;还通过常委会提出的大会主席团及秘书长名单;还决定将新的政治协商会议正式定名为中国人民政治协商会议。这样,中国人民政协第一届全体会议已在紧张而有序的过程中准备完成。

(三)中国人民政治协商会议

1949年9月21日下午7时,毛泽东等来到中南海怀仁堂,出席中国人民政治协商会议第一次全体会议。大会在欢快的中国人民解放军进行曲和场外鸣放五十四响礼炮声中隆重开幕,为此全体代表起立,热烈鼓掌许久,此刻的鼓掌是对自鸦片战争以来中国人民上百年不断探索救国救民艰辛历程伟大胜利的肯定,也是每一位代表发自内心的欢呼,代表的更是中国亿万民众向世界的一次庄严宣誓,是一个具有历史意义而又庄严的时刻!

这种胜利的喜悦在毛泽东的开会致词上已被清晰地表露出来。他说:诸位代表先生们,我们有一个共同的感觉,这就是我们的工作将写在

---

① 徐肖冰、庄唯:《历史的瞬间》,《中共中央在香山》,中共党史出版社1993年版,第266、267页。

② 《毛泽东选集》第4卷,人民出版社1991年6月版,第1237页。

人类的历史上,它将表明:占人类总数四分之一的中国人从此站立起来了。我们的民族将从此列入爱好和平自由的世界各民族的大家庭,以勇敢而勤劳的姿态工作着,创造自己的文明和幸福,同时也促进世界的和平和自由。我们的民族将再也不是一个被人侮辱的民族了,我们已经站起来了。我们的革命已经获得全世界广大人民的同情和欢呼,我们的朋友遍于全世界。作为革命领袖的毛泽东的这些话,代表的是亿万穷苦大众的心声。他所说的"中国人民从此站立起来了",使许多人热泪盈眶,热烈的掌声经久不息。①

9月25日晚,毛泽东、周恩来在中南海丰泽园召开座谈会,就关于国旗、国徽、国歌、纪年、国都问题听取了各方意见。与会的人员有:郭沫若、沈雁冰、黄炎培、陈嘉庚、张奚若、马叙伦、田汉、徐悲鸿、李立三、洪深、艾青、马寅初、梁思成、马思聪等各方代表,大家更是各抒己见,为新中国那庄严的一刻贡献自己的一份微薄的力量。

毛泽东首先发表了对国旗的意见。他说:"过去,我们脑子老想在国旗上画上中国特点,因此画上一条以代表黄河。其实,许多国家的国旗也不一定有什么该国家的特点。苏联的斧头镰刀也不一定代表苏联特征。英、美、德国旗也没有什么该国特点。"并用手指着一个设计方案说:"这个图案表现我们革命人民大团结。现在要大团结,将来也要大团结。现在也好,将来也好,又是团结又是革命。"毛泽东讲完,与会者鼓掌一致通过。

对《义勇军进行曲》的讨论非常热烈。《义勇军进行曲》由田汉作词、聂耳作曲,曾传遍祖国大江南北,成为中国人民反抗外来侵略的一首高昂的战歌。对此马叙伦就提议用《义勇军进行曲》暂代国歌。许多委员表示赞成,可一部分委员提出需要修改歌词。有的提出,"歌词在过去有历史意义,但现在应让位给新的歌词"。有的说:"歌曲子是很好,但词中有'中华民族到了最危险的时候',不妥。最好把词修改一下。"周恩来表示,就用原来的歌词,他说:"这样才能鼓动情感。修改后,唱起来就不会有那种情感。"最后,在集中各方意见的情况下毛泽东做了拍板,决定

---

① 中国人民政治协商会议全国委员会文史资料研究委员会编:《五星红旗从这里升起》(中国人民政治协商会议诞生记事资料选编),文史资料出版社1984年版,第314、316页。

用《义勇军进行曲》代国歌,在座谈会结束时与大家一同高唱《义勇军进行曲》。①

9月27日,政协第一届全体会议一致通过《中华人民共和国中央人民政府组织法》、《中国人民政治协商会议组织法》;决定中华人民共和国的国都定于北平,自即日起改北平为北京;中华人民共和国的纪年采用公元,今年为1949年;中华人民共和国的国歌未正式制定前,以义勇军进行曲为国歌;中华人民共和国的国旗为五星红旗,象征中国革命人民的大团结。

9月29日,政协第一届全体会议一致通过《中国人民政治协商会议共同纲领》,这一纲领包括序言和总纲、政协机关、军事制度、经济政策、文化教育政策、民族政策、外交政策等七章。这是一部中国人民的临时宪法。

9月30日,政协全体会议,选出毛泽东等为政协全国委员会委员;选举毛泽东为中央人民政府主席,朱德、刘少奇、宋庆龄、李济深、张澜、高岗为副主席,周恩来、陈毅等五十六人为中央人民政府委员。

会议发表了由毛泽东起草的《中国人民政治协商会议第一届全体会议宣言》。《宣言》说:中华人民共和国现在宣告成立。中国人民终有了自己的中央人民政府。这个政府将遵照《共同纲领》在全中国境内实施人民民主专政。它将指挥人民解放军将革命战争进行到底,消灭残余敌军,解放全国领土,完成统一中国的伟大事业。它将领导全国人民克服一切困难,进行大规模的经济建设和文化建设,扫除旧中国留下来的贫困和愚昧,逐步地改善人民的物质生活和提高人民的文化生活。中国的历史,从此开辟了一个新的时代。

中华人民共和国就要诞生了。当夜幕将要降临时,毛泽东和政协全体代表一起来到天安门广场,为人民英雄纪念碑举行隆重的奠基典礼。在这个庄严肃穆的场合,毛泽东满怀激情地朗声宣读了由他撰写的碑文:

"人民英雄永垂不朽"

---

① 转引自中共中央文献研究室编,逄先知、金冲及主编:《毛泽东传(1949—1976)》上册,中央文献出版社2003年版,第5页。

"三年以来,在人民解放战争和人民革命中牺牲的人民英雄们永垂不朽! 三十年以来,在人民解放战争和人民革命中牺牲的人民英雄们永垂不朽!

由此上溯到一千八百四十年,从那时起,为了反对内外敌人,争取民族独立和人民自由幸福,在历次斗争中牺牲的人民英雄们永垂不朽!"

这是对中国人民奋斗历程的一种高度概括,这也是对千万同胞的一种真挚怀念,没有什么比这样的语言所表达的更有力。我们应该记住在我们的民族不管经历什么样的挫折和辉煌时,都不应该忘记那些人们——为新中国成立付出了亿万生命的人们。

(四)开国大典

10 月 1 日下午 2 时,毛泽东在中南海勤政殿主持召开中央人民政府委员会第一次会议,中央人民政府宣告成立。会议接受《中国人民政治协商会议共同纲领》为政府施政方针。随后,毛泽东和中央人民政府委员会全体委员,分别乘车驶向天安门。车队开出中南海东门,缓缓而行,直接开到天安门城楼下。毛泽东同中央人民政府委员会的全体委员,沿着城楼西侧的古砖梯道拾级而上,登上天安门城楼。当毛泽东出现在主席台时,广场上三十万群众立即沸腾起来,欢呼雀跃,无数面鲜艳的红旗迎风招展,场景十分壮观。

下午 3 时,开国大典隆重开始,中央人民政府秘书长林伯渠宣布开会。毛泽东走近麦克风前,用洪亮的声音向全中国、向全世界庄严宣告:"中华人民共和国中央人民政府已于本日成立了。"

顿时,广场欢声雷动,情绪激昂。

接着,毛泽东按动电钮,在代国歌《义勇军进行曲》的雄壮旋律中,中华人民共和国的国旗——五星红旗冉冉升起。升旗结束后,毛泽东宣读《中华人民共和国中央人民政府公告》。郑重宣告:"本政府为代表中华人民共和国全国人民的唯一合法政府。凡愿遵守平等、互利及互相尊重领土主权等项原则的任何外国政府,本政府均愿与之建立外交关系。"①

---

① 中华人民共和国外交部、中共中央文献研究室编:《毛泽东外交文选》,中央文献出版社、世界知识出版社 1994 年版,第 116 页。

毛泽东宣读公告完毕,阅兵式开始。由中国人民解放军陆海空三军组成的方队通过主席台前,威武雄壮地由东而西行进。由新中国第一代飞行员驾驶的十四架战斗机、轰炸机和教练机,在天安门广场凌空掠过,格外引人注目。

阅兵式持续近三个小时,结束时天色已晚。这时,长安街上华灯齐放,群众游行开始了。一队队怀着欢欣、激动心情的游行群众涌向主席台,然后分东西两路离开会场。这时,"人民共和国万岁!""毛主席万岁!"的口号声响彻云霄,扩音器里不断地传出毛泽东洪亮的声音:"同志们万岁!"

人民爱戴毛泽东,毛泽东热爱人民,这是两种真挚的感情,水乳交融地结合在一起。

晚上9时25分,游行结束。这一天,毛泽东在天安门城楼上整整站了6个多小时,他的精神始终十分饱满。回到中南海住地,他对身边卫士连续说了两遍胜利来之不易的话。

从1840年鸦片战争失败后,中国人民为反对帝国主义、封建主义进行了不屈不挠的斗争。但是,各式各样救国救民的探索、试验都失败了。只是在中国共产党领导下,团结全国各族人民,经过二十八年艰苦卓绝的奋斗,革命才取得胜利,人民共和国终于在中国这块古老的土地上建立起来了。这是无数革命先烈用鲜血换来的,毛泽东也有五位亲人为此献出了生命。胜利确实来之不易!

为了巩固革命的胜利,巩固新生的政权,新中国诞生后,毛泽东和他领导的中央人民政府面临着极为紧迫的任务:以最快的速度肃清国民党反动派的残余军事力量,统一全中国;同时在国民党政府留下的残破的局面下,以极大的力量恢复和发展国家经济,改善人民生活。

二、一唱雄鸡天下白,万方乐奏有于阗

(一)解放大西南

建国之初,东北全境、华北全境早已解放。西北地区的解放战争已基本结束,9月26日新疆宣告和平解放。华东大部分地区已经解放。待解放的地区,还剩下两大块:一是中南,包括湖南南部、广东、广西等地;一是西南,包括四川、云南、贵州、西康、西藏等地。

据守在中南地区的国民党军,主要是桂系的白崇禧集团和广东的余汉谋集团。白崇禧集团已经退据以衡阳、宝庆(今邵阳)为中心的湘南地区,同余汉谋集团组成湘粤联合防线,企图阻止人民解放军南进。据守在西南地区的则是胡宗南集团和宋希濂集团,此外,还有国民党云南省政府主席兼云南绥靖公署主任卢汉和国民党西康省政府主席刘文辉以及国民党西南军政长官公署副长官邓锡侯、潘文华等所属的部队。

大迂回歼灭“小诸葛”

歼灭白崇禧集团是毛泽东在当时首先要解决的问题。

白崇禧素有“小诸葛”的美誉。这主要是因为他很有战略头脑,能够灵活运用各种战术。同时,他的桂系军队战斗力较强,这除了在抗战时期得以锻炼外还有在整个解放战争中西南部受到的损失较小。事实上,在人民解放军渡江后,白崇禧的军队已成为我军解放南方的重要障碍。

在此之前,毛泽东曾多次与白崇禧集团交手,与他决战,但都让其逃避过去。在毛泽东眼中白崇禧是一个狡猾的军阀,与他作战的困难是不容易打着他。因此必须采取有效的战略措施。

根据全国战争的局势以及同白部多次作战的经验,毛泽东及时地提出歼灭白部的新的作战方法。7月16日,他给中共中央军委起草的致第四野战军领导人林彪、邓子恢、萧克的电报中指出:“判断白崇禧准备和我作战之地点,不外湘南、广西、云南三地,而以广西的可能性为最大。”“和白部作战方法,无论在茶陵、在衡州以南什么地方,在全州、桂林等地或在他处,均不要采取近距离包围迂回方法,而应采远距离包围迂回方法,方能掌握主动,即完全不理白部的临时部署,而远远地超过他,占领他的后方,迫其最后不得不和我作战。因为白匪本钱小,极机灵,非万不得已决不会和我作战。因此,你们应准备把白匪的十万人引至广西桂林、南宁、柳州等处而歼灭之,甚至还要准备追至昆明歼灭之。”①

---

① 中共中央文献研究室编:《毛泽东文集》第 5 卷,人民出版社 1996 年版,第308、309 页。

随着战局的发展,9 月 12 日,毛泽东在为中共中央军委起草的致第二野战军领导人邓小平、张际春、李达的电报中,进一步指出:"我对白崇禧及西南各敌均取大迂回动作,插至敌后,先完成包围,然后再回打之方针。"①

后来的事实证明,这个新的战略方针对解决中南战场和西南战场的国民党军起了关键作用。这种大迂回的战略追歼方式也创造了世界军事史上的一大奇迹。

根据这种新的战略方针,第四野战军和第二野战军的第四兵团分东、西、中三路,于 9 月中旬分别向广东、湘西、湘南挺进。由四野第十三兵团组成的西路军,从右翼迂回到湘西,突破白崇禧的湘粤联合防线,切断了白部主力向贵州撤退的道路。由四野第十二兵团组成的中路军在湘南发起衡宝战役,歼灭了白崇禧的精锐部队近四个师。与此同时,由二野第四兵团、四野第十五兵团等组成的东路军挥戈广东,发起广东战役。10 月 14 日解放广州。同月下旬,在广东西南部全歼了企图经过雷州半岛退向海南岛的国民党军四万余人。湘南、广东解放后,三路大军立即挥师入桂,实行大迂回战略,首先切断桂系军队退往云南、退往雷州半岛、退往桂南以及退往越南的各条道路,然后各个歼灭敌军。至 12 月14 日,共歼灭国民党军十七万三千人,解放广西全境,圆满地实现了毛泽东在广西境内最后歼灭白崇禧集团的作战计划。

趁着白崇禧部被歼灭、广西解放的有利时机,毛泽东紧接着部署了解放海南的战役。遵照毛泽东关于在 1950 年春夏两季内解决海南岛问题的指示,最终由四野的两个军越海实施作战,在琼崖纵队的有力配合下,于 3 月上旬发起海南岛战役,5 月 1 日全岛解放。

关起门来剿灭胡宗南

两广解放后,国民党政府由广州迁往重庆与胡宗南集团汇合。国民党的目的很明确,就是想借抗战时期的大后方西南地区的稳固基础设施建设为依托,站稳脚跟同大陆新政权顽抗到底。解放西南已刻不

---

① 《毛泽东军事文集》第 5 卷,军事科学出版社、中央文献出版社 1993 年版,第 670 页。

容缓。

而在整个西南地区的重点是四川。毛泽东精心选择了进军西南的战略方向。自古以来进四川不外两条通路。一是由陕西越秦岭入川,一是由鄂西溯长江入川。蒋介石判断,毛泽东最大的可能是令彭德怀、贺龙率第一野战军主力经秦岭入川。据此,他在八月召开的西南军政长官公署军事会议上,亲自部署西南防务,把川陕边作为守备重点。将胡宗南集团主力沿秦岭主脉组织第一道防线,又沿白龙江、米仓山、大巴山组织第二道防线。同时,也在川东和贵州布防,以备不测。

毛泽东经过审慎考虑,决定出其不意,令二野以大迂回动作,取道湘西、鄂西,直出贵州,挺进四川的叙府(今宜宾)、泸州、重庆一线,出其不意地出现在国民党军西南防线的后侧,切断胡宗南集团及川境诸敌的退路,关起门来在四川境内歼敌主力。同时,以一野一部从陕西挺进秦岭,故意做出由此大举入川的姿态,吸引胡宗南集团把注意力放在北线,尔后也可南下攻占川北及成都。

这一军事行动,要以大兵团翻越川鄂湘黔边境的高山峡谷,行军给养都十分困难,还随时要同困兽犹斗之敌作战,可谓一着险棋。但是一旦成功,蒋介石精心部署的西南防线便会不战自溃。这又是出奇制胜的一步棋。

11月1日,早已秘密集结在湘西的二野第五、第三两个兵团,在四野一部的配合下,以快速行动,一举突破湘黔防线,切断了四川境内之敌向贵州退逃的道路,并乘胜向川南进击。国民党军的西南防线不战自溃。并趁机实施迂回包围,将川东西撤之敌和胡宗南一部聚歼在川南以北山区。

11月30日解放重庆。随即二野和跨越秦岭南下的一野第十八兵团共同发起成都战役,12月27日解放成都。蒋介石在大陆上最后一支主力——胡宗南集团全部覆灭。在中国人民解放军的政治感召下,国民党云南省政府主席兼云南绥靖公署主任卢汉、西康省政府主席刘文辉、西南军政长官公署副长官邓锡侯、潘文华等分别通电起义,云南、西康两省和平解放。

西南战场上连续进行的几个战役,历时两个月,歼灭国民党军九十万人,蒋介石割据西南、负隅顽抗的梦想彻底破灭了。

和平解放西藏

此时在中国大陆上,只有西藏尚未解放了。为此毛泽东做出"进军西藏宜早不宜迟"的决策,同时明确提出利用一切可能的机会,加强对西藏地区人民的政治争取工作,力争和平解放西藏

1950 年 6 月,经中共中央批准,西南局向西藏地方当局提出:驱逐英美帝国主义势力出西藏,西藏人民回到中华人民共和国祖国的大家庭来;实行西藏民族区域自治;西藏现行各种政治制度和达赖的地位职权不予变更;实行宗教自由;中国人民解放军进入西藏,巩固国防等十项政策,以此作为双方谈判的基本条件。但是,西藏地方当局中的反动势力,在帝国主义怂恿支持下,不但拒绝谈判,反而害死斡旋和平的格达活佛,在昌都及其周围地区部署兵力,企图凭借金沙江天险和高原特殊艰苦的自然条件,阻止人民解放军渡江西进。

这样,为了敲开和平谈判的大门,只有采取军事行动了。

1950 年 8 月 23 日,毛泽东致电中共中央西南局并告西北局,指出:"如我军能于十月占领昌都,有可能促使西藏代表团来京谈判,求得和平解决(当然也有别种可能)。"①同年 10 月,人民解放军发起昌都战役,解放了昌都地区。进藏的门户被打开,为和平解放西藏创造了条件。1951 年 4 月,以阿沛·阿旺晋美为首的西藏地方政府代表团到达北京,同中央人民政府代表团举行谈判。5 月 23 日双方签订《中央人民政府和西藏地方政府关于和平解放西藏办法的协议》。西藏实现了和平解放。

从现实的情况来看,和平协议的签署仅完成了西藏的解放的第一步,由于历史的原因,该地区不仅存在着汉、藏族之间的隔阂以及西藏内部的势力不和等问题。这些问题的解决不亚于解放西藏的难度,由此带来的西藏民族问题的特殊性和复杂性是西藏和平建设的一道难关。据此,毛泽东把同时加强汉藏之间和西藏内部的团结,作为一个建设和发展西藏的根本原则。5 月 24 日,毛泽东在西藏和平解放庆祝宴会上也更多地强调的是团结问题。"现在,达赖喇嘛所领导的力量与班禅额尔德

---

① 中共中央文献研究室、中共西藏自治区委员会、中国藏学研究中心编:《毛泽东西藏工作文选》,中国藏学出版社 2008 年版,第 23 页。

尼所领导的力量与中央人民政府之间，都团结起来了。这是中国人民打倒了帝国主义及国内反动统治之后才达到的。""今后，在这一团结基础之上，我们各民族之间，将在各方面，将在政治、经济、文化等一切方面，得到发展和进步。"①

正是以毛泽东为首的中央政府作出的这一英明决策，给西藏地区的人民带来了真正的民主生活，让其真正感受到了汉藏一家的温暖，中央和人民军队进驻西藏超乎寻常地顺利。1951年10月26日，进驻拉萨部队举行入城仪式，西藏地方政府官员、三大寺活佛，以及各族各界僧俗群众两万多人夹道热烈欢迎。这样的场面，在西藏历史上是从未有过的。在欢迎仪式上，西藏地方政府噶伦拉鲁致欢迎词说：过去，无论是清朝的军队、美国的军队、国民党的军队，来到西藏时，我们都没有欢迎过，唯有这次人民解放军到拉萨，我们热烈欢迎，因为解放军是人民的军队。②

至此，中国除台湾和一些沿海岛屿、香港、澳门外，实现了空前的统一。

（二）新政权，新气象

在中国分久必合的历史更替过程中，国家统一仍是主流；中国人民对于和平和安定的渴望与追求，加强和维护各民族之间的团结与交流，也是中国历史发展的总趋势。中华民族遭受到了无数次的外族入侵尤其近代以来的西方列强，经历了无数的磨难和伤楚，但中国人民始终没有放弃过那种对美好生活追求的渴望和反抗的勇气。以毛泽东为代表的中国共产党人领导人民革命，推翻了帝国主义、封建主义、官僚资本主义及其集中代表国民党的反动统治，统一全中国，让人民当家作主人，享受到了广泛的人民民主，实现了各民族之间真正的平等。这一切，就是新中国成立后的焕然一新的国家政治生活气象。

人民当家作主

早在1945年7月，抗日战争胜利的前夜，褚辅成、黄炎培等六位参

① 中共中央文献研究室编：《毛泽东文集》第6卷，人民出版社1999年版，第168页。

② 《人民日报》1951年10月31日。

政员赴延安访问,见到毛泽东。黄炎培向毛泽东提出中共如何跳出"其兴也勃焉,其亡也忽焉"的历史周期率。黄炎培提出的是一个十分重大的问题,也表达了各界人士对中国共产党的期望。毛泽东回答说:"我们已经找到新路,我们能跳出这周期率。这条新路,就是民主。只有让人民来监督政府,政府才不敢松懈。只有人人起来负责,才不会人亡政息。"①

毛泽东这个斩钉截铁的回答,反映出中国共产党对于未来充满信心。从共产党领导革命根据地建设的实践中探索出来的这个"跳出周期率"的新路,随着中华人民共和国的成立,国家的统一,延伸和扩展到全中国。尽管这条新路至今仍走得那么曲折,但中国共产党完全有信心、有决心、有能力,终究会实现毛泽东预期的"我们能跳出这周期率"这个伟大目标。

中华人民共和国成立后,中国人民已是国家主人。如何行使和保证人民当家作主的权利呢,那就是通过人民代表大会和它的过渡形式——人民代表会议。早在 1948 年,毛泽东就提出了人民民主专政要实行民主集中制的各级人民代表会议制度。应当说,这是毛泽东从中国历史和长期革命斗争中总结出来的。这是一种适合中国国情、又有利于表达人民意志的政权组织形式,是一种能真正保证人民当家作主的制度。

中华人民共和国成立以后,毛泽东更加注意发挥各界人民代表会议的作用,将它与党和政府、人民群众紧密联系在一起。1949 年 10 月 11日,中共中央华东局第一书记饶漱石向毛泽东发来一份电报,汇报松江县召开各界人民代表会议的情况和经验。毛泽东对此十分高兴,并将饶漱石的这份报告转发各中央局负责人,请他们通令所属一律仿照办理,特意强调指出:"这是一件大事。如果一千几百个县都能开起全县代表大会来,并能开得好,那就会对于我党联系数万万人民的工作,对于使党内外广大干部获得教育,都是极重要的。"②10 月 30 日,毛泽东又转发了华北局第一书记薄一波关于华北各城市召开各界人民代表会议经验的报告,并要求各地认真研究,同时总结自己在这一重大问题上的经验

① 黄炎培:《八十年来》,文史资料出版社 1982 年版,第 148、149 页。

② 中共中央文献研究室编:《毛泽东文集》第 6 卷,人民出版社 1999 年版,第 4页。

教训。

为了更好的推开这种制度,毛泽东还及时加以指导,克服各种错误的倾向。在各界人民代表会议问题上,一些地方主要存在着关门主义倾向。毛泽东明确指出,在代表名额中共产党员不能太多,多则无力。正是在毛泽东的倡导和督促下,各界人民代表会议在发扬人民民主和进行政权建设相结合的前提下得以顺利召开,为即将召开的各级人民代表大会作了充分的准备。

新中国成立后,人民向中央表达自己的建设意愿也成为当时的一种新的政治生活气象。显然,这种方式是有利于发扬人民民主,国家政权建设和密切党和人民政府同人民群众联系的。但是,有些领导机关对人民来信却漠然视之,这引起了毛泽东的注意。1950 年 11 月 30 日,他以中共中央的名义向各中央局和各省、市、自治区党委发出指示说:"请你们对群众来信认真负责,加以处理,满足群众的要求。对此问题采取忽视态度的机关和个人,应改正此种不正确态度。"①1951 年 5 月 16 日,毛泽东再一次向各级党委和各级政府发出指示:"必须重视人民的通信,要给人民来信以恰当的处理,满足群众的正当要求,要把这件事看成是共产党和人民政府加强和人民联系的一种方法,不要采取掉以轻心置之不理的官僚主义的态度。"②

毛泽东自己就是严格这样做的。他每天批阅和处理大量文件,其中就包括重要的人民来信。他还专门成立一个为他办理群众来信的机构,如果对重要的人民来信办理有所延误,不及时送阅,就会受到他的批评,这种批评有时是非常严厉的。

人民民主统一战线

中华人民共和国的成立,使人民民主统一战线进入一个新的时期,达到空前广泛的程度,开创了中国共产党与民主党派、人民团体和无党派民主人士的真诚合作、共同建设新中国的新格局。

---

① 中共中央文献研究室编:《建国以来毛泽东文稿》第一册,中央文献出版社1987 年版,第 457 页。

② 中共中央文献研究室编:《毛泽东文集》第 6 卷,人民出版社 1999 年版,第164 页。

作为中国共产党统一战线理论和政策的主要创立者和制定者,毛泽东对新中国的统一战线工作十分重视。新中国成立前后,从中央到地方各级政权机关纷纷建立,毛泽东一再指示和提醒各地党政领导人,一定要注意吸收包括起义将领在内的党外人士参加政权机关,注意发挥他们的作用,使他们有职有权,并且关心和照顾他们的实际困难。

薄一波回忆说:"组建中央人民政府时,谁担任什么职务,毛主席考虑得很周到。对他们的生活也很关心。每个月给程潜五万斤小米,补贴帮助他,是毛主席提出的。主席说,程潜应酬多,开销大。傅作义当了水利部长,毛主席问我,怎么样? 我有时汇报一下。他对我说:傅作义和平起义,是有功的,应该让他自己挑一个副部长,有职有权。那时政务院有十个以上的部长都是党外民主人士。"①

毛泽东还亲自作党外人士的工作,同他们亲切交谈,坦诚地说明共产党与非党人士长期合作的根本政策。1949 年 10 月 24 日,毛泽东同绥远军区的负责人谈话,特别邀请了傅作义参加。毛泽东说:

"共产党要永远与非党人士合作,这样就不容易做坏事和发生官僚主义。中国永远是党与非党的联盟,长期合作。双方要把干部都当成自己的干部看,打破关门主义。这次政府的名单中,要搞五湖四海。傅先生交出了北平,解决绥远问题就要有所不同。这证明我们的政策正确,今后还将继续证明这一点。中国已归人民,一草一木都是人民的,任何事情我们都要负责并且管理好,不能像踢皮球那样送给别人去。国民党的一千万党、政、军人员我们也要包起来,包括绥远的在内,特务也要管好,使所有的人都有出路。没有这一条不行,眼睛里只看到绥东解放区八十万人民就会弄错事情。"②

毛泽东对起义将领说的这一席话,是肺腑之言,已把中国共产党要实行统一战线的道理,说得非常明白。

同样,对于民主人士的建议也是诚恳对待。1950 年 5 月,毛泽东收到黄炎培反映苏南川沙、南汇、奉贤三个县征粮工作中存在一些偏差等

---

① 转引自中共中央文献研究室编,逄先知、金冲及主编:《毛泽东传(1949—1976)》上册,中央文献出版社 2003 年版,第 17 页。

② 中共中央文献研究室编:《毛泽东文集》第 6 卷,人民出版社 1999 年版,第 13、14 页。

问题的一个意见书,并提出补救办法的建议。照此,毛泽东立即给华东局的饶漱石、苏南区的陈丕显发指示,要求派专人或者自己亲自对这三个县进行调查,"将苏南征粮偏差及纠正情况,春耕中食粮、种子、肥料等如何解决的及现在苏南春耕情况,苏南灾情及救济情况等三项问题,向中央作一有具体内容的较详细的报告用电报发来,以便答复黄炎培"。并且特别嘱咐:"按照实事求是精神,有则说有,无则说无,是则是,非则非,逐一查明,并加分析具报。"①毛泽东这样认真对待党外人士的意见和采取实事求是的态度,体现了统一战线内部党与非党的真诚合作关系。

在统一战线问题上,当时党内一部分同志也存在一种关门主义倾向。针对这种情况,毛泽东在同李维汉、徐冰的谈话中发表了重要意见。他说:"对民主党派要给事做,尊重他们,把他们当作自己的干部一样。要团结他们,使他们进步,帮助他们解决问题,如党派经费、民主人士旅费等。要实行民主。现在有人有好多气没有机会出,要让他们出,除了泄密的、破坏性的,都让人家说。所以,政治局最近通过了一个在报纸刊物上展开批评和自我批评的决定。出的气不外是两种,有理的,应当接受;无理的,给他说理。我们要有气魄,不怕骂。只要君子动口不动手。不让讲话就会闹宗派主义,党内也一样。"②

这个谈话,展示了毛泽东的无产阶级革命家的气魄和胸怀。

当然了,新中国的统一战线不仅包括了各民主阶级、各民主党派等,还应当争取各人民团体和广大海外华侨尤其那些学业有成的海外学子。新中国的成立让身居海外的学子看到了希望,看到了光明,对祖国的无限憧憬与向往也随之而来,急切回到祖国是他们唯一的愿望。著名画家徐悲鸿当年曾致信好友陈西滢,表述他对新中国的看法,劝说在国外的陈西滢能够早日归来:"兄等须早计,留外终非久法。弟素来不喜欢政治,惟觉此时之政治,事事为人民着想,与以前及各民主国家不同。一切问题尽量协商,至人人同意为止。故开会时决无争执,营私舞弊之事绝

---

① 中共中央文献研究室编:《毛泽东文集》第 6 卷,人民出版社 1999 年版,第 57 页。

② 转引自中共中央文献研究室编,逄先知、金冲及主编:《毛泽东传(1949—1976)》上册,中央文献出版社 2003 年版,第 19 页。

迹。弟想今后五年必能使中国改观,入富强康乐之途。兄等倘不早计,尔时必惆怅无已。"①

民族区域自治

在筹建新中国,制定《共同纲领》的时候,在民族政策方面,有一个突出问题摆在毛泽东和中共中央其他领导人面前,需要做出抉择:中华人民共和国是实行"民族自决",还是"民族自治"? 列宁和孙中山都提出过"民族自决"的口号,中国共产党在国民党反动统治时期也赞同过这个口号。但是,当形势已经发生根本变化时,是继续旧政策,还是采取适应新形势的新政策? 毛泽东选择了后者,以民族自治代替民族自决。

1945 年 10 月 5 日,中共中央致电第二野战军前委,并告各中央局、分局及各前委,对这个问题作了透彻的说明:"关于各少数民族的'自决权'问题,今天不应再去强调,过去在内战时期,我党为了争取少数民族,以反对国民党的反动统治(它对各少数民族特别表现为大汉族主义)曾强调过这一口号,这在当时是完全正确的。但今天的情况,已有了根本的变化,国民党的反动统治基本上已被打倒,我党领导的新中国已经诞生,为了完成我们国家的统一大业,为了反对帝国主义及其走狗分裂中国民族团结的阴谋,在国内民族问题上,就不应再强调这一口号,以免为帝国主义及国内各少数民族中的反动分子所利用,而使我们陷于被动的地位。在今天应强调,中华各民族的友爱合作和互助团结"。②

新疆和西藏是中国大陆最后解放的两大少数民族地区,又是中国的重要边陲。处理好这两个地区的民族问题,对于巩固和发展全国统一大业特别重要。在指导这两个地区和平解放的过程中,毛泽东发表的许多指示和讲话,对解决这些地区极其复杂的民族问题,提供了正确的指导思想。他要求进驻这些地区的部队和地方工作人员,恪守民族政策和宗教政策。并一再强调,军队进驻这些地区,不得侵扰老百姓,不要增加人民的负担,一切军需物资包括粮食在内均由中央供给。这些政策的实

---

① 转引自中共中央文献研究室编,逄先知、金冲及主编:《毛泽东传(1949—1976)》上册,中央文献出版社 2003 年版,第 22 页。

② 中共中央文献研究室编:《建国以来重要文献选编》第 1 册,中央文献出版社 1992 年版,第 24 页。

施,取得了很大的成功,中国共产党、中国人民解放军一开始就在当地各少数民族的群众和一些上层人士中间留下良好的印象。

毛泽东始终抓住民族团结这个旗帜,并使之贯穿于民族地区的一切实际工作中。1949年10月23日,他就新疆问题给彭德怀和西北局的电报中指出:维吾尔族人口三百余万,为新疆的主要民族,"人民解放军只有和维吾尔族(以及其他各族)建立兄弟般的关系,才有可能建设人民民主的新疆"。①

为了保证各民族之间的团结,培养和吸收大批能够与共产党合作的少数民族干部参加各级人民政府是重要的一环。毛泽东在1949年11月14日给彭德怀和西北局的电报中指出:"在一切工作中坚持民族平等和民族团结政策外,各级政权机关均应按各民族人口多少,分配名额,大量吸收回族及其他少数民族能够和我们合作的人参加政府工作。在目前时期应一律组织联合政府,即统一战线政府。在这种合作中大批培养少数民族干部。"他进一步指出:"要彻底解决民族问题,完全孤立民族反动派,没有大批从少数民族出身的共产主义干部,是不可能的。"②

在民族团结的旗帜下,毛泽东十分注意争取和团结少数民族的上层人士,特别是上层中的主要代表人物。这一特点,最明显地表现在处理西藏问题上。1950年5月,中共中央西南局根据中央关于解决西藏问题的方针,草拟了与西藏地方当局谈判的十项政策,27日报送中央审定。毛泽东在审阅时,对其他各条均表同意,唯独对第八条作了修改。第八条原文是:"有关西藏的各项改革事宜,完全根据西藏人民的意志,由西藏人民采取协商方式加以解决。"毛泽东在"由西藏人民"之后,加了七个字:"及西藏领导人员"。虽然只有七个字,却体现了中国共产党关于民族问题的一个重要政策。这是根据少数民族地区,特别是西藏的实际情况确定的。团结藏族上层人士及其主要代表人物,对于团结整个藏族人民至关重要。这个政策在后来的实践中又不断发展和完善。毛泽东和中央其他领导人都亲自做过达赖和班禅额尔德尼的工作,或者通信,或

---

① 中共中央文献研究室编:《建国以来毛泽东文稿》第一册,中央文献出版社1987年版,第51页。

② 中共中央文献研究室编:《毛泽东文集》第6卷,人民出版社1999年版,第20页。

者面谈。后来达赖集团叛国,这一部分人分裂出去了,但中国共产党努力团结西藏上层人士的政策始终不变。

毛泽东和中国共产党制定的民族政策,成功地解决了中国革命和建设中的一个十分复杂而极其重要的问题,它对于维护国家统一、民族团结、社会稳定、经济发展,具有不可估量的意义。今天,经过几十年历史检验,更加证明毛泽东这个预见和决策的极端重要性和正确性。民族区域自治制度,已经成为中华人民共和国一项不可动摇的基本政治制度。

正如毛泽东在建国七年以后所总结的那样:"国家的统一,人民的团结,国内各民族的团结,这是我们的事业必定要胜利的基本保证。"①

三、恢复经济建设,巩固人民政权

(一)经济的困局以及引发的社会问题

刚刚诞生的新中国,正面临着国民经济严重衰退和全面萎缩的严峻形势。农业减产,工厂倒闭,交通梗阻,物资奇缺,物价飞涨,失业众多。1949年夏季的特大洪水,更使得经济困难局面雪上加霜。1949年的全国生产,同历史上最高生产水平相比,工业总产值下降了一半,其中重工业下降70%,轻工业下降30%,农业大约下降25%,粮食总产量仅为2250多亿斤。人均国民收入只有27美元,相当于亚洲国家平均值的2/3。

这种经济萎缩在全国最富庶的上海和江浙地区表现得尤为突出。由于国民党政府在败逃前的大规模掠夺和劫运,这些地区的资金和物资严重匮乏,大批民族资本企业到了连简单再生产都无法维持的地步。在大工业城市上海,刚解放时,全市煤的存量只够用一个星期,棉花和粮食的存量不足维持一个月的消费。全市13647家私营工厂中,开工户数只

---

① 中共中央文献研究室编:《毛泽东文集》第7卷,人民出版社1999年版,第204页。

占总数的 1/4。相对景气的棉纺织业每星期也只能开工 3 个昼夜。①

在新中国成立举国欢庆的日子里,却连续出现多次大的物价波动。每一次物价波动,都是由金融投机资本比较集中的上海等大城市领头带起来的。在上海物价暴涨时,出现了商店拒收人民币的情况,有些人兴高采烈,以为共产党的势力将随着人民币的消失而被挤出大上海。平抑物价的关键,在于稳住上海和其他几个大城市的物价,尤其以上海为主。只有稳住上海,才能稳住全国。在上海刚解放不久,金融投机分子掀起了一次银元涨价风,每枚银元的黑市价格,从人民币的 600 多元上涨到 1800 多元,由此带动了整个物价上涨。1949 年 6 月 10 日,经毛泽东同意,上海市军管会曾采取断然措施,查封金融投机的大本营上海证券大楼,沉重地打击了破坏金融的非法活动,取得"银元之战"的胜利,使人民币得以比较顺利地进入市场流通。

"银元之战"以后,人民币的地位得到巩固,但是上海以至全国的物价并没有停止上扬的势头。在"银元之战"中受到打击的上海投机资本不甘心失败,很快转向粮食、棉纱和煤炭市场,利用物资极其匮乏的机会,大做投机生意,引发了又一次全国性涨价狂潮。从 7 月底到 10 月中旬不到三个月的时间里,上海物价平均指数上涨了 1.5 倍,北京、天津等城市上涨 1.8 倍。② 有些人发出狂言,说:"只要控制了两白一黑,就能置上海于死地。"

国民经济能否迅速地恢复和发展,极度严重的经济困难能否尽快渡过,这是关系新生政权能否维持和巩固的根本问题。正如毛泽东所分析的那样,"从我们接管城市的第一天起,我们的眼睛就要向着这个城市的生产事业的恢复和发展。务须避免盲目地乱抓乱碰,把中心任务忘记了。这种状态是完全不能容许的。"他把话说得很重:"如果我们在生产工作上无知,不能很快地学会生产工作,不能使生产事业尽可能迅速地恢复和发展,获得确实的成绩,首先使工人生活有所改善,并使一般人民的生活有所改善,那我们就不能维持政权,我们就会站不住脚,我们就会

---

① 上海社会科学院经济研究所:《上海资本主义工商业的社会主义改造》,上海人民出版社 1980 年版,第 71 页。

② 转引自中共中央文献研究室编,逄先知、金冲及主编:《毛泽东传(1949—1976)》上册,中央文献出版社 2003 年版,第 61 页。

要失败。"①

（二）整顿经济的前期工作——平抑物价和统一财经

面对这种严峻的经济形势,中共中央和毛泽东把平抑物价作为稳定经济、稳定社会、稳定人心的中心环节。1949 年 7 月,以陈云为主任的中央财政经济委员会成立。

首先,毛泽东和中共中央做出果断决定,以上海为主战场,打一场平抑物价的"歼灭战"。就在投机资本哄抬物价、囤积居奇的时候,按照中共中央的统一部署,大批粮食、棉纱、煤炭从全国各地紧急调往上海、北京、天津等大城市。11 月 25 日,在物价上涨最猛的那天,各大城市按照中央统一部署,一起动手,双管齐下,一方面敞开抛售紧俏物资,使暴涨的物价迅速下跌;另一方面收紧银根,征收税款。这样一来,投机商资金周转失灵,囤积物资贬值,两头失踏,纷纷破产。到 12 月 10 日,"米粮之战"取得决定性胜利。上海一位有影响的民族资本家在事后说:"6 月银元风潮,中共是用政治力量压下去的。这次仅用经济力量就能压住,是上海工商界所料想不到的。"

经过"银元之战"和"米粮之战"两次交锋,民族资产阶级对中国共产党的治国理财能力有所认识,开始认真考虑要接受中国共产党和人民政府的领导。社会主义国营经济初步取得稳定市场的主动权,为争取国家财政经济状况的基本好转创造了条件。

随后,中共中央又决定,采取统一全国财经工作的重大步骤,改变战争年代分散管理、各自为政的财政体制,由中央人民政府统筹全国的财政收支、物资调度和现金管理,做到统一计划,令行禁止。这一措施有效地巩固了平抑物价的成果,控制住通货膨胀的势头。到 1950 年 3 月,全国的物价就完全稳住了,国民党反动统治留下的通货膨胀的严重后遗症完全消除。在平抑物价和统一财经工作的斗争中,陈云表现出很高的领导能力和政策水平,毛泽东十分称赞。他在一次谈话中说:陈云同志有

---

① 《毛泽东选集》第 4 卷,人民出版社 1991 年版,第 1428 页。

这样的能力,我在延安时期还没有看得出来,可称之为"能"。①

(三)着手全面恢复国民经济

平抑物价、统一财经,在短短的几个月内就实现了,取得出乎人们意料的胜利,为国民经济的恢复创造了条件。

早在 1949 年 7 月,毛泽东明确地提出为争取国民经济的恢复和发展,必须完成三项根本性质的工作。他估计,要完成这三项工作,必须准备用三年左右的时间。"为着克服困难,必须完成几项根本性质的工作,这就是:(一)消灭封建势力,使农民得到土地;(二)实行精兵简政,简省国家开支;(三)在上列两项基础之上初步地恢复和发展一切有益的工业和农业生产。要完成上述几项工作,在新解放的南方和西北各省,一般地说来,必须准备付以三年左右的时间,过于性急是没有用的。"②

1."四面八方"政策的确立

七届二中全会后不久,毛泽东根据中国的实际情况,经过深思熟虑,提出一个被称为"四面八方"的重要经济政策,即"公私兼顾,劳资两利,城乡互助,内外交流"。③ 这实际上是整个经济恢复时期的指导方针。

4 月 15 日,毛泽东在香山"双清别墅"接见当时任太行区党委书记的陶鲁笳等人谈话的时候,对"四面八方"政策作了详细的说明。"我们的经济政策可以概括为一句话,叫做'四面八方'。什么叫'四面八方'?'四面'即公私、劳资、城乡、内外。其中每一面都包括两方,所以合起来就是'四面八方'。这里所说的内外,不仅包括中国与外国,在目前,解放区与上海也应包括在内。我们的经济政策就是要处理好四面八方的关

---

① 薄一波:《若干重大决策与事件的回顾》(修订本)上卷,人民出版社 1997 年版,第 92 页。

② 中共中央文献研究室编:《毛泽东文集》第 5 卷,人民出版社 1996 年版,第 315 页。

③ 转引自中共中央文献研究室编,逄先知、金冲及主编:《毛泽东传(1949—1976)》上册,中央文献出版社 2003 年版,第 64 页。

系,实行公私兼顾、劳资两利、城乡互助、内外交流的政策。"①

事实上,这一政策中就其四个方面的关系来讲,公私关系、劳资关系是最基本的。而"四面八方"缺一面、缺一方,就是路线错误、原则的错误。合作社也要公私兼顾,只顾公的方面,不顾私的方面,就要垮台。同时实行"四面八方"的经济政策,还要注意到,工人阶级、农民阶级、小资产阶级和自由资产阶级的联盟应联合起来反对封建主义、帝国主义、官僚资本主义。当然,在实行"四面八方"的经济政策时,应当在政策上加以限制,但不是打击,而是要慢慢引导他们走上正当的途径。

2. 解决"四月危机"

1950 年是恢复国民经济的第一年。但在 1950 年春夏之交,全国出现了市场萧条、工厂倒闭、工人失业增多等新的经济困难。总的情况是大城市重于小城市,工业重于商业,上海又重于其他城市。在上海,大米和棉纱批发市场交易额,4 月份比 1 月份分别下降 83% 和 47%。到 4 月下旬,上海倒闭的工厂有一千多家,停业的商店两千多个,失业工人在二十万以上。全国十六个较大的城市中,半停业的商店近万个。全国失业人数超过百万人。当时的上海,人心浮动,谣言四起,不断发生吃白食、分厂、分店、打警察、请愿等现象。民主人士慨叹人心丧失,工商业者惶惶不安。这种状况,当时在上海被称作"四月危机"。

上海是全国第一大工业城市,又是民族资产阶级特别是大资本家最集中的地方,它的一举一动都牵动全国其他各大城市。而上海私人资本所遇到的困难,公私之间所出现的矛盾,又显得更为突出。因此,毛泽东十分注意上海的动向。

3 月中旬至 4 月初,毛泽东接连三次收到上海市市长陈毅的电报,反映上海工商业的困难和党内部分同志的错误倾向。在 3 月 12 日的第一份电报里,陈毅提出,上海工商业在"三个月尚有可能更严重的停闭",建议中央对上海的税收"在步骤上应作详细考虑",适当放宽期限。在 3 月 24 日的第二份电报里,详细反映了上海工商界对改进税收等的具体意

---

① 陶鲁笳:《毛主席教我们当省委书记》,中央文献出版社 1996 年版,第 128、129 页。

见。4 月 4 日的第三份电报又反映三月来,由于工商业倒闭增多,又加重债税任务,不仅党外人士叫苦,亦反映到党内干部,认为社会主义实际提前。电报提出在不妨碍中财部部署的条件下,考虑一些必要松动和协助的步骤。

这样,一个两难的问题摆在毛泽东和中央人民政府面前:既要稳定物价,又要维持生产、适当减缓税收、解决私营工商业的资金困难问题。用陈云的话来说:"现在政府挑的是'两筐鸡蛋',不要碰破一头。"①有没有两全其美的解决办法呢? 毛泽东认为有,从根本上说,就是要实行土地改革以恢复农业,调整公私关系以恢复工业,整顿干部以执行政策。

从 3 月 27 日到 4 月 6 日,中共中央召开有各大区负责人参加的政治局扩大会议,主要讨论财政经济、土地改革和军事等问题。在这次会议上,毛泽东根据各方面的意见和反映,特别是根据上海的情况,做出调整工商业的决策。

毛泽东在政治局会议上说:"中央人民政府成立以后,主要是抓了一个财政问题。目前财政上已经打了一个胜仗,现在的问题要转到搞经济上,要调整工商业。"他针对党内一部分干部中存在的要挤垮私营工商业的错误倾向指出:"和资产阶级合作是肯定了的,不然《共同纲领》就成了一纸空文,政治上不利,经济上也吃亏。'不看僧面看佛面',维持了私营工商业,第一维持了生产;第二维持了工人;第三工人还可以得些福利。当然,中间也给资本家一定的利润。但比较而言,目前发展私营工商业,与其说对资本家有利,不如说对工人有利,对人民有利。"他还进一步提出:"我们是一个大党,策略上要特别注意。尤其是我们现在胜利了,要巩固胜利,更要注意,要反对'左'的思想和'左'的做法。"②

中央政治局会议以后,毛泽东又在多次会议上,继续强调要调整工商业、改善公私关系、团结民族资产阶级。

4 月 13 日,毛泽东在中央人民政府委员会第七次会议上发表讲话,正式提出使整个国家财政经济状况根本好转所需要的三个条件,并确定当前以调整工商业为政府财经领导机关的工作重点。他再次提出必须

---

① 《陈云文选》第 2 卷,人民出版社 1995 年版,第 91 页。

② 转引薄一波:《若干重大决策与事件的回顾》(修订本)上卷,人民出版社 1997 年版,第 103 页。

认真执行《共同纲领》的各项规定,作为行动的准则,说:"《共同纲领》的规定,'在经营范围、原料供给、销售市场、劳动条件、技术设备、财政政策、金融政策等方面,调剂各种社会经济成分在国营经济领导之下,分工合作,各得其所',必须充分实现,方有利于整个人民经济的恢复和发展。现在已经发生的在这方面的某些混乱思想,必须澄清。"①

从 1949 年 7 月底毛泽东提出克服困难、恢复经济的三项根本性质的工作以后,经过八个多月,根据新的实践经验,作了新的调整,把调整工商业、改善公私关系,列为恢复国民经济的条件之一。这样,中国共产党关于恢复国民经济,就有了一个更为明确和完善的指导方针。

毛泽东的这个讲话公开发表后,各界人士反应热烈,起到了稳定人心的作用。当时,上海正要召开有民族资产阶级代表人物和民主人士参加的各界人民代表会议。毛泽东的讲话传来,与会代表"表示拥护,其悲观失望情绪可相对减少"。②

毛泽东对上海这次会议极为重视。他要陈毅将会议情况随时电告,他则及时复电,做出指示。

4 月 15 日,上海各界人民代表会议开始的那一天,陈毅给中共中央和毛泽东发了一个电报。这时,上海还处在"四月危机"中。

毛泽东 16 日立即复电:"税收问题和失业问题能照正确原则解决,取得各方同意妥慎进行,甚好甚慰。目前处在转变的紧张时期,力争使此种转变进行得好一些,不应当破坏的事物,力争不要破坏,或破坏得少一些。你们把握了这一点,就可以减少阻力,就有了主动权。"③4 月 23 日,毛泽东再一次强调:"目前几个月确实应当用大力来做调整公私关系、劳资关系,维持生产与救济失业的艰巨工作。"④

---

① 中共中央文献研究室编:《毛泽东文集》第 6 卷,人民出版社 1999 年版,第 52 页。

② 转引自中共中央文献研究室编,逄先知、金冲及主编:《毛泽东传(1949—1976)》上册,中央文献出版社 2003 年版,第 74 页。

③ 中共中央文献研究室编:《建国以来毛泽东文稿》第一册,中央文献出版社 1987 年版,第 302 页。

④ 中共中央文献研究室编:《建国以来毛泽东文稿》第一册,中央文献出版社 1987 年版,第 200 页。

上海市按照毛泽东的指示,采取了一系列有力措施:调整公私关系,实行公私兼顾政策;改善劳资关系,照顾双方利益;适当减少税收;救济失业工人;开展自我批评,纠正工作中的缺点,等等。经过艰苦的工作,上海市终于渡过了"四月危机"。毛泽东收到陈毅的有关报告后,感到十分欣慰,立即把它转发给华东以外的各中央局、分局以及北京、天津两市委的负责人,说:"上海打退四月危机的经验及目前采取的各项政策,是各地大城市党委值得研究的,请将此项报告转发各主要城市党委研究。"①

3. 中共七届三中全会的召开

上海的"四月危机"是渡过了,但经济困难依然存在,商品滞销,工厂关门,商店歇业,工人失业。其他各城市也大体如此。恢复国民经济的任务仍然十分艰巨,客观形势要求全党必须集中力量抓经济工作。

早在 1949 年 12 月,毛泽东在离京赴苏联前召开的中央政治局会议上就指出:"财政经济工作已成为中央和中央局的主要议程,应该认真研究财政经济问题,并进行适当的宣传,使人民了解政策和情况。"②到苏联以后,又电示林彪:"整个中南六省的工作重心,已由军事转到经济与土改,希望你们于明年一月间成立中南军政委员会,集中力量领导全区经济工作,并积极准备土改条件。"③从那时起,又过了五个月,毛泽东更深刻地感到党的各级主要负责人亲自抓经济工作的重要性和紧迫性。1950 年 5 月 20 日给各中央局的主要负责人的电报中叮嘱说:"各中央局主要负责同志必须亲自抓紧财政、金融、经济工作,各中央局会议必须经常讨论财经工作,不得以为只是财经业务机关的工作而稍有放松,各分局、大市委、省委、区党委亦是如此。中央政治局现在几乎每次会议都要讨论财经工作。"④

---

① 中共中央文献研究室编:《建国以来毛泽东文稿》第一册,中央文献出版社 1987 年版,第 229 页。

② 中共中央文献研究室:《毛泽东文集》第 6 卷,人民出版社 1999 年版,第 25 页。

③ 中共中央文献研究室编:《建国以来毛泽东文稿》第一册,中央文献出版社 1987 年版,第 119 页。

④ 中共中央文献研究室编:《建国以来毛泽东文稿》第一册,中央文献出版社 1987 年版,第 242 页。

经过三个月各次中央政治局会议的充分讨论和准备,在中共高层领导中间,对于经济问题,情况明了,方针有了,认识也已基本取得一致,中共七届三中全会于1950年6月6日在北京开幕。

　　这次全会的中心议题是财经问题,所以毛泽东把他的主题报告(书面报告)定名为"为争取国家财政经济状况的基本好转而斗争"。这次全会又是总结性质的会议,总结七届二中全会以来十五个月的工作。把经济问题作为中央全会的中心议题,这标志着全党工作重心,已由革命战争转到经济建设,在全国范围内全面实施二中全会的各项战略决策。

　　在七届三中全会第一天的会议上,毛泽东发表讲话,并对提交全会的书面报告作了说明。他说:巩固财经统一,巩固财政收支平衡,巩固物价稳定,这三个"巩固"必须巩固,决不能动摇。去年骂我的信很多,现在物价稳定,这是极大的胜利。毛泽东这个话,是有针对性的。当时,有个别地方的高级领导人,因出现新的比较严重的经济困难,而对于统一财经、稳定物价有些动摇。

　　毛泽东的讲话,着重地阐述了三中全会的策略路线问题。事实上,当时由于进攻面太宽,走得太远,搞得太紧张,十分不利,因此非常必要提醒全党注意策略问题,防止胜而骄。必须确定进攻点在哪里,应当团结、合作的方面是哪一些,以便团结一切可以团结的方面,缓和一切可以缓和的地方,孤立和打击最主要的敌人。为此,他提出了"不要四面出击"的问题。"总之,我们不要四面出击。四面出击,全国紧张,很不好。我们绝不可树敌太多,必须在一个方面有所让步,有所缓和,集中力量向另一方面进攻。我们一定要做好工作,使工人、农民、小手工业者都拥护我们,使民族资产阶级和知识分子中的绝大多数人不反对我们。这样一来,国民党残余、特务、土匪就孤立了,地主阶级就孤立了,台湾、西藏的反动派就孤立了,帝国主义在我国人民中间就孤立了。我们的政策就是这样,我们的战略策略方针就是这样,三中全会的路线就是这样。"①

　　毛泽东在书面报告和口头讲话中所提出的各项方针政策为全会一致接受,成为党在国民经济恢复时期的行动纲领。三中全会以后,调整

---

① 中共中央文献研究室编:《毛泽东文集》第6卷,人民出版社1999年版,第73—76页。

工商业的工作全面展开,取得显著效果。民族资产阶级不仅渡过了经济萧条的难关,而且获得较快的发展。1951 年同 1950 年相比,全国私营工业户增加 11%,生产总值增加 39%;私营商业户增加 11.9%,零售商品总额增加 36.6%。这一年,私营工商业者的心情比以往任何时候都要舒畅。在人民政府的帮助下,他们从国家和国营企业的加工、订货、包销、收购中得到的利润,超过国民党统治时期的任何一年。1950 年,全国私营工业产值中,加工、订货、包销、收购部分所占比重,达到 27.3%,而在1949 年只有 11.5%。其中,棉纺织业在 1950 年下半年为国家加工的部分,占其生产能力的 70% 以上。他们开始接受中国共产党和国营经济的领导,初步消除对社会主义的畏惧心理,所谓共产党要挤垮私人资本主义,要提前实行社会主义等等传言和思想疑虑,在渐渐消失。

工商业的合理调整,促进了国民经济的全面恢复。1950 年,工农业总产值比 1949 年增长 23.4%。其中,工业增长 36.4%,农业增长17.8%,粮食增产 16.9%。国家财政入不敷出的状况也有很大改善。1949 年 12 月毛泽东主持讨论 1950 年国家财政收支概算时,曾估计全年将有四亿一千六百万元赤字,后来只有二亿九千万元。从 1951 年起,做到了收支平衡,略有节余。这在当时又是一个了不起的成就。

4. 恢复工作和战时经济紧密结合

正当国民经济开始逐步恢复的时刻,朝鲜战争爆发,美国武装干涉朝鲜,并把侵略战争的战火烧到鸭绿江边,直接威胁到中国的国家安全与和平建设。

当中共中央做出抗美援朝的决策后,局势发生重大变化,在这样的情况下,中共中央确定了"边抗、边稳、边建"的方针。对这个方针确定的过程中,陈云于 1953 年 8 月 6 日在全国财经会议领导小组会上发言说过:"1950 年 3 月全国统一财经工作,稳定市场,6 月爆发朝鲜战争,10 月志愿军出国。当时很紧张,前面要抗美援朝,后面要稳定市场,两头重担,哪一头发生问题都不行。既要能抗,又要能稳,这是高于一切的。以后毛泽东同志提出边抗、边稳、边建的任务,又加了一个'建'的担子。"①

---

① 《陈云文选》第 2 卷,人民出版社 1995 年版,第 194 页。

根据这个方针,今后几年的财经工作要放在抗美援朝战争的基础上,一切服从战争,一切为了战争的胜利。在全力支持抗美援朝战争的情况下,就国内财经工作的部署来说,还有一个"稳"(稳定市场物价)与"建"(经济和文化建设)的先后顺序问题。毛泽东等党和国家领导人权衡利弊得失,确定在两者中把稳定市场物价放在优先地位。

　　为了保证抗美援朝和稳定物价的需要,有必要削减和压缩经济建设和文化建设的投资,放慢一下建设的速度。但这绝不是说不要建设,不能建设。这就要精打细算,勤俭建国,把节省下来的钱尽可能多地用到各方面的建设上去。

　　"边抗、边稳、边建",其中每一个方面对新中国都是严峻的考验。在提出这个方针之初,中共中央的主要领导人包括毛泽东在内,对于能否圆满实现这个方针,心里并不十分有底。但是,经过两年的艰苦努力,证明中国人民不但能够支撑得住这场战争,而且能够赢得这场战争;不仅能够保持市场物价的稳定,而且能在最短时间里实现国民经济的恢复。

第二章
毛泽东与莫斯科的恩恩怨怨

　　毛泽东一生都同莫斯科有着不解之缘,一生中仅有的两次出国也是去莫斯科。苏联曾是中国人心目中的老大哥,长期享有崇高的地位。毛泽东在中国革命中也极大的受益于列宁主义和斯大林主义,所以在中国革命刚一胜利,毛泽东就宣布新中国将向苏联"一边倒",并迅速与苏联建立了互助同盟关系。但是,由于斯大林的去世,中苏两国又都过于重视意识形态,中苏关系终于由"牢不可破"到"兵戎相见"。号称同志加兄弟,并且是战友加盟友的两个社会主义国家,竟会一度走到反目为仇、剑拔弩张的地步……

一、第一次访苏

（一）"一边倒"的外交政策

外交政策作为一个国家政治政策的重要组成部分,任何时候都不是孤立的。它反映着某个时期一个国家所处的国际处境、国际地位、执政倾向以及为维护国家利益而制定的内政方针的立场和出发点。1949 年新中国成立前夕,中国共产党做出了向社会主义的苏联"一边倒"的重大决策,并在此基础上迅速打开了崭新的外交局面。

从抗日战争胜利到 1949 年 6 月,中国共产党面对着来自国民党、苏联和美国三方面的压力,它的选择也经过了从"既不反苏,也不反美"到向苏联"一边倒"的过程。

尽管有过两次合作,国民党仍是共产党的天敌。抗战之前以及抗战期间,共产党所受国民党的迫害是众所周知的。对共产党更不利的是,从国家利益角度来讲,美国、苏联都与国民党打交道,都在某种程度上支持它。事实上,中共成了美、苏之间以及它们与蒋介石之间进行讨价还价的筹码。这样一来,抗战胜利以后,共产党只能利用它们三者间的矛盾,在夹缝中加紧发展自己。所以,在解放战争爆发之前和爆发后相当长的一段时间内是周旋于美苏之间,即"既不反苏,也不反美"。换句话说,中共此时还没有在美国与苏联之间做出取舍。

解放战争全面爆发后,由于美国采取了扶蒋反共的政策,中共离美国越来越远,离苏联则越来越近。毛泽东放弃了自己的"中间地带"观点而接受了苏联人提出的"两大阵营"理论。1948 年 11 月,毛泽东和刘少奇都利用十月革命三十一周年之际撰写文章,除了盛赞苏联之外,都明确提出,要么站在苏联的社会主义阵营一边,要么站在美国的帝国主义阵营一边,没有中间道路可走。毛泽东还特别提出,"既要革命,就要有一个革命的党……中国共产党就是依照苏联共产党的榜样建立和发展起来的一个党。自从有了中国共产党,中国革命的面目就焕然一新了。"①

由于蒋家王朝行将灭亡,无论美国还是苏联都在不同程度上抛弃国民党的同时,也都不同程度地向中共伸出橄榄枝,米高扬来到西柏坡与中共领导进行会谈,司徒雷登在南京与中共代表秘密接触均属于此类。虽然中共在长期的对外交往中走了一条独立自主、自力更生的道路,但新政权获得一定国际力量的支持意味着什么,这对中国共产党的意义显然是不言而喻的,所以在美苏之间做出选择,是必须的。总的看来,对中国共产党人来说,俄国、苏联对自己的伤害呈递减态势,美国对自己的伤害则呈递增态势。当然,关键还在于选择者本身。一方面与美国支持的国民党不共戴天;另一方面自己也是信仰马克思主义并以社会主义为奋斗目标的共产党,因此,中共的最终选择也就不言而喻了。

1949 年 6 月 30 日,毛泽东宣布,即将诞生的新中国要全方位地站在苏联一边,实行向苏联"一边倒"政策。他认为,一边倒,是孙中山的四十年经验和共产党的二十八年经验教给我们的,深知欲达到胜利和巩固胜利,必须一边倒。积四十年和二十八年的经验,中国不是倒向帝国主义一边,就是倒向社会主义一边,绝无例外。骑墙是不行的,第三条道路是没有的。

"一边倒",即倒向以苏联为首的社会主义阵营一边。这一方针的提出,是毛泽东在总结中国革命历史经验的基础上,从当时整个国际战略格局,主要是美国等帝国主义国家对新中国采取敌视态度并实行包围封锁这个现实情况出发的。毛泽东认为,外交政策上的"一边倒"和军事上迅速占领全国、经济上实行自力更生,是打破帝国主义封锁之道。并且认为,外交政策上的"一边倒",越早表现于行动对我越有利,这样是主动的倒,免得将来被动的倒。正是出于这样的考虑,毛泽东把出访苏联看作是一件大事,在新中国建立之初就付诸实现。"一边倒",是指国际战略态势上的"一边倒",决不意味着处处事事都依从别国,跟着别国的指挥棒转,更不是去作附属国。恰恰相反,它是以维护国家主权和民族独立为前提的。

毛泽东在提出"一边倒"方针的前后,还提出"另起炉灶"和"打扫干

---

① 《毛泽东选集》第 4 卷,人民出版社 1991 年版,第 1297 页。

净屋子再请客"的外交方针。"另起炉灶",是毛泽东在 1949 年春提出来的。同年 3 月 5 日,他在中共七届二中全会的报告中提出:"不承认国民党时代的任何外国外交机关和外交人员的合法地位,不承认国民党时代的一切卖国条约的继续存在,取消一切帝国主义在中国开办的宣传机关,立即统制对外贸易,改革海关制度,这些都是我们进入大城市的时候所必须首先采取的步骤。在做了这些以后,中国人民就在帝国主义面前站立起来了。"①"打扫干净屋子再请客",是毛泽东在 1949 年 2 月同米高扬的谈话中首先提出的。随后,在七届二中全会上,这个方针就被正式确定下来了:"关于帝国主义对我国的承认问题,不但现在不应急于去解决,而且就是在全国胜利以后的一个相当时期内也不必急于去解决。"②这三句话成为新中国建国初期在外交上起指导作用的基本方针。

(二)中苏建交,毛泽东出访

中华人民共和国宣告成立后,第一个承认新中国的是苏联。

1949 年 10 月 1 日,中国外交部部长周恩来向各国政府发出公告,第二天苏联政府便发来照会,决定与中华人民共和国建立外交关系,并互派大使。2 日,当毛泽东看到苏联的照会后,喜悦之情溢于言表,这毕竟对于新中国走向世界舞台太重要了。因为刚刚诞生的中华人民共和国,面临着帝国主义封锁和可能的武装干涉,又面临着恢复国内经济的艰巨任务。苏联承认新中国,并且昭告全世界,这对于新中国无疑是一个巨大的国际支持。毛泽东在 1949 年 11 月 8 日致斯大林的电报里表达了高兴的心情。他说:"政府成立第二天即获得苏联的无条件承认,并很快即获得各新民主国家的同样的承认,这件事给了我们以有利的地位,使许多经常摇摆的人们稳定下来,觉得人民政府势力大了,不怕帝国主义了。又把一切资本主义国家抛入被动地位。"③

所以,在建国后毛泽东决定出访苏联进一步解决一些隔膜和障碍,

---

① 《毛泽东选集》第 4 卷,人民出版社 1991 年版,第 1434 页。

② 《毛泽东选集》第 4 卷,人民出版社 1991 年版,第 1435 页。

③ 转引自中共中央文献研究室编,逄先知、金冲及主编:《毛泽东传(1949—1976)》上册,中央文献出版社 2003 年版,第 29 页。

发展两国之间关系。首先来自苏联领导人过去对中国革命的错误指导。斯大林对中国革命给予过热心指导和支持,但也作了一些错事。王明的"左"倾冒险主义和后来的右倾投降主义错误,都与斯大林有关。解放战争时期,他先是不赞成中国共产党反对国民党的反革命内战,用毛泽东的话说叫"不准革命",说是如果打内战,中华民族有毁灭的危险。仗打胜了,又曾一度怀疑中国革命的胜利是"铁托式的胜利"。在一定意义上说,中国革命的全国胜利是违背斯大林的意愿而取得的。这些情况,不能不在中苏关系和毛泽东与斯大林之间蒙上一层阴影。不仅如此,障碍还来自苏联在对华政策上存在着一些不平等情况。当时,苏联占有中国长春铁路的一切权益,旅顺口军港也由苏军占用。这些当然都是历史遗留的问题,但苏联是否能放弃在华的一切特殊权益,前景依然难以预料。更重要的是,苏联政府同国民党政府签订的《中苏友好同盟条约》还没有宣布废除。1949 年 7 月刘少奇访苏期间,斯大林曾经表示:1945 年签订的中苏条约是不平等的,因为那时是与国民党政府打交道,不能不如此,待毛泽东来莫斯科后再解决这个问题。

出访苏联,是毛泽东两年多来的一个夙愿。只是由于国内军事、政治形势发生急剧变化,访苏行程几经改变,一再推迟,直到这时这个愿望才得以实现。1949 年 12 月 6 日,毛泽东登上北上的专列,前往莫斯科。这是他生平第一次走出中国故土,出国访问。毛泽东的随行人员有陈伯达(以教授的身份)、师哲(翻译)、叶子龙、汪东兴等。苏联方面由苏联驻华大使罗申、苏联援华专家总负责人柯瓦廖夫陪同。专列驶过东北满洲里,顶着凛冽的寒风,沿着漫长的西伯利亚铁路向莫斯科驶去。

毛泽东这次访苏的目的,主要是同斯大林就中苏两国重大的政治、经济问题进行商谈,重点是处理 1945 年国民党政府同苏联政府签订的《中苏友好同盟条约》。这个条约是《雅尔塔协定》的产物,而《雅尔塔协定》是苏、美、英三国背着中国签订的,严重地损害了中国的主权和利益。为了适应中国革命胜利后国际形势的新情况和中苏关系的新变化,把中苏关系建立在平等、互利、友好、合作的基础上,及时地解决中苏友好条约问题,是一个重要而紧迫的任务。此外,毛泽东还要参加斯大林七十寿辰的庆祝活动,并对苏联进行参观访问。

(三)毛泽东与斯大林第一次会晤

12月16日中午,莫斯科雅罗斯拉夫车站的大钟刚敲过十二响,毛泽东乘坐的专列徐徐进站。由于天气特别寒冷,苏联政府在车站只举行简短的欢迎仪式。毛泽东发表书面演说。随后,毛泽东前往斯大林在苏联卫国战争期间莫斯科郊外的别墅下榻。

当晚6时,毛泽东在克里姆林宫拜会斯大林。这是毛泽东第一次同斯大林见面。斯大林和毛泽东是国际共产主义运动中最有影响的人物,又各自领导着一个伟大的国家。他们的首次会面,为世界所瞩目。

会见安排在斯大林办公室的小会客厅里。6时整,门厅敞开。斯大林站起身来,离开办公桌走过来。毛泽东快步走上前去,同斯大林热烈握手,两人互相问候致意。斯人林说毛泽东比他想象中的更午轻、更健壮,他对中国革命取得的伟大胜利表示祝贺,气氛是非常热烈。毕竟这是两国元首和共产主义世界两个伟人的会晤,参加会谈的有:莫洛托夫、马林科夫、布尔加宁、维辛斯基。师哲和费德林担任翻译。

毛泽东说:目前最重要的问题是保障和平问题。中国需要三至五年的和平时间,以便用来把经济恢复到战前水平和稳定国内局势。斯大林回答说:中国目前并不存在直接的战争威胁:日本还没有站稳脚跟,它对战争没有准备好;美国尽管叫喊战争,但它最怕战争;欧洲各国被战争吓怕了;实际上谁也不会同中国打仗。和平取决于我们的努力。①

毛泽东紧接着提出中苏条约问题。一触及这个敏感问题,斯大林立即接上毛泽东的话,讲述他的意见。在《雅尔塔协定》中规定,千岛群岛交给苏联,南库页岛及其邻近岛屿交还苏联,大连成为自由港,苏联恢复租用旅顺港为其海军基地,中国的长春铁路由中苏共同经营、共同管理。斯大林担心,修改中苏条约,会牵动《雅尔塔协定》,从而影响到改变千岛群岛和南库页岛的归属问题。

对于斯大林的上述说明,毛泽东站在维护国家利益的立场上婉转地表示了自己的态度。他说:我们在国内讨论条约的时候,没有考虑到美、

① 转引自中共中央文献研究室编,逄先知、金冲及主编:《毛泽东传(1949—1976)》上册,中央文献出版社2003年版,第35页。

英在《雅尔塔协定》问题上的立场。这个问题我们必须再好好考虑一下。紧接着,毛泽东又谈到了向苏联贷款的事宜,鉴于经济情况希望获得三亿美元的贷款数额,斯大林回答得很直接:可以。如果你们想现在完成协定手续,我们也同意。贷款问题,在刘少奇访苏时就已经说定,所以谈得很顺利。三亿美元这个数字并不大,这是根据毛泽东关于在目前数年内多借不如少借的意见确定的。①

毛泽东还从建立中国海军谈到解放台湾。他说,中国缺少海军和空军,希望在解放台湾时得到苏联的援助。这一要求被斯大林婉拒了。斯大林说:提供援助是不成问题的,但援助的形式必须考虑。这里主要的问题是不给美国提供进行干涉的口实。

会谈接近结束的时候,斯大林向毛泽东提出:我们想得到您的著作目录,可以把您的著作译成俄文。毛泽东说:我正在审阅我的著作。我计划在 1950 年春季完成审阅工作。我想得到苏联同志的帮助:第一,同俄文翻译一起搞好译文;第二,在编辑中文原稿方面得到帮助。斯大林答应了。②

(四)毛泽东发火

关于毛泽东与斯大林第一次会晤和会谈的情况,毛泽东在会谈后的第三天,致电刘少奇,作了详细介绍。毛泽东与斯大林第一次会谈,已经涉及若干实质性的内容,双方对于对方的观点有了初步的了解。但在最主要的问题上,即要不要签订新的中苏条约、废除旧的中苏条约的问题上,会谈没有取得预期的效果。

12 月 21 日,毛泽东应邀出席莫斯科庆祝斯大林七十寿辰大会。大会气氛十分热烈。苏联方面特意安排中国代表团在十三个外国代表团中首先致词。毛泽东的祝词受到热烈欢迎,三次全场起立,长时间鼓掌。

---

① 转引自中共中央文献研究室编,逄先知、金冲及主编:《毛泽东传(1949—1976)》上册,中央文献出版社 2003 年版,第 35 页。

② 参见毛泽东与斯大林第一次会谈内容,根据俄罗斯总统档案馆保存的《斯大林同志与中华人民共和国中央人民政府毛泽东主席会谈记录》(1949 年 12 月 16 日)。

毛泽东在形式上受到高规格的接待,但对实质问题苏方却避而不谈。毛泽东有些着急,祝寿大会的第二天,便找柯瓦廖夫来住处谈话,并要他把这次谈话的记录转交斯大林。其中提到希望在 12 月 23 日或 24 日举行预定的会见,打算下一步谈判解决中苏条约、贷款协定、贸易协定、航空协定等,拟请周恩来前来莫斯科完成协定签字手续。

这是毛泽东又一次向斯大林正式提出谈判中苏条约问题。

柯瓦廖夫将毛泽东的谈话记录很快交给斯大林。12 月 24 日,毛泽东与斯大林举行第二次会谈。关于这次会谈的情况,毛泽东在 12 月 25 日给中共中央的电报中作了比较详细的通报。

这次会谈的主要内容是国际共产主义运动的有关问题,包括越南问题、日本问题、印度问题、西欧问题等等。斯大林只字不提中苏条约。当毛泽东问起周恩来是否应来莫斯科时,斯大林却用了一个不成为理由的借口,说政府主席现已来此,内阁总理又来,在对外观感上可能有不利影响。最后还是认为周恩来以不来莫斯科为宜。这表明,斯大林仍然不愿另订新约。

毛泽东来到莫斯科已经十多天了。参加庆祝斯大林七十寿辰的各国代表团纷纷离开莫斯科回国,唯独毛泽东留下来,住在斯大林的别墅里。斯大林几乎每天让人打电话来询问毛泽东的生活是否安适,却始终不提签约之事,也不再会见毛泽东。

签订新约是毛泽东此次访苏的目的。但现在的情况大大出乎他的意料。作为一个懂得忍耐的政治家的毛泽东再也忍耐不住了。一次,苏方联络员柯瓦廖夫和翻译费德林来看望毛泽东。毛泽东对他们发了火,说:我到莫斯科来,不是单为斯大林祝寿的。你们还要保持跟国民党的条约,你们保持好了,过几天我就走。我现在的任务是三个:吃饭、拉屎、睡觉。① 这明白无误地是说给斯大林听的,表达了对斯大林不准备签订新约的不满。

十年以后,周恩来在讲到这段历史的时候说:"毛主席访苏是一个胜利了的国家的领袖去访问,本来应该十分热情相待,但是还不如对少奇

---

① 转引自中共中央文献研究室编,逄先知、金冲及主编:《毛泽东传(1949—1976)》上册,中央文献出版社 2003 年版,第 40 页。

同志访苏时表现得那么热烈，把毛主席冷落起来，除了祝寿以外，无事可谈。"①

（五）打破僵局

这时，缅甸政府正要求同中国建立外交关系，印度继缅甸之后也于12月30日承认了新中国。英国也想承认新中国。印、缅是两个具有重要影响的民族主义国家，英国则是一个重要的资本主义国家。这个新的国际动向，促使斯大林认真对待毛泽东和中国政府的要求

正值此时，英国通讯社放风说，斯大林把毛泽东软禁起来了。消息一传出，苏联方面有些紧张。为了戳穿谣言，经双方同意，毛泽东在1950年1月2日发表了一个答塔斯社记者问。其中说："我逗留苏联时间的长短，部分地决定于解决有关中华人民共和国利益的各项问题所需的时间。""在这些问题当中，首先是现有的《中苏友好同盟条约》问题，苏联对中华人民共和国贷款问题，贵我两国贸易和贸易协定问题，以及其他问题。"②

据毛泽东后来说，这个答记者问是由苏方起草的。他说，他为斯大林始终不肯签约而向柯瓦廖夫和费德林发了一次火。"个把礼拜后，斯大林同志改变观点了。他起草了一个谈话稿。记者问，中国国内军事情况怎么样？我答，进行得很顺利，蒋介石残余没有多少了。然后记者又问，你在这里打算还待多久？这是他写的。我说：还等候一个时期再走，等着签订中苏条约。他给我看，我说好，可以发表。"③

答记者问1月3日在报纸上一发表，谣言不攻自破。西方国家制造的意在挑拨中苏关系的谣言，反而成为促使斯大林下决心签订中苏新约的契机。斯大林终于同意周恩来来莫斯科，同意签订新约、废除旧约。从此，中苏谈判进入一个新的阶段。

---

①　转引自中共中央文献研究室编，逢先知、金冲及主编：《毛泽东传（1949—1976）》上册，中央文献出版社2003年版，第40页。

②　《人民日报》1950年1月3日。

③　转引自中共中央文献研究室编，逢先知、金冲及主编：《毛泽东传（1949—1976）》上册，中央文献出版社2003年版，第41页。

1月2日晚11时,毛泽东致电中共中央,通报了这一新的情况,并提出周恩来来莫斯科及签订条约的时间。1月3日晨4时,毛泽东又致电中央,进一步说明签订新约的意义:"这一行动将使人民共和国处于更有利的地位,使资本主义各国不能不就我范围,有利于迫使各国无条件承认中国,废除旧约,重订新约,使各资本主义国家不敢妄动。"①

毛泽东的心情豁然开朗,精神特别好。他一面思考着《中苏友好同盟互助条约》问题,为主持下一轮的中苏会谈作准备;一面利用周恩来尚未到达的时间,到外地参观,并同苏联领导人进行一些接触。

中苏之间为签订新约问题而形成的僵局已经打开,事情正朝着顺利的方向发展着。正在这个时候,美国国务卿艾奇逊1月12日在美国全国新闻俱乐部发表长篇讲话,散布谣言说:"苏联正在将中国北部地区实行合并,这种在外蒙所实行了的办法,在满洲亦几乎实行了。我相信苏联的代理人会从内蒙和新疆向莫斯科作很好的报告。这就是现在的情形,即整个中国居民的广大地区和中国脱离与苏联合并。"②

1月17日,莫洛托夫将艾奇逊的讲话交给了毛泽东,并建议由中、蒙、苏三国各发表一个声明,对艾奇逊的造谣予以驳斥。毛泽东表示同意。第二天,毛泽东即以中央人民政府新闻总署署长胡乔木的名义,写了一篇对新华社记者的谈话稿。19日发回北京,20日由新华社播发,赶在21日见报。毛泽东以犀利的笔锋和他特有的风格,尖锐泼辣地驳斥了艾奇逊。谈话指出:"美国帝国主义者们在中国人民和中国人民解放军的扫荡之下,除了造作这样的谣言之外,已经没有别的更好办法了。所谓中国共产党是苏联的走狗,苏联已经或正在或将要吞并中国这类低能的造谣诬蔑,只能激起中苏两国人民的愤慨,加强中苏两国的友好合作,此外不会有别的结果。"③

周恩来一行是1950年1月10日离开北京的。这是一个阵容庞大的工作班子,其中有:东北人民政府副主席李富春、中央人民政府贸易部部长叶季壮、外交部苏联东欧司司长伍修权、东北人民政府工业部副部长

---

① 中共中央文献研究室编:《毛泽东文集》第6卷,人民出版社1999年版,第16页。

② 《人民日报》1950年1月21日。

③ 《人民日报》1950年1月21日。

吕东、东北人民政府贸易部副部长张化东、大连市委书记欧阳钦等。周恩来一到莫斯科,就在毛泽东主持下紧张地做会谈准备工作。

（六）第三次会谈

1月22日,毛、周同斯大林等举行会谈,这是毛泽东与斯大林的第三次会谈。参加会谈的,中方有:李富春、王稼祥、陈伯达、师哲(翻译)。苏方有:莫洛托夫、马林科夫、米高扬、维辛斯基、罗申、费德林(翻译)。

这次会谈,主要讨论中苏条约问题、中国长春铁路问题、旅顺口问题、大连问题。会谈进行了两个小时。斯大林一开头就提出:我们必须对涉及中苏关系的现有的条约和协定进行修改,尽管我们曾经认为还是保留好。这些条约和协定之所以必须修改,是因为条约的基础是反对日本的战争。既然战争已经结束,日本已被打败,形势发生了变化,因此这个条约就成为过时的东西了。

第一次会谈时,斯大林拒绝签订新约,理由是必须顾及《雅尔塔协定》。这一次改口了,旧的条约和协定必须修改,理由是日本已经投降,情况变了,旧的已经过时。《雅尔塔协定》可以不去管它,原来所说中国的政府主席和内阁总理都来莫斯科对外观感有不利影响,也不是问题了。这是一个根本性的变化。

毛泽东说:我们应当通过条约和协定巩固我们两国现有的友好关系。在同盟友好条约中,应当把保证我们两国繁荣昌盛的东西固定下来,而且还应当规定必须防止日本侵略的重演。他说:我提出的以上两点,是我们的新条约同现有条约的根本区别。新的条约应当包括政治、经济、文化和军事方面的合作,其中最重要的是经济合作。毛泽东还提出,在新的条约中应当规定就国际问题两国进行协商的内容。斯大林非常痛快地说:当然要写上这一条。会谈进行得相当顺利。

接着,讨论旅顺口问题。斯大林提出两种解决方案:一种是宣布旅顺口协定在缔结对日和约以前仍然有效,签订和约后,苏军撤出旅顺港;另一种是宣布保留现有协定,而实际上苏联从旅顺港撤出军队。毛泽东考虑到,由于新中国刚刚成立,海军尚未建立,苏军在旅顺港再留驻一个时期比较有利,但又必须规定一个废除协定和苏联撤军的时限,否则即使现在就撤军,它随时可以进驻。所以,毛泽东赞成前一个方案。斯大林又复述了一遍这一方案的内容,毛泽东同意,双方达成一致。在以后的具体会谈中,根据中方的要求,这个过渡期规定为三年,即不迟于1952年末苏联从旅顺撤军。

在讨论大连问题的时候,毛泽东首先提出一个问题:大连将保持为自由港吗? 斯大林说,是否把大连变成一个自由港,由中国自己决定。

会谈又讨论中长铁路问题。毛泽东同意中长铁路继续由两国共同管理,但中国应起主要作用,还要缩短旧协议的期限,确定双方的投资比例。周恩来提出,应取消原有的管理体制,铁路局的主要负责人改由中方担任;双方投资比例由各占50%,改为中方占51%,苏方占49%。但苏方坚持各占50%不变。在相持不下的情况下,中方提出这个问题以后进一步研究。

关于贷款协议问题,谈得很顺利。斯大林希望把它定下来。毛泽东表示,贷款协议总的对中国是很有利的,年利率仅为1%。斯大林说,我们向人民民主国家贷款利率为2%,给中国以低的贷款利率,是因为中国经济遭到了严重的破坏。此外,双方还谈了贸易问题。①

这次会谈,在主要问题上,在原则问题上,达成一致,取得重大进展。这为以后的会谈奠定了基础。

从1月23日起,在毛泽东指导下,由周恩来、李富春、王稼祥同米高扬、维辛斯基、葛罗米柯、罗申开始就条约和协定的内容,进行具体会谈。在协商新条约的时候,苏方最初按照中方的基本思想和大体内容写了一个草案。中方认为有许多重要内容没有写进去,提出修改。周恩来根据毛泽东的意见,重新写了一个草案,交给苏方。苏方对这个草案没有提出原则性的修改,双方没有任何争论,即成定案。为了在名称上区别于旧的条约,中方提出新约可在旧约名称的基础上加"互助"二字,名为《中苏友好同盟互助条约》,苏方也接受了。

会谈时争论最大的是中长铁路的归还问题。中方提出,中长路已经过六次波折,照目前情况看,苏联可以不要了,这对两国的团结更加有利。斯大林的意见是,这个问题应当在联共政治局会议上表示中长路可

---

① 参见毛泽东与斯大林第二次会谈内容,根据俄罗斯总统档案馆保存的《斯大林同志与中华人民共和国中央人民政府毛泽东主席会谈记录》(1950年1月22日)。

以归还中国,在缔结对日和约后实行。中方又提出,如果对日和约三年还不能缔结,应当规定届时即将旅顺口和中长路归还中国。斯大林表示同意。中方还提出,大连现时为苏联代管或租用的产业,由中国政府接收。斯大林也表示同意。

1月25日,毛泽东致电刘少奇,通报了几天来中苏会谈的进展情况。中共中央政治局会议在刘少奇主持下,经过讨论,同意《中苏友好同盟互助条约》草案,并电告毛泽东。

但是,谈判并不都是顺利的。在谈判的后期,突然出现一个小的波折。2月6日,上海遭到蒋介石集团飞机的轰炸,中方要求苏方提供空军保护。斯大林同意给予支援,但提出苏中要签订一个秘密协定,规定在苏联的远东边疆区和中亚地区、中国的东北和新疆,"将不向外国人提供租让权,不许第三国或其公民以直接或间接形式参与投资的工业、金融、商业和其他企业、机关、公司和组织从事活动。"①这实际上是苏方想在中国的东北和新疆搞两个势力范围。毛泽东不肯签订这个文件,但考虑到当时美、英都是敌视中国的西方国家,为照顾中苏团结这一大局,作了让步,同意把它作为条约的《补充协定》。这以后,斯大林表示要把东北的敌伪财产和北京的苏联财产由中方接收,苏联向中国提供空中保护。

(七)中苏定约

1950年2月14日,在克里姆林宫隆重举行《中苏友好同盟互助条约》签字仪式。签字仪式在斯大林办公室旁的一个客厅里举行,周恩来和维辛斯基代表本国政府在《中苏友好同盟互助条约》、《关于中国长春铁路、旅顺口及大连的协定》、《关于苏联贷款给中华人民共和国的协定》上签字。他们的身后,并排站着毛泽东、斯大林,以及中方李富春、陈伯达、王稼祥、赛福鼎,苏方莫洛托夫、伏罗希洛夫、马林科夫、米高扬、赫鲁晓夫等。仪式结束后,斯大林举行招待宴会,庆祝两国缔约。毛泽东又邀请斯大林出席第二天的答谢宴会。斯大林是从不到克里姆林宫以外出席宴会的,这一次破例接受邀请,表示对毛泽东的尊重。

---

① 参见《苏维埃社会主义共和国联盟政府与中华人民共和国中央人民政府关于〈中苏友好同盟互助条约〉的补充协定》。

毛泽东从 1949 年 12 月 16 日到达莫斯科与斯大林举行第一次会谈，到 1950 年 2 月 14 日签订《中苏友好同盟互助条约》，差不多有整整两个月的时间。在订不订新约这个主要问题上，一开始，毛泽东与斯大林之间发生根本分歧，相持近半个月。在涉及国家主权和民族利益的重大问题上，毛泽东从不让步，不论对谁，即使对在国际共运中享有至高无上的领袖地位的斯大林，也不例外。毛泽东有一个强烈而鲜明的性格，凡是他认准要做的事，不达目的决不罢休，谁也阻挡不了。在毛泽东的坚持下，加上其他因素，斯大林终于改变了观点，同意签订新约和其他新的协定。

毛泽东在坚持原则的前提下，又善于作必要的妥协和让步。在中长路谈判中，苏方最初不愿交还，中方坚持，最后苏方同意归还中国。但在归还前的过渡时期内共同经营的股额问题上，中方作了让步，最后达成协议。

50 年代末，毛泽东在回顾中苏会谈这段历史的时候，说过这样一段话："斯大林这个人，看情形他是可以变的。签订中苏条约，我们在那里待了几个星期。他开头很不赞成，到后头我们坚持两次，最后他赞成了。可见一个人有缺点的时候，就是斯大林这样的人，他也不是不可以变的。我在莫斯科和斯大林谈判中苏条约问题，中长铁路、合股公司、国境等问题时，我的态度是：第一，你提出，我不同意的要争；第二，如果你一定要坚持，我可以接受，但保留意见。这是因为顾全社会主义利益。"①

毛泽东对第一次访苏取得的成果是很满意的。这次访苏，维护了中国的民族尊严和国家主权，提高了中国的国际地位，用条约的形式将中苏友好合作的关系固定下来。这对于巩固新生的中华人民共和国政权，为新中国迅速恢复国民经济、迎接大规模经济建设的新时期创造了前所未有的良好外部条件。同时，在国际上，也产生重大影响，引起了有利于社会主义与和平力量的变化。当然，苏联领导人特别是斯大林的一些大国主义作风，也给毛泽东留下终生难忘的印象。

毛泽东完成了一项历史性的任务，于 2 月 17 日结束访苏之行，同周

---

① 转引自中共中央文献研究室编，逄先知、金冲及主编：《毛泽东传（1949—1976）》上册，中央文献出版社 2003 年版，第 52 页。

恩来等登上回国的专列。他在沿途参观了一些苏联城市和工厂。进入中国境内,又在哈尔滨、长春、沈阳视察。3月4日回到北京。

《中苏友好同盟互助条约》是新中国成立后与外国政府签订的第一个建立在平等基础上的条约。它同一百多年来旧中国在屈辱的条件下与帝国主义列强所签订的一切不平等条约,形成十分鲜明的对比。中国人真正站起来了。

毛泽东第一次访苏及其所取得的成果,是对他1949年6月提出的"一边倒"方针的成功实践。

二、第二次访苏

(一)再见莫斯科

1957年11月2日,毛泽东率领中国党政代表团离开北京,乘专机飞往莫斯科。此行是参加十月革命四十周年庆祝活动;同时,出席在莫斯科召开的社会主义国家共产党和工人党代表会议和六十四国共产党和工人党代表会议①。代表团副团长是宋庆龄。代表团成员有邓小平、彭德怀、郭沫若、李先念、乌兰夫、陆定一、陈伯达、沈雁冰、王稼祥、杨尚昆、胡乔木、刘晓、赛福鼎等。这是毛泽东第二次出国,也是最后一次出国。

这时,社会主义阵营的形势与1956年相比有了变化。国际共产主义运动和社会主义各国,在经历了苏共二十大赫鲁晓夫秘密报告引起的思想混乱,以及波兰、匈牙利事件以后,重新恢复了平静。社会主义阵营并没有出现西方国家期望的那种大混乱大分裂的局面。倒是相反,在苏伊士运河事件中,美国同英、法等国的矛盾充分暴露。而苏联又在1957年10月4日成功地发射了世界上第一颗人造地球卫星,标志着苏联在这方面的尖端科技和国防科技领域暂时居于领先地位。这对提高苏联的威信,增强社会主义阵营力量,显示社会主义制度优越性,都有重要意

---

① 出席这个会议的,实际上是68个国家的共产党和工人党,其中有4个党由于所处的特殊环境,没有公开。

义。正是在这样的情况下,苏联提出利用各国代表团赴莫斯科参加十月革命庆祝活动的机会,召开各国共产党和工人党代表会议的建议。这是自 1956 年 4 月欧洲共产党情报局解散以来,各国共产党和工人党召开的第一次国际会议。苏联的建议一提出,立刻得到包括中国共产党在内的各国党的重视,并作出积极响应。

11 月 2 日,毛泽东率领中国代表团抵达莫斯科。苏联党政主要负责人赫鲁晓夫、布尔加宁、伏罗希洛夫等到机场迎接。

初冬的莫斯科,已是寒气逼人。事前,毛泽东得知苏联方面准备搞大规模欢迎仪式,二百万人上街欢迎。毛泽东谢绝了,他向苏方表示:能省的节目最好都省去,最多只能让三百人欢迎我,再加上仪仗队。苏联方面尊重毛泽东的意愿,迎接的礼遇规格很高,但仪式很简朴。

毛泽东在机场发表简短讲话,对苏联的盛情邀请表示感谢。他说:"四十年前,苏联人民在伟大的列宁和伟大的苏联共产党的领导下所取得的这个胜利,创始了人类历史的新纪元。在四十年的建设过程中,苏联异常迅速地获得了辉煌的成就,许多方面都站在世界各国的最前列,为追求进步和幸福的人民树立了卓越的榜样。苏联发射第一个人造地球卫星不是一个简单的事件,人类进一步征服自然界的新纪元从此开始了。"又说:"以伟大苏联为首的社会主义阵营是保证世界和平的坚强堡垒,是一切不愿意受帝国主义压迫和奴役的人民的忠实朋友。"①

作为共产主义运动中地位和影响仅次于苏共的中国共产党的领袖,刚刚踏上苏联的土地,就旗帜鲜明地肯定苏联革命和建设的巨大成就,肯定"以苏联为首"的提法,这无疑是对苏联共产党以有力的支持。

毛泽东到达莫斯科的第二天,11 月 3 日晚,同赫鲁晓夫等举行会谈,就即将召开的各国兄弟党会议交换意见。

会谈一开始,毛泽东建议,由中国代表团的一些同志和苏联同志一起研究修改宣言(苏共预先起草了一份会议的宣言草案),并指定邓小平、陆定一、陈伯达、胡乔木参加。他还建议推迟会议召开的时间,使宣言的修改时间更加充裕。赫鲁晓夫表示同意。会谈中,赫鲁晓夫再次提出要办一个指导各国共产党和工人党的刊物,还提到要成立一个统一的

---

① 《人民日报》1957 年 11 月 3 日。

组织。毛泽东表示,不赞成办一个刊物,也不赞成在近期内成立组织。他说:"这样的刊物用处不大,而且也不容易办好,评论其他国家的情况很难,评价也不容易恰当,过去的经验也证明了这一点。""我们在原则上不反对成立组织。我们又考虑,暂时不搞组织,可以使一些国家安心一些。我不是指帝国主义国家,而是指亚非国家。"他建议,用定期召开会议的方式交换意见,由苏共作会议召集人。①

11月6日,毛泽东率中国代表团出席纪念俄国十月革命四十周年大会。上午,赫鲁晓夫作长篇报告,下午毛泽东第一个讲话。这是一篇热情洋溢的讲话。在这个庄重的国际讲坛上,毛泽东热烈地赞扬伟大的俄国十月革命,高度评价苏联社会主义革命和社会主义建设成就。他说:"苏联的道路,十月革命的道路,从根本上说来,是全人类发展的共同的光明大道。""中国共产党所领导的人民革命,从来就是十月革命所开始的世界无产阶级社会主义革命的一个组成部分。中国革命有自己民族的特点,估计到这些特点是完全必要的。但是不论在革命事业中和社会主义建设事业中,我们都充分地利用了苏联共产党和苏联人民的丰富经验。"

在如何对待苏联经验的问题上,毛泽东作了全面分析。他说:"事情很明显,在十月革命以后,各国无产阶级的革命家如果忽视或者不认真研究俄国革命的经验,不认真研究苏联无产阶级专政和社会主义建设的经验,并且按照本国的具体条件,有分析地、创造性地利用这些经验,那末,他就不能通晓作为马克思主义发展新阶段的列宁主义,就不能正确地解决本国的革命和建设的问题。那末,他就会或者陷入教条主义的错误,或者陷入修正主义的错误。我们需要同时反对这两种错误倾向,而在目前,反对修正主义的倾向尤其是迫切的任务。"

毛泽东讲话最后落到团结问题上:"在我们胜利前进的时候,我们时刻也不能忘记,继续努力,保护和增强社会主义各国的团结,保护和增强全世界劳动人民和被压迫民族的团结。"②

毛泽东的讲话,受到与会者的热烈欢迎,不断报以长时间的掌声。

———————————

① 转引自中共中央文献研究室编,逄先知、金冲及主编:《毛泽东传(1949—1976)》上册,中央文献出版社2003年版,第728页。

② 《人民日报》1957年11月7日。

中国代表团成员之一的杨尚昆，在日记中记下了这一幕动人的情景："今天主席出现在纪念会上，大受欢迎。主席一出场，全体即起立致敬。下午大会时，主席第一个讲话，全场起立。讲话中不断的鼓掌，讲完了全场又起立，为纪念会致最高敬意的表现。其余各兄弟党代表讲话，都是鼓掌没有起立。"①

纪念大会的成功举行，是一个良好的开端。从这一天起，直到 20 日，毛泽东为了各国共产党和工人党会议的成功，为了达成以苏联为首的社会主义阵营的内部团结，频繁地会见一些重要的共产党的领导人，同他们交换意见，做一些说服工作。

宣言的起草工作正在加紧进行。原先苏共提出的那个草案，中国代表团不很满意，到莫斯科以后，在毛泽东主持下，用了三天时间（三日至五日），重新起草了一个。从 6 日开始，中苏双方就宣言交换意见，最后基本上采用了中方的草案。10 日，双方达成对全部草案的共同意见，作为苏中两党共同提出的草案，于 11 日印发各代表团征求意见。13 日，中国代表团研究各党的意见，着重研究了波兰方面提出的意见。然后，中方会同苏方讨论修改后的稿子。关于这天讨论文件的情况，杨尚昆日记有一段记述："5 时，小平、伯达、乔木、我去苏共中央大楼会商，苏方出席的以苏斯洛夫为首，其余人员与 10 日会议相同。大家态度都很认真，每页每页地讨论。到 9 时左右，主席来电话，要我与伯达回去。""与主席谈话后，再返会场，开到 10 时，因有些问题需与主席商量，我方提出休会一小时，经苏方同意后，我们大家返回。""11 时再到会场，开到 12 时半才散。""回来后向主席汇报。"②这时，离社会主义国家共产党和工人党代表会议开幕只有十多个小时了。

（二）以苏联为首

11 月 14 日，社会主义国家共产党和工人党代表会议开幕。阿尔巴尼亚、保加利亚、匈牙利、越南、民主德国、中国、朝鲜、蒙古、波兰、罗马尼亚、苏联、捷克斯洛伐克十二国党的代表团出席了会议。

---

① 杨尚昆:《杨尚昆日记》（上），中央文献出版社 2001 年版，第 287 页。
② 杨尚昆:《杨尚昆日记》（上），中央文献出版社 2001 年版，第 287 页。

毛泽东在会上发言，专门讲"以苏联为首"的问题。他说："我们这里这么多人，这么多党，总要有一个首。就我们阵营的内部事务说，互相调节，合作互助，召集会议，需要一个首。就我们阵营的外部情况说，更需要一个首。我们面前有相当强大的帝国主义阵营，它们是有一个首的。如果我们是散的，我们就没有力量。所以，我们必须有那么一个国家，有那么一个党，它随时可以召集会议。为首同召集会议差不多是一件事。"

　　毛泽东接着说："谁为首呢？苏联不为首哪一个为首？我们中国是为不了首的，没有这个资格。我们经验少。我们有革命的经验，没有建设的经验。我们在人口上是个大国，在经济上是个小国。我们半个卫星都没有抛上去。这样为首就很困难，召集会议人家不听。苏联共产党是一个有四十年经验的党，它的经验最完全。"他又说："有些同志因为苏联在斯大林时期犯了一些错误，对苏联同志的印象就不大好。我看这恐怕不妥。这些错误现在没有害处了。它使我们引以为鉴。""各国共产党过去相互关系中间有些不愉快的事，不仅别的国家有，中国也有，但是我建议我们要看大局。"

　　为了增加讲话的分量和说服力，毛泽东谈到自己的一些亲身感受。他说："要讲心里有气，我也有一肚子气，主要是对斯大林。实际上现在我也没有气了，至少是气不多了，时间过去了，斯大林死了。应该承认，现在苏联同志的作风有很大的改变，并且还会改变，还会进步。苏联的发展是一个曲线，它是按照辩证法走路的。列宁的辩证法，斯大林的形而上学（若干部分，相当大一部分），现在又在回到辩证法。我很高兴，看见苏联同志们的一些辩证法的文章，讨论社会主义社会的矛盾，社会主义国家相互间的矛盾。斯大林时代就不敢讲。我到莫斯科来了两次，头一次使人不愉快。'兄弟党'，那是一句话，讲得好听，实际上不平等。现在我感觉到有一种平等气氛。不知同志们有这么一种感觉没有？譬如我们讨论文件，征求过意见，现在还要征求意见。刚才赫鲁晓夫同志不是提出组织起草委员会吗？没有采纳的意见可以提出第二次，第三次。最后如果大多数认为不能采纳，还可以保留，在实践中间来看究竟哪个对。如果实践证明提意见的对，而我们错了，比如讲，苏联、中国两党共

同提出的这个草案错了，那么，我们就承认错误。这就是一种平等的
关系。"①

根据赫鲁晓夫提议成立的宣言起草委员会，起草委员会 15 日开会，
会上争论了一天，有几个问题始终未能与波兰取得协议。波兰方面认为
宣言草案对美帝国主义的一些提法，说得太过分，调子太高。他们不要
提"美帝国主义"，不要讲它"称霸世界"，不要讲它是"反动中心"等等。
下午 5 时半，中方代表向毛泽东汇报了讨论的情况。事情很明显，宣言
能否达成协议，关键在波兰。谁能与波方就分歧意见进行商量并取得有
效结果呢？只有毛泽东。赫鲁晓夫不行，其他党的领导人也难。赫鲁晓
夫早就对毛泽东说了："你们的处境好，你们的意见波兰同志能听得
进去。"②

毛泽东听完汇报，6 时半即去哥穆尔卡住处同他会谈。这是毛泽东
同哥穆尔卡举行的第二次会谈。

双方就宣言中的一些主要分歧展开讨论。双方都很坦率。毛泽东
在不损害原则的情况下，能让步则让步，能妥协则妥协，最大限度地寻求
共同点。毛泽东完全用商量的口气，充分说理，使对方没有一点强加于
人的感觉。会谈在坦率而友好的气氛中进行。

在平等协商的气氛中，双方就三个分歧意见基本达成一致或比较接
近的认识：(一)把"美国侵略集团依靠实力政策企图独霸世界"一句中
的"独霸世界"，改为"独霸世界大部分地区"。(二)把"企图在社会主义
国家里复辟资本主义"一句中的"复辟资本主义"，改为"进行颠覆活
动"。(三)"美帝所采取的侵略政策使它成为世界反动之中心"一句中
的"使它成为"，改为"企图使它成为"。这些修改，基本上都是接受了波
方的意见。所以，毛泽东说："这样提对你们可能接近些，我们是退了一
步，这表示我们是想妥协的。这次应创造一种有事能商量的气氛。"

毛泽东申明，今天谈的是他个人的意见，他还要与赫鲁晓夫谈一下。
哥穆尔卡真情地对毛泽东说："什么时候你有空我想来看你一次，可以

---

① 转引自中共中央文献研究室编，逢先知、金冲及主编：《毛泽东传(1949—
1976)》上册，中央文献出版社 2003 年版，第 737 页。

② 转引自中共中央文献研究室编，逢先知、金冲及主编：《毛泽东传(1949—
1976)》上册，中央文献出版社 2003 年版，第 738 页。

吗?"毛泽东:"我准备见你一次。"①

会谈从下午6时半持续到晚上10时,共三个半小时。会谈取得重要进展,为最后达成协议铺平了道路。陪同毛泽东会谈的杨尚昆在日记中写道:"6时半与主席一起去哥穆尔卡处谈话,共三小时半,似有好转,双方意见已较为接近,明天可能达成协议。"②

11月16日,社会主义国家共产党和工人党代表会议继续举行。赫鲁晓夫宣布开会,毛泽东第一个发言。看来这是苏共的有意安排。显然,毛泽东对宣言的表态,具有很大影响力。

毛泽东一开头就说:"我认为我们的宣言是好的。我们用了一个很好的方法达到目的,这就是协商的方法。坚持了原则性,又有灵活性,是原则性、灵活性的统一。这么一种进行协商的气氛现在形成了。在斯大林的后期不可能。""我们现在用说服的方法代替了压服的方法。费的时间不算少,但是这点时间是需要的。我们采取协商的方法并不是主张无政府主义,我们不是辩论的俱乐部。我们的方法是又有中心,又有大家,中心与大家的统一。没有中心,比如没有苏联共产党,那么就会变成无政府主义;没有大家提意见,只是一家提意见,那么就总不会完全。现在是又有中心,又有我们大家;在一种意义上,也可以说又有集中,又有民主。不能说我们这一次会议没有民主。我认为有充分的民主。"

毛泽东又说:"这个宣言是正确的,是一篇马克思列宁主义性质的宣言。它没有修正主义或者机会主义的因素,也没有冒险主义的倾向。这个宣言总结了几十年的经验,尤其是最近几年的经验。有些经验是从痛苦中得来的。这些痛苦教育了我们。我们不要对于这些痛苦生气。相反,我们要感谢这些痛苦。因为它使我们开动脑筋,想一想,努力去避免那些痛苦。果然,我们就避免了那些痛苦。"③

社会主义国家共产党和工人党代表会议结束了,通过了会议宣言(又称《莫斯科宣言》)。19日,除南斯拉夫以外,十二个社会主义国家代

---

① 转引自中共中央文献研究室编,逢先知、金冲及主编:《毛泽东传(1949—1976)》上册,中央文献出版社2003年版,第740页。

② 杨尚昆:《杨尚昆日记》(上),中央文献出版社2001年版,第293页。

③ 转引自中共中央文献研究室编,逢先知、金冲及主编:《毛泽东传(1949—1976)》上册,中央文献出版社2003年版,第741页。

表团在宣言上签了字。讨论并签署了这个宣言,显示了社会主义阵营的团结和力量,这是自共产国际解散以来,国际共产主义运动史上的重大事件。

宣言论述了苏联和其他社会主义国家在社会主义革命和社会主义建设中具有普遍性的共同规律。宣言在强调共同规律的同时,也肯定了各国社会主义建设形式和方法的多样性。

毛泽东十分看重宣言关于共同规律的九条,把它看作衡量一个国家究竟是不是社会主义性质,一个政党究竟坚持不坚持马克思列宁主义原则的标准。这在很大程度上,反映了那个时代的中国共产党人,那一代的共产主义者,对于什么是社会主义以及怎样建设社会主义这个根本问题的理论认识。

宣言的最后部分,论述了关于从资本主义向社会主义过渡的方式问题。在这个问题上,中国共产党一直保持自己的看法,并且和苏共中央交换过意见。苏共领导一再提出,希望宣言中的表述能够和苏共二十大的提法衔接起来。照顾到苏共中央的实际困难,中国代表团同意作出一定的让步,以苏共中央提出的宣言草案的写法为基础,作了必要的修正。修改主要有两点:第一,同时指出和平过渡与非和平过渡两种可能性,并加写了一段话:"列宁主义教导我们,而且历史经验也证明,统治阶级是不会自愿让出政权的。"适当地加重了后一种可能性的分量。第二,在论述和平过渡的内容里,在强调议会斗争之外,加写了有关开展议会外的群众斗争的论述。关于这两点,毛泽东同几位资本主义国家共产党领导人都讨论过,并取得基本一致的看法。①

在中苏两党就宣言草案达成共同意见的同时,中国代表团在 11 月 10 日向苏共中央提交了《关于和平过渡问题的意见提纲》,全面阐明了中国共产党在这个问题上的原则立场。社会主义国家共产党和工人党代表会议及其宣言,增强了社会主义阵营的团结,在一些重大问题上初步统一了社会主义各国的认识,使苏共二十大以后出现的人心波动、思想混乱的局面有所改变。

―――――――――

① 樊天顺、李永丰、祁建民主编:《中华人民共和国国史通鉴》第 2 卷,当代中国出版社 1993 年版,第 220 页。

（三）东风压倒西风

社会主义各国共产党和工人党代表会议结束的那一天，11月16日，召开了各国共产党和工人党代表会议。六十四个国家的共产党和工人党代表团出席了会议。这是自第二次世界大战结束以来，国际共产主义运动的一次空前盛会。

会议一致通过了《和平宣言》，与会的六十四国共产党和工人党代表团，包括中国代表团在内，共同签署了这个宣言。这个会议共开了三天，11月19日结束。在18日的会议上，毛泽东发表长篇讲话，集中论述国际形势和团结这两个问题。

关于国际形势，毛泽东指出：四十年前的十月革命是整个人类历史的转折点，现在国际形势又到了一个新的转折点。"中国有句成语：不是东风压倒西风，就是西风压倒东风。我认为目前形势的特点是东风压倒西风，也就是说，社会主义的力量对于帝国主义的力量占了压倒的优势。"

他列举了第二次世界大战以来发生的十件大事，来证明上述的判断。这十件大事是：苏联在打败德国、日本中起了关键作用；中国革命取得胜利，美国只好坐视蒋介石失败；朝鲜战争，迫使美国在停战协定上签字；越南战争，法国在日内瓦会议上认输；苏伊士运河事件，英法对埃及的进攻被制止；苏联制止了美国在叙利亚的冒险；苏联两颗人造卫星上天，把美国甩在后面；英国退出亚洲、非洲很大一片土地；荷兰退出印度尼西亚；法国退出叙利亚、黎巴嫩、摩洛哥、突尼斯等国。

从这十件大事中，他得出两条结论。第一，"问题是不能用钢铁数量多少来作决定，而是首先由人心的向背来作决定的。历史上从来就是如此。历史上从来就是弱者战胜强者"。第二，"一切所有号称强大的反动派统统不过是纸老虎"。"为了同敌人作斗争，我们在一个长时间内形成了一个概念，就是说，在战略上我们要藐视一切敌人，在战术上我们要重视一切敌人。"这个论点，毛泽东早在1946年就说过了。今天，在莫斯科六十四国共产党和工人党的国际会议上，重申这些论点，有着特别的意义。他说："我这话是特别想同资本主义国家共产党同志们交换意见的，因为他们现在还处在困难中，有些党很小，有些党有成批党员退出党。

我说这不足为怪,也许是好事。我们的道路是曲折的,是按照螺旋形上升的。"①

关于团结问题,毛泽东说:"我非常高兴,非常庆幸我们的会议开得很团结。这次大会反映了全世界无产阶级和人民的上升的朝气、东风压倒西风这么一种形势。我们有很多缺点和错误,但是我们的成绩是主要的,是年年见成效的。于是乎反映在我们六十几国共产党大会上一股朝气,并且一致承认要有一个头,这个头就是苏联,就是苏共中央。"

鉴于斯大林时期,对于犯错误的党内同志,对于党内持有不同意见的同志,往往采取不加分析、一棍子打死的错误做法,而这种做法又流传很广,在许多兄弟党中都不同程度地存在,毛泽东专门讲了团结的方法问题,党内团结的辩证法问题。

他说:"对同志不管他是什么人,只要不是敌对分子、破坏分子,那就要采取团结的态度。对他们要采取辩证的方法,而不应采取形而上学的方法。什么叫辩证的方法?就是对一切加以分析,承认人总是要犯错误的,不因为一个人犯了错误就否定他的一切。""辩证法的基本观点就是对立面的统一。承认这个观点,对犯错误的同志怎么办呢?对犯错误的同志第一是要斗争,要把错误思想彻底肃清;第二,还要帮助他。一日斗,二日帮。从善意出发帮助他改正错误,使他有一条出路。"

毛泽东又讲到社会主义社会的矛盾问题。他说:"有些人说社会主义社会可以'找到'矛盾,我看这个提法不对。不是什么找到或者找不到矛盾,而是充满着矛盾。""我很高兴赫鲁晓夫同志在十月革命四十周年纪念会上讲了社会主义社会存在着矛盾。我很高兴苏联哲学界产生了许多篇文章谈社会主义社会的内部矛盾问题。"

毛泽东还提出:"关于对立面的统一的观念,关于辩证法,需要作广泛的宣传。我说辩证法应该从哲学家的圈子走到广大人民群众中间去。"②

毛泽东讲话的时候,整个会场特别安静,讲话一结束,立即爆发出长

---

① 转引自中共中央文献研究室编,逄先知、金冲及主编:《毛泽东传(1949—1976)》上册,中央文献出版社 2003 年版,第 748 页。

② 转引自中共中央文献研究室编,逄先知、金冲及主编:《毛泽东传(1949—1976)》上册,中央文献出版社 2003 年版,第 747 页。

时间的热烈的掌声。

毛泽东这次讲话是即席讲话,没有照稿子念,讲了一个钟头,因为他曾害过一次脑贫血症,站着讲话不方便,是坐着讲的。会后,他同哥穆尔卡的一次谈话中讲到这个事。他说:"这样坐着吹牛可以吹几个钟头,站着说就要倒了,尤其不能念稿子,那要死了。"哥穆尔卡说:"我们就是照稿子读,这是个缺陷。"毛泽东说:"我在国内也是这样,紧张得要命,人是死的。这次来莫斯科不读稿子了,这才活起来。今后我不愿读稿子了。"①

(四)回国

11 月 21 日,毛泽东率中国代表团乘专机回到北京。毛泽东第二次访苏,获得了圆满成功。这一次出访,整天都是在会谈、开会、修改文件之中紧张度过的。用杨尚昆的说法,就是无非是从北京的房子里头搬到莫斯科的房子里面去住。

在莫斯科同一些兄弟党领导人的谈话中,毛泽东不止一次地讲到,他两次访苏感觉到的气氛很不一样。第一次访苏,不仅不能随便讲话,连同其他兄弟党领导人单独会面都不可能。当时苏共同其他党的关系,名为兄弟党,其实是"父子党"。这一次则不同,在兄弟党之间表现了平等协商、团结合作的精神。苏共中央也很尊重毛泽东,借重他的威望和影响作了大量的团结和说服工作,中苏两党关系中出现了平等协商的新气象。这一切,都使毛泽东感到满意。

使毛泽东更为满意的,是中国共产党的大部分和主要的意见,都得到与会各兄弟党的赞同,并写入了宣言。在许多重大问题上,同苏共及其他兄弟党达成比较一致的看法。杨尚昆曾经对毛泽东在莫斯科会议上所起的作用,作过这样的评价:"在这个会议上,毛主席在各方面起了决定作用。当然,同苏联协商那是没有问题。但是,许多问题,许多意见是主席提出来的,经过协商以后,他们接受了。"②

---

① 转引自中共中央文献研究室编,逄先知、金冲及主编:《毛泽东传(1949—1976)》上册,中央文献出版社 2003 年版,第 748 页。

② 转引自中共中央文献研究室编,逄先知、金冲及主编:《毛泽东传(1949—1976)》,中央文献出版社 2003 年版,第 760 页。

毛泽东第二次访苏,反映出中国和中国共产党在社会主义阵营以至国际共产主义运动中的地位和威望有了很大提高,成为国际共运中一支举足轻重的力量。这不仅是因为新中国在短短的几年内发生了翻天覆地的变化,国内建设取得了惊人的成就,更重要的是在1956年国际共运出现风波,处于困难的情况下,中国共产党能够旗帜鲜明地站出来表明自己的态度,给苏联等社会主义国家和各国共产党以强有力的支持,并在调整社会主义国家相互关系方面发挥了重要作用,赢得了各社会主义国家和各国共产党的信任。

从中国和中国共产党地位和威望的提高,毛泽东强烈地感受到中国经济落后造成的压力和束缚,他迫切希望改变这种处境。在莫斯科,他在各种不同的场合反复讲,现在的国际形势出现了转折点,社会主义阵营的力量正在上升,帝国主义阵营的力量正在下降。他认为,这样,就有可能争取到十年到十五年的和平时期。经过十五年的努力,苏联赶上和超过美国,中国赶上和超过英国,战争就更打不起来了,中国就争得了更长的和平时期,以集中力量进行经济建设,把中国早日建设成为富强的社会主义国家。这次访苏更加激发了毛泽东只争朝夕、尽快改变中国落后面貌的决心。

莫斯科会议距今已经四十多年。当时社会主义国家共产党和工人党之间,主要是中苏两党之间原来存在的一些分歧,由于各方面的需要和妥协,基本达到一致。但这是暂时的。随着时间的推移,局势的变化,这些分歧随后不久又重新暴露出来,并且逐步演化成为深刻的分裂。

三、中苏关系破裂

(一)中苏两党之间裂痕的扩大

赫鲁晓夫上台后,在共产主义阵营和苏联国内中需要中国的支持,因此注意同中共搞好关系。至1958年,他渐渐站稳脚跟,中国对其来讲并不那么重要了,两国关系开始向不友好的方向发展。1958年4月18日,苏国防部长建议在中国设长波电台。7月21日苏大使又提出建立联合舰队,遭到中国的拒绝后,赫鲁晓夫开始不满,随即向中共施加压力。

1959年6月20日苏军单方面撕毁了国防新技术协定,拒绝提供原子弹样品和生产技术资料。1958年8月,中印边界发生了一次武装冲突,9月9日,苏联塔斯社发表了一个偏袒印度的声明,把中苏两党的争论公开化。9月15日,赫鲁晓夫访美时大讲"戴维营精神",推行"苏美合作、主宰世界"路线。

1959年10月1日,中华人民共和国成立十周年,是一个大庆的日子。中共中央邀请苏联等十一个社会主义国家领导人率领的党政代表团和日本、印度等六十个国家的共产党代表团参加中国国庆活动。在这期间,毛泽东等中共领导人同一些代表团进行了会谈或谈话。

10月2日,毛泽东与苏共第一书记、部长会议主席赫鲁晓夫在颐年堂举行会谈,中方出席的有刘少奇、周恩来、朱德、林彪、彭真、陈毅、王稼祥。赫鲁晓夫是刚同美国总统艾森豪威尔举行戴维营会谈回国不久后来北京的。会谈时,他提出释放5名美国特务;指责我在中印边境冲突中破坏了印度的中立。毛泽东和周恩来对此作了批驳。

双方争论很激烈,措词也很强硬。快到最后,毛泽东为缓和一下紧张气氛,说:"声明已经发表了,不谈了,算了吧! 我、刘少奇同志和周恩来同志,都说过你们的问题。但这是一小部分的问题,是九个指头和一个指头之比。我们的基本路线是一致的,只是在个别问题上有分歧。现在可否还这样认为?"赫鲁晓夫说:"我们一向是这样认为的。"毛泽东说:"在原则问题上、个别问题上的分歧,不应该影响我们的团结。"赫鲁晓夫说:"在我们最困难的时候,中国支持了我们,而我们也支持了你们。今后还是这样的。"①这次会谈,双方最后都表示了团结的愿望,但事实上中苏两党之间的裂痕已明显加大。

1960年4月,党报发表了《列宁主义万岁》等三篇文章,不点名地批评了赫鲁晓夫。毛泽东亲自审阅《列宁主义万岁》,并提出修改意见。据吴冷西回忆,在文章起草过程中,毛泽东讲过这样一些意见:要充分说理,对我们要跟他辩论的人要区别对待,而且要留有余地。特别是对好心、善意的人,或者思想方法上有形而上学思想的人,还是把他看成是我

---

① 转引自中共中央文献研究室编,逢先知、金冲及主编:《毛泽东传(1949—1976)》,中央文献出版社2003年版,第1016页。

们的朋友,这样来同他说理。集中批驳的是南斯拉夫的修正主义观点。对苏联人的观点,不要直接引用,特别是不要引用赫鲁晓夫本人的讲话。苏共还是我们团结的对象,不要直接批它。但是我们这么批评,可能促使他们也考虑考虑自己讲的对不对,可以起到抑制的作用。①

6月8日和9日,毛泽东在上海召开了一次政治局常委扩大会议,政治局常委决定,由彭真率中国共产党代表团出席罗马尼亚工人党代表大会。赫鲁晓夫和苏共中央则对这次会议作了充分准备,目的就是借这次会议对中国共产党发起全面攻击。23日苏共代表团交给中共代表团一封苏共中央给中共中央的信,通篇内容是反驳《列宁主义万岁》等三篇文章的观点。他们还把这封信改为《通知书》的形式,提前在21日散发给到会的其他党代表团。因此,会议开始前,双方的气氛已十分紧张。

从6月24日至26日,十二个社会主义国家共产党代表团举行会议时苏共代表团便对中共代表团进行围攻。赫鲁晓夫同时对中国内政、外交各个方面进行攻击。作为代表团成员的彭真给予反击,批评赫鲁晓夫,着重批评他说帝国主义跟过去不一样,批评赫鲁晓夫违背了马克思列宁主义。

6月23日,中央收到彭真来电,报告苏共中央6月21日给中共中央来信即《通知书》的要点。中央书记处临时开会,讨论如何答复来电问题。同一天,毛泽东收到柯庆施送来的彭真来电的抄件,当天晚上,他邀集刘少奇、周恩来、陈云开会,商量此事。从这一天起,毛泽东等四位常委,加上柯庆施,有时刘晓也参加,在上海文化俱乐部连续开会五天,讨论布加勒斯特会议问题。

由于中共代表团不断地、及时地把布加勒斯特会议情况报告国内,中共中央对会议的进展情况及时了解并作出指示,所以代表团的斗争进行得很成功。

布加勒斯特会议标志着国际共运阵营分裂的升级,中苏两党之间在一系列重大原则问题上的分歧完全公开化了,中苏两党关系急剧恶化。

紧接着在这年7月发生苏联撤走全部在华专家的严重事件。当时在中国的苏联专家共有一千三百多名,分布在经济、国防、文教和科研等

---

① 吴冷西:《十年论战》(上),中央文献出版社1999年版,第261页。

二百多个企业和部门。他们接到苏联的命令全部撤走,使中国一些重大的设计项目和科研项目中途停顿,使一些正在施工的建设项目被迫停工,使一些正在试验生产的厂矿不能按期投产。这对正处在困境中的中国经济,无疑是雪上加霜。苏共这一举动,把两党意识形态的分歧扩大到国与国的关系上,显然是为了进一步对中国施压。

7月30日,毛泽东召开政治局常委扩大会议,讨论答复苏联撤回专家照会的复照稿。第二天,将复照交给苏联驻华大使馆,同时印发会议。复照指出,苏联撤回专家的行动,违反《中苏友好同盟互助条约》,违反社会主义国家之间友好关系的准则,希望苏联政府重新考虑并且改变召回苏联专家的决定。但是,苏方以毫无商量余地的态度,在短短一个月的时间内,撤走全部苏联专家,撕毁了两国间签订的所有有关协定与合同。

(二)八十一党会议

1960年9月10日,中共中央对苏共中央6月21日的通知书作了答复,阐述了中共的观点,批驳了他们的错误观点,提出消除分歧,加强团结,开好各国党的会议的建议。当天,邓小平、彭真约见苏联驻中国大使契尔沃年科,把《答复书》交给他,同时通知他,中共代表团于9月15日动身去莫斯科。

中共代表团由邓小平任团长,彭真任副团长。代表团出发前,9月13日晚上,毛泽东在颐年堂召开中央政治局常委扩大会议,研究中苏两党会谈的方针。

两党会谈从9月17日到22日,共举行五次。因双方意见分歧很大,争执不下,无结果而散。代表团23日下午回到北京,当天晚上向政治局常委汇报。根据吴冷西的回忆,毛泽东在汇报会上讲了一些意见。大意是中苏两党还是应该团结的。我们需要团结,他们也需要团结。问题是如何达到团结。我们要争取在马列主义基础上同苏共达成协议。这次中苏会谈有好处,你讲我也讲,不是布加勒斯特会议那种一面倒的方式。将来在世界共产党和工人党代表会议上,争取达成协议,但也不怕分裂,准备苏共要分裂。我们总的方针是坚持原则,坚持团结,坚决斗争,留有余地。

9月30日,邓小平、彭真率代表团再次赴莫斯科,出席起草委员会会议,主要讨论各国共产党和工人党代表会议声明草案。苏方起草的声明

草案，包括了二十大的一系列观点。起草委员会经过一场激烈的辩论，对草案大部分作了修改，达成部分协议。可是，赫鲁晓夫从纽约回来后，推翻了有些已达成的协议，使会议濒临破裂。中国代表团采取边缘政策，说你们如果继续采取这种态度，我们只好回国请示。这才使事态好转，达成初步协议。

11月5日，以刘少奇为团长、邓小平为副团长的中共代表团离京飞赴莫斯科，出席各国共产党和工人党代表会议。苏共代表团的主要成员是赫鲁晓夫、科兹洛夫、苏斯洛夫等。这是国际共运中的一件大事，引起举世瞩目。

11月7日，红场游行后，苏方交来一个对中共《答复书》的答复，并且申明，希望不要把它与会议联系起来。苏共的这个"答复"集中攻击毛泽东的一些论点，同时也列举了刘少奇、邓小平、陆定一文章和讲话中的论点，挑起了新的争论。我党代表团不得不阐明我们的观点和意见，会议一度陷于僵局。

11月16日晚，毛泽东在怀仁堂小休息室同周恩来、陈毅、李富春、陈伯达一起研究代表团来电，同意代表团的意见，并告诉他们一切应作最坏的打算。周恩来当即打电话给邓小平，转达中央的意见。

11月23日，赫鲁晓夫发言。他有意放低语调，力图抓住团结的旗帜，以争取群众，而对中共则是针锋相对，继续进行指责。24日，邓小平作第二次发言。在休息时间，苏方人员全体出动组织一些与会代表发言，一时会场情况十分紧张。休息后，发言的人大都是一套定型的语言，明白地攻击中国共产党。

这时，会议已经进行了两周。中共代表团对会议前途作了分析和估计。从现在看来，全部关键是苏共二十大的问题。反对在声明草案里写上苏共二十大，从中国共产党来说是完全有理由的，但这样做却不能像反对写上集团派别活动那样得到支持。对这个问题究竟采取什么态度，直接关系到对声明是否签字的问题，代表团曾几经考虑，并于24日、25日连发两个电报，请示中央。

11月26日下午，毛泽东在颐年堂召开中央政治局扩大会议，讨论代表团的请示电，因事关重大，把各中央局书记也都请来了。会后，中央致电刘少奇：提议在声明草案有关的一段中，强调一致协商的原则；签字问题，中央正在讨论，待27日或28日才能答复。

中共中央关于签字问题的指示电,28 日发出,主要精神是:要做到仁至义尽,巩固左派,争取中间,暴露右的。在二十大问题上可以让步,但绝不能同意写集团宗派和内部决议。代表团现在的方针应该是力争达成协议,发表一个经过共同协商、达到一致的会议声明。

在 28 日召开的起草委员会第三次会议上,讨论过程中露出一点迹象,苏共做出一点让步,他们同意删掉"民族共产主义"的提法。29 日,起草委员会召开第四次会议。这次会议是一个重要转折。关键问题就是写不写苏共二十大。二十大被苏共视为命根子,别的它都可以让,唯独这一条万万不能让。中共中央根据对会议形势的分析,作出在二十大问题上可以让步的决定。这是关键的一招,使整盘棋走活了。

11 月 30 日,中共代表团刘少奇、邓小平、彭真,与苏共代表团赫鲁晓夫、科兹洛夫、苏斯洛夫会谈。会谈进行得比较顺利。刘少奇着重谈团结问题。关于中苏两党争论,双方都表示希望结束,再不挑起,使两国、两党的关系恢复到 1957 年以前的状况。

12 月 1 日,八十一党会议全体大会在克里姆林宫举行,各党代表团团长在声明上签字,并通过公报、呼吁书等。刘少奇、赫鲁晓夫先后讲话,都着重讲团结问题,会场空气为之一变。为时二十二天的八十一党代表会议在充满热烈、团结的气氛中结束。

从 6 月布加勒斯特会议赫鲁晓夫发动对中国共产党的围攻,以及随之而来的对中共采取一系列高压政策,到八十一党代表会议达成协议,圆满结束,这是毛泽东和中共中央采取坚定而又灵活的方针,经过艰苦而又复杂的斗争,所取得的胜利。中苏两党的争论告一段落,出现了团结的局面。这是符合中苏两党、两国的需要,也是适应世界各党一致的要求。

后来,毛泽东对八十一党莫斯科代表会议及其发表的声明,作过这样的评价。他说:"1959 年春季世界帝国主义、各国反动派、修正主义组织反华大合唱。1960 年底,国际情况起了很大变化,八十一个共产党和工人党在莫斯科举行了代表会议,发表了反对帝国主义、反对反动派、反对修正主义的声明。这个'不怕鬼'的声明使全世界革命人民的声势为之大振,妖魔鬼怪感到沮丧,反华大合唱摧垮。"[1]

---

① 《人民日报》1961 年 2 月 5 日。

然而,八十一党会议声明,毕竟是中苏两党双方妥协的产物,两党之间的分歧并没有消除,只是暂时被搁置下来了。

(三) 中苏第一轮论战

但是中苏之间的矛盾毕竟没有解决掉,反而随着时间的发展,只能是越积越多、越积越深,到1962年底,又发展到一触即发的地步。1962年10月古巴导弹危机,苏联和美国剑拔弩张,开战在即。但在这场危机过后,赫鲁晓夫很快就迁怒于中国。12月12日,赫鲁晓夫在苏联最高苏维埃会议上发表讲话,指责中国在中印边境冲突和加勒比海危机中的原则立场。这个讲话成了苏联指挥一些党对中共发起新一轮围攻的信号。

在这种情况下,毛泽东和中共中央决定发表一系列答辩文章进行反击。

第一篇答辩文章,是12月15日发表的《人民日报》社论《全世界无产者联合起来,反对我们的共同敌人》。这篇社论原先的标题是"坚持真理,弄清是非,团结对敌"。毛泽东看了,觉得不够响亮,便重新拟了这个标题。毛泽东是12月14日凌晨修改这篇社论的,当时他正在杭州。他在给邓小平的批语中说:"此文已阅,认为写得很好,有必要发表这类文章。""又,题目似宜改一下,更为概括和响亮些,请酌定。"①

从这篇社论起,中国共产党紧紧抓住团结的旗帜,对各种攻击进行有节制的反击。

12月初,意大利共产党举行第四次代表大会,中国共产党派出代表团参加。12月2日,意共总书记陶里亚蒂在总报告里点名攻击中国共产党。中国共产党决定给予还击。12月29日,邓小平把起草好的《人民日报》社论稿《陶里亚蒂同志同我们的分歧》送毛泽东审定。邓小平说文章题目原想用"驳陶里亚蒂"。因"驳"字在外文中有"反对"的意思,故未采用。毛泽东收到社论稿,连夜看完,30日凌晨2时写批语给邓小平,说:"文章已看过,写得很好,题目也是适当的。可以于今日下午广播,明

---

① 中共中央文献研究室编:《建国以来毛泽东文稿》第十册,中央文献出版社1987年版,第96页。

日见报。"①

12月31日，《人民日报》发表了社论《陶里亚蒂同志同我们的分歧》。《红旗》杂志也在1963年第1期刊登长篇社论《列宁主义和现代修正主义》，作为答辩文章。对他们的攻击做出了回应。

1963年1月6日下午，毛泽东在杭州会见日共中央政治局委员、书记处书记袴田里见一行。毛泽东在谈话中说："有些党依靠压力过日子，还搞收买、颠覆，强加于人，不让各国党有自己的独立思考，不让各国党自己制定自己党的路线。马克思主义的核心是阶级斗争的学说。但是现在修正主义者不讲这些，讲阶级调和、和平过渡、全民党，没有阶级性的自由、平等、博爱，超阶级的、实际上是资产阶级的全民政府等。"在谈到当前的论战时，他说："这一法宝是从意大利取来的。我们现在得到一种机会，可以公开地批评意大利共产党的'结构改革论'。意共把结构改革说成是共产主义的一般方向。我们并非干涉内政，但由于意共说是一般方向，同时又公开攻击中国共产党。如果他不公开攻击，我们就不好公开回答。现在就非公开回答不可。"还说："陶里亚蒂也作了一些好事。"②

苏联共产党对中共的围攻继续升温。1月7日，苏联《真理报》发表长篇文章《为和平和社会主义的胜利加强共产主义运动的团结》。随后，在1月15日至21日召开的德国统一社会党第六次代表大会上，赫鲁晓夫第一次公开指名批评中国共产党，同时又提出停止公开论战，实际上是要阻止中共继续反驳。

在这种情况下，中共中央起草第四篇答辩文章，这就是1月27日发表的《人民日报》社论《在莫斯科宣言和莫斯科声明的基础上团结起来》。当时毛泽东在武汉。1月25日晚，审阅了这篇社论稿，在给邓小平的批语中说："24日送来的社论，已经看过，写得很好，可以发表。"③

---

① 中共中央文献研究室编：《建国以来毛泽东文稿》第十册，中央文献出版社1987年版，第101页。

② 转引自中共中央文献研究室编，逄先知、金冲及主编：《毛泽东传（1949—1976）》上册，中央文献出版社2003年版，第1267页。

③ 中共中央文献研究室编：《建国以来毛泽东文稿》第十册，中央文献出版社1987年版，第109页。

这时,双方都想缓和一下。2月21日,苏共中央致信中共中央,表示要停止论战,举行中苏两党会谈,为召开新的兄弟党国际会议作准备。毛泽东很重视这封来信。2月23日晚,召开常委会议研究苏共来信。然后约见苏联驻华大使契尔沃年科。参加会见的有刘少奇、周恩来、邓小平、康生和伍修权。毛泽东正患感冒,是在菊香书屋的卧室里会见的。

针对苏共中央来信中关于停止攻击的解释,毛泽东质问:"谁首先攻击?谁发动了四十几个党攻击我们?谁首先在一个共产党的代表大会上攻击另外一个共产党?一连五个党的代表大会公开攻击中国,就是保加利亚、匈牙利、捷克斯洛伐克、意大利、东德,有几十个国家的党向我们公开指名攻击。这很好!把问题摆在全世界人民面前、全世界共产党人面前,也摆在全世界帝国主义和反动派的面前。我们是'反马克思主义'的,真理是在你们四十三国共产党的手里。好,是不是可以建议我们的文章在你们的报纸上发表,在四十三国的报纸上发表,学我们的办法,然后你们批评,索性展开论战。索性展开有什么要紧呢!是不是天就要塌下来?北京西山山上的草木就不长了?我看天也不会塌下来,草木还照样长,妇女照样生孩子,河里的鱼照样游。"

2月27日,以《人民日报》社论的名义发表了第五篇答辩文章,题目是《分歧从何而来?——答多列士等同志》。这篇文章第一次公开指明中苏两党的分歧是从苏共二十大开始。如果说,前面的四篇文章,还只是澄清或正面回答一些争论问题;那么这篇文章的发表,则把争论的深度向前推进了一步,指出了这场争论是由谁引起的,谁应对此负主要责任。

3月1日至4日在《人民日报》上连载的《红旗》杂志编辑部文章《再论陶里亚蒂同志同我们的分歧》,作为第六篇答辩文章。毛泽东对这篇文章极为重视,改了几遍。文章要分四天连载,就是毛泽东提议的,他认为这样可以让大家有时间仔细阅读。这篇文章,是这一时期连续发表的几篇文章中,最有分量的一篇,也是毛泽东下工夫修改最多的一篇。

文章共八个部分,十一万字。毛泽东先修改的是引言部分。在"他们这次既然直接地向我们挑起了公开争论"一句之后,加写了一段话:"我们有什么办法呢?难道还能如过去那样缄默不言吗?难道'只许州官放火,不许百姓点灯'吗?不行,不行,不行。我们一定要回答。他们迫得我们没有别的路走"。①

2月14日,陈伯达把毛泽东修改后的引言打出清样再送毛泽东。毛泽东又加写了一大段话,其中写道:"我们共产党人之间的分歧,只能采取摆事实说道理的态度,而断断不能采取奴隶主对待奴隶的态度。全世界无产者和共产党人一定要团结起来,但是只能在莫斯科宣言和莫斯科声明的基础上,只能在摆事实说道理的基础上,只能在平等商量有来有往的基础上,只能在马克思列宁主义的基础上,才能够团结起来"。②

17日,陈伯达送来了第八部分(最后一部分)的初稿。毛泽东又加写了一大段话,着重剖析一种现象,就是给别人扣上"教条主义者"、"宗派主义者"、"分裂主义者"、"民族主义者"、"托洛茨基主义者"的帽子的人,却惧怕别人的答辩文章,严密封锁。过了一天,毛泽东对第八部分又作了一次修改。他改用《共产党宣言》结尾的口号"全世界无产者,联合起来",作为这部分的小标题。并以三句口号作为全文的结束:"全世界无产者联合起来!""一切被压迫人民和被压迫民族联合起来!""一切马克思列宁主义者团结起来!"③这样就更增强了这篇文章在当时的震撼力和号召力。

2月20日上午,毛泽东最后审阅了引文和第八部分。他在批语中写了少有的满意评价:"改得很好,很完整,再也没有遗憾了。"④

《再论陶里亚蒂同志同我们的分歧》这一长篇文章,是自1960年4月发表《列宁主义万岁》等三篇文章以来最为系统也最有分量的理论文章,名义上是批驳陶里亚蒂,锋芒所向实际上是对着赫鲁晓夫等人。

这篇文章在中苏论战中具有承上启下的作用。其中许多观点是多年逐步形成的,可以说是对中苏两党分歧和争论的一个初步总结。这些

---

① 中共中央文献研究室编:《建国以来毛泽东文稿》第十册,中央文献出版社1987年版,第110页。

② 中共中央文献研究室编:《建国以来毛泽东文稿》第十册,中央文献出版社1987年版,第110页。

③ 中共中央文献研究室编:《建国以来毛泽东文稿》第十册,中央文献出版社1987年版,第110页。

④ 中共中央文献研究室编:《建国以来毛泽东文稿》第十册,中央文献出版社1987年版,第110页。

观点,后来都被吸收到中国共产党《关于国际共产主义运动总路线的建议》中,而且进一步地理论化和系统化。

3月8日,发表了第七篇答辩文章:人民日报社论《评美国共产党声明》。

从1962年12月15日到1963年3月8日,作为第一轮论战,中国共产党先后共发表七篇答辩文章。这些文章都没有对苏共领导人进行指名道姓的批评,以留有余地。七篇答辩文章发表以后,中苏两党之间的论战暂时平息了下来。这是双方准备下一轮两党会谈的共同需要。实际上,这种暂时的宁静背后,又在酝酿和准备着更加激烈的新一轮争论。

(四)中苏第二次大论战

3月9日,中共中央发出对苏共中央2月21日来信的回复,赞成停止论战,举行会谈,其中从3月9日起便暂时停止发表论战文章。但在此后的6月14日答复苏共的信中,提出关于国际共产主义运动的总路线的建议,以便在会谈中系统地交换意见。不料遭到苏共拒绝。1963年7月5日,中苏双方在莫斯科会谈。中共的团长是邓小平,副团长彭真,团员有康生、杨尚昆、刘宁一、伍修权和潘自力;苏方有苏斯洛夫、格里申、安德罗波夫、伊利切夫、波诺马廖夫、萨丘科夫、契尔沃年科。会谈是激烈的,就有关问题进行了交锋。最终,没有达成任何协议,结果不欢而散。中国代表团于20日回国。苏联于7月14日发表了苏共中央公开信,全面反驳中国总路线的建议。苏联各报刊、电台连篇累牍地发表社论、文章、消息,支持苏共,开始攻击中共。中共中央则于7月19日发表声明,指出苏共公开信中对我党的反驳不符合事实。次日在各报上发表了双方的信。从1963年9月6日起到1964年7月14日,中共先后发表了"九评",在国际共运中开展了一场大论战。

1963年7月23日,毛泽东召开会议,确定书记处的分工,写评苏共中央公开信的事由康生负责。评论文章相继在《人民日报》和《红旗》杂志上连发九篇,通称"九评"。

9月6日发表,"九评"的第一篇即题为《苏共领导同我们分歧的由来和发展》。文章把中苏两党自1956年苏共二十大以来的矛盾和分歧,及其发展、升级和扩大的过程,公之于众。文章指名道姓地批评了赫鲁晓夫,并且指出,目前国际共运的大论战,是由苏共领导一手挑起和扩大起来的。论战已经开始。

毛泽东对"二评"先后修改了三次。第一次是对9月2日稿的修改,把原先的标题"为什么甘当斯大林的敌人"改为"关于斯大林问题"。在文章开头加写了一段话,形成最后的文字是:"斯大林问题,是一个世界范围内的大问题,曾经引起了世界各国一切阶级的反响,至今还在议论纷纷。各个不同的阶级,代表各个不同阶级的政党或政治派别,意见不同。估计在本世纪内,这个问题还不可能作出定论。但是,在国际工人阶级和革命人民范围之内,多数人的意见其实是相同的,他们不赞成全盘否定斯大林,而且越来越怀念斯大林。就是在苏联,也是如此。我们同苏共领导人的争论,是同一部分人的争论。我们希望说服这一部分人,以利于推进革命事业。这就是我们写这篇文章的目的。"而对斯大林做错了事能够做自我批评的态度,毛泽东加写了这样一段:"就是肃反错误,斯大林在1938年苏共第十八次代表大会上的报告中,也是承认了的。"[1]

9月6日,毛泽东作第二次修改,主要是在谈到马克思主义者对待虽然犯过错误但仍不失为伟大的无产阶级革命家的人物如卢森堡、倍倍尔等人采取的态度时,增写了两句话:"倍倍尔、卢森堡等人在历史上所起的作用,远不能同斯大林相比。斯大林是一个历史时代的无产阶级专政和国际共产主义运动的伟大的领导人,对他的评价,应当更加慎重些。"[2]

9月11日,毛对"二评"作最后一次修改。对赫鲁晓夫等人对斯大林的否定之处,加写了一段话:"绝大多数苏联人,不赞成这样谩骂斯大林。他们越来越怀念斯大林。苏共领导人严重地脱离了群众。他们时时刻刻感觉到斯大林的阴魂不散,在威胁着他们,其实是广大人民群众对于全盘否定斯大林表示非常不满意。赫鲁晓夫在苏共第二十次代表大会上所作的全盘否定斯大林的秘密报告,至今不敢拿出来同苏联人民和整个社会主义阵营各国人民见面,其原因就在于这个报告是一个见不

---

① 中共中央文献研究室编:《建国以来毛泽东文稿》第十册,中央文献出版社1987年版,第110页。

② 中共中央文献研究室编:《建国以来毛泽东文稿》第十册,中央文献出版社1987年11月版,第110页。

得人的报告,是一个严重脱离群众的报告。"在文章的结尾,又补写了这样一句:"我们劝告赫鲁晓夫同志一句诚恳的话,希望你迷途知返,从完全错误的道路,回到马克思列宁主义的道路上来。"① 显然,《二评》——《关于斯大林问题》发表,进一步阐明了对赫鲁晓夫在这个问题上的言行所作的揭露和批驳,可以说是淋漓尽致。

9 月 26 日,"三评"发表,题目是《南斯拉夫是社会主义国家吗?》。"三评"发表后,直到 10 月 22 日,才发表了"四评",题目是《新殖民主义的辩护士》。

苏联方面则在 10 月底和 11 月初,赫鲁晓夫接连发表两次讲话,一面继续攻击中共,一面又挂出了"免战牌"。中共中央则不予理会,继续发表评论文章。11 月 19 日,"五评"发表,题目是《在战争与和平问题上的两条路线》。毛泽东在这篇文章中加写了一个名句:"社会实践是检验真理的唯一标准。"这是毛泽东对真理标准问题所作的完备表述,现在已被人们普遍认为是一个经典的概括。12 月 12 日,"六评"发表,题目是《两种根本对立的和平共处政策》。接着,起草"七评",题目是《苏共领导是当代最大的分裂主义者》。毛泽东说过:"七评"搞了两个多月,修改了十八次,我们在文章发表的前两个星期才想出了一个题目《苏共领导是当代最大的分裂主义者》。据吴冷西回忆:"这篇文章原定是讲兄弟党关系的,多次改变题目,改变结构,写得比较吃力。此稿前后一共修改了十八遍,比我们过去的几篇文章花的力气都大,时间也最长。"②

"七评"发表前,毛泽东有两处增补。一处是在"当代最大的分裂主义者"部分,加写了"苏共领导的修正主义和分裂主义,是国内资产阶级因素泛滥和增长起来的产物"。另一处是在"目前的公开论战"部分,加写了"马克思列宁主义是科学,科学是不怕论战的,怕论战的不是科学"。③ 前者代表了毛泽东通过对苏联变化的观察和中苏论战得出的一个认识。他同样用这个观点观察中国国内的问题,从而由反修防修、防

① 中共中央文献研究室编:《建国以来毛泽东文稿》第十册,中央文献出版社 1987 年版,第 110 页。

② 吴冷西:《十年论战》(下),中央文献出版社 1999 年版,第 662、663 页。

③ 中共中央文献研究室编:《建国以来毛泽东文稿》第十一册,中央文献出版社 1987 年版,第 5 页。

止资本主义复辟,最后演变成"文化大革命"的发动。后者表达了他对这场论战的充分自信和将这场论战进行到底的决心。

3月31日,发表了"八评",题目是《无产阶级革命和赫鲁晓夫修正主义》。文章从苏共二十大讲起,着重批驳赫鲁晓夫的"议会道路"和"和平过渡"的观点。文章重申了关于暴力革命的思想,阐述从苏共二十大以来中苏两党在这个问题上的分歧。这篇文章第一次指名道姓地给赫鲁晓夫戴上了修正主义者的帽子,批驳的言词也愈加尖锐,用毛泽东的话说:"以比过去更加清楚的语言,回答修正主义者。"①

4月3日,苏联方面公开发表了苏共中央二月全会决议和苏斯洛夫在全会上的反华报告,《真理报》还配发了一篇反华社论。决议声称:"苏共中央认为,世界社会主义体系、共产主义运动和维护马克思列宁主义的纯洁性的根本利益,要求从思想上揭露中共领导的反列宁主义的立场和坚决反击他们的分裂行动。"②

在中国共产党看来,这是苏共采取的一个使论战升级的重要步骤。按照预先商定的方针,决心一面继续写"九评"给予还击;一面采取拖的办法,尽量推迟中苏分裂的时间。7月14日,"九评"发表,题目是《关于赫鲁晓夫的假共产主义及其在世界历史上的教训》。这时同苏共中央公开信的发表,正好相隔一年。这是对苏共中央公开信评论文章的最后一篇,也是九篇评论文章中分量最重的一篇。原先还准备写"十评",由于赫鲁晓夫的下台,"十评"没有发表。

"九评"是全面论述无产阶级专政学说,驳斥"全民国家"、"全民党"的,所以原先的题目是"无产阶级专政和赫鲁晓夫的假共产主义"。毛泽东把题目改为"关于赫鲁晓夫的假共产主义及其在世界历史上的教训"。"九评"分析了苏联的社会状况,认为苏联存在着敌对阶级和阶级斗争,认为"赫鲁晓夫修正主义集团篡夺了苏联党和国家的领导,在苏联社会上出现了一个资产阶级特权阶层","苏联人民同他们之间的矛盾,是目前苏联国内的主要矛盾,是不可调和的对抗性的阶级矛盾"。文章批驳了"全民国家"和"全民党"的观点。

---

① 中共中央文献研究室编:《建国以来毛泽东文稿》第十一册,中央文献出版社1987年版,第16页。

② 《人民日报》1964年4月27日。

据吴冷西回忆,毛泽东在主持讨论《九评》修改稿时曾说,赫鲁晓夫修正主义集团在苏联搞和平演变,是向所有社会主义国家,包括我们中国在内,向所有共产党,包括我们中国共产党在内,敲响了警钟。帝国主义对我们第一代、第二代大概没有指望了,但他们寄希望于第三代、第四代和平演变,杜勒斯们就是这么公开说的。因此,我们要准备后事,要培养革命接班人。所以,《九评》将毛泽东6月16日讲话中关于无产阶级革命接班人应具备的条件全文发表,并强调指出培养革命接班人的重大战略意义:"总之,这是关系我们党和国家命运的生死存亡的极其重大的问题。这是无产阶级革命事业的百年大计,千年大计,万年大计。帝国主义的预言家们根据苏联发生的变化,也把'和平演变'的希望,寄托在中国党的第三代或者第四代身上。我们一定要使帝国主义的这种预言彻底破产。"①

"九评"关于国际共运历史经验教训的论述,是针对苏共二十二大提出的一些突出论点,同时直接引申到中国国内的反修防修问题上。

北京时间1964年10月16日,苏共中央全会和苏联最高苏维埃主席团分别发表公报,宣布解除赫鲁晓夫苏共中央第一书记、苏共中央主席团委员和苏联部长会议主席的职务,选举勃列日涅夫为苏共中央第一书记,任命柯西金为苏联部长会议主席。消息传来,似乎为陷入僵局的中苏两党关系带来了一线转机。

10月14日夜,苏联驻华大使契尔沃年科将苏共中央和苏联最高苏维埃主席团上述决定通知中共中央。10月16日,毛泽东、刘少奇、朱德、周恩来向勃列日涅夫、柯西金等发出贺电。毛泽东在住处连续召开会议,研究局势,商量对策,决定借苏联十月革命节的机会,派周恩来率领高规格的中国党政代表团去苏联访问。

11月5日,周恩来率中国党政代表团抵达莫斯科。在同罗马尼亚和匈牙利党政代表团的会谈中,周恩来透露了来意:赫鲁晓夫下台是好事,会使苏联党和政府的政策有一些变化。我们想做一点推动工作,推动他们向好的方面变化。

在周恩来同苏联新领导人勃列日涅夫等的会谈中,苏方表示:过去

①　吴冷西:《十年论战》(下),中央文献出版社1999年版,第781页。

苏共是集体领导的,在同中共中央分歧的问题上,苏共中央内部甚至在细节上也是没有分歧的。他们坚持说,苏共中央7月30日信中关于12月15日召开二十六国筹备会议一事仍然有效。在12日最后一次会谈中,他们还表示:苏共二十大至二十二大通过的路线和纲领都是正确的,不可动摇的。这就紧紧地封闭了调整中苏两党关系的大门。

11月21日,《红旗》杂志发表社论《赫鲁晓夫是怎样下台的》,为中苏大论战画上了句号。随后,中苏两国关系急剧恶化。两党两国关系,由争吵变为敌对,除了没断交以外,已坏到不能再坏的程度。1965年3月初,苏在莫斯科召开了国际共运的分裂会议,有十几个党参加,其中3个党已经分裂,有7个党反对,没有参加。会后发表一个协商会晤公报,继续坚持赫鲁晓夫的路线。国际共运从此分裂,社会主义阵营也分裂了。1966年3月,苏共二十三大,我党没派人参加,从此就断绝了两党关系。12月13日,苏共举行中央全会,勃列日涅夫在会上作了反华报告,并通过决议,指名攻击毛泽东主席。1966年8月,苏联驱逐了我全部留学生;同时我撤回全部工人,还清了全部贷款。苏联单方面撕毁了猪肉换木材的合同,两国贸易大大减少。1969年3月,苏联制造了珍宝岛流血事件,挑起边界冲突,并在中苏边境陈兵百万和驻军蒙古人民共和国,严重威胁中国的安全,把中苏关系推向战争的边缘。

(五)珍宝岛冲突

中苏关系中不得不提的就是珍宝岛冲突。中苏之间的紧张关系,不仅存在党内,还延伸到了中苏之间的边境领土问题上。中苏边界摩擦早在1964年前就开始了。到"文革"时,中苏边界的矛盾点主要集中于自古以来属于中国的珍宝岛和七里沁岛的归属问题上。为此发生了几次小的冲突,但均由苏方挑起,其中最严重的一次便发生在1968年1月5日。当天苏军出动装甲车冲撞上岛从事正常生产活动的中国边民,当场撞死、轧死中国边民4人,造成了一起严重的流血事件。到1968年12月27日时,又发生了苏军用装甲车拦截中国边防巡逻队并殴打我边防巡逻人员。紧接着,1969年1月23日,双方再度发生斗殴,中方28人被打伤。从2月6日到25日,双方又连续发生了五起类似事件。一连串的事件最终演变成了3月2日的中苏两国边防部队在珍宝岛上发生的武装冲突。到 15 日时事件进一步升级,冲突规模更大,更激烈,甚至一度动用了重武器。这就是轰动一时的珍宝岛事件。

虽然说,珍宝岛事件是一次规模不算大的边境冲突,但带来的影响是巨大的,尤其是中苏之间处在这样微妙的时期。应当说,这一事件发生的根本就是苏联一系列由两党的矛盾演变为大国沙文主义对周边和弱势国家的领土及主权的侵犯所致。但根据近年来中俄两国披露的各种档案资料,我们已经可以清楚地了解到,发生在中国领土珍宝岛上的这场仗,是中国一让再让、忍无可忍的情况下,发动的一次边界自卫反击作战。

正如当年沈阳军区司令员陈锡联回忆的那样,为了战斗,我们准备了两三个月的时间,组建了一个二三百人的特别战斗队,由有作战经验的参谋人员带队,进行了专门的训练和配备。3 月 2 日战斗结束后,"我们知道他们要来,就在江叉口大量埋了地雷。他们首先从西边来了辆坦克,我们给炸了,他们不敢走了。从正面来了 30 多人,炮火掩护。我们当时在岛上也没有什么人,但炮火都准备好了。在一个不到一平方公里的岛上,几十辆车、十几辆坦克、装甲车,我请示总理:现在是开炮的时候了,得到总理的同意,我就让开炮。打了有半个小时,珍宝岛变成一片火海,把他们的车辆都打了。他们没有再增援部队,也用炮向我们射击,我们也用炮回敬他们,打了一会儿,那天的战斗就结束了。"①

但随后,毛泽东在为听到胜利的消息高兴时,同时也明确提出到此为止,不要打了。因此,此后珍宝岛的边防部队除了用炮火封锁不让苏军拖走那辆被反坦克地雷炸毁的 T62 坦克以外,只留了少量部队,让苏军前来收拾战场,但不再和苏军发生直接的武装冲突。即使苏军随后一度出于报复的目的,对珍宝岛进行了狂轰滥炸,中方也没有进一步采取使对抗升级的步骤。可以看出,珍宝岛之战从中国方面来说,直接目的不过是想给苏方以教训,以使其收敛挑衅行动。

但中苏之间的这场争议是值得我们不断深思和总结的。中苏两国既是共产主义世界的大国,也是邻邦,但两国之间所经历的这些团结和

---

① 转引自杨奎松:《毛泽东与莫斯科的恩恩怨怨》,江西人民出版社 2008 年版,第 443 页。

分裂乃至争论的史实,我们应当去认真总结,正如邓小平所评价的那样:"多年来,存在一个对马克思主义、社会主义的理解问题。从 1957 年第一次莫斯科会谈,到六十年代前半期,中苏两党展开了激烈的争论。经过二十多年的实践,回过头来看,双方都讲了许多空话。马克思去世以后一百多年,究竟发生了什么变化,在变化的条件下,如何认识和发展马克思主义,没有搞清楚。决不能要求马克思为解决他去世之后上百年、几百年所产生的问题提供现成答案。列宁同样也不能承担为他去世以后五十年、一百年所产生的问题提供现成答案的任务。"同时他还谈道:"从六十年代中期起,我们的关系恶化了,基本上隔绝了。这不是指意识形态争论的那些问题,这方面现在我们也不认为自己当时说的都是对的。真正的实质问题是不平等,中国人感到受屈辱。"①

我们必须清楚的是这里所谈的实质问题的不平等和中国人感到受屈辱,根本就是指苏联实行的大国沙文主义和霸权主义。而这些所带给中国的是以毛泽东为代表的共产党人,用极大的勇气,顶住了苏联的压力,保持了民族尊严和国家独立自主的地位。历史证明,这无论对主权和国家安全来讲都是至关重要的。

---

① 《邓小平文选》第 3 卷,人民出版社 1993 年版,第 291—295 页。

第三章
抗美援朝,维护国家战略安全

　　抗美援朝距今已有60多年了,当年的炮火硝烟和英雄烈士都已在历史长河中渐渐消逝了。60多年前,数百万人将生命置于那个半岛上,誓死捍卫着理想和自己的家园,那份舍我其谁的勇气,那份慷慨赴死的执着,那份保家卫国的壮志感天动地、气壮山河,……这一切曾感染过几代人,最可爱的人的事迹一直流传至今。直到今天,透过历史的只片对这场战争进行回味、总结的地方还有很多很多:或许有很多擦不去的伤痕,或许有那么一份为民族崛起而誓死捍卫的尊严,这是毛泽东带领亿万中国人走向世界的一个开端。

一、唇亡齿寒，救邻即是自救

（一）"二战"的产物——脆弱的"三八线"

要谈这场战争，自然回避不了的就是"三八线"。不妨先看看"三八线"的地理位置吧。所谓三八线就是北纬三十八度线，斜穿朝鲜半岛，长约300公里。这也是条经济分界线。"三八线"以南农业人口占三分之一，基本上是农业区，是朝鲜半岛著名的产粮区；"三八线"以北则是工业能源的集中地，拥有发达的水电资源，全国大部分工厂设在北方，包括化工、钢铁、水泥和化肥工厂等。可谓这条南北线在经济上各有优势，具有非常明显的依赖性，可历史的因素偏偏让南北分开。

可谓"三八线"划分的一刻就为这场战争埋下了种子。"二战"时期，1945年2月6日，美、苏、英三国首脑在苏联克里米亚半岛的雅尔塔为了各自在东亚的战略利益而订立了《雅尔塔协定》。其中规定：美、苏、英、中四国托管日本的殖民地朝鲜，但中英两国顾此失彼的状况决定了根本不理会朝鲜问题，按照当时的战略划分讲北部是苏联的势力范围，南面则归属美国。从某种程度上讲这种事实上的分裂朝鲜半岛的举动，为朝鲜半岛的分裂和爆发战争埋下了祸根。

因为美国不愿意失掉对抗苏联的这一战略地区而最终导致三八线被划出。美国看到了朝鲜半岛的战略重要性。日本投降后，美国认为朝鲜既是掩护日本的前哨，又是前进的跳板，但是，当时美军还远在几百公里以外的太平洋上作战，没有能力运送军队到朝鲜。为阻止苏联独占朝鲜，美国准备在朝鲜半岛划定一条军事分界线，这样美苏就可以分别在朝鲜接受日本投降。

这条线出自谁的手？在众多异议中，有这样的一种说法。这条线主要是出自陆军助理部长狄安和另一位上校查尔斯，依据美军最高统帅部的命令决定搞出"一条尽可能向北推进"，但又不致"被苏联拒绝"的分界线。狄安和查尔斯注意到在地图上北纬三十八度线差不多从朝鲜中部穿过，而且汉城及其附近的集中营都在"三八线"以南，于是决定用"三八线"作为受降区域的分界线。几天后，杜鲁门给斯大林发出密电，通报了给盟军最高司令官麦克阿瑟的有关日本武装部队投降细节的"总命令第一号",该命令的内容之一就是以"三八线"作为美苏双方在朝鲜半岛的受降区域的分界线。16日,斯大林复信表示"基本上不反对命令的内容"。

9月2日,麦克阿瑟在日本东京湾密苏里战舰上举行的日本投降签字仪式后,随即将三八线的划定会同斯大林所提的修改意见公布了出来。就这样,"三八线"作为美苏两国在朝鲜接受美国投降和实行军事占领的分界线便被明确地规定下来。

应当说,美国对"三八线"的划定包含着深远的政治和战略意图,也奠定了美国在朝鲜半岛存在的事实,在整个远东格局中设置了一个遏止苏联和中国的楔子。显然,当我们今天在来评价这一点时不得不佩服美国的远见,而且美国在东亚事务具有越发明显的作用。同样,苏联接受"三八线"为界的方案,也有其政治目的。在固有的观念中,苏联包括当今的俄罗斯始终对东北亚地区抱有野心,视作自己的势力范围。应当说,这种两个大国的存在使得南北半岛处于一种平衡状态,而这种平衡状态是相对,一旦有一种外力的附加,这种平衡就会被打破,战火不可避免。"三八线"不是纬度线,也不是和平线,是一根事实上的导火线。

(二)朝鲜内战

"三八线"这根导火线最终被点燃。1946年2月8日,北朝鲜决定成立北朝鲜临时人民委员会,选举金日成为委员长。在南朝鲜,美国则扶植"追随西方民主"的李承晚。

美国为了将苏联逐出朝鲜半岛,就积极在"三八线"以南建立李承晚政府。在美国支持下,1948年李承晚当选为总统,"大韩民国"宣告成立。随后推动第三届联合国大会通过决议,承认该政府是朝鲜的"合法政府"。紧接着,美国政府宣布正式承认"大韩民国"。李承晚政府在南朝鲜一面实行专制统治,压制政治反对派,一面煽动武力统一南北的民族主义情绪。

针对南朝鲜的行为,北朝鲜也采取了相应的行动。9月9日,朝鲜民主主义人民共和国宣告成立,金日成当选为领导人。10月,苏联与之建立了外交关系。

这样,在朝鲜半岛上出现了两个各自为政、互不承认、互相敌视的政府,朝鲜民族从分裂走向了对抗,但都企图按照自己的意志统一朝鲜,再加之,美苏之间相互较量、相互遏制的因素,这一地区的紧张局势不断加剧,并开始作军事准备。南朝鲜军队是美军撤离前由美国武装和精心培训建立起来的现代化军队,总兵力为 8 个师 9.8 万人。美国在南朝鲜还留有一个军事顾问团,共 472 名官兵。同一时期,朝鲜北方也加强了人民军的建设。1950 年 6 月,北朝鲜的总兵力达到 13.5 万人,此外还有 5 个警备旅和国内治安部队。苏联军事顾问团有 3000 人左右,在人民军中直到连一级都设有顾问,每个步兵师的顾问多达 15 人。正因如此,双方斗争的一个直接体现就是在"三八线"附近冲突不断,从 1949 年 1 月至 1950 年 6 月,朝鲜南北双方在"三八线"附近的冲突将近 2000 多起。朝鲜爆发内战已是必然,就看哪个时间点上了。

1950 年 6 月 25 日,北朝鲜声称,李承晚在美国操纵下突然向"三八线"以北地区进行了全面的武装侵犯,随即给予反击。(但在苏联解体后,随着苏联档案的公开,目前广泛流行的观点认为 1950 年 6 月 25 日凌晨,在得到斯大林的同意之后,金日成下令北朝鲜军队越过"三八线",发动了对南朝鲜的突然进攻。)由于当时南朝鲜三分之二的军队尚未进入战备状态,根本没有招架之力,北朝鲜军队一鼓作气,6 月 28 日攻下汉城。到 8 月中旬,南朝鲜 90% 的地区被占领。

美国决定参战。当朝鲜战争爆发的消息传到美国时,1950 年 6 月 26 日,杜鲁门就直接命令其驻远东的空、海军参战,支援李承晚的军队。27 日,杜鲁门公开宣布出兵朝鲜,一同命令海军第七舰队开进台湾海峡。同一天,美国操纵联合国安全理事会,以"紧急援助"李承晚集团为名操纵联合国安理会通过决议,出兵朝鲜。6 月 30 日,杜鲁门下令将美国驻日本的地面部队投入作战。7 月 7 日,杜鲁门下令扩充美国的战斗部队63 万人。这样,美国的陆海空三军总数达到 200 多万人,准备以更大的力量投入朝鲜战争。同一天,美国操纵联合国安全理事会又通过了一个决议,给美国及其他国家的入朝军队披上了"联合国军"的外衣。

9 月 15 日,美军在仁川实施登陆,朝鲜战场形势随即逆转,北朝鲜军队在美军的打击下节节后退,战火一直烧到了中朝边界——鸭绿江边,北朝鲜岌岌可危。

（三）毛泽东的艰难决策

这场战争打乱了中国的计划。1950 年初，毛泽东访苏的成功为新中国的建设提供了一个相对较好的国际援助环境，使得各项建设百废待兴。然而，1950 年 6 月 25 日朝鲜战争的爆发，打乱了毛泽东和中国人民的计划。

美军参战是"项庄舞剑，意在沛公"。美国一边出兵朝鲜，一边命令第七舰队向台湾海峡出动，就把台湾和朝鲜半岛这两个相隔万里、毫不相干的地区联系起来，并采取严重的军事行动，这样的目的不得不让人生疑。应当说舰队进入台湾海峡就是公然对中国内政的威慑。再加上，美国对台湾的态度。这样举动显然有很强的针对性。

毛泽东的反应是迅速的。他在 1950 年 6 月 28 日中央人民政府委员会第八次会议上庄严宣告："全国和全世界的人民团结起来，进行充分的准备，打败美帝国主义的任何挑衅。"他还说："杜鲁门在今年 1 月 5 日还声明说美国不干涉台湾，现在他自己证明了那是假的，并且同时撕毁了美国关于不干涉中国内政的一切国际协议。"①

到了 7 月 7 日前后，为以防万一的情况出现，毛泽东作了一个具有远见卓识的战略决策，将驻河南等地的战略预备队第十三兵团（下辖第三十八军、第三十九军、第四十军），加上第四十二军（原在东北）和炮兵第一师、第二师、第八师等，共二十五万五千人，组成东北边防军，调往安东（今丹东）、辑安（今集安）、本溪。8 月上旬，东北边防军完成集结，并开始整训。9 月 6 日，第五十军又编入东北边防军。

这样做的目的就像毛泽东后来讲的那样："战争开始后，我们先调去三个军，后来又增加了两个军，总共有五个军，摆在鸭绿江边。所以，到后来当帝国主义过'三八线'后，我们才有可能出兵。否则，毫无准备，敌人很快就要过来了。"②后来，毛泽东还不无惋惜地表示过："可惜那时候

---

① 《人民日报》1950 年 6 月 29 日。

② 转引自中共中央文献研究室编，逄先知、金冲及主编：《毛泽东传（1949—1976）》上册，中央文献出版社 2003 年版，第 109 页。

只有五个军,那五个军火力也不强,应该有七个军就好了。"①

与此同时,毛泽东也估计到了战争的发展形势。朝鲜战争爆发后,毛泽东对战事的发展作过各种可能的设想,认为——美军在朝鲜人民军侧后的海岸登陆的可能性较大,并几次电告金日成。对于美军在仁川登陆,毛泽东是早有所料的。他在1950年10月2日起草的给斯大林的电报中曾经这样说过:"还在今年4月间,金日成同志到北京的时候,我们就告诉他,要严重地注意外国反动军队侵略朝鲜的可能性。7月中旬,7月下旬和9月上旬,我们又三次告诉朝鲜同志,要他们注意敌人有从海上向仁川、汉城前进切断人民军后路的危险,人民军应当作充分准备,适时地向北面撤退,保存主力,从长期战争中争取胜利。"②与此同时当1950年8月朝鲜人民军在朝鲜半岛南端洛东江同美军和南朝鲜军打成胶着状态,毛泽东也预见到,战争转入持久和美国扩大战争规模的可能性日益增大。

8月4日,中共中央政治局召开会议。毛泽东在会上直接提出对朝鲜必须帮助。同一天,毛泽东同意了代总参谋长聂荣臻报告提出的,准备派出部分高炮部队进入朝方一侧,以确保鸭绿江大桥的安全。事实证明,这是一个对日后确保中国人民志愿军顺利出兵来说的重要决定。在准备出兵的同时,毛泽东也在不断分析美军的状况。

毛泽东认为美国在军事上的长处和短处概括是"一长三短"。他说:"它在军事上只有一个长处,就是铁多,另外却有三个弱点,合起来是一长三短。三个弱点是:第一,战线太长,从德国柏林到朝鲜;第二,运输路线太远,隔着两个大洋,大西洋和太平洋;第三,战斗力太弱。"尽管如此,毛泽东并没有轻敌和大意。他提出要防备美帝国主义乱来,打第三次世界大战。他说:"所谓那样干,无非是打第三次世界大战,而且打原子弹,长期地打,要比第一、第二次世界大战打得长。我们中国人民是打惯了仗的,我们的愿望是不要打仗,但你一定要打,就只好让你打。你打你的,我打我的,你打原子弹,我打手榴弹,抓住你的弱点,跟着你打,最后

---

① 转引自中共中央文献研究室编,逄先知、金冲及主编:《毛泽东传(1949—1976)》上册,中央文献出版社2003年版,第109页。

② 中共中央文献研究室编:《建国以来毛泽东文稿》第一册,中央文献出版社1987年版,第366页。

打败你。"①这些话,反映了毛泽东已经做出最坏可能性的准备,在迫不得已的情况下,准备同美国这个不可一世的世界头号强国直接较量。

关于出兵朝鲜半岛的问题,毛泽东是有一个底线的。这个"底"就是美军是不是过"三八线"。美帝国主义如果干涉,不过"三八线",我们不管,如果过"三八线",我们一定过去打。但美军的行动捅破了这个底。

9月15日,美军七万余人在仁川港登陆,使朝鲜人民军腹背受敌,战局岌岌可危。到9月29日夜,毛泽东收到周恩来的报告:"美帝国主义已在公开表示将进军'三八线'以北。从倪志亮二十七日电看来,'三八线'北已无防守部队,似此情况甚为严重,敌人有直趋平壤可能。"②在朝鲜民主主义人民共和国处境十分危急的紧要关头,毛泽东决定,由政务院总理周恩来于9月30日向全世界宣告:"中国人民热爱和平,但是为了保卫和平,从不也永不害怕反抗侵略战争。中国人民决不能容忍外国的侵略,也不能听任帝国主义者对自己的邻人肆行侵略而置之不理。"③

这是对美国当局发出的十分有力的严正警告。显然,此刻周总理的这个声明是在表达中国政府关注战时的同时,也表明了一种可能参与朝鲜战争的态度。但此时的美国大兵已被胜利冲昏了头脑,麦克阿瑟只顾向"三八线"进军,哪里还听中国的警告。

10月7日,美军在开城地区越过"三八线",向北推进。④ 与此同时,美国将战火从鸭绿江边烧到中国东北,频频派出B—29重型轰炸机和其他作战飞机,对中国东北边境城市安东、辑安等地进行频繁的轰炸和扫射,炸毁建筑物、工厂及车辆,炸死炸伤中国平民,袭击正常行驶的商轮。到10月,美国派飞机袭扰山东半岛的青岛、烟台等地,大有将战火烧向中国境内之势。美国扩大朝鲜战争的嚣张气焰,迫使中国人民为了捍卫来之不易的民族独立,为了维护自身的安全与和平,必须挺身而出,"保

① 中共中央文献研究室编:《毛泽东文集》第6卷,人民出版社1999年版,第92—94页。

② 转引自中共中央文献研究室编,逄先知、金冲及主编:《毛泽东传(1949—1976)》上册,中央文献出版社2003年版,第111页。

③ 《人民日报》1950年10月1日。

④ [美]詹姆斯·F. 施纳贝尔著,王琪等译:《朝鲜战争中的美国陆军》第2卷,国防大学出版社1990年版,第221页。

卫中国,支援朝鲜"。①

形势已经发展到这一步,"美军一过'三八线',我就知道不打不行了。"②

尽管毛泽东对出兵已有思想准备和对朝鲜战场形势有较好的把握,但是要使一个刚从战火中获得新生的人民共和国再次面临血与火的考验,同世界上头号帝国主义美国决一雌雄,下这个决心是需要有气魄和胆略的。这是因为存在一些不能回避的事实。中美两国的国力相差悬殊。1950 年,美国钢产量 8772 万吨,工农业总产值 2800 亿美元。而当年中国的钢产量是多少呢?只有 60 万吨,工农业总产值只有 100 亿美元。美国还拥有原子弹和世界上最先进的武器装备,具有最强的军工生产能力。就连实力雄厚的苏联,也不愿因为援助朝鲜而冒同美国直接冲突的危险。中国出兵会不会导致同美国直接对峙?美国大举轰炸中国的重工业基地东北和内地大城市怎么办?这些都是需要十分慎重考虑的问题,稍有疏忽,都会造成不堪设想的后果。况且,他还要有充分听取其他领导的建议,事实是很多领导是不同意参战的。一个前所未有的难题摆在了毛泽东面前。

但朝鲜的形势也越发的危险。就在 10 月 1 日南朝鲜军越过"三八线"当天的深夜,金日成与朴宪永(当时任朝鲜政府副首相兼外务相)联名致信毛泽东,要求中国给予军事支援。2 日凌晨,毛泽东立即致电高岗、邓华:"(一)请高岗同志接电后即行动身来京开会;(二)请邓华同志令边防军提前结束准备工作,随时待命出动,按原定计划与新的敌人作战。"③他还在周恩来给驻朝鲜大使倪志亮的电报稿中加写了一段话,要他转告金日成尽可能将被敌切断的军队分路北撤外,凡无法撤退的军队应在原地坚持打游击,不要恐慌动摇。如果这样就有希望,就能够胜利。

毛泽东认为出兵朝鲜已是万分火急。10 月 2 日下午,毛泽东主持召

---

① 中共中央文献研究室编:《建国以来毛泽东文稿》第一册,中央文献出版社 1987 年版,第 391 页。

② 转引自中共中央文献研究室编,逄先知、金冲及主编:《毛泽东传(1949—1976)》上册,中央文献出版社 2003 年版,第 112 页。

③ 中共中央文献研究室编:《建国以来毛泽东文稿》第一册,中央文献出版社 1987 年版,第 365 页。

开中共中央书记处会议,讨论朝鲜半岛局势和中国出兵问题。与此同时开始酝酿出兵军事指挥者的问题了,原拟派林彪率兵入朝,但托病推辞,随即决定派彭德怀挂帅出战。

会议决定 10 月 4 日召开扩大的中央政治局会议,正式讨论志愿军入朝作战问题。这天下午,在毛泽东主持下,中央政治局扩大会议在中南海颐年堂召开。出席会议的有:毛泽东、朱德、刘少奇、周恩来、任弼时、林伯渠、董必武、彭真、陈云、张闻天、彭德怀(会议中间赶到)、高岗。列席会议的有罗荣桓、林彪、邓小平、饶漱石、薄一波、聂荣臻、邓子恢、李富春、胡乔木、杨尚昆。

派志愿军出国同美军作战,是一个牵动全局的大事。会议一开始,毛泽东首先让大家讲讲出兵的不利情况。与会者各抒己见。多数人不赞成出兵或者对出兵存有种种疑虑。理由主要是中国刚刚结束战争,经济十分困难,亟待恢复;新解放区的土地改革还没有进行,土匪、特务还没有肃清;我军的武器装备远远落后于美军,更没有制空权和制海权;在一些干部和战士中间存在着和平厌战思想;担心战争长期拖下去,我们负担不起;等等。听到大家的发言后,毛泽东讲了这样一段话:"你们说的都有理由,但是别人处于国家危急时刻,我们站在旁边看,不论怎样说,心里也难过。"①会议进行中间,一个引人注目的人物彭德怀赶到了会场。彭德怀对这个会议毫无思想准备,连会议内容事先都不知道,只是侧耳细听,没有发言。

10 月 5 日上午,受毛泽东委托,邓小平将彭德怀从北京饭店接到中南海毛泽东办公室。他们两人进行了一次情真意切的谈话。彭德怀表示拥护毛泽东出兵援朝的决策,并表示:"我服从中央的决定。"毛泽东略带感慨地说:"这我就放心了。现在美军已分路向'三八线'冒进,我们要尽快出兵,争取主动。今天下午政治局继续开会,请你摆摆你的看法。"②

下午的政治局扩大会议上仍有两种意见。在别人发言之后,彭德怀讲述了自己的观点。他说:"出兵援朝是必要的,打烂了,等于解放战争

<hr />

① 《彭德怀自述》,人民出版社 1981 年版,第 257 页。

② 转引自中共中央文献研究室编,逄先知、金冲及主编:《毛泽东传(1949—1976)》上册,中央文献出版社 2003 年版,第 119 页。

晚胜利几年。如美军摆在鸭绿江岸和台湾,它要发动侵略战争,随时都可以找到借口。"①会议最后做出决定,由彭德怀率志愿军入朝作战。

从 10 月 2 日到 5 日,中央开了三天会议。会上充分发扬民主,毛泽东尽管有了自己的主张,仍然认真听取各种不同意见,让大家把出兵的不利方面和困难方面充分地说出来,然后再说服大家。其实,对于打还是不打的问题,毛泽东也是左思右想,想了很久。如聂荣臻所说,毛泽东对这件事确实是思之再三,煞费心血的。不是毛泽东好战,问题是美国已经打到我们的国境线上了,不打怎么办?② 后来毛泽东对金日成讲起这件事,说:"我们虽然摆了五个军在鸭绿江边,可是我们政治局总是定不了,这么一翻,那么一翻,这么一翻,那么一翻,嗯! 最后还是决定了。"③这是毛泽东对当年中央政治局关于出兵援朝决策过程的一个形象的描述。这是一个何等艰难的决策啊!

根据毛泽东的秘书胡乔木回忆说,有两件事毛泽东是很难下决心的。一件就是 1950 年派志愿军入朝作战。还有人曾回忆说,毛泽东考虑出兵不出兵朝鲜的问题,一个礼拜不刮胡子,留得很长。想通以后开了个会,大家意见统一了,毛泽东才刮胡子。④

(四)苏联举棋不定

苏联的态度很关键,因为都是战略盟友,当时的情况之下,中国参战是离不开苏联支持的。7 月 2 日,周恩来约见苏联驻华大使罗申,向他说明了中国政府对美国和联合国的声明将采取坚定的政策。在这次谈话中,周恩来第一次提出,如果中国军队入朝参战,希望苏联空军能够对这些部队提供空中掩护。7 月 5 日,斯大林要罗申正式答复周恩来:中国志愿军入朝作战,苏联将尽力为入朝作战的中国志愿军部队提供空中掩护。7 月 13 日,斯大林经罗申转给中国领导人一封电报,他在电报中说,

---

① 《彭德怀自述》,人民出版社 1981 年版,第 258 页。

② 《聂荣臻回忆录》下册,解放军出版社 1984 年版,第 735 页。

③ 转引自中共中央文献研究室编,逄先知、金冲及主编:《毛泽东传(1949—1976)》上册,中央文献出版社 2003 年版,第 120 页。

④ 高原:《胡耀邦在中国政坛的最后十年》,中国文史出版社 1989 年版,第 187页。

如果中国出兵,那么苏联将派去一个配备一百二十四架飞机的喷气式歼击师,用于掩护这些部队。

9月15日,美国军队成功地在仁川登陆以后,朝鲜的局势急转直下,苏联和中国的对策和态度也都更加明朗化。斯大林对于朝鲜局势出现逆转的情况首先表现出急躁和焦虑。9月18日,斯大林向平壤发出密电,要金日成从洛东江前线调回朝鲜人民军的4个师到汉城郊区。同一天,斯大林还命令苏联武装力量部部长华西列夫斯基元帅紧急制订一项苏联空军为平壤提供空防的计划,包括从他们在苏联远东的滨海边疆区及港口城市海参崴派遣几个苏联空军的战斗机中队及雷达和防空部队到平壤周围的机场。

斯大林采取的紧急措施似乎是要把苏联空军投入战斗,也就是说,斯大林这时似乎采取了一种背离以往避免苏联与美国发生直接军事冲突的一贯方针的做法。斯大林在情急之下可能确有此考虑,因为朝鲜局势的发展毕竟关系到苏联在东北亚的战略利益。但是权衡利弊以后,斯大林还是放弃了这一打算。事实上,当战局进一步恶化,美国真的越过"三八线",朝鲜急需莫斯科给予直接的军事援助时,斯大林既没有派出地面部队,也没有派空军保护平壤,而是把难题抛给了毛泽东。后来根据师哲的回忆,仁川登陆一两天后,斯大林便给毛泽东发电,询问中国在东北的军事部署,关心派兵到朝鲜作战的事情。斯大林此时既不想让美国独占朝鲜,又不想苏联出兵,因而想到把中国推到前台。毛泽东既考虑东方阵营的整体利益,又考虑到中国的国家安全和对朝鲜的帮助,因而此时他已经在考虑出兵援助朝鲜的问题了。

10月8日,在美军已越过"三八线"大举北进以后,中国人民革命军事委员会主席毛泽东发布组成中国人民志愿军的命令:"为了援助朝鲜人民解放战争,反对美帝国主义及其走狗们的进攻,借以保卫朝鲜人民、中国人民及东方各国人民的利益,着将东北边防军改为中国人民志愿军,迅即向朝鲜境内出动,协同朝鲜同志向侵略者作战并争取光荣的胜利。""任命彭德怀同志为中国人民志愿军司令员兼政治委员。""我中国人民志愿军进入朝鲜境内,必须对朝鲜人民、朝鲜人民军、朝鲜民主政府、朝鲜劳动党(即共产党)、其他民主党派及朝鲜人民的领袖金日成同志表示友爱和尊重,严格地遵守军事纪律和政治纪律,这是保证完成军事任务的一个极重要的政治基础。"①

也在同一天,周恩来和林彪代表中共中央,秘密飞往苏联,同斯大林商谈抗美援朝和苏联给予军事物资支援特别是提供空军掩护的问题。实际情况是双方谈得不是很顺利。10月11日,斯大林和周恩来联名致电毛泽东,其中说到,苏联可以完全满足中国提出的飞机、坦克、大炮等项装备,关于苏联空军出战朝鲜半岛的事情要在两个月或两个半月后才可以。事实上,斯大林担心如果出动苏联空军在朝鲜境内同美国交战,将造成严重后果。

这样,在中国抗美援朝的决策过程中又出现一个波折。既然苏联有这样的答复,毛泽东还是认为有必要与政治局的同志再次讨论此事,以便定夺。10月13日,毛泽东就出兵问题,与彭德怀、高岗和其他政治局委员再一次商量。大家一致认为,即使苏联不出空军支援,在美军越过"三八线"大举北进的情况下,我们仍要坚持出兵援朝不变的政策。当天,毛泽东把这个决定电告周恩来:"总之,我们认为应当参战,必须参战。参战利益极大,不参战损害极大。"②

周恩来将毛泽东此电内容通过莫洛托夫转达斯大林。据后来的西方史料记载,当周恩来向斯大林表示,即使没有苏联空军的支援,中国也决定出兵时,"斯大林流出了眼泪",连说"还是中国同志好,还是中国同志好"。可见,毛泽东作出的这一决定远远超乎苏联人的预料之外。斯大林做出了这样的回答:苏联将只派空军到中国境内驻防,两个月或两个半月后也不准备进入朝鲜境内作战。

虽然斯大林作出的这个决定对中国军队入朝作战十分不利,但并没有动摇毛泽东的决心和打败美帝国主义的毅力。

(五)毛泽东毅然决定出兵

10月15日,金日成派副首相兼外务相朴宪永到沈阳,会见刚刚从北

---

① 中共中央文献研究室编:《毛泽东文集》第6卷,人民出版社1999年版,第100、101页。

② 中共中央文献研究室编:《毛泽东文集》第6卷,人民出版社1999年版,第103、104页。

京返回的彭德怀，要求中国尽快出兵。16 日，彭德怀和高岗赶到鸭绿江北岸的安东，召开志愿军师以上干部大会，宣布中央的决定。

作为最高决策人的毛泽东，这时更加冷静而周密地考虑和布置一切重大问题，使出兵做到万无一失。17 日下午 5 时，他电告彭德怀、高岗，要他们 18 日来京，并说："对出兵时间，以待周（恩来）18 日回京向中央报告后确定为宜。"①

18 日，毛泽东主持召开中央会议，在听完周恩来和彭德怀的汇报后，把志愿军渡江作战和渡江时间定下来。遂于当晚 21 时，电令第十三兵团司令员兼政治委员邓华等："四个军及三个炮师决按预定计划进入朝北作战，自明 19 晚从安东和辑安线开始渡鸭绿江，为严格保守秘密，渡河部队每日黄昏开始至翌晨 4 时即停止，5 时以前隐蔽完毕并须切实检查。"②1950 年 10 月 19 日中午，中国人民志愿军司令员兼政治委员彭德怀，在朝鲜人民军次帅朴一禹的陪同下，乘汽车从安东跨过鸭绿江桥，进入朝鲜。朝鲜民主主义人民共和国政府外相（即外交部长）朴宪永在鸭绿江边迎接彭总。陪同彭总从新义州向东北朔州方向飞驰，在大洞（北镇西北）与金日成首相进行首次具有历史意义的会见。

1950 年 10 月 19 日晚，中国人民志愿军第 13 兵团及所属部队，分东、中、西三路，从辑安、长甸河口、安东跨过了鸭绿江，开始了伟大、光荣的抗美援朝战争。

从 10 月 1 日晚金日成要求中国出兵，到 19 日晚中国人民志愿军渡过鸭绿江，仅仅十八天。但对毛泽东来说，在这决策中，一个又一个的困难出现在他面前。他既要对世界大势做出分析和判断，又要对敌我友三方的情况和发展趋势进行全面的了解。因为，他深知自己所面对的对手的势力，以及这场战争可能带来的影响是什么。

1951 年 10 月 23 日，毛泽东在中国人民政治协商会议第一届全国委员会第三次会议上的开幕词中明确指出："大家都明白，如果不是美国军队占领我国的台湾、侵略朝鲜民主主义人民共和国和打到了我国的东北边疆，中国人民是不会和美国军队作战的。但是既然美国侵略者已经向

---

① 王焰等编：《彭德怀传》，当代中国出版社 1993 年版，第 407 页。

② 中共中央文献研究室编：《建国以来毛泽东文稿》第一册，中央文献出版社 1987 年版，第 389 页。

我们进攻了,我们就不能不举起反侵略的旗帜,这是完全必要和完全正义的。"中国人民志愿军入朝参战的决策一公布,中共中央即于 1950 年 10 月 26 日发出由毛泽东审阅修改的《关于时事宣传的指示》。

11 月 4 日,中国共产党、中国国民党革命委员会、中国民主同盟等十一个民主党派、团体,发表联合宣言,将抗美援朝运动推向高潮。联合宣言指出:"朝鲜的存亡与中国的安危是密切关联的。唇亡则齿寒,户破则堂危。中国人民支援朝鲜人民的抗美战争不止是道义上的责任,而且和我国全体人民的切身利害密切地关联着,是为自卫的必要性所决定的。救邻即是自救,保卫祖国必须支援朝鲜人民。"[1]

二十年以后,1970 年 10 月 10 日,毛泽东、周恩来会见金日成时,共同回忆了这段曲折的历史过程:毛泽东说当时我们只要他们空军帮忙,但他们不干。周恩来说先是莫洛托夫赞成了,后来斯大林又决定不能用空军支援,空军只能到鸭绿江边。不过毛泽东还是感谢苏联,认为苏联帮助了我们军火、弹药和汽车队,可以算半价。[2]

对毛泽东出兵援朝的决策,彭德怀曾作过这样的评价:"这个决心不容易定下,这不仅要有非凡的胆略和魄力,最主要的是具有对复杂事物的卓越洞察力和判断力。历史进程证明了毛主席的英明正确。"[3]

二、朝鲜半岛上的博弈

(一)奠定战局的五次战役

毛泽东一生中指挥过无数次大大小小的战役,取得一个又一个的胜利。他有高人一筹的战略指导思想和丰富的战争经验。但是,指挥抗美援朝战争,对他来说毕竟是一个新的课题。这是在一个新的战场上——

---

[1] 《人民日报》1950 年 11 月 5 日。

[2] 转引自中共中央文献研究室编,逢先知、金冲及主编:《毛泽东传(1949—1976)》上册,中央文献出版社 2003 年版,第 125 页。

[3] 转引自中共中央文献研究室编,逢先知、金冲及主编:《毛泽东传(1949—1976)》上册,中央文献出版社 2003 年版,第 125 页。

国外战场上,同一个新的敌人——具有高度现代化装备的美国军队作战。如何取得抗美援朝战争的新胜利,需要在实践中积累和总结新的经验。从中国人民志愿军渡江那一天起,毛泽东的全部精力都集中到朝鲜战场上了。

当时的朝鲜战局十分严峻。美国和南朝鲜军队越过"三八线"后,分三路北进。东路占领元山,中路进逼阳德,西路美军正作围攻平壤的准备。按照麦克阿瑟的计划,在占领元山和平壤之后,先东西对进,打通联系,然后向鸭绿江边推进。

在志愿军出兵前夕,毛泽东和彭德怀等研究敌情后商定:利用敌人东西对进的时机,志愿军在朝鲜半岛细腰部(又称蜂腰部)地区以北,构筑两道至三道防御阵线。如果敌来攻,则在阵地前面分割歼灭之;如果平壤美军、元山南朝鲜军两路来攻,则打孤立较薄弱之一路。在六个月内,如敌人固守平壤、元山不出,则我军也不打平壤、元山。在我军装备训练完毕,空中和地上均对敌人具有压倒的优势条件之后,再去攻平壤、元山等处。这就是说,六个月以后再谈攻击的问题。①

云山战役

志愿军渡江后,情况发生了很大变化。麦克阿瑟改变了东西对进的计划。美军和南朝鲜军分为东西两路,大举北进,速度甚快,直向中朝边境逼近。原定在平壤、元山铁路线以北一线防御六个月以后再进攻的作战部署,已不适用了。

根据敌情的变化,毛泽东迅速改变作战部署。10月21日凌晨2时30分,他致电彭德怀等,正式下达第一次战役的部署。他看出麦克阿瑟在战略判断上犯了一个大错误,即"美伪均未料到我志愿军会参战,故敢于分散为东西两路,放胆前进"。他断定,"此次是歼灭伪军几个师争取出国第一个胜仗,开始转变朝鲜战局的极好机会"。②

初战能不能打胜,将决定志愿军入朝后能不能站得住脚。在那些日

① 中共中央文献研究室编:《毛泽东文集》第6卷,人民出版社1999年版,第105页。

② 中共中央文献研究室编:《建国以来毛泽东文稿》第一册,中央文献出版社1987年版,第393页。

子里,毛泽东过着十分紧张的生活。据他的机要秘书回忆,有一段时间,毛泽东近一个月没有下床,就在床上工作、吃饭,睡眠极少。他每天批阅大量材料,有来自前方的电报,有来自各方面的情报,一个接着一个,这些电报和材料都以最快的速度送到毛泽东手里。战场上的情况瞬息万变,毛泽东要根据各方面的情况加以分析,很快做出决断,指导前方作战。

毛泽东在指导第一次战役部署中,对于如何打开朝鲜战局,指导方针逐步考虑成熟。他在 10 月 23 日复彭德怀的电报中指出:朝鲜战局,就军事方面来说,决定于三点。第一,目前正在部署的战役是否能利用敌人完全没有料到的突然性全歼两个、三个甚至四个伪军师。此战如果是一个大胜仗,则敌人将被迫作重新部署,立即处于被动地位。第二,敌人飞机杀伤我之人员、妨碍我之活动究竟有多大。第三,如果美国再调五个至十个师来朝鲜,而在这以前我军又未能在运动战中及打孤立据点的作战中歼灭几个美军师及几个伪军师,则形势将于我不利;如果相反,则于我有利。①

毛泽东提出的这个战略的和战役的指导思想,对于志愿军取得第一次战役以及以后几次战役的胜利,具有重要意义。

到 25 日,西线南朝鲜军已进至北纬四十度线以北的博川、龙山洞、云山、温井、松木洞、熙川一线,南朝鲜军一个加强营由温井向北镇进犯,被志愿军第四十军一个团以拦头、截尾、斩腰的战术,将其大部歼灭,揭开了抗美援朝战争的序幕,打响了震惊世界的中国人民志愿军抗美援朝战争的第一仗。中国人民一直把这一天作为中国人民志愿军赴朝作战的纪念日。

麦克阿瑟依然对志愿军兵力估计不足,继续命令后续部队向中朝边境推进。十月底,号称"王牌军"的美军第一骑兵师一个团,冒进北渡清川江到达云山。11 月 1 日至 3 日,志愿军部队将其大部围歼于云山。同时,阻击部队又在云山以南击溃该师的另一个团,击毙该团团长。云山战斗,志愿军首创以劣势装备歼灭现代化装备之敌的先例,狠刹了一下

---

① 中共中央文献研究室编:《毛泽东文集》第 6 卷,人民出版社 1999 年版,第 107、108 页。

"王牌军"的威风。美骑一师在云山遭到重创,使美第八集团军司令沃克为之震惊。11月3日凌晨,敌人在飞机、大炮和坦克的掩护下全线撤退。彭德怀当即下令,追歼逃敌。4日,歼灭英军一个榴炮营和美军一个加强连。但是,靠两条腿跑路的志愿军,毕竟跑不过机动能力很强的机械化部队。至3日黄昏,敌军主力已全部撤到清川江以南。

根据敌我态势,彭德怀于11月4日15时致电毛泽东,提出休整部队,结束第一次战役,准备再战。5日1时,毛泽东复电同意。第一次战役,志愿军经过十三个昼夜艰苦作战,歼敌一万五千余人,把敌人从鸭绿江边赶到清川江,初步稳定了朝鲜战局。

西线之战

在取得第一次战役胜利后,毛泽东决定加强东线志愿军的力量。11月中旬,第九兵团三个军十二个师秘密入朝,在东线迅速完成战役集结。第九兵团入朝,使志愿军一线总兵力增加到九个军三十个师三十八万余人,并在东西两线上都占有兵力上的优势。而这时敌人却估计中国在朝鲜的军队为六万到七万人。

从11月6日起,西线之敌开始试探性进攻,以摸清志愿军兵力和意图。彭德怀要各部队从清川江边节节后退,故意向敌人示弱,还有意丢弃一些破旧枪械。麦克阿瑟果然中计,命令部队向北冒进。11月25日,西线敌军被志愿军诱至预定战场。于是,志愿军立即发起第二次战役。

志愿军西线部队突然发起猛攻。一个军分三路合击孤立地暴露在志愿军面前位于德川的南朝鲜军一个师。至26日晚,全歼该师五千余人。志愿军另一个军也在宁远等地歼灭南朝鲜军另一个师大部。

志愿军在德川、宁远打开缺口后,正向志愿军进攻的清川江以西之敌,大部在原地停止行动,同志愿军形成对峙状态。这正是穿插分割歼敌的极好时机。彭德怀等立即按照毛泽东的电令,要求各部队分割包围,各个歼灭西线之敌。29日,西线敌军被迫全线撤退,同时令美骑一师和英第二十九旅北上接应,不惜一切代价打通三所里、龙源里。

这样,西线战场形成敌我交错的战争奇观。从整个战场的态势看,敌军处在志愿军南北夹击之中;但在三所里、龙源里的局部战场,志愿军又处在敌军的南北夹攻之中,情况十分险峻。如果三所里、龙源里失守,清川江以西以北之敌将全部南逃,第二次战役的歼敌目标便会落空。第三十八军第一一三师终于顶住每日上百架次飞机的轮番轰炸,击退一次又一次坦克兵、炮兵、步兵的协同攻击,使南逃北援之敌军相距不足一公里却始终不能会合,大振了中国人民志愿军的军威。这一可歌可泣的英雄战绩,深深地感动了彭德怀司令员,他在祝捷电报中破例地写上"三十八军万岁"六个字。

在中国人民志愿军的沉重打击下,骄横一时的麦克阿瑟被迫承认:"这支小小的军队,在目前情况下,事实上是在不宣而战的战争中面对着整个中国。除非积极地、迅速地采取行动,胜利的希望是渺茫的。而实力不断地损耗,以致最后全军覆没,那是可以预期的。"①他命令东西两线军队于12月3日开始向"三八线"总退却。②

毛泽东立即令西线部队向平壤挺进,相机收复平壤。12月6日,中国人民志愿军和朝鲜人民军收复平壤。16日,将西线之敌全部赶到"三八线"以南。在东线,人民军于九日收复元山,切断敌人陆上退路。志愿军17日占领咸兴,24日收复兴南。至此,除东部沿海的襄阳外,"联合国军"全部被赶到"三八线"以南。第二次战役胜利结束,共歼敌三万六千余人,其中美军二万四千余人。志愿军和人民军取得了由防御转入进攻的主动权。

志愿军连续打了两个胜仗,在有些人的头脑里速胜思想有所滋长。对朝鲜战局的发展前途应当怎样估量?是速胜,还是持久?这是摆在毛泽东面前需要做出回答的一个重大问题。

第二次战役结束以后,毛泽东根据两次战役的经验,并听取了彭德怀等人的意见,对朝鲜战局的发展前途做出明确判断:"战争仍然要做长期打算,要估计到今后许多困难情况。要懂得不经过严重的斗争,不歼灭伪军全部至少是其大部,不再歼灭美英军至少四五万人,朝鲜问题是

---

① 转引自杜鲁门著,李石译:《杜鲁门回忆录》第2卷,世界知识出版社1965年版,第460页。

② [日]陆战史研究普及会编:《朝鲜战争》中部,国防大学出版社1990年版,第185、186页。

不能解决的,速胜的观点是有害的。"①

中国人民志愿军连续取得两个战役的胜利,对整个国际局势产生了重要影响。当时任中共中央办公厅主任的杨尚昆,在他的1951年1月1日日记中,有这样一段记述:"自我志愿军入朝,取得了两个战役的胜利以来,我国的地位提高了,说话响亮了,民主阵营的声势也增加了。另一方面,帝国主义阵营则日呈分崩离析之势。其矛盾都增加了,裂痕扩大了。美帝是愈发被孤立起来了。主席决定志愿军入朝之举,实是有远见的决定,时至今日则已如黑白之分明。诚如主席所说,不仅要近视、短视,而且必须远视、长视。决不可以眼前的,忽视了前途、远景!'高瞻远瞩'盖即指此也。"②

汉城之战

照原来的设想,第二次战役结束后,志愿军转入休整,准备第二年春天举行新的反击。然而,国际形势的发展已经不容中国人民志愿军等到第二年春季再战。

1950年12月14日,在没有中国代表参加讨论的情况下,美国操纵联合国非法通过成立"朝鲜停战三人委员会"的决议,要求"立即停火"。美国提出先停战后谈判,显然是为了争取喘息时间,保持现有侵略阵地,准备再战。

对美国政府玩弄先停火后谈判,以争取时间准备再战这一手,毛泽东早已料到,并提出了对策。他在12月3日,联合国通过"停火决议"前十一天,会见金日成时就提出:"敌人有可能要求停战,我们认为必须敌人承认撤出朝鲜而首先撤至'三八线'以南,方能谈判停战。最好我们不仅拿下平壤,而且拿下汉城,主要是消灭敌人首先是全歼伪军,对促进美帝撤兵会更有力量。"③12月13日,联合国通过"停火决议"的前一天,毛泽东在给彭德怀的电报里又强调指出:"目前美英各国正要求我军停止

---

① 中共中央文献研究室编:《建国以来毛泽东文稿》第一册,中央文献出版社1987年版,第506页。

② 杨尚昆:《杨尚昆日记》(上),中央文献出版社2001年版,第68页。

③ 转引自中共中央文献研究室编,逄先知、金冲及主编:《毛泽东传(1949—1976)》上册,中央文献出版社2003年版,第135页。

于'三八线'以北,以利其整军再战。因此,我军必须越过'三八线'。如到'三八线'以北即停止,将给政治上以很大的不利。"①

为了不给敌人喘息的时间,打过"三八线",以争取政治上的主动地位,就需要及时地发起第三次战役。但是,由于连续作战,西线部队已经十分疲劳,战斗减员达四万余人。东线第九兵团也出现大批冻饿减员。②西线的运输车辆不过三百辆,而运输线却要比第一、第二次战役延长近两倍。不少战士还没有穿上御寒的棉大衣和棉鞋。在这样的情况下,立即发起第三次战役,确有很多困难。尽管如此,志愿军总部还是根据政治局势需要,下达了继续南进的部署。毛泽东批准了志愿军总部的作战部署。

这次战役是由中国人民志愿军六个军和朝鲜人民军三个军团共同进行的。1950 年除夕之夜——12 月 31 日 17 时,中朝军队全线发起进攻,在约二百公里的宽大正面上一举突破"联合国军"防线纵深十五至二十公里。"联合国军"怕中朝军队从右翼迂回包围,使其十余万兵力在汉江北岸陷入绝境,于 1951 年 1 月 2 日全线撤退。

彭德怀决定乘胜扩大战果。中朝军队 4 日进占汉城,5 日渡过汉江,8 日收复仁川。"联合国军"退守"三七线"附近。中朝军队以凌厉的攻势,攻城夺地,但却未能大量歼灭敌人有生力量,而敌人则有诱我深入、在侧后登陆、对中朝军队夹击的企图。有鉴于此,彭德怀果断下令停止追击。第三次战役胜利结束,朝鲜战局大体上稳定。

第三次战役结束以后,彭德怀和金日成在是否休整一段时间再南进的问题上,有着不同看法。毛泽东赞同彭德怀的意见,即志愿军在仁川及汉江以北先休整两到三个月。但他又认为,必须尊重朝鲜同志的意见,特别是要注意同他们搞好团结。

1 月 19 日,毛泽东在修改彭德怀准备在中朝军队高级干部联席会议上作的报告时,特意加写了一大段话,其中说:"一切在朝鲜的中国志愿军同志必须认真地向朝鲜同志学习,全心全意地拥护朝鲜人民,拥护朝

---

① 中共中央文献研究室编:《建国以来毛泽东文稿》第一册,中央文献出版社1987 年版,第 498 页。

② 军事科学院军事历史研究部编著:《中国人民志愿军抗美援朝战史》,军事科学出版社 1990 年版,第 28、49、52 页。

鲜民主主义人民共和国政府,拥护朝鲜人民军,拥护朝鲜劳动党,拥护朝鲜人民领袖金日成同志。中朝两国同志要亲如兄弟般地团结在一起,休戚与共,生死相依,为战胜共同敌人而奋斗到底。中国同志必须将朝鲜的事情看做自己的事情一样,教育指挥员战斗员爱护朝鲜的一山一水一草一木,不拿朝鲜人民的一针一线,如同我们在国内的看法和做法一样,这就是胜利的政治基础。只要我们能够这样做,最后胜利就一定会得到。"

1月20日,彭德怀立即在志愿军党委会上作了传达。① 这段话,在抗美援朝战争发展的关键时刻,对于加强中朝两党、两国、两军团结,起了重大作用。

防御之战

在朝鲜战场上,中朝两国军队连续取得三次战役的胜利后,毛泽东曾经作过一种估计,即在中朝大军的压迫下,或者由中朝军队打得美军无法再打下去的时候,迫使美军退出南朝鲜,根本解决朝鲜问题。这显然是一个乐观的估计。当然,毛泽东也估计到另外一种可能,即客观形势迫使中朝军队在2月间就可打一仗,打了以后再休整。②

这后一种估计对了。从1月25日起,"联合国军"乘志愿军和人民军尚未得到充分休整之机,由西向东全线发起大规模进攻。中朝军队开始进行带有积极防御性质的第四次战役。战役打响以后,1月28日,毛泽东在给彭德怀的电报中也分析说第四次战役后敌人可能和我军进行解决朝鲜问题的和平谈判,那时谈判将于中朝两国都有利。但敌人想在此时恢复仁川及汉城两岸桥头堡垒,封锁汉江使汉城处于敌人威胁之下,即和我军停战议和,使中朝两国处于不利地位。这是我们决不允许的。

中国人民志愿军已经连续进行了三次战役,打得十分疲劳,大量减员,要完成第四次战役积极防御的作战任务,困难甚大,亟待补充兵力。怎么办? 中央军委根据毛泽东的意见,于2月7日做出决定,实行轮番

---

① 王焰:《彭德怀年谱》,人民出版社1998年版,第468页。

② 中共中央文献研究室编:《建国以来毛泽东文稿》第二册,中央文献出版社1987年版,第20页。

作战。这就是将过去从国内部队抽调老兵补充志愿军的办法,改为以军为单位成建制地由国内调往朝鲜战场,轮番作战。轮番作战是中国人民志愿军在抗美援朝战争中的一个新创造。

当彭德怀进京向毛泽东汇报朝鲜战况时,毛泽东对彭德怀说:"朝鲜战争能速胜则速胜,不能速胜则缓胜,不要急于求成。"①给了彭德怀一个很大的相机处置的余地。使彭德怀感到,抗美援朝战争有了一个明确而又机动的方针。

2月25日,根据毛泽东的指示,中央军委副主席周恩来和彭德怀共同召集军委各总部负责人开会,讨论各大军区部队轮番入朝参战和如何保障志愿军物资供应问题。就在这一天,以杨得志为司令员的第十九兵团作为第二番兵力入朝参战。3月18日,以陈赓为司令员的第三兵团,也入朝参战。

3月1日,周恩来就朝鲜战局和志愿军采取轮番作战方针问题为毛泽东起草了一封给斯大林的电报,经毛泽东修改后发出。电报最后一段说:"总之,在美国坚持继续作战,美军继续获得大量补充并准备和我军作长期消耗战的形势下,我军必须准备长期作战,以几年时间,消耗美国几十万人,使其知难而退,才能解决朝鲜问题。"这最后一段,是毛泽东加写的。电报还说,彭德怀希望苏联尽快派空军掩护中朝军队后防线。②3日,斯大林复电,同意派苏联空军两个驱逐机师进入朝鲜境内作战,掩护中朝军队的后方。

3月7日,"联合国军"集中二十多万兵力,在几百架飞机支援下,向中朝军队阵地发起全线进攻。中朝军队节节抗击。到3月底,战线逐渐推移到"三八线"以北。但是由于中朝军队的顽强抵抗,敌人再也难以前进。

4月21日,第四次战役结束。这次战役历时八十七天,歼敌七万八千余人,把"联合国军"阻止在"三八线"附近。

"联合国军"在朝鲜战场上的接连失利,引发了美国统治集团内部的争吵,尤其是美国总统杜鲁门同"联合国军"总司令麦克阿瑟之间的矛

---

① 《彭德怀自述》,人民出版社1981年版,第261页。

② 中共中央文献研究室、中国人民解放军军事科学院编:《周恩来军事文选》第4卷,人民出版社1997年版,第162、164页。

盾,迫使杜鲁门决心中途易帅。4月11日,第四次战役进行当中,麦克阿瑟被解职,由美军第八集团军司令李奇微接任"联合国军"总司令。

稳固"三八线"之战

经过前三次战役的战略进攻,又经历了第四次战役的积极防御,毛泽东对朝鲜战争规律的认识逐步深化,准备长期作战的思想更加明确。他对抗美援朝战争总的指导方针,被概括为"战争准备长期,尽量争取短期"。

在第四次战役期间,美国就在策划在朝鲜蜂腰部建立新的防线,企图在中朝军队侧后登陆,配合它的正面部队,南北夹击,将中朝军队赶到蜂腰部以北。为了粉碎敌人这一计划,中朝军队于4月22日发起第五次战役。

第五次战役规模是很大的,中国人民志愿军第二番入朝部队已到达朝鲜战场,加上原在朝鲜作战的部队,共有十五个军约一百万兵力。"联合国军"也在百万左右,但是"联合国军"在武器装备方面占有优势,它不仅有技术精良的装甲兵、炮兵,而且有制空权,机动性很强。志愿军对美军一个团左右的兵力曾经多次进行合围,却始终不能消灭它,至多消灭一个营。

这种反复出现的情况引起志愿军统帅部的注意,也引起毛泽东的注意。1951年5月26日,毛泽东给彭德怀发了一个电报,指示说:"美军在现时还有颇强的战斗意志和自信心。为了打落敌人的这种自信心以达最后大围歼的目的,似宜每次作战野心不要太大,只要求我军每一个军在一次作战中,歼灭美、英、土军一个整营,至多两个整营,也就够了。"①毛泽东在电报中要求,目前打美英军只实行战术的小包围,打小歼灭战,经过打小歼灭战进到打大歼灭战。这个作战方针,后来被叫做"零敲牛皮糖","每军一次以彻底干脆歼敌一个营为目标"。②

到6月3日,在给斯大林的电报里,毛泽东的这个作战方针以及对

①　中共中央文献研究室编:《建国以来毛泽东文稿》第二册,中央文献出版社1987年版,第209页。

②　转引自中共中央文献研究室编,逄先知、金冲及主编:《毛泽东传(1949—1976)》上册,中央文献出版社2003年版,第151页。

战局的估量,表述得更为明确。他认为我军技术条件比敌人差得很远,无法迅速解决朝鲜问题,而如果用长期战争的方针去解决它,则需要有一个逐步削弱敌人的阶段,然后转到最后解决问题的阶段。

敌人现在不但火力很强,战斗意志也还未衰落。我军过去想用大包围的方法,企图一次解决敌人一个至几个整师,结果没有达到目的,而包围和歼灭敌军的几个连至一二个营的机会则较多。因此,不要做现在我军还不能做到的事,不要企图打大规模的歼灭战,而应精心设计,寻找机会,多打小规模的歼灭战。

在这里,毛泽东对抗美援朝战争的特殊规律的认识,用了不到一年的时间。

毛泽东给斯大林写电报的时候,已临近第五次战役尾声。第五次战役是6月10日结束的。这次战役共歼敌八万二千余人,是五个战役中歼敌最多的一次,把战线稳定在"三八线"附近地区。从此,朝鲜战争进入相持阶段。

(二)谈判桌上的较量

在侵朝战争的头一年,美国付出了八万八千余人伤亡的代价,相当于它在第二次世界大战期间全部损失的近三分之一。五次战役的反复较量证明,美国已不可能吞并朝鲜、并把战火烧到中国大陆。另一方面,志愿军和人民军要想完全击败"联合国军",彻底解决朝鲜半岛的问题,也是不可能的。从1951年6月开始,整个朝鲜战局出现长期胶着的状态。

先前不惜把战火烧过鸭绿江的骄横的美国侵略者,开始转向谋求停战谈判。

试探性提议

1951年5月,美国国家安全委员会向杜鲁门提出争取谈判解决朝鲜问题的建议。杜鲁门很快批准了这个建议。

5月31日,美国国务院顾问、驻苏联大使凯南非正式地拜会苏联驻联合国代表马立克,表示美国政府准备与中国讨论结束朝鲜战争问题,愿意恢复战前状态。①

毛泽东敏锐地把握住这个机会,为即将来临的停战谈判做好多方面的准备。1951年6月3日,毛泽东会见从朝鲜前线专程到北京的金日成,同他商谈如何应对可能到来的停战谈判的方针及方案。

6月10日,高岗和金日成乘斯大林派来的专机飞往莫斯科。13日,斯大林同他们举行会谈。在了解到这次会谈的情况后,毛泽东当天致电高岗、金日成,谈了他对如何提出停战谈判建议问题的一些设想。电报说:"和谈如何提法,我们觉得在目前两个月内朝中军队取守势的时候,不宜由朝中两国提出,而宜用下列方式:(一)等待敌人提出;(二)由苏联向美国有所表示。以上方式可以同时做,即一方面由苏联有所表示,另一方面如果敌人提出时,朝中两国可以表示自己的态度。究以何种方式为宜,请你们和菲里波夫同志商量决定。"②不久,斯大林采纳了毛泽东的后一个建议,由苏联出面对美国的试探做出反应。

毛泽东深深懂得,要同美国侵略者进行谈判,使和平的可能性变为现实,没有雄厚的实力作后盾是万万不行的。在战场上稍有疏忽或者示弱,必定要吃亏,必定在谈判中使自己处于不利地位。因此,如何巩固第五次战役的胜利,逐步提高中国人民志愿军攻防的持续作战的能力,成为毛泽东首先关注的问题。

6月11日,第五次战役结束后的第二天,毛泽东致电彭德怀说:"6、7两个月内如不发生意外变化(即登陆),我们必须完成下列各事:甲、以积极防御的方法坚持铁原、平康、伊川三道防线,不使敌人超过伊川线;乙、迅速补充三兵团及十九兵团至每军四万五千人,并有相当训练;丙、十三兵团各军休整完毕;丁、加强各军师火力,特别是反坦克反空军炮火;戊、迅速修通熙川至宁远至德川的公路至少一条,最好有两条,并于熙川、德川、孟山地区屯积相当数量的粮食,以备万一之用。"③

---

① 资中筠主编:《战后美国外交史——从杜鲁门到里根》上册,世界知识出版社1994年版,第225页。

② 中共中央文献研究室编:《建国以来毛泽东文稿》第二册,中央文献出版社1987年版,第226页。

③ 中共中央文献研究室编:《建国以来毛泽东文稿》第二册,中央文献出版社1987年版,第225页。

这时,在毛泽东面前,即将出现两条战线:军事战线和政治战线,一个是打,一个是谈。到 6 月中旬,一种新的指导方针在毛泽东的头脑里酝酿成熟,被及时地提了出来,这就是充分准备持久作战和争取和谈,达到结束战争。在军事上进一步概括出"持久作战、积极防御"的方针。利用朝鲜的有利地形,构筑坚固的防御阵地,一面以积极防御的手段大量杀伤敌人有生力量,一面积极改善装备和加强训练,不断地壮大自己的力量,逐步改变敌我力量对比,最后战胜敌人,或迫敌知难而退。①

毛泽东提出的这个方针,使中朝军队能够在即将到来的长达两年之久的军事斗争和政治斗争相互交错、边打边谈、又谈又打的局面下,牢牢掌握主动权。

准备谈判

从 1951 年 6 月下旬起,朝鲜停战谈判开始前的各方接触,由非正式摸底进入公开倡议阶段。

6 月 30 日,"联合国军"总司令李奇微奉美国政府之命发表声明,表示愿意同朝鲜人民军和中国人民志愿军举行停战谈判。7 月 1 日,金日成和彭德怀联名复电李奇微,声明同意举行停战谈判,并建议以"三八线"以南的开城为谈判地点。

当时,美国方面对谈判的态度是,谈判不意味着立即休战,在停战协定签订以前,将不停止对抗行动。美国政府还授权李奇微,在停战谈判期间,可以进行陆地、两栖、空中、空降和海上作战,以支持谈判。②

对美国的这一手,毛泽东是有充分准备的。为了防止"联合国军"借停战谈判的机会举行反攻,他于 7 月 2 日致电彭德怀等,对中朝军队在"三八线"的防线及时做出重要部署:一方面加强正面防御阵地第一线的兵力,防止敌军大规模进攻;另一方面,加强侧后方的兵力,防止敌人从

---

① 军事科学院军事历史研究部编著:《中国人民志愿军抗美援朝战史》,军事科学出版社 1990 年版,第 118 页。

② [美]沃尔特·G. 赫姆斯:《朝鲜战争中的美国陆军》第 1 卷,国防大学出版社 1988 年版,第 22 页。

朝鲜半岛的蜂腰部东西两岸突然登陆。① 这是为准备谈判而非采取不可的一个重大步骤。

7月5日,由李克农率领的停战谈判工作组从北京启程,前往朝鲜。7月7日,朝中停战谈判代表团到达开城。朝鲜人民军总参谋长南日大将为朝中方面的首席代表,中国人民志愿军的代表是副司令员兼副政治委员邓华、参谋长解方,朝鲜人民军的代表还有李相朝、张平山。代表中国政府在第二线指导谈判的李克农,以及协助他工作的乔冠华等也一同到达开城。

"联合国军"的首席谈判代表是美国远东海军司令特纳·乔埃中将,成员包括:美国远东海军副参谋长奥尔林·勃克少将,美国远东空军副司令劳伦斯·克雷奇少将,美国第八集团军副参谋长亨利·霍治少将,以及南朝鲜军第一军团军团长白善烨少将。

停战谈判就要举行了,毛泽东几乎投入全部精力,来指导谈判的准备工作。他亲自起草朝中方面致"联合国军"总司令李奇微的多次复函,亲自审阅修改有关谈判接洽准备情况的新闻稿,亲自草拟朝中方面关于停战协定的草案,并征询金日成、彭德怀及斯大林的意见。许多具体而细微的准备工作,诸如谈判会议场所、对方代表团宿舍以及我方代表团宿舍的布置,各种用具、设备和食品的准备,以及李克农、乔冠华和我方代表团成员到达谈判地点开城的具体时间等,毛泽东样样关照到了。

7月9日,停战谈判正式开始的前一天,毛泽东还在仔细审阅南日、邓华准备在首次会议上的发言稿。为了统一停战谈判朝中代表团的领导,毛泽东在征得金日成的同意后,组成一个朝中代表团成员及李克农、乔冠华等参加的小组会议,由李克农主持。②

毛泽东指挥战争,最讲究"初战必胜","不打无准备之仗"。在谈判桌上同对手交锋,毛泽东也非常注意"初战必胜"。在临战之前,作好充分而周全的准备,不给对手有任何可乘之机和任何可以利用的借口。他既有指挥千军万马、气吞山河的雄才大略,又有实际、具体、细致入微的

---

① 中共中央文献研究室编:《建国以来毛泽东文稿》第二册,中央文献出版社1987年版,第241页。

② 中共中央文献研究室编:《建国以来毛泽东文稿》第二册,中央文献出版社1987年版,第243页。

工作方法。这是令人钦佩的。

开城谈判

1951年7月10日上午10时,朝鲜停战谈判在开城来凤庄正式开始。开城,这座高句丽王朝的古都,如今受到全世界的注目。

一场旷日持久的马拉松式的谈判,就这样开始了。

"联合国军"首席代表乔埃首先发言,只提出了关于谈判的九项议程,却没有提出任何实质性的建议。

接着,朝中方面首席代表南日提出三点原则建议:

"(一)在互相协议的基础上,双方同时下令停止一切敌对军事行动。

(二)确定'三八线'为军事分界线,双方武装部队同时从该线后撤十公里,作为非军事区。该区民政恢复到1950年6月25日前的原状。同时,立即就交换战俘进行商谈。

(三)在尽可能短的时间内从朝鲜撤退一切外国军队,以保证停战和朝鲜问题的和平解决。"①

乔埃拒绝把"从朝鲜撤退一切外国军队"列入谈判议程。他的理由是,停战谈判只应讨论朝鲜境内的军事问题,而从朝鲜撤出一切外国军队是政治问题,只能在停战实现以后由有关政府去讨论。

会谈一开始,就在议程上发生分歧,卡在"从朝鲜撤退一切外国军队"这个问题上,触到了对方的痛处。李克农随即将会谈情况报告毛泽东。7月11日,毛泽东复电李克农,明确表示:"撤兵一条必须坚持。"②

这样,双方争执的焦点,一是撤兵问题;二是以"三八线"为军事分界线问题。为了集中解决撤兵问题,朝中代表团在征得毛泽东同意后,对谈判方针作了调整。即在讨论谈判议程时,只坚持讨论确定"双方军事分界线"以建立非军事地区问题,"三八线"问题留待以后再说。同时,根据对方的要求,同意把"在朝鲜境内实现停火与休战的具体安排及监察问题"列入谈判议程。

接连几天,双方在撤兵问题上展开激烈的辩论。"联合国军"的代表

---

① 《人民日报》1951年7月11日。

② 中共中央文献研究室编:《建国以来毛泽东文稿》第二册,中央文献出版社1987年版,第250页。

显得有些理屈词穷。李奇微甚至允许乔埃用粗鲁的语言进行辩论。双方的辩论起到了很好的宣传效果,也为最终就谈判议程达成协议铺平了道路。国际舆论清楚地看到,在停战谈判中,究竟是谁有道理,谁没有道理;谁有诚意,谁没有诚意。

这时,美国政府也不愿意承担谈判破裂的责任,7月20日,对其谈判代表发出一个指令,在是否讨论撤兵问题上,开了一个口子,准备做出让步。

根据几天来谈判的情况,以及美方态度的某些变化,为了使谈判取得进展,毛泽东和周恩来就撤军问题提出新的方针。7月25日,朝中方面首席代表南日宣布:为尽快达成协议,早日实现朝鲜的和平,同意将撤军问题留待停战实现后的另一次会议去解决,但要在议程中列入"向双方有关各国政府建议事项"。① 这个建议,为尽快结束关于议程问题的谈判,而进入实质性谈判,打开了通道。

7月26日,双方通过谈判议程,共五项:(一)通过议程;(二)确定双方军事分界线,以建立非军事地区;(三)在朝鲜境内实现停火与休战的具体安排;(四)关于战俘的安排问题;(五)向双方有关各国政府建议事项。

朝鲜停战谈判终于取得一个重要成果。

谈、打结合——抵挡夏秋攻势

从1951年7月27日起,朝鲜停战谈判进入实质性谈判阶段。一进入第二项议程,即确定军事分界线时,双方又僵住了。朝中方面提出以"三八线"为军事分界线,对方拒绝这一主张,以所谓"补偿"其海、空军优势为借口,无理要求将军事分界线划在志愿军和朝鲜人民军阵地后方,企图不战而攫取一万二千平方公里的土地。美方这一要求遭到拒绝后,公然以武力相要挟,说:"那就让炸弹、大炮和机关枪去辩论吧。"

果然,从8月18日到10月22日,"联合国军"向中朝军队连续发起夏季攻势和秋季攻势。同时,在中立区多次制造事端。朝鲜谈判被迫暂时中断,双方又从谈判桌上的较量转到战场上的较量。

---

① 《人民日报》1951年7月27日。

中朝军队是在极其恶劣的气候和后勤给养严重困难的条件下,抗击"联合国军"的夏季攻势和秋季攻势的。从 7 月 20 日起,朝鲜北部暴发特大洪水灾害,农田被毁,道路中断,许多工事和战备仓库被严重破坏。敌军又乘机向中朝军队后方实施大规模"绞杀线"。中朝军队的作战调动和物资补充,遇到前所未有的严重困难。

10 月 14 日,人民志愿军正在英勇顽强地抗击着美军来势凶猛的秋季攻势,毛泽东为中共中央起草了一个电报。毛泽东带着深厚的感情来写这封电报。他代表几万万中国人民给自己最可爱的人——中国人民志愿军送来了温暖和鼓舞,这温暖和鼓舞将转化为巨大的物质力量。

事实总是与美国当权者的愿望相反。他们想从战场上去捞取会场上捞不到的东西,结果适得其反。他们的夏季攻势和秋季攻势,都被中朝军队所粉碎,反而损失了十五万七千余人,只向前推进了六百四十六平方公里的土地。

10 月 23 日,美军的秋季攻势刚刚被粉碎,毛泽东在庄严的中国人民政治协商会议全体会议上,向美国政府,向全世界郑重声明:

"抗美援朝的伟大斗争现在还在继续进行,并且必须继续进行到美国政府愿意和平解决的时候为止。我们不要去侵犯任何国家,我们只是反对帝国主义者对于我国的侵略。大家都明白,如果不是美国军队占领我国的台湾、侵略朝鲜民主主义人民共和国和打到了我国的东北边疆,中国人民是不会和美国军队作战的。但是既然美国侵略者已经向我们进攻了,我们就不能不举起反侵略的旗帜,这是完全必要的和完全正义的,全国人民都已明白这种必要性和正义性。"

"我们很早就表示:朝鲜问题应当用和平方法予以解决,现在还是这样。只要美国政府愿意在公平合理的基础上解决问题,不再如过去那样用种种可耻的方法破坏和阻挠谈判的进行,则朝鲜的停战谈判是可能成功的,否则就不可能成功。"①

板门店谈判

10 月 25 日,"联合国军"代表又回到谈判桌上来,同朝中代表重开

---

① 中共中央文献研究室编:《毛泽东文集》第 6 卷,人民出版社 1999 年版,第 184、185 页。

谈判。谈判的会址改在位于开城东南八公里的板门店。

美国不再提所谓的海空优势,但仍不放弃在西段把分界线向北推进的要求。为了使谈判达成协议,朝中方面在 11 月 7 日提出在实际接触线的基础上略加调整,作为军事分界线的新方案,不再坚持原先以"三八线"为军事分界线的主张。

11 月 27 日,双方就第二项议程达成协议,规定以双方实际接触线为军事分界线,双方各向后撤两公里,以建立非军事区。随后,同时进行第三项议程(在朝鲜境内停火与休战的具体安排)、第四项议程(战俘遣返问题)的谈判。

谈判过程中,朝中方面的每一项提案,都要遭到"联合国军"代表的反对。双方在谈判桌前的唇枪舌剑,其激烈程度不亚于战场上的刀光剑影。毛泽东在周恩来的有力协助下,稳操军事斗争和政治斗争的主动权。在"文斗"方面,我方有理。在"武斗"方面,我方亦有办法,依托坚固的阵地,用"零敲牛皮糖"的办法,一口一口地吃掉敌人,积少成多,合起来就是一个很大的数字。亦文亦武,紧密配合,在一次又一次的反复较量中,迫使"联合国军"就范,达成协议。

到 1952 年 5 月,朝鲜停战谈判取得重要进展。在第三和第五项议程上,双方达成了协议。至此,朝鲜停战谈判的五项议程,只剩下第四项,即关于战俘的安排问题没有解决了。

关于战俘问题的谈判,从 1951 年 12 月 11 日就开始了。双方争论的关键在于,朝中方面主张依照日内瓦公约的规定遣返全部战俘,美国则借口所谓"自愿遣返原则",拒绝全部遣返。

朝中方面为谋求问题的解决,两次提出折中调整方案,都遭"联合国军"代表拒绝。7 月 13 日,"联合国军"代表提出一个遣返方案,其中遣返朝鲜人民军战俘占应被遣返总数的百分之八十左右,遣返中国人民志愿军战俘只占应被遣返总数的百分之三十二。两者的遣返比例如此悬殊,隐藏着美国企图离间朝中两国、两军关系的政治阴谋。

7 月 15 日,经毛泽东审定,发出由周恩来起草的致斯大林的电报,指出:"在这种形势下,我们认为绝对不应接受敌人这种具有挑衅性和引诱性的方案,而且在敌人压力之下屈服,对我极为不利。""如果敌人拒不让步,继续拖延,我们即扩大宣传,揭破敌人企图破坏停战谈判、扩大侵略战争的阴谋,动员世界人民舆论,并配合我们在朝鲜前线的坚持,使敌人不断损伤,以逼使敌人最后让步。如敌人竟敢于破裂谈判,扩大战争,我们亦有所准备。因为这个问题是个政治问题,不但对朝中两国,而且对整个革命阵营都有影响。"①

7月16日,斯大林复电毛泽东说,中方在和平谈判中所持的立场是完全正确的。

为了配合停战谈判,使敌人不断损伤,以逼使敌人最后让步,中国人民志愿军从1952年9月18日起,发起全线性战术反击作战,至10月31日结束,历时四十四天,歼敌两万五千余人,志愿军伤亡一万零五百余人,敌我伤亡为二点五比一。毛泽东对这次反击作战给予很高的评价。他认为这是志愿军"制敌死命"的一个法宝。

上甘岭战役

在志愿军进行全线性战术反击期间,美国为了扭转它在战场上的被动局面,谋取谈判中的有利地位,从10月14日起,在上甘岭地区发动了空前激烈的"金化攻势"。金化,位于"三八线"中段,是从汉城地区进攻平康平原必经的铁路枢纽,因而成了这次攻势中的必争之地。志愿军凭借金化地区的上甘岭等要地顽强抗击,粉碎了美军的攻势。这就是举世闻名的上甘岭战役。

在长达四十三天的上甘岭战役中,志愿军部队打得英勇顽强。敌人动用了一切现代化军事手段,对志愿军阵地轮番攻击。在范围不大的两座高地和附近地区,敌军集中倾泻了一百九十万发炮弹和五千余枚炸弹,投入总兵力约四万余人。两座高地的土石被炸松一至两米,变成一片焦土。

具有高昂士气和富有创造精神的中国人民志愿军,经过一年多战火考验和锻炼,同现代化装备的美国军队作战的本领大大地提高。志愿军将士先在地表阵地与敌人反复争夺,重创敌军。随后,又转入坑道作战,保存力量,准备反攻。10月30日起,志愿军部队发起全线反击,至11月25日,收复全部失地。中部防线稳如泰山般地经受住又一次严峻考验。

---

① 转引自中共中央文献研究室编,逄先知、金冲及主编:《毛泽东传(1949—1976)》上册,中央文献出版社2003年版,第174页。

上甘岭战役中,中国人民志愿军以伤亡一万一千五百余人的代价,取得歼敌二万五千余人、击落击伤敌机二百七十余架的重大胜利。这使美军再次认识到中国人民志愿军的强大攻防能力,从此再没有发动起什么像样的攻势。美国新闻界评论说:"这次战役实际上却变成了朝鲜战争中的'凡尔登'。"①

反登陆作战准备

1952年12月2日至5日,刚当选美国总统的艾森豪威尔到朝鲜前线视察。他此行的主要目的,是想从僵局中找到扭转战局的办法。此后,"联合国军"进行了频繁的登陆作战和空降作战演习。从种种迹象来看,美国很有可能在1953年初发动大规模攻势,以结束朝鲜战争。采用的办法,很可能是借助海空优势,在朝鲜东西海岸进行两栖登陆,制造又一次"仁川登陆"。

艾森豪威尔这一不寻常的举动及有关情报,是十分危险的信号。毛泽东对此的反应十分强烈而迅速。他又把注意力集中到朝鲜战场上来了。

12月4日,志愿军代司令员兼代政治委员邓华向毛泽东报送关于朝鲜战局形势与明年方针任务的报告,提出美国在我侧后登陆以及登陆的几种可能性。毛泽东立即对报告写了三段批示:(一)"应肯定敌以五至七个师在汉川鸭绿江线大举登陆,并在我后方空降,时间应准备在春季,也可能更早些,我应十分加强地堡和坑道,部署五个军于这一线,其中要有四个有经验的军,划定防区,坚决阻敌登陆,不可有误。"(二)"第二个登陆危险区是通川元山线,第三个危险区是镇南浦汉川线"。(三)"决不能许敌在西海岸登陆,尤其不能许其在汉川鸭绿江线登陆。"②

12月9日,毛泽东致信邓华:"应估计敌已决策在汉川至清川江线登陆,并在积极准备中,我方必须火急准备对敌,粉碎其登陆计划。"③

---

① 转引自军事科学院军事历史研究部编著:《中国人民志愿军抗美援朝战史》,军事科学出版社1990年版,第180页。

② 中共中央文献研究室编:《建国以来毛泽东文稿》第三册,中央文献出版社1987年版,第396页。

③ 中共中央文献研究室编:《建国以来毛泽东文稿》第三册,中央文献出版社1987年版,第391页。

12月20日,毛泽东为中共中央起草并正式下达关于准备一切必要条件坚决粉碎敌人登陆冒险的指示。毛泽东在指示中最后指出:"希望同志们小心谨慎,坚忍沉着,动员全力,争取时间,完成一切对敌登陆作战的准备工作,只要准备好了,胜利就是我们的了。"①

1953年2月,美国的军事冒险活动又有新的升级趋势。艾森豪威尔宣布取消台湾海峡"中立化",做出放蒋出笼以配合美军在朝鲜军事冒险的姿态。

不坚决制止美国的这种冒险行动,恢复停战谈判是不可能的。毛泽东代表中国政府表明了严正立场。2月7日,他在全国政协一届四次会议上说:"我们是要和平的,但是,只要美帝国主义一天不放弃它那种横蛮无理的要求和扩大侵略的阴谋,中国人民的决心就是只有同朝鲜人民一起,一直战斗下去。一直打到中朝人民完全胜利的时候为止。"②

毛泽东的讲话,向企图铤而走险的美国政府发出了严重警告。在毛泽东的具体而周密的指导下,一场大规模的反登陆作战的准备工作,争分夺秒地加紧进行。到1953年4月底,各项准备工作全部完成。从"三八线"附近的正面防御阵地,到东西海岸,直到中国东北境内,构成了大纵深的严密的防御体系,使敌人无隙可乘。

在朝鲜战场上,"联合国军"通过空中侦察和特务刺探,了解到中朝军队已在认真地做抗击敌军从侧后方登陆的准备。同时,艾森豪威尔扩大战争的打算,也招致西方盟国的反对。英外交大臣艾登警告说:美国扩大朝鲜战争的举动,以及放蒋出笼的做法,"有非常不幸的政治影响,而没有补偿的军事优势"。③

在各方面的压力下,美国不得不重新回到谈判桌前寻求摆脱困境的办法。2月22日,"联合国军"总司令克拉克④致函朝中方面,提议在停战前先交换伤病战俘,试图借机恢复从1952年10月8日起由"联合国

----

① 中共中央文献研究室编:《建国以来毛泽东文稿》第三册,中央文献出版社1987年版,第406页。

② 《人民日报》1953年2月8日。

③ [美]沃尔特·G.赫姆斯:《朝鲜战争中的美国陆军》第1卷,国防大学出版社1988年版,第456页。

④ 1952年4月28日,美国总统宣布命令,由克拉克接任"联合国军"总司令。

军"单方面中断了近五个月的停战谈判。

签订朝鲜停战协定

3月23日,毛泽东在给丁国钰①并告金日成、彭德怀的复电里,明确表示:"关于克拉克2月22日建议先行交换可以行走的重伤病俘虏一事,我方准备同意讨论此事,复文尚须数日才能拟好,暂时不要向外边透露。"

毛泽东在复电中,提醒朝中代表团充分注意美方在停战谈判问题上的态度变化,采取灵活的斗争策略。他说:"对方最近在板门店的行动,带有明显的挑衅和威胁的性质,因此应该提高警惕,设想坏的情况,并作必要准备,但另一方面,对方这些行动的目的则显然是逼我谈有关停战的主题,实质上表示对方着急。艾森豪威尔上台后在亚洲采取一系列措施,企图从杜鲁门造成的束缚中解脱出来,争取主动,其建议交换伤病俘可能是对方有意在板门店转弯的一个试探行动。在分析对方具体行动时,必须注意问题的这两个侧面。""对于违反协议事件,过去我们采取不分轻重一事一抗的方针,本已有些被动。最近一星期内,如无重大事件,望不要向对方送抗议。"②

3月28日,金日成、彭德怀复函克拉克,同意交换病伤战俘,并建议立即恢复谈判。

3月30日,周恩来代表中国政府发表《关于朝鲜停战谈判问题的声明》,提出经中朝两国政府共同研究的建议:"谈判双方应保证在停战后立即遣返其所收容的一切坚持遣返的战俘,而将其余的战俘转交中立国,以保证对他们的遣返问题的公正解决。"③

这个声明打破了朝鲜停战谈判在战俘问题上的僵局,得到包括英、法在内许多国家的支持,迫使美国不得不同意以朝中方面的建议为基础,恢复停战谈判。4月26日,朝鲜停战谈判在板门店继续举行。

---

① 丁国钰,当时参与朝鲜停战谈判朝中代表团的领导工作。李克农、乔冠华已经在美方停止谈判后回国。

② 中共中央文献研究室编:《建国以来毛泽东文稿》第四册,中央文献出版社1987年版,第80页。

③ 《人民日报》1953年3月31日。

　　毛泽东并没有因停战谈判的恢复而放松警惕。他始终抓住而又巧妙灵活地使用谈与打、政治斗争和军事斗争这两手，双管齐下，互相配合，针锋相对，毫不放松。从 5 月 13 日起，中国人民志愿军发起夏季反击作战，迫使美国在 5 月 25 日基本接受了朝中方面的提案。作为夏季反击作战的第一阶段基本结束。

　　就在谈判即将取得突破性进展的时刻，却遇到南朝鲜方面的强烈反对。4 月 24 日，李承晚转告艾森豪威尔，如果达成允许志愿军继续留在鸭绿江以南的任何协议，他就决定将南朝鲜军队退出"联合国军"，在必要时将继续单方面作战。①

　　志愿军从 5 月 27 日起发起夏季反击作战第二阶段攻势，并及时调整部署，由原定的以打击美军为主，改为以打击南朝鲜军为主，取得了歼敌四万一千余人的战绩。歼敌数几乎是第一阶段的十倍。中朝军队在"三八线"上迅速推进。7 月 19 日，美方发表声明，保证实施停战，并向南朝鲜施压。随后，南朝鲜政府被迫发表声明，接受停战协议。

　　1953 年 7 月 27 日，朝鲜停战协定在板门店签字，结束了历时三年的朝鲜战争。全世界人民所渴望的朝鲜停战终于实现了。曾担任"联合国军"总司令一职的马克·克拉克在回忆录里说："它是我军事经历最高的一个职位，但是它没有光荣。在执行我政府的训令中，我获得了一项不值得羡慕的荣誉：那就是我成了历史上签订没有胜利的停战条约的第一位美国陆军司令官。我感到一种失望的痛苦，我想，我的前任，麦克阿瑟与李奇微两位将军一定具有同感。"②

　　在朝鲜停战协议签字的两天前，毛泽东就向人民志愿军全体指挥员指示说："希望全军指战员防止骄傲，在停战协定签字并生效以后，仍应提高警惕，一面自己严格遵守协定，一面防止敌人可能做出破坏的挑衅。"③在这里，毛泽东为全党做出了榜样：越是在取得重大胜利的时候，

---

　　①　[美]沃尔特·G. 赫姆斯：《朝鲜战争中的美国陆军》第 1 卷，国防大学出版社 1988 年版，第 493 页。

　　②　克拉克著，文士龙译：《从多瑙河到鸭绿江》，转引自李鸿谷：《解读朝鲜战争的中国价值：以战止战获和平环境》，《三联生活周刊》2010 年第 37 期。

　　③　中共中央文献研究室编：《建国以来毛泽东文稿》第四册，中央文献出版社 1987 年版，第 156 页。

越要保持清醒的头脑。

三、谁叫他是我毛泽东的儿子

（一）毛岸英入朝

1950 年 10 月 7 日中午，毛泽东在菊香书屋东厢房设家宴，为即将赴任的中国人民志愿军司令员兼政治委员彭德怀饯行，详谈出兵的一些具体问题。毛泽东的儿子毛岸英作陪，毛岸英向彭德怀提出要求上前线抗美援朝，毛泽东表示支持，并为毛岸英向彭德怀说情。

毛泽东的长子毛岸英，1922 年 10 月 24 日出生于湖南长沙。8 岁时，由于母亲杨开慧被捕入狱，他也被关进牢房。杨开慧牺牲后，地下党组织安排毛岸英和两个弟弟到上海。后来，由于地下党组织遭到破坏，毛岸英和弟弟在上海流落街头，历尽艰辛和磨难。1936 年夏，上海地下党组织安排毛岸英和毛岸青到苏联学习。毛岸英在东方语言学院和伏龙芝军事学院学习过 5 年，毕业后获坦克兵中尉军衔。在苏联卫国战争期间，他曾用俄文给斯大林写信，请求上前线杀敌。他参加了苏军的大反攻，一直攻到柏林。毛岸英回国前，斯大林接见了他，并送给他一支手枪，作为他参加苏联卫国战争的最高奖赏。

1946 年 1 月，毛岸英回到延安。毛泽东为了让儿子了解农村和农民，认识中国的国情，送毛岸英到陕北当农民，拜农民为师。后又让他参加中央土改工作团，搞土地改革工作。1949 年 1 月北平和平解放后，毛岸英陪同两名扫雷专家，带领一个工兵排，作为中央机关的先遣队，首批进入北平，负责排除地雷、炸药等，以保证重要设施和中央首长进城的安全。

为了让毛岸英能直接参加祖国的建设，毛泽东支持儿子下基层，到北京机器总厂担任党总支副书记。1949 年 10 月 15 日，毛泽东为儿子岸英和儿媳刘思齐在中南海菊香书屋举行婚礼。婚后不到一年，在 1950年，中共中央做出组建中国人民志愿军出兵抗美援朝的决定后，毛岸英立即向毛泽东、党中央递交了要求参加志愿军的申请书。毛泽东支持儿子参加志愿军，他认为儿子申请上朝鲜参战，是第一个志愿报名参加抗美援朝的,积极性很高,还是成全他为好。一些身边的工作人员曾劝毛泽东说,岸英在单位负担的任务很重,不好离开,还是不要去朝鲜参战。他们深知毛泽东已经为中国革命失去了五位亲人。可毛泽东却回答道:"谁叫他是毛泽东的儿子!他不去谁还去?"

对于毛岸英的请求,彭德怀拒绝了。但毛泽东为儿子求情,希望彭德怀能让毛岸英加入志愿军,入朝作战,彭德怀最后应允了。就这样,毛岸英上了前线。10月8日,毛岸英来不及向家人告别,也没有时间去医院看望妻子,急匆匆地随彭德怀和临时组成的指挥所人员乘飞机赶赴东北。毛岸英随志愿军司令员彭德怀乘飞机前往东北途中,在飞机舱里,彭德怀看着毛岸英,深感毛泽东主席日夜为抗美援朝操劳,现又送儿子上前线,无限敬重的心情油然而生。同时,他也为毛岸英积极要求上前线的决心所感动,他对身边的人说,毛岸英是我们志愿军的第一个志愿兵。

(二)毛岸英牺牲

毛岸英随志愿军司令部跨过鸭绿江后,担任志愿军司令部办公室的翻译。毛岸英在志愿军总部,和其他同志一样没日没夜的工作,没有享受过任何特殊待遇,也没有向任何人透漏过自己的出身。除少数领导外,一般人都认为他是一个年轻、能干的俄语翻译。

据彭德怀的军事秘书杨风安回忆:毛岸英平易近人,彭德怀多次提出要毛岸英与他一起吃饭,毛岸英谢绝说,都是一样的饭菜,和办公室的参谋们一起更好些,更随便些。毛岸英除担任俄语翻译工作外,办公室没有再分配他其他任务,但毛岸英积极主动地参与办公室的各项工作,所以,大家对他都很尊重。

1950年11月25日,第二次战役发起的当天,三架美军B—29型轰炸机从志愿军司令部驻地上空掠过,向志司①驻地投下了几十个凝固汽油弹,作战室被吞没在一片火海中,正在屋内值班的毛岸英献出了年轻的生命。人们从一只烧焦的表壳上,分辨出了毛岸英的遗体。这只表是他出国前夕岳母送给他的纪念物。在清理毛岸英烈士遗物时,只发现一

---

① 志司,中国人民志愿军司令部的简称。

个很小的帆布包,里面有几件换洗的衣服、一把小剪刀,还有《达尔文传》等一批他心爱的书籍。

彭德怀听到毛岸英牺牲的消息后顿时站立不稳,脸色苍白,眼含热泪,久久一言不发。这天,彭德怀中午饭也没有吃,坐卧不安。他和志愿军党委成员商量后,决定把这次不幸事件报告中央军委。于是,他以志愿军司令部名义给中央军委起草电报。短短的电文,他竟写了一个多钟头。

电报到了周恩来手中。周恩来深知这对毛泽东的打击会有多大,他不愿在毛泽东指挥战役的紧张时刻去分他的心,便把电报暂时搁下。直到1951年元旦过后,1月2日,他才把电报送给毛泽东、江青看,并附信说,"毛岸英同志的牺牲是光荣的。当时我因你们都在感冒中,未将此电送阅"。①

周恩来的信和彭德怀的电报,由机要秘书叶子龙送给毛泽东。当中央机要办公室主任叶子龙拿着电报走进毛泽东主席的办公室时,毛泽东正在沙发上看报纸。叶子龙将电报交给毛泽东,然后默默地站在旁边。叶子龙回忆说:毛泽东像平常一样,放下报纸,接过电报看了起来。这时,我感觉空气仿佛凝固了。毛泽东将那份简短的电报看了足足有三四分钟,他的头埋得很深。当他抬起头时,他的脸色非常难看。毛泽东将目光缓慢移向茶几上的烟盒,颤抖着从烟盒抽出烟来。屋子里,只听见毛泽东吸烟声。是烟熏了还是过于悲哀,毛泽东的眼睛湿润了,可还是没有哭出来,他顶住巨大悲痛只"唉……"了一声说:"谁让他是毛泽东的儿子……"他向叶子龙摆了摆手说:"战争嘛,总会有牺牲,这没有什么!"②

杨尚昆在他的日记中是这样写的:"岸英死讯,今天已不能不告诉李得胜③了!在他见了程颂云等之后,即将此息告他。长叹了一声之后,他说:牺牲的成千上万,无法只顾及此一人。事已过去,不必说了。精

---

① 转引自中共中央文献研究室编,逢先知、金冲及主编:《毛泽东传(1949—1976)》上册,中央文献出版社2003年版,第148页。

② 转引自中共中央文献研究室编,逢先知、金冲及主编:《毛泽东传(1949—1976)》上册,中央文献出版社2003年版,第148页。

③ 李得胜,是毛泽东1947年转战陕北期间使用的代号。

神伟大,而实际的打击则不小!这是没有办法的事。有下乡休息之意。"①

2月21日,彭德怀进京向毛泽东详细汇报了朝鲜战争情况,并向毛泽东详细汇报了毛岸英牺牲的经过,以内疚的心情检讨说:"主席,你让岸英随我到朝鲜前线后,他工作很积极。可我对你和恩来几次督促志司注意防空的指示不重视,致岸英和高参谋不幸牺牲,我应当承担责任,我和志司的同志们至今还很悲痛。"②

毛泽东听罢,一时沉默不语。他伸手去拿烟,两次都没有将烟从烟盒里抽出来,最后还是警卫战士帮他取出香烟。他大口地抽着,两眼凝望窗外已经萧条的柳枝,轻轻地背诵起《枯枝赋》:"昔年移柳,依依汉南。今看摇落,凄沧江潭。树犹如此,人何以堪!"听完彭德怀的汇报,望着内心不安的彭德怀,毛泽东宽慰他说:"打仗总是要死人的嘛!中国人民志愿军已经献出了那么多指战员的生命,他们的牺牲是光荣的。岸英作为无产阶级战士、共产党员,他尽到了自己责任。你要回去讲,岸英是志愿军的一名普通战士,不要因为是我的儿子,就当成一件大事。不能因为是我、党主席的儿子,就不该为中朝两国人民的共同事业而牺牲。世上哪有这样的道理呀!那个战士的血肉之躯不是父母所生?"并叮嘱说:"现在美国在朝鲜战场上使用各种飞机约一千多架,你们千万不能疏忽大意,要采取一切措施保证司令部的安全。"③毛岸英牺牲后,曾有人提议,将他的尸骨运回北京安葬,毛泽东没有同意,他引用东汉著名将领马援的话说"青山处处埋忠骨,何须马革裹尸还"。毛岸英烈士和千万个志愿军烈士一样,长眠在朝鲜的国土上,成为中朝人民友谊的象征。

(三)无情未必真豪杰,怜子如何不丈夫

毛泽东为了中国革命献出六位亲人的生命。他弟兄三人,牺牲了两个。他一生共有十个儿女,其中六人夭折或丢失。最后剩下毛岸英、毛

---

① 杨尚昆:《杨尚昆日记》(上),中央文献出版社2001年版,第69页。

② 王焰等编:《彭德怀传》,当代中国出版社1993年版,第453页。

③ 王焰等编:《彭德怀传》,当代中国出版社1993年版,第453、454页。

岸青、李敏、李讷四人,毛岸英还牺牲在朝鲜战场。为了党的事业,毛泽东一家人几乎所剩无几。

许多人也许要问,抗美援朝毛泽东为什么一定要让自己的儿子上前线?中国那么多热血儿女,何差毛岸英一个人,可毛泽东不是这样想。1951年3月,毛泽东的老友周世钊向他问及此事,毛泽东说:"当然你说如果我不派他去朝鲜战场上,他就不会牺牲,这是可能的,也是不错的。但是你想一想,我是极主张派兵出国的,因为这是一场保家卫国的战争。我的这个动议,在中央政治局的会上,最后得到了党中央的赞同,做出了抗美援朝的决定……要作战,我要有人,派谁去呢?我作为党中央的主席,作为一个领导人,自己有儿子,不派他去抗美援朝,保家卫国,又派谁的儿子去呢?人心都是肉长的,不管是谁,疼爱儿子的心都是一样。如果我不派我的儿子去,而别人又人人都像我一样,自己有儿子也不派他去上战场,先派别人的儿子去上前线打仗,这还算是什么领导人呢?"有人说毛泽东送毛岸英上前方是为了培养他,锻炼他,要他将来接班,这就不免有不仁之心了。若要镀金,何必去朝鲜,毛泽东难道不知道战争是要死人的吗?当然如果毛泽东不派毛岸英去,也不会有人说他什么。

毛泽东在毛岸英身上倾注了无限的父爱。毛泽东爱他,在他身上寄托着厚望。中年丧子,毛泽东内心到底有多么悲痛,他没有向任何人倾诉过,他只是把毛岸英生前穿过的衣服叠得整整齐齐放在箱子里,悄悄地珍藏了20多年。他常常把儿子的衣服拿出来晒晾,工作人员往往很奇怪,问他,主席这是谁的衣服,您老人家怎么还像掏宝贝一样拿出来晒呢,毛泽东眼睛就红了,说这是我的儿子岸英生前的一些衣物,我把它保留着,作为对儿子的怀念。当一个老人面对自己儿子的遗物黯然神伤时,那种情景又是多么的让人心痛。

彭德怀说过,国难当头,挺身而出,这不是每个人都能做得到的。有些高干子弟甚至高级干部本人就没有做到,但毛岸英做到了,毛岸英是坚决请求到朝鲜抗美援朝的。毋庸置疑,毛泽东的表率作用,如同无声命令,变成巨大的凝聚力、向心力和战斗力,使抗美援朝取得了伟大的胜利。

四、抗美援朝的意义

（一）国际地位的极大提高，赢得了和平的环境

抗美援朝及其胜利的重大历史意义，首先在于它平息了战火，使东亚恢复到和平状态，充分向国际社会显示了中国人民不可侮辱的尊严、不畏强暴的勇气和不容侵犯的实力。中国从此开始以一个举足轻重的大国身份在国际事务中发挥作用，提高和确定了新中国的大国地位。抗美援朝及其胜利使和平取代战争成为东亚的主导趋势，从此东亚形成以中国为中心的新的政治经济格局，地区的经济发展也从此获得了相对和平与稳定的国际环境。

1953 年 9 月 12 日，毛泽东在中央人民政府委员会第二十四次会议的讲话中，对抗美援朝作了总结：

> "抗美援朝，经过三年，取得了伟大胜利，现在已经告一个段落。抗美援朝战争的胜利是伟大的，是有很重要意义的。
>
> 第一，和朝鲜人民一起，打回到'三八线'，守住了'三八线'。这是很重要的。如果不打回'三八线'，前线仍在鸭绿江和图们江，沈阳、鞍山、抚顺这些地方的人民就不能安心生产。第二，取得了军事经验。取得了对美国侵略军队实际作战的经验。第三，提高了全国人民的政治觉悟。由于以上三条，就产生了第四条：推迟了帝国主义新的侵华战争，推迟了第三次世界大战。帝国主义侵略者应当懂得：现在中国人民已经组织起来了，是惹不得的。如果惹翻了，是不好办的。"①

抗美援朝战争，是毛泽东一生最为艰难的一次决策，但同时又是毛泽东军事艺术、国际战略乃至治国方略中的绝妙之笔。抗美援朝战争的

---

① 中共中央文献研究室编：《建国以来毛泽东文稿》第四册，中央文献出版社1987 年版，第 186 页。

胜利,粉碎了美国妄图干涉朝鲜内政、并吞全朝鲜的企图,保卫了朝鲜民主主义人民共和国的独立,同时捍卫了新中国的安全,增强了中国人民的民族自尊心,保障了新中国经济恢复和建设工作的顺利进行;打出了中国的国威和军威,提高了新中国的国际地位;使中国军队取得了以劣势装备战胜现代化装备的敌人的宝贵经验,加速了人民军队的建设;戳穿了美帝国主义"纸老虎"的面目,保卫了亚洲和世界的和平,鼓舞了世界人民保卫世界和平反对侵略的意志和决心。

抗美援朝战争之初,中国人民志愿军能不能打败以美国为首的"联合国军",爱好和平的人们都捏着一把汗。抗美援朝战争的胜利,打破了美国军队不可战胜的神话,使全世界的人们,包括中国的敌人和朋友,对新中国都刮目相看。一个刚刚从战争废墟中走出来的新中国,经济还那么困难,军队装备又很落后,居然能把世界一流强国的、具有现代化装备的美国军队打败,中国人民志愿军不愧为中华民族最优秀的儿女,他们肩负着祖国人民的重托,不负朝鲜人民和世界一切爱好和平人民的期望,完成了"保卫中国,支援朝鲜"的历史使命。

这不能不说是一个人间奇迹。如果说,《中苏友好同盟互助条约》的签订,为新中国创造了有利的国际环境;那么,抗美援朝战争的胜利,则大大提高了新中国的国际地位。这两件事,都是和毛泽东的名字分不开的。

(二)调整了东亚的战略格局,这一格局依然持续到今天

抗美援朝的胜利却彻底打破了美国在东亚一统天下的局面,使中国在东亚成为一支可以与美国势力相抗衡的力量,也使冷战时期的政治军事对峙的另一个中心逐渐形成。另一方面,以中国为中心的东亚社会主义阵营为了对抗资本主义联盟,也加强了彼此之间以及与苏联的友好关系。东亚在历史上首次出现了以联盟制约联盟、以权力制约权力的均衡状态。

众所周知,今天的朝鲜半岛局势仍不明朗,随时都有可能爆发战争的危险,一旦战争爆发就可能导致诸多大国深陷其中,所以在今天朝鲜半岛的各种危机(如核危机、延平炮击等事件)都会另诸多大国绷紧神经。在这里面有一个关键的因素就是美国,事实上,在这一系列危机背

后都存在美国的因素,首先美国的长期冷战政策和思维导致了在半岛的永久驻军,这一事实的存在必然会让朝鲜时刻感到不安,同样也深刻影响中国的战局部署。

(三)促进国内的安定团结,开创了新的和平建设局面

在抗美援朝期间,在中国国内开展了爱国主义和国际主义教育,大批青年踊跃参加志愿军,全国人民掀起了增产节约运动和捐献运动,这不仅支援了抗美援朝战争,也促进了国民经济的恢复和发展,推动了各项社会改革运动的进行。

在中国人民志愿军保家卫国、入朝参战的同时,在国内,一个广大群众性的抗美援朝运动轰轰烈烈地、深入持久地开展起来。这个运动有力地支援了志愿军的作战,推动了国民经济恢复工作和其他各项工作。全国各界群众在抗美援朝运动中,表现出高度的爱国热情。当时,国家刚从长期战乱中复苏,人民的生活水平还很低。但是从 1951 年 6 月 1 日开始掀起全国规模的捐献飞机大炮运动以来,许多群众节衣缩食,积极捐款。到 1952 年 5 月底,全国人民在一年中捐款的总额,约合可购买战斗机三千七百一十架,充分显示出动员起来的中国人民的雄厚力量。中国人民从来没有这样地团结一致,从来没有这样地意气风发,从来没有这样高昂的民族自尊心和民族自豪感。过去那种一盘散沙的局面一去不复返了。

到 1951 年底,中国的国民经济恢复和国家财政状况的好转,都已取得重要进展,这一年的工农业总产值比上年增长百分之十九。其中,工业增长百分之三十八点二,农业增长百分之九点四。而且在战争费用大幅度增加的情况下,财政不仅没有出现赤字,反而出现了建国以后第一次收支平衡略有节余的局面。这说明,国内的经济恢复和建设工作,不但没有因为抗美援朝而停顿,反而更加向前推进和发展了。国家不断增长的人力、物力、财力,不仅能够支持长期战争的消耗,而且能够为最终赢得这场战争提供源源不断的、雄厚的物质基础。

在长期曲折的革命斗争中,毛泽东形成了一个信念:在一定条件下,坏事能够变成好事。大敌压境,国难当头,往往能够成为唤醒民众、组织民众、推动各项革命事业加速发展的强大动力。全国规模的抗美援朝运

动再次证明了这一点。国民经济的恢复，不但没有因抗美援朝而被延误推迟，反而在抗美援朝运动以及同时进行的土地改革运动和镇压反革命运动的推动下，表现出蓬勃的生机。1951 年 10 月 23 日，抗美援朝一周年之际，毛泽东在全国政协一届三次会议的开会词中宣布："我们的金融和物价则继续保持着稳定，我们的经济建设事业和文化教育事业的恢复和发展的工作，也已前进了一大步"。①

1953 年 12 月 12 日，西北各族人民抗美援朝代表会议在西安隆重开幕。汉、回、蒙古、维吾尔、哈萨克、乌孜别克等 14 个民族的代表 451 人出席了会议。毛泽东为有这样多的民族代表参加的团结盛会感到鼓舞，在同日的复电中说："你们的这次代表会议，决定进一步团结各族人民，增加生产，厉行节约，开展爱国主义的宣传教育工作，以支持中国人民志愿军，这是很好的。帝国主义过去敢于欺负中国的原因之一，是中国各民族不团结，但是这个时代已经永远过去了，从中华人民共和国成立的那一天起，中国各民族就开始团结成为友爱合作的大家庭，足以战胜任何帝国主义的侵略，并且把我们的祖国建设成为繁荣强盛的国家。"②

抗美援朝战争的胜利，使中国的经济建设获得了有利的国际和平环境。这对于长期处于战乱的中国人民来说，是极其宝贵的。以 1953 年开始的第一个五年计划建设为标志，中国开始了长时期的、大规模的工业化建设。这为新中国日后的经济腾飞，打下了坚实的基础。

---

① 《人民日报》1951 年 10 月 24 日。
② 《人民日报》1951 年 12 月 14 日。

第四章
从开展三大运动到"三反"、"五反"

是谁让那些几千年来被践踏在地、饱受蹂躏的劳苦大众真正成为国家的主人;是谁把那些几千年来骑在人民头上作威作福的老爷以及他们的追随者们打翻在地,在人民面前颤抖;是谁扫除了旧中国的遗毒,创造了一个团结友爱的干净社会,让这个千疮百孔的国家从此生机勃勃、欣欣向荣……

一、三 大 运 动

（一）"耕者有其田"——土地改革

土地改革,同抗美援朝、镇压反革命并称为建国初期的三大运动,是争取国家财政经济状况根本好转的第一个基本条件,也是真正改变农民地位的根本。它在毛泽东的心目中占有十分重要的地位,对此,毛泽东有着极其深刻的认识和分析:中国的主要人口是农民,革命靠了农民的援助才取得了胜利,国家工业化又要靠农民的援助才能成功,所以工人阶级应当积极地帮助农民进行土地改革,城市小资产阶级和民族资产阶级也应当赞助这种改革,各民主党派、各人民团体更应当采取这种态度。"战争和土改是在新民主主义的历史时期内考验全中国一切人们、一切党派的两个'关'。战争一关,已经基本上过去了,这一关我们大家都过得很好,全国人民是满意的。现在是要过土改一关,我希望我们大家都和过战争关一样也过得很好。大家多研究,多商量,打通思想,整齐步伐,组成一条伟大的反封建统一战线,就可以领导人民和帮助人民顺利地通过这一关。"[1]

新情况新问题

建国后的土地改革,是在取得全国政权并且与资产阶级合作的条件下进行的,这与建国以前的土地改革情况有着很大的不同,而过去是在激烈的战争条件下进行的。它的直接任务就是为解放和发展农村社会生产力,恢复和发展国民经济而进行。

同样,建国之初的土地改革任务并不轻松。新解放区有三亿一千万人口,在这样广大的地区用三年的时间完成土地改革,是一场规模空前的反对封建土地制度的运动,也是全世界没有的。用毛泽东的话说,这是中国人民民主革命及军事斗争以后的第二场决战。

---

[1] 中共中央文献研究室编:《毛泽东文集》第6卷,人民出版社1996年版,第30页。

面对这种新的情况、新的问题,是否仍然延续过去的土地政策呢,还是有所转变呢?事实上,就整个的土改对象来讲,要改的就是地主阶级的土地,而依靠的仍然是贫雇农,同时还要团结中农。关键就是对富农采取怎样的政策?中国的富农,既有明显的封建和半封建的剥削性质,又带资本主义的色彩,因为其经营方式是采用资本主义经营方式的。总体上讲,中国的富农,人数不多,在农业经济的地位不重,但在土地改革中对它实施的政策,对其他阶层具有明显的示范效应。

　　解放前,中国共产党在民主革命过程中对富农的政策曾几经改变。解放以后,战争基本上结束,联合民族资产阶级共同进行和平建设的时期到来了。在新的形势下,毛泽东考虑新区土改时,很自然地首先会想到富农问题。他在访苏前曾提出,江南土改时要慎重对待富农问题,要把对地主和对富农分为两个阶段进行。在访苏期间,就土改中的富农问题他又同斯大林交换过意见,并且吸纳了斯大林的建议,"斯大林同志曾在我向其报告土改政策时,提议将分配地主土地与分配富农土地分成两个较长的阶段来做,即使目前农民要求分配富农多余的土地,我们固不禁止,但也不要在法令上预作肯定。我们虽对中国半封建富农作了解释,并说明对资本主义富农并不没收,他仍举十月革命后的苏联为例,要我们把反富农看成是严重斗争。他的中心思想是在打倒地主阶级时,中立富农并使生产不受影响。去年十一月政治局会议时关于江南土改应慎重对待富农的问题亦曾提到过,因此事不但关系富农而且关系民族资产阶级,江南土改的法令必须和北方土改有些不同,对于1933年文件及1947年土地法等,亦必须有所修改。"①

不动富农的土地财产

　　访苏归来以后,毛泽东对富农政策问题的考虑日渐成熟,已有了比较明确的意见。1950年3月12日,毛泽东致电新解放区各中央局、分局负责人,提出:"在今冬开始的南方几省及西北某些地区的土地改革运动中,不但不动资本主义富农,而且不动半封建富农,待到几年之后再去解

---

① 中共中央文献研究室编:《建国以来毛泽东文稿》第一册,中央文献出版社1987年版,第166页。

决半封建富农问题。请你们考虑这样做是否有利些。"毛泽东详细地阐述了这样做的理由:第一是土改规模空前伟大,容易发生过左偏差,如果我们只动地主不动富农,则更能孤立地主,保护中农,并防止乱打乱杀,否则很难防止;第二是现在基本上已无战争,土改就显得特别突出,给予社会的震动特别显得重大,地主叫唤的声音将特别显得尖锐,如果我们暂时不动半封建富农,待到几年之后再去动他们,则将显得我们更加有理由,即是说更加有政治上的主动权;第三是我们和民族资产阶级的统一战线,现在已经在政治上、经济上和组织上都形成了,而民族资产阶级是与土地问题密切联系的,为了稳定民族资产阶级起见,暂时不动半封建富农似较妥当的。

与此同时,毛泽东要求中南局、华东局、华南分局、西南局、西北局及其所属各省省委、各市市委对关于暂时不动富农的问题加以讨论,"将赞成和反对的意见收集起来迅速电告中央,以凭考虑决策"。毛泽东还让邓子恢在中南局正在召开的各省负责人会议上,征询对富农策略问题的意见。①

当时,中央人民政府正在草拟新的土地改革法。3月30日,中共中央向各中央局、分局、省委征询意见,列举出十四个问题,要求在20天内答复。其中和富农政策有关的问题占了近半数,最主要的有:土地改革可否分为两个阶段,在第一阶段采取中立富农、集中力量消灭地主阶级的政策,对富农的土地财产一律不动?照此办法,无地少地的农民能分到多少土地,相当于全村平均数的百分之几十?对富农的政策,如只没收分配其出租的土地,其余的土地财产一概不动,是否仍能达到中立富农的目的?照此办法,无地少地的农民又能分到多少土地,相当于全村平均数的百分之几十?

事实上,中央对富农问题这样一再的注重,其根本在于两个选择之间作出决定:一种是对富农土地财产一律不动;另一种没收富农土地的出租部分。只有在这两个选择之间选定一个比较恰当的政策:既能适当满足无地少地的贫苦农民的土地要求,又能达到中立富农的目的。而中

① 中共中央文献研究室编:《建国以来毛泽东文稿》第一册,中央文献出版社1987年版,第172页。

南局第三书记邓子恢则主张实行"中间不动两头平"的原则,即不动富农自耕地及中农、富裕中农的土地,将地主土地、公地、富农出租的土地分给无地少地的农民。

毛泽东则是主张暂时不动富农出租土地的。但他没有立刻否定邓子恢的意见,而是继续征求其他大区负责人的意见。5月1日,他在复邓子恢并告饶漱石的电报里,一面继续阐述自己的观点:"鉴于富农出租地数量不大,暂时不动这点土地影响贫雇农所得土地的数量也不会大,现在我的意见仍以为暂时不动较为适宜。"一面要中南局根据他们的意见起草一个土改法令草案,同时要赞成暂时不动富农出租土地的华东局也起草一个和中南局不相同的土改法令草案,以便在中央会议上对照讨论。

5月13日,中南局起草的土地法令草案很快报来了。这个草案对富农出租的土地,允许按照不同情况采取比较灵活的政策:"富农的土地财产不动。对富农土地之出租部分,得按减租办法减租。如某些地区贫苦农民所得土地太少,不足维持最低生活者,得经省人民政府批准,酌情征购富农出租土地的一部或全部(但征购后,应保持富农所有土地不低于当地中农水平)。"

而华东局也起草了一份土改条例草案。他们的草案对富农政策只写了一句话:"不动富农的土地财产。"饶漱石认为,这样的规定,不但领导上可能被动,而且会产生"割韭菜"的顾虑,不利于发展生产。这些不同的意见,在一定程度上也反映了不同地区的不同情况,也说明在对待富农问题上的分歧。真要解决这个问题要拿到七届三中全会上决定了。

毛泽东在向七届三中全会上提交的《为争取国家财政经济状况的基本好转而斗争》的书面报告里说:"我们对待富农的政策应有所改变,即由征收富农多余土地财产的政策改变为保存富农经济的政策,以利于早日恢复农村生产,又利于孤立地主,保护中农和保护小土地出租者。"他说,国家可以用贷款方法去帮助贫农解决困难,以补贫农少得一部分土地的缺陷。[1]

---

[1] 中共中央文献研究室编:《毛泽东文集》第6卷,人民出版社1999年版,第70页。

经毛泽东修改、提交七届三中全会讨论的《中华人民共和国土地改革法》草案,关于富农政策的规定是:"不动富农的土地财产。"

《中华人民共和国土地改革法》

6月6日,刘少奇在七届三中全会上做土改问题的报告,谈到不动富农问题时,他感到绝对不动富农出租土地,包括半地主式的富农的出租土地,是有困难的。与会者对富农政策以及土地改革的其他政策展开了讨论。邓子恢和饶漱石在大会发言中,又重申了各自的意见。

邓子恢说,他对中央改变过去征收富农多余土地政策,是完全拥护的。但是在中南的部分地区,如果富农的出租土地完全不动,则不能满足贫雇农的土地要求。他希望对这个问题不要规定死,要有个机动,留一个"尾巴",即富农土地的出租部分可以有条件地动。

饶漱石说,在华东,不动富农的出租土地,贫雇农所得土地占全村平均数的60%到70%;动富农的出租土地,也不过占到70%到75%。他仍认为不动富农出租土地比较好,因为有利于生产。

6月9日,毛泽东在总结报告里,再次对不动富农的政策作了说明。他在回顾解放战争时期土地改革的历史后指出,那时候情况很紧张,应该团结绝大多数人。历史是这样走过来的。现在战争停了,我们又决定不动富农。苏联也有过这样的情形,实行军事共产主义,对富农不动,后来因为敌人进攻得厉害,资本家的态度也不好,这时才对富农从各方面直接没收。苏联实行新经济政策,废除军事共产主义,是在战争停了以后。我们现在是在战争停了以后,才不动富农。北方战争早已停了,所以去年土改缓和得多了。现在全国除了台湾、西藏尚待解放,战争都停了,因此给了我们一个可能,对富农现在可以不动。

对这个重大政策问题,毛泽东和中共中央采取十分慎重的态度。七届三中全会闭幕后,土地改革法草案又在党内外继续征求意见,不断修改。6月12日经毛泽东修改、准备提交给全国政协一届二次会议讨论的土地改革法草案,对保存富农经济的政策作了补充,这样规定:"保存富农经济,不动富农的土地财产。但在某些特殊地区,经省以上人民政府的批准,对于富农出租部分的土地,得征收其一部或全部。富农自耕和雇人耕种的土地及其他财产,均不得侵犯。"其中,对某些特殊地区可视情况征收富农出租土地的规定,是一个重要的补充,这是吸收了邓子恢的意见。

6月21日,经毛泽东审定的土地改革法草案又作了修改。修改后,提交全国政协一届二次会议讨论通过。草案对保存富农经济的政策,作了完整的规定。

"保护富农所有自耕和雇人耕种的土地及其他财产,不得侵犯。富农所有之出租的小量土地,亦予保留不动;但在某些特殊地区,经省以上人民政府的批准,得征收其出租土地的一部或全部。半地主式的富农出租大量土地,超过其自耕和雇人耕种的土地数量者,应征收其出租的土地。富农租入的土地应与其出租的土地相抵计算。"

在这次会议上,毛泽东还提出请各阶层的代表人物来开会,讨论土地改革法草案。

《中华人民共和国土地改革法》于6月28日经中央人民政府委员会第八次会议通过,6月30日由毛泽东发布命令公布施行。

如果把土地改革法关于保存富农经济的规定,同毛泽东最先提出保存富农经济的思想作一个比较,可以看出,经过党内外充分的民主讨论,集思广益,毛泽东和中共中央对这个问题的决策,经历了一个反复的过程而最后达到完全一致。在此过程中,充分体现了民主精神。这种民主精神不仅表现在最初广泛征求党内各种不同的意见,也表现在七届三中全会上的充分讨论和各抒己见,又表现在全国政协会议中的民主讨论和听取各方面的意见,堪称为"民主决策的一个范例"。

在新区土改过程中,按照新的土地改革法征收了富农的大量出租土地的全部或一部,许多地方还征收了富农的少量出租土地的一部或大部。这样,实际保存下来的富农经济就不多了,在土改后的农村生活和随后兴起的农业合作化运动中没有成为大问题。

毛泽东在指导这次规模空前的土地改革运动中,强调要充分发动群众、依靠群众。但更强调要谨慎,要各级领导机关随时了解情况,纠正偏差。强调土改运动要有领导、有步骤、有秩序地进行。对于尚不具备条件的少数民族地区,则充分照顾到特殊的社会历史条件,采取更慎重、更稳妥、更和缓的政策和步骤。他唯恐重犯1947年土改中的"左"的错误,土改进程宁慢勿快,尽可能地避免出乱子。

在毛泽东和中共中央正确而稳健的方针政策的指导下,土地改革运动取得了巨大胜利。到1953年春,全国除若干少数民族聚居的地区,彻底废除了在中国延续数千年之久的封建土地所有制,三亿多无地少地的农民(包括老解放区的农民在内)无偿得到了约七亿亩土地和大量生产资料。这场深刻的社会变革,解放了农村生产力,极大地调动起亿万农民的生产积极性。建立在封建土地所有制基础上的一些陈腐的、落后的东西在相当程度上被革除了。这是在中国土地上发生的一场规模广大、内容深刻的社会大变动,铲除了中国封建主义的根基,使古老的中国农村空前地焕发出新的青春活力。

"耕者有其田",是中国人民追求的一个美好愿望尤其在近代以来的民主革命斗争中曾被多次提及。但是,在半殖民地半封建的中国,小农意识极重的太平天国农民运动和软弱的民族资产阶级领导的辛亥革命都没有领导农民去真正实现中国人民几千年的梦想。只有在毛泽东和中国共产党的领导下,中国人民经过二十多年前赴后继的斗争,才真正实现"耕者有其田",完成了这一彻底反封建的伟大历史任务。

(二)除恶就是行善——镇压反革命

为了保卫新政权,毛泽东在领导伟大的抗美援朝战争的同时,在国内又开辟了另一战场——镇压反革命运动。

在国民党反动派败逃台湾时,一大批反革命分子被留下来继续为非作歹,以作为反攻大陆的先头部队。有的上山为匪,有的潜伏下来,他们不甘心失败,利用一切可能的机会,向人民和人民政府进攻,企图推翻新生的人民政权。朝鲜战争爆发后,反革命分子的活动明显地猖獗起来。他们破坏工厂、铁路、仓库,阴谋破坏抗美援朝的军运工作和经济建设。他们杀人放火,烧毁民房,抢劫粮食、财物,制造大规模的社会混乱。他们甚至袭击、围攻县、区、乡人民政府,残杀革命干部和积极分子。1950年这一年,在新解放区有近四万名干部和群众被反革命分子杀害,其中仅广西就有三千多干部被杀害。美国情报机构也派遣特工人员潜入中国内地,积极发展组织,刺探情报,并企图暗杀党和领导人。

"稳、准、狠"地打击反革命

在反革命分子日益猖獗的情况下,一些领导部门和干部却存在着严重的麻痹思想和对反革命分子"宽大无边"的错误倾向。虽然1950年7

月 23 日政务院和最高人民法院发布了《关于镇压反革命活动的指示》,却没有引起他们的重视。群众对此很不满意,说"天不怕,地不怕,就怕共产党讲宽大"。有的工人气愤地质问干部:"我们竞赛几个月,特务放一把火就完蛋了;再不镇压,说什么我们也不竞赛了。"①

为了巩固新政权和给人民提供一个和平和稳定的建设新生活环境,毛泽东决定必须大张旗鼓地进行一场镇压反革命的运动。1950 年 10 月10 日,中共中央向各级党委发出了《关于镇压反革命活动的指示》,揭开了大规模镇压反革命运动的序幕。10 月 16 日,公安部召开了全国公安高级干部会议,具体部署贯彻执行中央的"镇反"指示。随即,一场以打击特务、土匪、恶霸和反动会道门头子为重点的镇压反革命运动在全国展开。

12 月 19 日,毛泽东看到中共湖南省委书记黄克诚送来的综合报告。报告反映,在湘西地区的"镇反"中,先是存在着不敢"开杀戒"的问题,在开了杀戒以后,又出现了杀人过快过多的问题。报告对这些错误倾向提出了批评。

毛泽东复电黄克诚,肯定湖南省委的方针是正确的,并对全国镇反运动提出了指导方针:"对镇压反革命分子,请注意打得稳,打得准,打得狠"。② 在"稳、准、狠"这三个字中间,他强调最重要的是"准"。只有打得准,才能做到稳,也才能打得狠。

1951 年 1 月,抗美援朝战争第三次战役胜利结束,朝鲜战局大势已定。毛泽东的主要注意力从朝鲜前线的军事斗争转到了国内的镇反工作。在短短的几个月内,就起草了一二百份这方面的批语和文电。毛泽东总是在一定时间集中精力抓住一个主要问题加以解决,同时兼及其他。既不单打一,又不无重点地平均使用力量。一个主要问题解决了,再集中精力解决另一个主要问题。一个一个问题地解决,由此推进革命和建设事业不断发展。

"镇反"开始时,有些地方的领导人对这项工作认识不足,优柔寡断,行动不力。这时,毛泽东特别强调要放手发动群众,大张旗鼓地镇压反

---

① 《彭真文选》(1941—1990 年),人民出版社 1991 年版,第 206 页。

② 中共中央文献研究室编:《建国以来毛泽东文稿》第一册,中央文献出版社1987 年版,第 502 页。

革命。

1951 年 1 月 17 日,他看了中共中央中南局转报的湘西第四十七军关于镇压一批匪首、恶霸、特务的报告,立即转发各中央局、分局负责人,充分肯定第四十七军的做法,指出:"只有如此,才能使敌焰下降。""所谓打得稳,就是要注意策略。打得准,就是不要杀错。打得狠,就是要坚决地杀掉一切应杀的反动分子(不应杀者,当然不杀)。"①

1 月 23 日,毛泽东转发广西"镇反"报告时又指出:广西军区在剿匪工作中,曾经犯过右倾错误,宽大无边,"以至匪祸猖獗,达于极点,土匪越剿越多,人民受害极大"。后来他们纠正了这种错误,"情况就完全改变过来,匪焰大降,民气大伸"。②

毛泽东认为,镇压反革命的必要性和重要性,不仅要在共产党内有清楚地认识和了解,还要向知识分子、工商界、宗教界、民主党派、民主人士作广泛的解释。黄炎培是党外人士中的重要代表人物,毛泽东亲自向他作解释工作,并且送一些"镇反"材料给他看。毛泽东在 2 月 17 日写给他的信中说:

> "刚才送上广东纠正宽大无边情报一份,现又送上广西一份,请参阅。这两处是最典型的例子,其他地方不如此两处之甚,但亦大体相去不远,引起群众不满,极为普遍。不杀匪首和惯匪,则匪剿不净,且越剿越多。不杀恶霸,则农会不能组成,农民不敢分田。不杀重要的特务,则破坏、暗杀层出不穷。总之,对匪首、恶霸、特务(重要的)必须采取坚决镇压的政策,群众才能翻身,人民政权才能巩固。当然,对可杀可不杀的那一部分人,应当判处徒刑,或交群众监视,用劳动去改造之,不要杀。如同宽大应有边,镇压也应有边,无边是不对的,已经解决

---

① 中共中央文献研究室编:《毛泽东文集》第 6 卷,人民出版社 1999 年版,第117 页。

② 中共中央文献研究室编:《建国以来毛泽东文稿》第二册,中央文献出版社1987 年版,第 42 页。

了问题,群众已经满意了的地区,即不应再杀人了。"①

　　毛泽东在注意纠正宽大无边的同时,又及时地提出镇压也应当有边,无边是不对的。这样,就可以防止在纠正一种倾向的时候可能出现的另一种倾向。

外、中、内三层区别进行

　　1951 年 2 月中旬,毛泽东主持召开有各中央局负责人参加的中共中央政治局扩大会议,讨论决定抗美援朝、土地改革、镇压反革命等重要事项。在毛泽东起草的会议决议要点中,对镇反运动作了五项规定:"一、判处死刑一般须经过群众,并使民主人士与闻。二、严密控制,不要乱,不要错。三、注意'中层',谨慎地清理旧人员及新知识分子中暗藏的反革命分子。四、注意'内层',谨慎地清理侵入党内的反革命分子,十分加强保密工作。五、还要向干部做教育,并给干部撑腰。"②从此,"镇反"就分为外、中、内三层区别进行。外层,指社会;中层,指军队和政府机关内部;内层,指党内。

　　2 月 21 日,中央人民政府公布了经毛泽东审定的《中华人民共和国惩治反革命条例》,使"镇反"运动有了法律根据和统一的量刑标准。

　　"镇反"工作全面铺开以后,各地进展情况很不平衡,北京、上海、南京、广州等大城市相对滞后。毛泽东在转发北京市委"镇反"计划的批语中指出:"各大城市除东北外,镇压反革命的工作,一般地说来,还未认真地严厉地大规模地实行。从现在起应当开始这样做,不能再迟了。这些城市主要是北京、天津、青岛、上海、南京、广州、汉口、重庆及各省省城,这是反革命组织的主要巢穴,必须有计划地布置侦察和逮捕,在几个月内,大杀几批罪大有据的反革命分子。"③

---

　　①　中共中央文献研究室编:《毛泽东文集》第 6 卷,人民出版社 1999 年版,第 141 页。

　　②　中共中央文献研究室编:《毛泽东文集》第 6 卷,人民出版社 1999 年版,第 144 页。

　　③　中共中央文献研究室编:《建国以来毛泽东文稿》第二册,中央文献出版社 1987 年版,第 85 页。

　　"镇反"运动在向纵深发展。毛泽东十分关注肃清内部暗藏的反革命分子的问题。他多次提醒各级党委给予充分注意。3 月 11 日,他在一个批语中指出:"我们认为在一切军事机关学校部队中引起注意镇压反革命分子问题,并做出正确的处理,是目前时期的重要政治任务,凡对此任务忽视者,应当受到批评。"①

　　就在这个批语发出的第三天,3 月 13 日,一个严重事件在山东军区发生了,军区政治部主任黄祖炎在一次会议上被惠民军分区政治部的一名副科长刺杀。经查,这个副科长在历史上曾向敌人告密出卖过两名共产党员,"镇反"中被群众检举,因而行凶报复,并当场自毙。

　　这一事件在党内引起了震动。这样的高级干部被党内暗藏的反革命分子所刺杀,为过去所少见,在建国后更是首例。3 月 18 日,毛泽东为中共中央起草关于黄祖炎被刺杀事件的通报,要求党和军队的各级领导务必注意:(一)严防反革命的报复。(二)必须认识党内、政府内和军队内已有少数反革命分子混进来,决不可认为太平无事。现在就应开始注意这个问题。要采取有效措施,保障党、政、军各级领导机关的纯洁和安全,"决不可优柔寡断,姑息养奸"。②

　　毛泽东及时而周密地做出部署,这对于保证党政军首脑机关和公安部门在镇反运动中的安全,十分重要。自此以后,再没有发生山东军区那样的事件。

　　毛泽东在指导镇压反革命这场重大的斗争中,十分注意研究各地方各部门的经验,及时地加以推广。他写的批语,态度鲜明,政策明确,语言尖锐,而又十分讲究分寸。对于各地各部门的"镇反"工作,凡做得好的表扬之,做得不力的催促之,做得不对的纠正之。雷厉风行,一抓到底,不抓出成效决不罢休。提出任务时,有具体要求,有时间限制,有时还指定由哪个人具体负责。拖延不办者,立即通报批评。为了准确掌握运动的发展情况,他还要求全国二千多个县委和市委的书记都向他写一

---

　　①　中共中央文献研究室编:《建国以来毛泽东文稿》第二册,中央文献出版社 1987 年版,第 100 页。

　　②　中共中央文献研究室编:《毛泽东文集》第 6 卷,人民出版社 1999 年版,第 119 页。

个报告,与他直接通信一次。①

毛泽东极重视舆论宣传工作。他说,镇压反革命无论在城市在乡村均必须大张旗鼓,广泛宣传,使人民家喻户晓。各地都要通过召开人民代表会议或协商委员会会议等各种形式,调动各种舆论工具,揭露反革命罪行,宣传镇反政策,动员各阶层坚持镇压反革命,反对神秘主义和关门主义。他强调:"各级党委的注意力,主要应放在精细审查名单和广泛进行宣传这两点上,抓住了这两点,就不会犯错误。"②

"镇反"运动很快在全国形成高潮,各阶层群众广泛发动起来,一大批匪首、恶霸、特务、反动会道门头子,受到惩处。但在运动中,出现了量刑不准,有些不该杀的杀了,不该抓的抓了,以及扩大了镇压范围等"左"倾偏向。这种情况,一经发现,毛泽东就及时提出,引起各地注意。

3月30日,毛泽东在一个批语中写道:"山东有些地方存在着劲头不足的偏向,有些地方存在着草率从事的偏向,这是全国各省市大体上都存在的两种偏向,都应注意纠正。特别是草率从事的偏向,危险最大。因为劲头不足,经过教育说服,劲头总会足起来的,反革命早几天杀,迟几天杀,关系并不甚大。惟独草率从事,错捕错杀了人,则影响很坏。请你们对镇反工作,实行严格控制,务必谨慎从事,务必纠正一切草率从事的偏向。我们一定要镇压一切反革命,但是一定不可捕错杀错。"③4月2日他写的一个批语里,再次强调:"镇压反革命必须严格限制在匪首、惯匪、恶霸、特务、反动会门头子等项范围之内,不能将小偷、吸毒犯、普通地主、普通国民党党团员、普通国民党军官也包括在内。判死刑者,必须是罪重者,重罪轻判是错误的,轻罪重判也是错误的。"④

①　中共中央文献研究室编:《建国以来毛泽东文稿》第二册,中央文献出版社1987年版,第186页。

②　中共中央文献研究室编:《毛泽东文集》第6卷,人民出版社1999年版,第121页。

③　中共中央文献研究室编:《毛泽东文集》第6卷,人民出版社1999年版,第120页。

④　中共中央文献研究室编:《毛泽东文集》第6卷,人民出版社1999年版,第120页。

谨慎收缩

从 1951 年 5 月起,毛泽东和中共中央决定实行谨慎收缩的方针,集中力量处理积案。为实行这一方针而采取的首要措施,是收回原来下放给下级的捕人批准权和杀人批准权。

5 月 7 日,毛泽东为中共中央起草一个批语,指示全党:"兹定于 6 月 1 日起全国除现行犯外捕人批准权一律收回到地专一级,杀人批准权一律收回到省级,离省远者由省级派代表前往办理。各地一律照此执行。"同时规定,清理积案时间,亦即停止捕人时间,有少数要犯须逮捕者须报请中央局批准。①

为实行谨慎收缩方针而采取的另一重大措施,是对犯有死罪的反革命分子大部采取判处死刑缓期执行的政策。

在前一阶段"镇反"工作中,逮捕并迅速处理了一大批犯有死罪、民愤极大的反革命分子。群众拍手称快,对嚣张一时的反革命破坏活动起到了震慑作用,有效地维护了社会治安,巩固了新生的人民政权。但是,杀人多了,即使都是犯有死罪的反革命分子,也总会在社会的一部分阶层中引起不安,甚至会丧失社会同情。对犯有死罪的反革命分子大部采取判处死刑缓期执行的政策,就是为解决这个矛盾而提出来的。"死缓",在古今中外的法典里,找不出这样一种刑名。它虽然仍属于死刑,但与死刑有重要区别。这是毛泽东的一个创造。后来,"死缓"就作为一个重要的刑名,写入法律,在中国实行。

5 月 8 日,毛泽东亲自起草了《中共中央关于对犯有死罪的反革命分子应大部采取判处死刑缓期执行政策的决定》。《决定》指出:"这个政策是一个慎重的政策,可以避免犯错误。这个政策可以获得广大社会人士的同情。这个政策可以分化反革命势力,利于彻底消灭反革命。这个政策又保存了大批的劳动力,利于国家的建设事业。因此,这是一个正确的政策。"②

---

① 中共中央文献研究室编:《建国以来毛泽东文稿》第二册,中央文献出版社 1987 年版,第 177 页。

② 中共中央文献研究室编:《毛泽东文集》第 6 卷,人民出版社 1999 年版,第 122 页。

毛泽东估计,这个政策的实行,可以保全十分之八九的死罪分子不杀。而对其中应执行死刑的极少数人,采取更加谨慎的政策,"一律要报请大行政区或大军区批准。有关统一战线的重要分子,须报请中央批准"。①

毛泽东上述两项重大而有力的措施的提出,从根本上防止和纠正了"镇反"高潮中曾在一些地方发生的乱捕乱杀的"左"的偏向,从而保证"镇反"运动的健康发展。

为了贯彻落实毛泽东提出的两项重大措施,1951年5月10日至16日,在北京召开第三次全国公安工作会议。会议做出一系列重要规定:关于杀反革命分子的数字,必须控制在一定比例内,农村不应超过人口的千分之一,城市一般应低于千分之一,一千分之零点五为适宜。凡在可捕可不捕之间的人一定不要捕,如果捕了就是犯错误;凡在可杀可不杀之间的人一定不要杀,如果杀了就是犯错误。严格掌握捕人和杀人的批准权。对于犯有死罪的反革命分子,大部实行判处死刑、缓期二年执行、强迫劳动、以观后效的政策。认真清理反革命罪犯的积案。抓紧对外国反革命分子的打击。普遍组织群众的治安保卫委员会,农村以乡为单位,城市以机关、学校、工厂、街道为单位,经过人民选举组织之。

这时,全国范围的"镇反"运动已进行了七个月,形成了一套明确的工作路线,这就是:"党委领导,全党动员,群众动员,吸收各民主党派及各界人士参加,统一计划,统一行动,严格地审查捕人和杀人的名单,注意各个时期的斗争策略,广泛地进行宣传教育工作,打破关门主义和神秘主义,坚决地反对草率从事的偏向。"②

在"镇反"工作进入谨慎收缩阶段时,有的区、村干部群众对死缓政策产生误解,以为缓期执行就是完全宽大,以观后效就是一笔勾销。毛泽东一发现这个情况,便立即做出解释:"缓期二年执行的政策,决不应解释为对于负有血债或有其他重大罪行人民要求处死的罪犯而不处死,如果这样做,那就是错误的。我们必须向区村干部和人民群众解释清

① 中共中央文献研究室编:《毛泽东文集》第6卷,人民出版社1999年版,第122页。

② 中共中央文献研究室编:《建国以来毛泽东文稿》第二册,中央文献出版社1987年版,第189页。

楚,对于罪大恶极民愤甚深非杀不足以平民愤者必须处死,以平民愤。只对那些民愤不深、人民并不要求处死但又犯有死罪者,方可判处死刑、缓期二年执行、强迫劳动、以观后效。"①

1951 年 9 月,第四次全国公安工作会议在北京召开。会议估计,全国及大部分地区,镇压反革命的斗争已经进行得彻底或比较彻底了。毛泽东审阅会议决议草案时,又加写了一句话:"在镇压反革命确实已经达到了彻底程度的县、区、乡及某些市区,即应结束镇压反革命的运动,转入经常的对暗藏反革命分子作斗争的工作。"②

镇反结束

到 1951 年 10 月,历时一年的镇压反革命运动基本结束。"除恶就是行善。"这是毛泽东对中国古典小说《西游记》的一条批语。这句话用在镇压反革命问题上十分恰当。镇压反革命,是一项为民除害、伸张正义的事业,因而得到千百万人民群众的热烈拥护并直接投身到这个运动中来。中国共产党的各级组织和各级人民政府正是紧紧依靠群众的力量,基本上清除了国民党反动派在大陆上的残余势力,铲除了长期危害人民和社会安定的各种恶势力,人民民主专政得到巩固,保证了抗美援朝战争的顺利进行,为国民经济的恢复和大规模国家工业化建设创造了良好的社会环境。

有着久远的历史和社会根源的匪祸,曾经使旧中国的历代政府大伤脑筋,其中尤以湘西、鄂西和广西的匪患为甚。解放初期,全国有二百万土匪,杀人放火,残害人民。经过剿匪、"镇反",这些盘根错节的匪患在中国历史上第一次被根除。而长期在城市中称霸一方,为非作歹,欺压百姓的黑社会势力,也在"镇反"中被摧毁,销声匿迹。社会秩序空前安定,人民群众交口称赞,说共产党和人民政府功德无量。

在"镇反"运动中,一批在民主革命时期对革命者欠有血债的重要反革命罪犯,也被捉拿归案,得到应有的惩罚。消息传来,民心大振,显示

---

① 中共中央文献研究室编:《建国以来毛泽东文稿》第二册,中央文献出版社 1987 年版,第 227 页。

② 中共中央文献研究室编:《建国以来毛泽东文稿》第二册,中央文献出版社 1987 年版,第 279 页。

出人民民主专政天网恢恢、疏而不漏的巨大威力。

与此同时,一批潜入中国从事破坏活动的国外敌对分子,也被逮捕法办。1951年3月,美国情报机关陆军战略情报处的潜伏组织,在天津被破获。8月17日,图谋在1950年国庆节炮击天安门检阅台的主犯李安东(意大利人)、山口隆(日本人),在北京被处决。在上海、南京、重庆、太原、石家庄等地,还相继取缔了国际性秘密反动组织"圣母军",并将首要分子依法惩处。

镇压反革命运动是毛泽东直接指导进行的。他始终保持清醒头脑,紧紧握住指导运动的主动权,及时纠正各种偏向,保证了运动的健康发展。

1951年10月23日,毛泽东在全国政协一届三次会议上,总结三大运动的伟大胜利的时候,郑重宣布:"大陆上的反革命残余即将基本肃清。"

镇压反革命,采取了大规模政治运动的方式,集中解决国民党反动派在大陆上的残余势力以及各种匪患、黑社会势力等等。这是在新中国刚刚建立、政权尚未完全巩固、法制基本没有建立的特定历史条件下的必要选择。运动中出现过一些偏差,包括错杀、错捕等。这些偏差一经发现,便及时地加以纠正,基本上保证了运动的健康进行。

通过一年来抗美援朝和镇压反革命,同国内外敌对势力的较量,毛泽东认为:"一切事实都证明:我们的人民民主专政的制度,较之资本主义国家的政治制度具有极大的优越性。在这种制度的基础上,我国人民能够发挥其无穷无尽的力量。这种力量,是任何敌人所不能战胜的。"[①]

二、反贪污、反浪费、反官僚主义斗争

(一)"三反"运动的序幕

在革命即将取得全国胜利的时候,毛泽东就向全党发出警告:"敌人的武力是不能征服我们的,这点已经得到证明了。资产阶级的捧场则可能征服我们队伍中的意志薄弱者。可能有这样一些共产党人,他们是不

---

① 中共中央文献研究室编:《建国以来毛泽东文稿》第二册,中央文献出版社1987年版,第306页。

曾被拿枪的敌人征服过的,他们在这些敌人面前不愧英雄的称号;但是经不起人们用糖衣裹着的炮弹的攻击,他们在糖弹面前要打败仗。我们必须预防这种情况。"①

1951 年 10 月,在召开的全国政协一届三次会议上,毛泽东向全国发出"增加生产、厉行节约,以支持中国人民志愿军"的号召。一场轰轰烈烈的爱国增产节约运动由此展开。11 月 20 日,东北局书记高岗送来关于开展增产节约运动,进一步反贪污、反浪费、反官僚主义斗争的报告。报告总结了东北地区在这方面的经验,还列举了运动中揭发出来的一些丑恶现象。其中提到,沈阳市在部分单位中揭发出 3629 人有贪污行为,东北贸易部检举和坦白的赃款达五亿人民币(这里指人民币旧币。中国人民银行自 1955 年 3 月 1 日起发行新的人民币,代替旧人民币,新币一元等于旧币一万元)。浪费现象和官僚主义也很严重,东北铁路系统积压上千亿元的材料无人处理。在增产节约运动中暴露出工作和生产中一些问题,本来是意料之中的。但在率先开展这一运动的东北地区,会暴露出如此严重的问题,却不能不使毛泽东感到吃惊。

东北是当时全国各方面工作开展较早较好的地区之一,在增产节约运动中竟暴露出这么多的问题,毛泽东深感事情的严重性。这里反映出来的决不只是东北一个地区的问题,而是全国性的问题。他将东北局报告转发全国,要求党政军各级领导重视东北的经验,"在此次全国规模的增产节约运动中进行坚决的反贪污、反浪费、反官僚主义的斗争"。同时要求各地、各部门将有关情况及时向上级和中央报告。② 这表明,毛泽东决心通过"三反"(反贪污、反浪费、反官僚主义)斗争,惩治和克服党内已经滋生起来的腐败现象。

很快,毛泽东就收到第一批报告。随后,在他的强有力催促下,各地、各部门、各大军区关于"三反"的报告陆续不断地送来。毛泽东及时批阅,发现重要情况和经验,立即以中央或他个人名义转发全党,并加写批语。

---

① 中共中央文献研究室编:《毛泽东年谱》(1949 年 3 月 5 日),中央文献出版社 2002 年版,第 159 页。

② 中共中央文献研究室编:《建国以来毛泽东文稿》第二册,中央文献出版社 1987 年版,第 324 页。

1951 年 11 月 30 日这一天,毛泽东转发了两个报告。一个是西南局第一书记邓小平报来的。毛泽东在批语中说:"此电第三项所提反贪污反浪费一事,实是全党一件大事,自从东北局揭露大批的贪污犯以后,我们已告诉你们严重地注意此事。我们认为需要来一次全党的大清理,彻底揭露一切大、中、小贪污事件,而着重打击大贪污犯,对中小贪污犯则取教育改造不使重犯的方针,才能停止很多党员被资产阶级所腐蚀的极大危险现象,才能克服二中全会所早已料到的这种情况,并实现二中全会防止腐蚀的方针,务请你们加以注意。"①

另一个是来自华北局第一书记薄一波、第二书记刘澜涛 11 月 29 日的报告。他们列举河北省天津地委现任书记张子善、前任地委书记刘青山严重贪污浪费的事实。毛泽东立即转发各中央局、分局及省市区党委,并在批语中写道:"华北天津地委前书记刘青山及现书记张子善均是大贪污犯,已经华北局发现,并着手处理,我们认为华北局的方针是正确的。这件事给中央、中央局、分局、省市区党委提出了警告。必须严重地注意干部被资产阶级腐蚀发生严重贪污行为这一事实,注意发现、揭露和惩处,并须当作一场大斗争来处理。"②

毛泽东转发高岗的报告,是向全党发出进行"三反"斗争的第一个号令,紧接着转发这两个报告,则进一步提出,要把"三反"当作一场大斗争来进行,在全党彻底揭露和惩处一切贪污行为,以防止党被腐蚀的极大危险。

12 月 1 日,中共中央做出《关于实行精兵简政、增产节约、反对贪污、反对浪费和反对官僚主义的决定》。这个决定是经毛泽东修改审定的。他在加写的一段话中指出:"自从我们占领城市两年至三年以来,严重的贪污案件不断发生,证明一九四九年春季党的二中全会严重地指出资产阶级对党的侵蚀的必然性和为防止及克服此种巨大危险的必要性,是完全正确的,现在是全党动员切实执行这项决议的紧要时机了。再不切实

①　中共中央文献研究室编:《建国以来毛泽东文稿》第二册,中央文献出版社 1987 年版,第 332 页。

②　中共中央文献研究室编:《毛泽东文集》第 6 卷,人民出版社 1999 年版,第 190、191 页。

执行这项决议,我们就会犯大错误。"①这个指示发出以后,全国范围的"三反"运动正式开始。

(二)"三反"运动开始

从 12 月 4 日到 7 日,毛泽东连续转发北京市委和中央几个部的"三反"报告后,觉得问题实在严重,"三反"斗争非全民动员、大张旗鼓地进行不可。遂于 8 日为中共中央起草了《关于"三反"斗争必须大张旗鼓进行的指示》,指出:"应把反贪污、反浪费、反官僚主义的斗争看作如同镇压反革命的斗争一样的重要,一样的发动广大群众包括民主党派及社会各界人士去进行,一样的大张旗鼓去进行,一样的首长负责,亲自动手,号召坦白和检举,轻者批评教育,重者撤职,惩办,判处徒刑(劳动改造),直到枪毙一大批最严重的贪污犯"。他甚至估计,"全国可能需要枪毙一万至几万贪污犯才能解决问题。"②透过这些,看到了毛泽东对贪污腐败的深恶痛绝和反腐败的决心,绝不能容忍这类丑恶现象侵蚀党的肌体。同时,他又要求各级领导要查明情况,心中有数,"精密地掌握这一斗争"。

此时,毛泽东处在思想高度集中、心情异常激愤的精神状态中。他每天批阅大量来自各省市,各大军区,中央各部,以及基层党组织的"三反"报告。择其重要的批转全党、全军,把他们的经验及时地加以推广,并对这些经验加以提炼、概括,提出指导性的意见和要求,借以推动"三反"运动的开展。他愈来愈认定,贪污、浪费、官僚主义已极为严重而又普遍存在,不大张旗鼓、雷厉风行地开展一个猛烈的运动,就不足以"使贪污浪费猛澜早日停止"。从以下他写的几个批语里,可以清楚地看出他当时对党内这一斗争形势的估计。

"军事系统各部门,特别是后勤部门,贪污、浪费和官僚主义的情况极为严重。很多党员,甚至负责干部,沉埋于事务工作,政治思想极不发

---

① 中共中央文献研究室编:《建国以来毛泽东文稿》第二册,中央文献出版社 1987 年版,第 336 页。

② 中共中央文献研究室编:《建国以来重要文献选编》第 3 册,中央文献出版社 1992 年版,第 386 页。

展,党内生活极不健全,因此许多人陷入了贪污、浪费和官僚主义的泥坑"。"必须在整个军事系统,特别着重在后勤部门,展开整党整风,展开反贪污、反浪费、反官僚主义的严重斗争,并号召一切指战员参加这个斗争。"①

"西南局指出,过去反贪污斗争之所以效果很小,是由于没有像镇压反革命一样大张旗鼓地作为一个普遍的运动来发动,没有形成有力的社会舆论和群众威力,这是完全正确的。"②要"把'三反'斗争当作一场无产阶级和资产阶级之间的大战争,务必取得胜利,并且务必于 1952 年 1 月上半月取得显著成绩,下半月取得更大的成绩"。③

12 月 30 日,毛泽东为中共中央起草党内指示,要求中央、大区、省市三级的一切工作部门,必须向中央主席和军委主席作"三反"报告,以便中央有所比较,"看出各级领导同志对这一场严重斗争哪些是积极努力的,哪些是消极怠工的(消极怠工的原因,一种是领导人有官僚主义,一种是领导人手面不干净),以便实行奖励和惩处。不作报告者以违纪论,须推迟时间作报告者须申明理由"。④

12 月 31 日,毛泽东在紧张的工作中度过了除夕之夜。他对中南军区迟迟不送"三反"报告很不满意,晚上 8 时写了一个批语给中南军区第三政治委员谭政并告各大军区,指名批评中南军区:"就全军情况来看,最落后的是中南军区,至今没有一个彻底发动'三反'斗争的号召文件。相反地被整编一事所吸引,生怕发动这个斗争妨碍整编。""务望中南军区和各大军区取一致步骤,务必'在 1 月份全军整整齐齐进入"三反"斗

① 中共中央文献研究室编:《建国以来毛泽东文稿》第二册,中央文献出版社 1987 年版,第 350 页。

② 中共中央文献研究室编:《建国以来毛泽东文稿》第二册,中央文献出版社 1987 年版,第 366 页。

③ 中共中央文献研究室编:《建国以来毛泽东文稿》第二册,中央文献出版社 1987 年版,第 400 页。

④ 中共中央文献研究室编:《建国以来毛泽东文稿》第二册,中央文献出版社 1987 年版,第 404 页。

争'。"①

毛泽东写完这个批语后,才看到中南军区送来的两份材料,一个是中南军区党委 12 月 29 日关于开展反贪污、反浪费、反官僚主义斗争给所属军内各级党委的指示,提出必须以开展"三反"斗争作为当前中心工作;一个是谭政 12 月 30 日 15 时关于将整编和"三反"结合进行给毛泽东的电报。毛泽东又高兴了,将批评中南军区的电报停发,即刻给谭政写了一封信,说:"此件及 12 月 30 日 15 时电均阅悉。此件很好,你们对整编与'三反'的矛盾已大体上解决了,你们就有了主动。""对各军区以电话电报严加督促,勤加指导,务使每天都有收获。"最后一句话是:"盼望你们的捷报。"②

这时,已经是 1952 年 1 月 1 日凌晨两点。信封上写着:"尚昆派人飞送。"毛泽东想了一下,又把值班秘书罗光禄叫来,对他说:"尚昆同志睡了,你直接去办。要谭政同志亲收,要取回他的收条。"1 日上午 8 时,罗光禄带着毛泽东给谭政的亲笔信,乘专机直飞汉口。

毛泽东从 1951 年 12 月 31 日上午 11 时开始工作,到 1952 年 1 月 1 日上午 7 时半才休息,连续工作了 20 个小时。

元旦这一天,下午 5 时半,毛泽东邀请十几位民主人士和党内几位负责人,在颐年堂聚会。他们是张澜、李济深、黄炎培、陈叔通、马叙伦、章伯钧、马寅初、郭沫若、傅作义、张奚若、彭泽民、邵力子、朱德、董必武、林伯渠、薄一波、李维汉、胡乔木、杨尚昆、齐燕铭。6 时半,毛泽东同他们一起来到怀仁堂,出席中央人民政府举行的团拜会。

团拜会上,毛泽东发表元旦祝词,祝我们国家在各个工作战线上的胜利。当时最令人振奋、而不少人又感觉到巨大压力的,是下面这段祝词:"我还要祝我们在新开辟的一条战线上的胜利,这就是号召我国全体人民和一切工作人员一致起来,大张旗鼓地、雷厉风行地开展一个大规模的反对贪污、反对浪费、反对官僚主义的斗争,将这些旧社会遗留下来

---

① 中共中央文献研究室编:《建国以来毛泽东文稿》第二册,中央文献出版社 1987 年版,第 408 页。

② 中共中央文献研究室编:《建国以来毛泽东文稿》第三册,中央文献出版社 1987 年版,第 2 页。

的污毒洗干净!"①

团拜会后,有一场晚会。许多部长和副部长已坐立不安,没有心思再去欣赏精彩节目了。团拜一结束,纷纷离场,赶回机关,连夜部署本系统的"三反"斗争。

对当时这个情景,毛泽东在为中央起草的一个指示中,有一段叙述:"中央直属总党委于12月31日下午召开党政军团群部长至处长级的数百人的扩大党委会,由薄一波、安子文等同志宣布中央决定,限期1月1日至1月10日,各院委、部、会、院、署、行、局、处及其下面的一切单位,务须发动群众斗争,实行坦白检举,于1月11日送来报告。违者,不论部长、行长、署长、处长、局长、科长、股长或经理,一律撤职查办。并在会上指名宣布几个部是做得很好的,几个部是中等的,很多部是落后的,并指出部长姓名。""这样一来,全场振奋。当日回去,连夜开会。元旦整日开会,很多部长、副部长到一下团拜会就回去,戏也不看了。至1月3日差不多所有单位都开了坦白检举的群众会议。纷纷送来报告。"

就在这个指示中,毛泽东要求从中央到各省市,从各大军区到各级军区,"立即抓紧'三反'斗争,缩短学文件的时间(有四五天就够了),召开干部会,限期(例如十天)展开斗争,送来报告,违者不是官僚主义分子,就是贪污分子,不管什么人,一律撤职查办"。②

当年担任中央人民政府节约检查委员会主任的薄一波有一段回忆。他说:"回忆毛主席当年抓防腐蚀的斗争,真是雷厉风行,至今历历在目。他看准的事情,一旦下决心要抓,就抓得很紧很紧,一抓到底,从不虎头蛇尾,从不走过场。他不仅提出方针,而且亲自督办;不仅提出任务,而且交待办法。在'三反'运动紧张的日子里,他几乎每天晚上都要听取我的汇报,甚至经常坐镇中节委,参加办公会议,亲自指点。"③

---

① 中共中央文献研究室编:《毛泽东文集》第6卷,人民出版社1999年版,第221页。

② 中共中央文献研究室编:《建国以来毛泽东文稿》第三册,中央文献出版社1987年版,第7页。

③ 薄一波:《若干重大决策与事件的回顾》(修订本)上卷,人民出版社1997年版,第148页。

(三)集中力量打"老虎"

时至 1 月中旬,毛泽东还认为,很多地方"三反"斗争还没有真正发动起来,大小贪污分子和浪费现象远远没有揭露出来。他要求"务将一切贪污分子追出而后止"。①

这些日子,毛泽东连续几个晚上召集会议,研究和布置"三反"运动,以期把这一运动更加深入而广泛地开展起来。

1 月 15 日晚 8 时半,他在中南海住处召开书记处会议,听取薄一波关于最近"三反"运动情况的汇报,讨论"三反"运动下一阶段的工作。参加人有周恩来、朱德、陈云、薄一波、杨尚昆、杨立三、安子文、萧华、彭真。当时刘少奇在外地视察和休养,没有参加。17 日晚 8 时,毛泽东又约朱德、聂荣臻(代总参谋长)、粟裕(副总参谋长)谈人民解放军第二十兵团生产和"三反"问题。18 日晚 8 时半,召开书记处会议,主要讨论天津"三反"等问题。到会的有周恩来、朱德、陈云、薄一波、彭真、黄敬、刘澜涛,会议至次日凌晨 2 时结束。

在这一系列会议之后,全国"三反"运动迅速进入一个新阶段,就是集中力量打"老虎",一下子把运动推到高潮。这一布置,首先是在 1 月 19 日中直总党委召开的有一千人参加的高级干部会议上宣布的。"老虎",这是当时人们对贪污犯的称呼,贪污旧币一亿元以上的大贪污犯叫"大老虎",一亿元以下一千万元以上的叫"小老虎"。

毛泽东要求全党将注意力"引向搜寻大老虎,穷追务获"。② 他说,大小老虎"已经是资产阶级分子,是叛变人民的敌人,如不清出惩办,必将为患无穷"。③ "我全军对于贪污腐化犯法乱纪情节严重的分子,必须

① 中共中央文献研究室编:《建国以来毛泽东文稿》第三册,中央文献出版社 1987 年版,第 32 页。

② 中共中央文献研究室编:《建国以来毛泽东文稿》第三册,中央文献出版社 1987 年版,第 51 页。

③ 中共中央文献研究室编:《建国以来毛泽东文稿》第三册,中央文献出版社 1987 年版,第 55 页。

一律予以惩办,不得姑宽"。①

"打虎"最紧张的阶段,是毛泽东转发各地、各军来报并写批语最多的时候,也是毛泽东工作最紧张的时候。他当时的心态是:"将全部应有的而不是无中生有的老虎通通捉干净,否则运动结束,势必留下大批暗藏的老虎遗祸将来。"②毛泽东工作过于劳累,每天连续工作近20个小时。3月4日这一天,从头天晚上一直工作到这天下午6时才休息,大约20个小时。晚上11时50分起床后又继续工作。

为了适当减少毛泽东的工作量,秘书叶子龙嘱咐值班秘书:"军队,军以下直属机关及师;地方,分局直属机关及地委、专署、县关于'三反'的报告,均不送给主席看。"由于自上而下地压"打虎"指标,而且有层层加码之势,一些地方出现了偏差,甚至用逼供信的办法打出了一些假"老虎"。毛泽东一发现这个问题,就立即提出:必须严禁逼供信,纠正错误。运动到了高潮时期,必须唤起同志们注意这一点。2月9日,他在致高岗并告各同志的电报里指出:个别单位"已出现用逼供信的方法打虎,结果打出的不是真虎而是假虎,冤枉了好人(已纠正)。各地如出现此种情况请予迅速纠正"。③ 2月22日,他在转发华东军区"打虎"报告的批语中又指出:全军打虎战斗已达高潮,"目前第一要注意打尽老虎,不要松劲;第二要注意调查研究,算大账,算细账,清查老虎真假,严禁迫(逼)供信。注意这两条,就可获得全胜。"④2月26日,他在转发中直党委"打虎"报告的批语中,再一次强调:要材料,要证据,严禁逼供信,指出这"是目前打虎作战是否能取得完全胜利的关键的所在"。⑤

① 中共中央文献研究室编:《建国以来毛泽东文稿》第三册,中央文献出版社1987年版,第89页。

② 中共中央文献研究室编:《建国以来毛泽东文稿》第三册,中央文献出版社1987年版,第113页。

③ 中共中央文献研究室编:《建国以来毛泽东文稿》第三册,中央文献出版社1987年版,第102页。

④ 中共中央文献研究室编:《建国以来毛泽东文稿》第三册,中央文献出版社1987年版,第146页。

⑤ 中共中央文献研究室编:《建国以来毛泽东文稿》第三册,中央文献出版社1987年版,第153页。

鉴于贪污在旧币一千万元以下的中小贪污分子占全体贪污人数的95%至97%,中央曾规定,对其中情节不严重者,一般应免予刑事处分,有的还可以免予行政处分。这样,大约85%以上的中小贪污分子可以免予刑事处分。毛泽东认为,这个规定便于争取团结和教育改造这一批人,以利开展"三反"斗争和建设工作。同时,他觉得对很多的小贪污分子的行政处分还可以更宽一些,在中央已规定的撤职、降级、调职、记过这四项外,再加一项最轻的处分——警告。他说,这样,很多小贪污分子(约占全体贪污人数的70%上下),只需给以警告就可以了,"使大多数小贪污分子减轻对抗情绪,利于团结改造"。①

不久,他在给陈毅的电报中说:"中央正在考虑不单是五十万元以下而且是一百万元以下的所谓贪污分子,一般不算作贪污而算作占小便宜或公私不分,以便解脱更多的人,便于教育"。同日,他告诉周恩来,百万元以下的人人部予以解脱。3月1日,李富春送给毛泽东一个报告,是关于起草处理贪污分子的规定和追赃的规定。毛泽东当即批示周恩来酌处,说"还要宽一点,富春说得还太严了"。②

一方面,对一般的贪污分子,尽可能地从宽处理,甚至不划为贪污分子,把绝大多数的人尽快解脱出来,以利于团结和教育更多的人;另一方面,继续要求深挖"老虎",特别是"大老虎",这是毛泽东在"三反"运动后期的一个指导思想。

在"打虎"高潮中,不少机关主要是财政部门,业务工作受到严重影响,有的已经停顿工作。针对这种情况,周恩来在与陈云、薄一波研究后,于2月15日写信给毛泽东,提出:"三反"斗争中业务停顿的问题现在已到应该予以解决的时候了。每个机关各级领导干部中抽出三分之一或四分之一的人专搞业务,是完全可能的。在中央及京津两地的各机关从现在起就可以这样做了。毛泽东阅后立即回复周恩来:"我完全同

① 中共中央文献研究室编:《建国以来毛泽东文稿》第三册,中央文献出版社1987年版,第161页。

② 中共中央文献研究室编:《建国以来毛泽东文稿》第三册,中央文献出版社1987年版,第166页。

意你的意见,请速予调整。"①17日,毛泽东电告各中央局、各大军区:"在运动紧张期内必须指定一部分得力干部负责日常工作,维持正常财经工作的进行,生产、运输、金融、贸易均不能停顿。在当地'三反'运动正式发动一个月至多一个半月后,就应逐步增加领导日常工作的干部,这点很重要,请各同志注意。"②

从1952年3月起,"三反"运动开始进入定案处理阶段。毛泽东特别强调的是:"认真负责,实事求是。"5月10日他在中央转发的一个报告的批语中写道:"现当'三反'运动进至法庭审判、追赃定案的阶段,必须认真负责,实事求是,不怕麻烦,坚持到底,是者定之,错者改之,应降者降之,应升者升之,嫌疑难定者暂不处理,总之,必须做到如实地解决问题,主观主义的思想和怕麻烦的情绪,必须克服。这是共产党人治理国家的一次很好的学习,对全党和全国人民都具有很大的意义。"③这是一个非常重要的批语,对于纠正"三反"中的错案起了重要作用。

(四)处死刘青山、张子善

刘青山、张子善事件,是"三反"运动中暴露出来的第一大案。毛泽东直接督促案件的处理,在党内外引起强烈反响。

刘青山、张子善利用职权,先后动用专区地方粮折款25亿元,宝坻县救济粮4亿元,干部家属补助粮1.4亿元,从修潮白河的民工供应站苛剥获利22亿元,贪污修飞机场节余款和发给群众房地补价款45亿元,以修建名义向银行骗取贷款40亿元。总共贪污挪用公款约200亿元(以上均为旧币)。他们还同私商勾结,用公款倒卖大批钢铁,中饱私囊,使国家蒙受很大的经济损失,干部群众反映强烈。事发后,华北局及时将情况及处理意见(逮捕法办)上报中央。毛泽东当即作了批示,肯定华北局的方针是正确的。

---

① 中共中央文献研究室编:《建国以来毛泽东文稿》第三册,中央文献出版社1987年版,第124页。

② 中共中央文献研究室编:《建国以来毛泽东文稿》第三册,中央文献出版社1987年版,第127页。

③ 中共中央文献研究室编:《毛泽东文集》第6卷,人民出版社1999年版,第204页。

刘青山、张子善分别是 1931 年和 1933 年入党的老党员,经历过长期革命斗争的领导干部。曾在敌人的监狱中,面对严刑逼供,坚贞不屈,表现出共产党人的英雄气概。但在和平时期,他们居功自傲,贪图享乐,成了资产阶级腐朽生活方式的俘虏。毛泽东在七届二中全会上告诫全党的话,不幸而言中。

1951 年 12 月 4 日,中共河北省委做出决议开除刘青山、张子善的党籍。随后,河北省人民政府成立以杨秀峰为首的调查处理委员会。12 月 14 日,河北省委向华北局报告处理意见:"我们一致意见处以死刑。"12 月 20 日,华北局将处理意见上报中央,提议"将刘青山、张子善二贪污犯处以死刑(或缓期二年执行),由省人民政府请示政务院批准后执行"。

毛泽东对刘、张一案极为重视。12 月 29 日下午召开中央书记处扩大会议,研究处理意见。经过慎重考虑,并征求党外人士的意见,中共中央决定同意河北省委的建议,由河北省人民法院宣判,经最高人民法院核准,对刘青山、张子善判处死刑,立即执行。根据毛泽东的意见,《人民日报》在 12 月 30 日头版将刘青山、张子善贪污侵吞国家资财的犯罪事实公布于众,同时发表了河北省委关于开除刘、张二人党籍的决定。

公审大会召开前,有人提出是否可以向毛主席说情,不要枪毙,给他们一个改过的机会。意见反映到毛泽东那里,毛泽东说:正因为他们两人的地位高,功劳大,影响大,所以才要下决心处决他们。只有处决他们,才可能挽救二十个,二百个,二千个,二万个犯有各种不同程度错误的干部。① 这是一个很严肃的意义深远的决定,是中国共产党人法纪严明、公正无私的鲜明体现。

1952 年 2 月 10 日,公审大会在河北省当时的省会保定举行。刘、张二人受到法律的严厉制裁。消息传开,人心大快,称颂共产党廉洁清正,大公无私。它使人们清楚地看到:中国共产党发动"三反",惩治腐败决不容情。中国共产党人决不做李自成,决不背离全心全意为人民服务的宗旨,决不让千千万万先烈的鲜血白流。

---

① 薄一波:《若干重大决策与事件的回顾》(修订本)上卷,人民出版社 1997 年版,第 157、158、152、153 页。

前事不忘，后事之师。每当人们提起毛泽东果断处理刘青山、张子善一案时，总会感慨万千。当年在毛泽东直接领导下处理此案的薄一波说："我觉得'三反'斗争经验中最可贵的一条，就是以毛主席为首的党中央对清除党的肌体上发生的腐败现象，表现了高度的自觉性和巨大的决心与魄力，真正做到了从高级干部抓起，敢于碰硬，从严治党。""后来，我们党也多次下决心惩治党内存在的腐败现象，但往往失之过宽，未能收到应有的效果。这就更加证明了，在清除腐败现象的斗争中，必须坚持这一条宝贵的经验。"①

（五）以身作则，大公无私

　　"三反"期间，毛泽东收到一封亲属来信。写信人是他的堂弟毛泽连等。毛泽连要求陪母亲到北京治病，毛泽东复信劝他们不要来北京。信中说："慰生六婶及泽连均不要来京，也不宜在长沙住得太久，诊病完了即回韶山为好。现在人民政府决定精简节约，强调反对浪费，故不要来京，也不要在长沙住得太久。"又说："泽连家境困难，待将来再设法略作帮助，目前不要靠望。"②随后，毛泽东寄去一些钱，让毛泽连的母亲在长沙好好治病。

　　1952 年 6 月，毛泽连的母亲病故，毛泽连本人又不慎跌伤了脚。毛泽东十分关心，这年 10 月写信给他的房兄和启蒙老师毛宇居，说："毛泽连来信叫苦，母尚未葬，脚又未好，兹寄人民币三百万元，以一百万元为六婶葬费，二百万元为泽连治病之费。请告他不要来京，可到长沙湘雅医院诊治，如湘雅诊不好，北京也就诊不好了。"他特意在信的末尾嘱咐说："这些钱均是我自己的稿费，请告他们节用。"

　　新中国成立后，毛泽东陆续接待了一些来自家乡的亲友。来的时候，他都热情款待；走的时候，常常给一些钱，接济他们的生活，解决他们的困难。这些招待和接济亲友的钱，照例都从他的工资和稿费里支付，

---

　　①　薄一波：《若干重大决策与事件的回顾》（修订本）上卷，人民出版社 1997 年版，第 157、158、152、153 页。

　　②　中共中央文献研究室编：《建国以来毛泽东文稿》第二册，中央文献出版社1987 年版，第 351 页。

从不用公家一分钱。他时常收到家乡亲友的一些来信,有的是要求安排工作的,有的是要求来北京学习的。毛泽东一概婉言回绝。

毛泽东夫人杨开慧之兄杨开智要求到北京工作。毛泽东给他复信说:"希望你在湘听候中共湖南省委分配合乎你能力的工作,不要有任何奢望,不要来京。湖南省委派你什么工作就做什么工作,一切按正常规矩办理,不要使政府为难。"①

毛泽东青少年时期的一位同学毛森品几次致信毛泽东,请求推荐工作。毛泽东也复信婉拒了。信中说:"吾兄出任工作极为赞成,其步骤似宜就群众利益方面有所赞助表现,为人所重,自然而然参加进去,不宜由弟推荐,反而有累清德,不知以为然否?"②

郭士逵,是韶山的一位农民。1925 年毛泽东在家乡组织农民运动时,湖南军阀赵恒惕来捉他,郭士逵曾经帮助他脱险。可以说对他有过救命之恩。1949 年 10 月,郭士逵写信给毛泽东,反映他生活困难,希望在省外给他安排一份工作。1950 年 3 月 14 日,毛泽东复信给他,说:"先生处境困难,深为系念。工作问题,仍以就近设法等候机会为宜,不宜远处省外,徒劳往返。"③

建国初,当地政府曾计划为毛泽东在家乡建一所房屋,并修一条公路直通韶山。毛泽东闻讯,当即写信给湖南省委书记黄克诚、省人民政府主席王首道并告中南局第三书记邓子恢。信中说:"据说长沙地委和湘潭县委现正进行在我家乡为我建筑一所房屋,并修一条公路通我的家乡。如果属实,请令他们立即停止,一概不要修建,以免在人民中引起不良影响。是为至要。"④

毛泽东对家乡和亲友严格要求,不许他们有任何特殊,但他并不是

---

① 中共中央文献研究室编:《建国以来毛泽东文稿》第一册,中央文献出版社 1987 年版,第 16 页。

② 中共中央文献研究室编:《建国以来毛泽东文稿》第一册,中央文献出版社 1987 年版,第 195 页。

③ 中共中央文献研究室毛泽东研究组、韶山毛泽东同志纪念馆编:《毛泽东致韶山亲友书信集》,中央文献出版社 1996 年版,第 25 页。

④ 中共中央文献研究室编:《建国以来毛泽东文稿》第一册,中央文献出版社 1987 年版,第 357 页。

一个绝情的人。在他的内心深处,是深深地惦念着他们的。1954年4月29日,毛泽东在写给石城乡党支部和乡政府的信中,表达了他这种真挚的感情。他说:"文家任何人,都要同乡里众人一样,服从党与政府的领导,勤耕守法,不应特殊。请你们不要因为文家是我的亲戚,觉得不好放手管理。我的态度是:第一,因为他们是劳动人民,又是我的亲戚,我是爱他们的。第二,因为我爱他们,我就希望他们进步,勤耕守法,参加互助合作组织,完全和众人一样,不能有任何特殊。如有落后行为,应受批评,不应因为他们是我的亲戚就不批评他们的缺点错误。"①在毛泽东的严格要求和教育下,他的许多亲属都安心在家乡工作或务农,过着普通劳动人民的生活。毛泽东本人始终过着简朴的生活,对自己要求十分严格,从不搞特殊。

三、"五反"运动——打退糖衣炮弹

(一)发动"五反"运动的原因

1952年初,在"三反"运动正走向高潮之际,毛泽东又做出一个决策:在大、中城市发动对违法的资产阶级开展反对行贿、反对偷税漏税、反对盗骗国家财产、反对偷工减料、反对盗窃经济情报的"五反"运动。

之所以发动这个运动,是因为在"三反"运动中,揭露出党和国家工作人员中的大量贪污受贿案件,同不法资本家的腐蚀拉拢有密切关系。在东北局、华北局、西南局等领导机关的报告中,都反映出这个问题。

1951年11月1日东北局的电报中说:"从两个月来所揭发的许多贪污材料中还可看出:一切重大贪污案件的共同特点是私商和蜕化分子相勾结,共同盗窃国家财产。"12月20日华东局的报告提出:"鉴于党政内部的贪污往往是由非法商人从外部勾结而来的,因此,必须注意调查奸商并发动群众检举控告不法商人的运动,对证据确凿的不法商人,亦应

---

① 中共中央文献研究室编:《建国以来毛泽东文稿》第四册,中央文献出版社1987年版,第274页。

严加惩处,以便内外配合,彻底肃清贪污分子。"西南局的报告同样反映了贪污分子与奸商相勾结,给国家造成严重损失的事实。

据薄一波回忆,1951 年 12 月 31 日,他向毛泽东汇报"三反"运动情况。当说到资本家往往用给回扣的办法收买拉拢我们的采购人员时,毛泽东插话说:"这件事不仅要在机关检查,而且应在商人中进行工作。过去土地改革中,我们是保护工商业的,现在应该有区别,对于不法商人要斗争。"薄一波说:"看来,毛主席正在考虑这件事。"①

几天以后,1952 年 1 月 5 日,北京市委送来一个关于"三反"斗争的报告。里面说,在工商界方面,主要是贿买和勾通工作人员,偷税漏税,偷工减料和对公家高价卖低价买,而最普遍的是用回扣、送礼等方式来勾引工作人员贪污。毛泽东当天就以中共中央名义转发了这个报告。他在批语中写道:"一定要使一切与公家发生关系而有贪污、行贿、偷税、盗窃等犯法行为的私人工商业者,坦白或检举其一切犯法行为,特别注意在天津、青岛、上海、南京、广州、武汉、重庆、沈阳及各省省城用大力发动这一斗争,借此给资产阶级三年以来在此问题上对于我党的猖狂进攻(这种进攻比战争还要危险和严重)以一个坚决的反攻,给以重大的打击,争取在两个月至三个月内基本上完成此项任务。请各级党委对于此事进行严密的部署,将此项斗争当作一场大规模的阶级斗争看待。""在这个斗争中,对民主党派和各界民主人士应酌予照顾,注意组织'三反'斗争的统一战线"。②

这是大规模惩治不法资本家犯罪行为的第一个号令。

1 月 26 日,毛泽东为中共中央起草的《关于首先在大中城市开展五反斗争的指示》发出后,"五反"运动就在全国迅速展开。指示说:"在全国一切城市,首先在大城市和中等城市中,依靠工人阶级,团结守法的资产阶级及其他市民,向着违法的资产阶级开展一个大规模的坚决的彻底的反对行贿、反对偷税漏税、反对盗骗国家财产、反对偷工减料和反对盗窃经济情报的斗争,以配合党政军民内部的反对贪污、反对浪费、反对官

---

① 薄一波:《若干重大决策与事件的回顾》(修订本)上卷,人民出版社 1997 年版,第 167、168 页。

② 中共中央文献研究室编:《毛泽东文集》第 6 卷,人民出版社 1999 年版,第 192 页。

僚主义的斗争,现在是极为必要和极为适时的。在这个斗争中,各城市的党组织对于阶级和群众的力量必须作精密的部署,必须注意利用矛盾、实行分化、团结多数、孤立少数的策略,在斗争中迅速形成'五反'的统一战线。""全国各大城市(包括各省城)在二月上旬均应进入'五反'战斗,请你们速作部署。"①

这样,毛泽东同时指导着两个战线上的斗争,一个是在党政军民(群众团体)内部开展的"三反"斗争,一个是在外部开展的惩治不法资本家犯罪行为的"五反"斗争。这两个斗争互相配合,结合进行。他为什么选择这个时候开展"三反"、"五反"运动呢?他认为这是一个比较好的时机。他在1953年说过,"三反"、"五反"只能在去年上半年搞,因为那时志愿军在朝鲜战场打得很好,战线稳定,国内土改基本完成,"镇反"基本结束,而此时资产阶级的尾巴翘得很高,必须打下去。

对待民族资产阶级的政策,新中国成立前夕作过明确的规定。中国共产党在七届二中全会上指出,在革命胜利后的一个相当长的时期内,还需要尽可能地利用城乡私人资本主义的积极性,"一切不是于国民经济有害而是于国民经济有利的城乡资本主义成分,都应当容许其存在和发展"。②《共同纲领》也规定:"凡有利于国计民生的私营经济事业,人民政府应鼓励其经营的积极性,并扶助其发展。"③

发动"五反"运动,是不是要改变党对资产阶级的政策,改变《共同纲领》的规定?为了回答这个问题,毛泽东从回顾进城三年来中国共产党同民族资产阶级关系的曲折历史中,说明了发动"五反"斗争的必要性。他说:"这不是对资产阶级的政策的改变,目前还是搞新民主主义,不是社会主义;是削弱资产阶级,不是要消灭资产阶级;是要打它几个月,打痛了再拉,不是一直打下去,都打垮。"④

---

① 中共中央文献研究室编:《毛泽东文集》第6卷,人民出版社1999年版,第192、193页。

② 《毛泽东选集》第4卷,人民出版社1991年版,第1431页。

③ 中共中央文献研究室编:《建国以来重要文献选编》第1册,中央文献出版社1992年版,第8页。

④ 薄一波:《若干重大决策与事件的回顾》(修订本)上卷,人民出版社1997年版,第170、171页。

"五反"运动揭发出来的问题,的确令人触目惊心。上海大康药房老板王康年,用投机手段骗取志愿军购药款项达三亿元,竟然将失效药品供应正在浴血奋战的抗美援朝前线。沈阳裕兴源油房经理与同业串通,在为国家加工豆油时,抬高成本,降低出油率。三年来,仅抬高成本,就牟取暴利十五亿元;降低出油率,使国家每月损失三万斤豆油。在工业比较集中的重庆地区,私营钢铁机器业的不法资本家利用"星期四聚餐会"的形式,进行一系列严重违法的地下活动。他们先后拉拢重庆市工商局副局长、西南工业部经理处科长等,垄断了重庆地区国家委托加工订货的分配权,对上蒙骗国家,对下挤垮、吞并中小企业。成渝铁路动工后,又以同样手段腐蚀西南铁路局机务处副处长,包揽铁路器材的加工订货业务。仅在制作三十一副道岔的工程中,就通过抬高工价、多报用料等手段,牟取暴利七点四亿余元。① 一部分民族资产阶级还过高估计自己的历史地位和作用,政治上要同工人阶级平起平坐,经济上要与国营企业平分秋色。这些要求,显然是违背《共同纲领》的。

(二)掌握正确的斗争方针

毛泽东决心发动"五反"运动,打击不法资本家气焰,是雷厉风行的。但他从一开始就十分注意掌握对民族资产阶级采取正确的政策。在运动的指导上,强调要按照《共同纲领》办事,掌握好区别违法与不违法的政策界限。民族资产阶级在《共同纲领》范围内的发展,是合法的;离开了这个范围,就是不合法。在斗争策略上,强调要争取尽可能多的大、中、小资本家,组成"五反"统一战线,孤立和打击极少数的反动资本家。在工作部署上,强调要有准备、有步骤地进行,准备不好,就不要动手,决不能盲目进行,只许做好,不许做坏;在县、区、乡三级一般不开展"五反"斗争。

在运动中,曾出现过"火烧工商业,打劫民建会"的错误口号,毛泽东很快发现,很快纠正了。1952 年 3 月,他约请民主建国会负责人、政务院副总理黄炎培谈话。毛泽东首先肯定了民建会的重要作用。他说:民建会对资本家"五毒"俱全的、完全违法的,一定不要;守法的及基本守法的

---

① 《新华月报》1952 年 3 月号,第 27、21 页

要争取。要教育改造他们，还要特别重视工业，劝导大家在人民政府领导之下，依据国家经济需要，有步骤地把商业资本转向工业，于国家是有利的。商业中间特别是投机商，于国家、人民全无益处，绝对不要。毛泽东还强调大资本家的重要性，他说：从全国看来，有些大工业家，他们掌握着的工厂，经济作用比某些城市全部小工商业还要大。用经济观点，向远的大的方面看，这些情况是值得注意的。最后，毛泽东问黄炎培：你看这次运动影响到团结上是怎样？黄答：是好的。毛泽东说：这次运动是为了团结，斗争是为了团结。这次运动的成功，应该是增进了团结。①

声势浩大的"五反"运动给不法资本家以很大震动，不少人纷纷交待自己的违法行为，这对于方兴未艾的"三反"运动是有力的配合。但是，"五反"运动也一度造成社会上的紧张气氛，资本家惊惶不安，私营企业生产下降，市场清淡，税收减少，失业工人增多，基本建设项目纷纷推迟。

比较早地反映这些情况的是中共天津市委。他们在 2 月 14 日写给毛泽东、中共中央、华北局、中财委并彭真的请示报告中说：自"三反"以来，内外交流、城乡交流停滞，批发商业成交减少一半，银行不贷款，私人不买货，工业生产开始下降，税收显著减少。一部分直接受到影响的劳动人民已在叫苦。如不采取措施，经济上的萎缩现象还要发展，时间过长，则元气损伤过大。天津市委认为，在不影响"三反"运动的条件下，必须兼顾经济工作。

这份报告引起毛泽东高度重视。第二天（2 月 15 日），他以中共中央的名义发出指示，要求"各城市市委市政府均应于开展'三反'和'五反'斗争的同时，注意维持经济生活的正常进行，如果在一个短时间内出现了不正常状态，亦应迅速恢复正常状态"。② 以后，他为中央转发上海的一个"五反"报告时，以更为明确而坚决的口气说："尤其不误生产，极为重要，各城市凡误生产者，均应立即改变做法。"③

---

① 李维汉：《回忆与研究》（下），中共党史资料出版社 1986 年版，第 728 页。

② 中共中央文献研究室编：《建国以来毛泽东文稿》第三册，中央文献出版社 1987 年版，第 122 页。

③ 中共中央文献研究室编：《建国以来毛泽东文稿》第三册，中央文献出版社 1987 年版，第 218 页。

毛泽东还收到邓小平2月22日发来的一份电报,反映西南地区工商业出现的显著的停滞现象:贸易额和税收明显减少,国营公司百货营业额只有原先的30%,工业器材仅及15%,许多私营企业无事可做,大量的建筑工人失业。工商业的停滞,加剧了城市贫民的困难,重庆一区两万人(占该区人口三分之一)到了无食缺食的地步,开始对"三反"、"五反"表示不满。

种种情况说明,在城市中,特别是在大城市中搞"五反",开展同资产阶级违法行为的斗争,远比在农村中搞土地改革、铲除封建土地制度要复杂得多,对社会的影响和震动也大得多,往往是"牵一发而动全身"。毛泽东审时度势,及时地采取措施,调整部署,既要查清问题,给不法资本家以沉重打击,又要维持社会经济生活的正常运转,保护民族资产阶级的合法权益,不影响国民经济的恢复和发展。

毛泽东采取的第一个措施是:对守法的工商户鼓励他们照常营业,对有些小问题的工商户尽快做出结论,归入守法户,使守法户的面扩大一些。守法的和半守法的这两类工商户加在一起,据毛泽东估计,占全部工商户的95%左右。他说:"城市中在处理了占95%左右的守法和半守法两大类资本家以后,人心就大定了,暂时停顿或半停顿或不活跃的经济活动就可恢复了。"因此,毛泽东提出:"各城市市委、市政府必须在适当时机用主要力量放在处理前述两大类资本家方面。"①

不久,毛泽东又根据实际情况,将初期规定的四类工商户(守法户、半守法半违法户、严重违法户、完全违法户)增为五类,增加基本守法户这一类。根据北京市的情况,守法户占10%左右,基本守法户占60%左右,半守法半违法户占25%左右。这样,争取和团结的工商户仍占95%左右。②

3月13日,毛泽东看到薄一波从上海报来的关于上海工商户分类情况的报告,发现第二类(即基本守法户)为36.8%,第三类(即半守法半违法户)为44.2%。他认为第三类划的比例大了,要周恩来跟薄一波研

---

① 中共中央文献研究室编:《建国以来毛泽东文稿》第三册,中央文献出版社1987年版,第143页。

② 中共中央文献研究室编:《建国以来毛泽东文稿》第三册,中央文献出版社1987年版,第182页。

究一下,能否由第三类向第二类移过来一部分。3月16日,他为中共中央起草致上海市委和薄一波电,告诉他们:上海的"'五反'计划中我们希望从第三类移一部分到第二类,对坚决保护和一般保护的资本家数目能增加一些就好,望酌情处理"。① 尽量扩大争取、团结和保护的工商户人数,最大限度地孤立和打击极少数的严重违法资本家,毛泽东的这一策略思想越来越鲜明。

　　毛泽东采取的另一项措施,是调整运动部署,缩短"五反"运动的时间,实行更稳妥、更谨慎的工作步骤。对于开展"五反"运动,他最早提出的要求是:"全国各大城市(包括各省城)在2月上旬均应进入'五反'战斗"。② 当他发现由于"三反"、"五反"引起经济生活的不正常状态,便立即调整部署。首先,推迟全国工商业资本家最集中的上海的"五反"运动。他在2月22日为中共中央起草的指示里说:"上海要3月上旬才能正式大规模发动'五反'斗争,至快要3月下旬或4月上旬才能这样做(指对有违法行为的资本家分批处理。——引者注)。上海迟一点发动'五反'对整个经济有利。"③其次,提出对大城市和中等城市的"五反"分步骤进行。他在为中央起草的另一个指示里说:"例如河北境内,第一步,在北京、天津两个大城市开展'五反',这是由中央直接领导的,3月10号以前可以基本上解决问题。第二步,在唐山、石家庄、秦皇岛、保定四个大城市和中等城市开展'五反',这是由华北局和河北省委领导的。他们计划在第三步开展通县、泊头、辛集、杨柳青、沧县、邢台、邯郸、汉沽、临清、胜芳等十个城镇中的'五反',这是次于上列'四市'的'十镇',也是中等城市,待'四市'取得经验以后再行开展'十镇'的'五反',由省委和地委领导。对一般县城则坚决停止,以后再说。"④

由于采取上述两项重要措施,社会经济生活中出现的困难和不正常状态较快地有所缓解和改善,没有引起大的社会震荡。

在"三反"运动结束时,有的民主党派曾计划用思想检查的办法,即针对个人思想进行整风式的检讨与批判,并令其本人表示态度。中央统战部认为这样做是不适当的,并建议他们不要采用。统战部在准备发出的一个指示稿中讲到了这个问题。毛泽东审阅此件时,又改写和加写了一段话:"在新民主主义时期,即允许资产阶级和小资产阶级存在的时期,如果要求他们合乎工人阶级的立场与思想,取消他们的资产阶级和小资产阶级的立场和思想,其结果不是造成混乱,就会逼出伪装,这是对统一战线不利的,也是不合逻辑的。在允许资产阶级和小资产阶级存在的时期内,不允许资产阶级和小资产阶级有自己的立场和思想,这种想法是脱离马克思主义的,是一种幼稚可笑的思想。在'三反'、'五反'中,我党已有些党员产生了这种错误思想,应予纠正。"①

毛泽东在指导运动的过程中,在理论上保持了清醒的头脑。这对于保证"五反"运动不出现原则性错误和大的偏差,起了重要作用。在指导实际工作中间时刻关注着思想理论动态,用正确的理论去指导实践,这是毛泽东领导工作的一个重要特点。

(三)胜利结束"五反"运动

从1952年5月起,毛泽东开始着手部署结束"五反"的工作。早在4月初,他就提出"五反"时间不宜拖得太长。他说:"打击要适可而止,不能走得太远;走得太远,就要发生问题。我们已经对资产阶级打了一下,现在可以在新的基础上和他们讲团结了。"②在毛泽东的心目中,始终没有忘记新中国压倒一切的中心任务,是迅速地恢复和发展国民经济。其他一切工作,包括"五反"在内,都必须服从这个大局。

在"五反"进入定案处理的关键时刻,5月9日,毛泽东及时地为中

---

① 中共中央文献研究室编:《建国以来毛泽东文稿》第三册,中央文献出版社1987年版,第216页。

② 薄一波:《若干重大决策与事件的回顾》(修订本)上卷,人民出版社1997年版,第182页。

共中央起草了关于"五反"定案、补退工作等问题的指示,为胜利结束"五反"运动提出一系列从宽处理的政策规定。指示中说:"现当'三反'、'五反'最后定案之际,我们必须本斗争从严处理从宽,应当严者严之应当宽者宽之的原则,好好结束这场斗争。""在'五反'斗争中,工作组和工人对资本家违法所得数一般都算得很高,在定案时必须合理地降下来,使合乎经济情况的实际,必须使一般资本家在补退之后还有盈余。""这个比例即是比三分之一稍微多一点。请各市委衡量全局,大体按此比例定案,我们就能在政治上和经济上完全取得主动,而使经济迅速恢复和发展,使资本家重新靠拢我们,恢复经营积极性,使工人不致失业。""大多数资本家的补退时间一律推迟到 9 月或 10 月开始为适宜。数大者可分多年补退,一部分还可作为公股不要交出现金。这样于活跃市场、防止失业是完全必要的。"①

从上述各项可以看到,毛泽东对"五反"运动的定案处理,主要不在于从违法资本家那里搞到多少钱,而是有更深远考虑,着眼于国民经济的恢复和发展,着眼于工人阶级的长远利益,着眼于对民族资产阶级关系的正确处理。

根据中央的这个指示,各地的定案处理工作进行得比较顺利。

毛泽东特别关注上海的定案处理工作。上海大资本家比较多,对上海工商户(特别是其中大的工商户)的处理如何,不论在经济上和政治上对全国所产生的影响都是巨大的。荣氏家族是上海最大的民族资本家,对荣毅仁的处理更加引人注目。荣家的企业在"五反"中也发现了一些问题,应该划到哪一类?经过薄一波和陈毅反复商量,定为基本守法户。这个处理意见报告了周恩来,周恩来又报告了毛泽东。毛泽东说:何必那么小气!再大方一点,划为完全守法户。这个"标兵"一树,在上海以至全国各大城市产生了很大影响。②

"五反"运动以打击资产阶级的"五毒"行为开始,但它的实际结果已远远超出了这个范围。它的直接结果,是工人阶级同资产阶级的力量

---

① 中共中央文献研究室编:《毛泽东文集》第 6 卷,人民出版社 1999 年版,第 202、203 页。

② 薄一波:《若干重大决策与事件的回顾》(修订本)上卷,人民出版社 1997 年版,第 179 页。

毛泽东
与共和国非常岁月
164

对比起了根本性的变化。正如 1956 年 2 月中共中央政治局会议指出的那样，通过"五反"运动，资产阶级已被工人群众和工人阶级所领导的国家的威力所压倒了。这为以后用和平的方式逐步改造资本主义工商业创造了前所未有的条件。

1952 年 6 月 6 日，在"五反"即将结束的时候，毛泽东提出："在打倒地主阶级和官僚资产阶级以后，中国内部的主要矛盾即是工人阶级与民族资产阶级的矛盾，故不应再将民族资产阶级称为中间阶级。"①这预示着新中国历史发展的一个新阶段即将到来，中国共产党的政策将有一个新的变化。

从 1951 年 12 月、1952 年 1 月相继开展的"三反"、"五反"运动，是继抗美援朝、土地改革和镇压反革命三大运动之后，进行的又一次社会改革运动。它们为荡涤旧社会遗留下来的贪鄙奢靡风气，树立起艰苦奋斗、勤政廉洁的优良作风，移风易俗，起了积极作用，为国家进行大规模经济建设创造了良好的社会环境。

"三反"、"五反"运动在当时的历史条件下，采取了群众运动这种特殊的斗争形式。在指导这场运动中，毛泽东始终注意维持社会经济生活的正常进行，力求把群众运动对经济生活的消极影响缩小到最低限度；注意健全党内民主生活，保障了各地负责人能够及时向毛泽东和党中央反映运动中出现的缺点和偏差。毛泽东作为最高决策者和指导者，倾心听取下面的意见，集中全党智慧，肯定和推广好的经验，同时实事求是地纠正运动中的偏差，改正错案。"五反"结束后，又立即调整工商业，使一度萧条的市场重新活跃起来，经济得到良好的发展。从总的方面说，"三反"、"五反"运动是成功的，取得的成绩是很大的。当时毛泽东是这样评价的："'三反'和'五反'的胜利是极其伟大的，毫无疑义应当进行'三反'和'五反'，不进行这一正义的斗争我们就会失败。"②

---

① 中共中央文献研究室编：《建国以来毛泽东文稿》第三册，中央文献出版社 1987 年版，第 268 页。
② 中共中央文献研究室编：《建国以来毛泽东文稿》第三册，中央文献出版社 1987 年版，第 256 页。

第五章

实施农村制度的伟大变革

中国革命的根本问题是农民问题,而农民问题的实质又是土地问题。谁能解决好农民的土地问题,谁就能得到农民的拥护和爱戴。毛泽东深切地认识到农民问题的极端重要性,从新民主主义革命时期到社会主义改造与建设时期,他始终关注农民问题,重视从制度上解决农民问题,高瞻远瞩地提出了一系列解决问题的理论、路线、方针、政策,先后进行了土地改革、农业合作化运动,实施了农村制度的伟大变革,为中国人民留下了极为宝贵的精神财富。

一、土地改革——中国社会的革命性变革

满足农民对土地占有的要求,变革土地为农业的基本生产资料,是农民生存、发展乃至农村全部经济政治生活和社会组织的基础。实行什么样的土地制度不仅直接影响农业和农村地区的发展,而且对整个社会经济发展与稳定产生重大影响。旧中国的土地占有状况严重束缚了生产力,阻碍了农业的发展。新中国成立后,毛泽东和中国共产党人在总结解放区土地改革的经验之后认为,满足农民对土地占有的要求,进行土地制度变革,既是兑现对农民的承诺,又是解决农民问题的制度保证。因此,毛泽东不失时机地领导了中国历史上规模最大、范围最广、涉及人口最多、影响最深远的土地改革,铲除了两千多年封建制度的根基,实现了中国社会的革命性变革。

(一)未雨绸缪,精心准备

新中国成立后,我党的首要任务就是完成农村土地改革,但此刻广大农村基层政权很不稳定,社会秩序比较混乱,还未形成土地改革的有利条件。1949年3月,毛泽东在七届二中全会上指出:"在乡村中,则是首先有步骤地展开清剿土匪和反对恶霸即地主阶级当权派的斗争,完成减租减息的准备工作,以便在人民解放军到达那个地区大约一年或者两年以后,就能实现减租减息的任务,造成分配土地的先决条件。"①《共同纲领》规定:"凡尚未实行土地改革的地区,必须发动农民群众,建立农民团体,经过清除土匪恶霸、减租减息和分配土地等项步骤,实现耕者有其田。"②可见,清匪、反霸、减租减息已成为新中国农村土地改革顺利推进的三个先决条件。

在土地改革前,解放区有国民党残余武装和惯匪约200多万人,其

---

① 《毛泽东选集》第4卷,人民出版社1991年版,第1429页。
② 中共中央文献研究室编:《建国以来重要文献选编》第一册,中央文献出版社1992年版,第7页。

中以中南和西南最多。中央从1950年开始了剿匪行动,到1952年底,共歼匪261.59万人,其中西北区9.09万人,西南区116万人,中南区115万人,华东区24.6万人。通过这场斗争基本肃清了国民党残余武装,打击了地主阶级当权派,镇压了一批罪大恶极的恶霸地主,确立了劳动人民在广大农村的政治优势,巩固了乡村政权,这就为减租减息和土地改革创造了前提。与此同时,在整个农村开始了减租、退押运动,所谓的减租就是减少农民向地主交纳的地租数额,退押是索回农民向地主租种土地时预先交付的押金。从1949年冬到1951年8月,新解放区除新疆等少数民族地区外,基本完成减租退押运动,而新疆到1952年5月也完成这一任务。事实上,减租退押运动进一步增加了农民的收入,继而团结了广大农民和巩固了农村的稳定。譬如,西南区约50%—70%农户增加了收入,仅重庆市郊区,每户平均年增加收入约2倍。广大农民也正是通过农村的这一些前期的清匪、反霸、减租退押等运动的开展提高了自己的政治觉悟,充分认识到了农村开展土地改革运动的必要性。广大农民认识到,在共产党和政府的领导下搞土地改革,废除封建半封建剥削的土地制度,消灭地主阶级,真正实现"耕者有其田",是让土地回家,合理合法的。如河南郏县代表会议上,收到书面提案1521件,要求土改的880余件。

与此同时,中央也开始了对土改进行紧锣密鼓的准备工作。1950年1月,在毛泽东、周恩来访苏期间,刘少奇代表中共中央开始部署新解放区的土地改革工作。4日,刘少奇起草《关于新解放区土地改革、减租减息和征收公粮的指示》,提出分地区、分阶段、有步骤土改的建议。3月12日,毛泽东致信各大区中央局负责人,建议新区土改中"只动地主不动富农","保护中农,并防止乱打乱杀"。1950年6月,中共中央召开七届三中全会,审议《中华人民共和国土地改革法》、刘少奇向政协一届二次会议上所作的《关于土地改革问题的报告》和《农民协会组织通则》。6月28日,中央人民政府委员会第8次会议讨论通过《土地改革法(草案)》,6月30日,国家主席毛泽东发布中央人民政府令,即日起公布实行。此法令成为了指导新中国成立初期土地改革的法律和政策的重要依据。总则第一条规定:废除地主阶级封建剥削的土地所有制,实行农民的土地所有制,借以解放农村生产力,发展农业生产,为新中国的工业化开辟道路。

　　为了保证改革有条不紊的进行。刘少奇在《关于土地改革问题的报告》中指出："必须完全依照中央人民政府和各级人民政府所颁布的法令及其所决定的方针、政策和步骤，有领导地、有计划地、有秩序地去进行。"①在这一方针指导下，党和政府自上而下采取许多有力措施，包括成立了各级土地改革委员会，中央土地改革委员会由刘少奇、彭德怀、刘伯承、邓子恢、叶剑英、彭真等人组成；各大区、各省、专区、县也相应成立土改委员会。组织土改工作队协助农民协会开展工作，其成员必须严格学习政府的法律、条例、纪律，廉洁奉公。广泛宣传党和政府的政策、法令，发动群众组织起来，自己解放自己，争得权益。领导干部深入土改第一线，亲自出马，就地指挥。广泛吸收各民主党派和民主人士参加土改实践。在土改路线、方针、法律、政策的正确指引下，华东、中南、西南、西北四大新区，进行了中国历史上空前规模的土地改革运动。1950年冬至1951年春，在华北、华东、中南、西北约1.2亿农业人口的地区进行第一批土改；1951年冬至1952年春，在华南、西南约1.1亿农业人口的地区进行第二批土改；1952年冬至1953年春，在3000万少数民族地区进行土改。到1952年底，除一部分少数民族地区及台湾外，新解放区的土地改革基本完成。至此，完成土地改革地区的农业人口已占全国农业人口总数90%以上。中国农村真正实现了改天换地，农民群众真正翻身当家做了主人。

　　（二）明确划分阶级成分

　　就这场土地改革的性质来讲，新解放区土地改革的推行，不仅是为了对农业实行社会主义改造和国家实现工业化铺平道路，还是为实现国家性质的改变而进入社会主义社会做必要的准备。显然，土地改革不再是一场单纯的为实现农业生产大发展和全国人民的生活水平的提高而进行的经济改革运动，更是一场群众性的大规模的阶级斗争，因为只有通过这种阶级斗争的方式才能从根本上改变中国几千年的农村封建土地所有制的性质。显然，明确划定阶级成分成了土地改革的中心环节。

―――――――――

　　①　中共中央文献研究室编：《建国以来重要文献选编》第1册，中央文献出版社1992年版，第289—290页。

但鉴于 1947 年土改过程中曾发生的过火行为的经验教训,因此,要想避免此类事情的再度发生,必须根据中国实际社会经济状况制定和划分阶级成分的合理标准。于是,在沿用了过去的政策框架的前提下,但是又根据新区社会状况作了若干改变。1950 年 8 月 4 日,政务院第 44 次会议通过了《中央人民政府政务院关于划分农村阶级成分的决定》,作为评定阶级成分的依据,在"怎样分析农村阶级"和"关于土地改革中一些问题的决定"中,增加了两个内容:一是对有关阶级成分的定义,如地主、富农、知识分子、革命军人以及地主、富农、资本家与工人、农民、贫民相互结婚后的阶级成分的确定,以政务院补充决定的形式增加了专门解释的内容;二是文件的最后部分增加了 11 条新决定。这些补充决定和新决定根据新解放区实际社会状况提出了一些阶级成分的新的标准和定义。它们包括:(1)二地主,即向地主租入大量土地,自己不劳动而转租于他人,生活水平超过中农者,视同地主;(2)将工商业兼地主或地主兼工商业确定为阶级成分。这类情况称为其他成分兼地主,或地主兼其他成分。其他成分兼地主者,在土改完成以后即照其他成分待遇;(3)地主家庭的成员以所有土地的主要部分出租,其数量超过自耕和雇人耕种之数量三倍以上者,虽然自己常年参加主要农业生产劳动,仍应定为地主;(4)富农出租大量土地超过自耕和雇人耕种之数量者,为半地主式富农;(5)知识分子的阶级成分分为几种情况,受雇于机关、企业、学校等为办事人员者,为职员;受雇于机关、企业、学校为工程师、教授、专家等,为高级职员;独立营业为生之医生、教师、律师、新闻记者、作家、艺术家等,为自由职业者;(6)手工业从业人员方面分为手工工人、小手工业者、手工业资本家三种;(7)商业从业人员分为小商、小贩、商业资本家或商人;(8)革命烈士家属指辛亥革命以来历次为革命阵亡和死难的烈士,以及抗日战争、人民解放战争阵亡将士的父、母、妻(或夫)、子、女及 16 岁以下的弟妹;(9)18 岁以下的少年儿童和在校学生,一般不划定阶级成分,只划定阶级出身;(10)凡依靠或组织一种反动势力,称霸一方,经常用暴力和权势欺压掠夺人民,造成其生命财产之重大损失者,为恶霸。经举告并查有实据者,由人民法庭判决处理;(11)解放前工人、农民、贫民女子嫁与富农、资本家不满三年。至解放后与其同等生活满一年后,应改为富农、资本家成分,上述出身女子解放后嫁与富农、资本家过同等生活满一年后,应改为富农、资本家。这些明细标准为准确划分阶级成分提供了依据,从而维护了社会的稳定,推动了土地改革的顺利进行。

(三)改变对待富农的政策

在民主革命过程中,中国共产党对待富农的政策一直是变化不定的,这是由当时特定的政治经济状况所决定的。随着新中国的成立,现在情况已发生了根本性改变,因此,在酝酿新解放区土地改革的时候,对待富农的政策也会随之发生改变。从 1947 年底至 1949 年春的土改运动中的左倾过火行为进行调整为出发点,1949 年 5 月,北平市军管会颁布的土改文件《关于北平市辖区土地问题的决定》,即规定只征收富农出租的土地,而其自耕和雇人耕种的土地"其耕种权与所有权一律照旧不变"。据薄一波回忆,当时北平市郊区(不包括当时归河北省管辖后来才划归北京的通县专区的一些县),富农占有土地 88 700 亩,其中出租 20 500 亩,土改征收的就限于这 2 万多亩地。[1] 同时 1950 年初在毛泽东访问苏联时,斯大林也谈到了关于富农划分的问题。斯大林"提议将分配地主土地与分配富农土地分成两个较长的阶段来做,即使目前农民要求分配富农多余的土地,我们固不禁止,但也不要在法令上预作肯定"。斯大林的看法是"把反富农看成是严重斗争","在打倒地主阶级时,中立富农并使生产不受影响"。[2] 应当承认,斯大林是根据苏联的经验来看待中国的富农问题的,似乎过高地估计了中国富农的阶级能量。而对于富农的问题,毛泽东显然有自己的看法。在 1949 年 11 月中共中央政治局讨论土改问题时,毛泽东提到过江南土改要慎重对待富农,但毛似乎更多地将其与江南工商业资本主义联系起来考虑。他认为此事不但关系富农而且关系民族资产阶级,所以,江南土改的法令必须和北方土改有些不同,对于 1933 年文件及 1947 年土地法等,要有所修改。与此同时,毛泽东在访苏回国后,便开始征询各地对于富农政策的意见。1950 年 3 月 12 日,毛泽东致电邓子恢等大区军政负责人,提出是否可以暂时不动

---

[1] 薄一波:《若干重大决策与事件的回顾》(上卷),中共中央党校出版社 1991 年版,第 118 页。

[2] 中共中央文献研究室编:《建国以来重要文献选编》第一册,中央文献出版社 1992 年版,第 126 页。

富农,不但不动资本主义富农,而且不动半封建富农,待到几年之后再去解决半封建富农问题。这样做的好处是:更能孤立地主,保护中农,防止乱打乱杀;缩小打击面,政治上更主动;有利于稳定民族资产阶级等。其中,中南局邓子恢和东北局认为,富农出租的土地应该没收;华北局、华东局和西北局不仅认为富农的出租土地不应没收,而且主张以后也不要再去动它;甚至李立三更是提出了一个佃富农的概念,即有些富农从地主手里租来土地出租给农民,如果执行没收地主土地的政策,这些佃富农的出租土地也应该没收。对富农到底实行怎样的政策,1950 年 6 月 6 日至 9 日,中共中央召开的七届三中全会进行了相关问题的讨论,刘少奇专门作了《关于土地问题的报告》。据薄一波回忆,刘少奇认为如果大量出租土地,实际上就是半富农半地主,有些富农出租的土地可能会超过小地主。因此,不动富农的土地不能说死。① 最后,会议结合新区的土改文件制定了对于富农政策的四个内容。第一,在确定富农成分的标准方面有所调整。1949 年春天对土改运动纠偏时,曾经把富农与中农的界限,即剥削收入占总收入的比例,由过去的 25% 提高到 30%。现在,政务院对 1933 年文件的补充决定规定,这个比例仍为 25%。超过 25% 为富农,不超过为中农或富裕中农;第二,土改法规定,保护富农所有自耕和雇人耕种的土地及其他财产,不得侵犯;第三,土改法规定,富农出租的小量土地保留不动,但在某些特殊地区,经省以上人民政府批准、得征收其出租土地的一部或全部;第四,政务院对 1933 年文件的补充决定规定,向地主租入大量土地,自己不劳动,转租予他人,收取地租,其生活状况超过普通中农的人,称为二地主。二地主应与地主一例看待。其自耕土地与富农一样对待。土改法规定,半地主式的富农出租大量土地,超过其自耕和雇人耕种的土地数量者,应征收其出租的土地(扣除租人的土地数)。可见,新解放区土地改革不再执行征收富农多余财产的政策。

(四)完善财产分配政策

在土地财产的分配政策方面,新解放区土改也有一些新的内容。表

---

① 薄一波:《若干重大决策与事件的回顾》(上卷),中共中央党校出版社 1991 年版,第 130 页。

现在:(1)关于应予没收的土地。土改法明确规定,除了没收地主的土地、征收富农的出租土地外,也征收工商业家在农村中的土地及其原由农民居住的房屋。由于南方地区经济文化相对发达,有些学校、孤儿院、养老院、医院等,常常都以自有土地为经济来源之一。土改法规定,征收祠堂、庙宇、寺院、教堂、学校和团体在农村中的土地及其他公地,有关学校、医院、养老院、孤儿院等公益性机构的经费问题,由当地人民政府另筹办法解决。农村中的僧、尼、道士、教士、阿訇等,应与农民一样分得一份土地和其他生产资料;(2)不挖地主浮财。土改法规定,对地主是没收其土地、耕畜、农具、多余的粮食及其在农村中的多余的房屋与附带家具,但其他财产不予没收。这里所说的其他财产,包括衣服、饰品、金银、钱币等。刘少奇的土改报告解释说,由于地主的多年剥削,多数地主是还有许多其他财产的。根据过去的经验,如果没收和分配地主这些财产,就要引起地主对于这些财产的隐瞒分散和农民对于这些财产的追索。这就容易引起混乱现象,并引起很大的社会财富的浪费和破坏。这样,还不如把这些财产留给地主,使地主可以依靠这些财产维持生活,或者把这些财产投入生产;(3)对革命烈士、革命军人、公务人员及其家属的照顾。土改法规定,家住农村的革命烈士、人民解放军官兵、荣誉军人、复员军人及其家属,包括现役军人的随军家属,均应与农民一样分得一份土地和生产资料。烈士本人计算为家庭人口。人民政府公务人员和人民团体工作人员及其家属,也应与农民分得同样土地和生产资料,但可视其工薪等收入的多少酌情少分或不分。革命军人、烈士家属、工人、职员、自由职业者、小贩以及因从事其他职业或因由于缺乏劳动力而出租土地者,不得以地主论。其出租部分超过当地农民平均拥有数两倍者,可征收其超过部分。但是,如其确系以劳动收入购买者,或者系鳏、寡、孤、独、残废人以此土地为生者,可酌情照顾。上述对烈士的安排,体现了优待;对军人的安排,既体现了优待,也适应将来裁减军队的需要;对工人、自由职业者、小贩或其他因缺乏劳动力而出租少量土地者的照顾,考虑到了南方地区城乡关系更为密切、更为复杂的特点。(4)对待其他农村社会阶层与人员的灵活性。土改法规定,农村中的手工业工人、小贩、自由职业者及其家属、本人在外从事其他职业而家在农村,其职业收入无法维持家庭经常生活者,均应酌情分给部分土地和其他生产资料;只有一口或两口人并有劳动力的贫苦农民,有条件的地方,可分得多于一人或两人的土地;回乡的城市失业工人及其家属,可分得同样土地和其他生产资料;还乡的逃亡地主与国民党党政工作人员、受惩处的家住乡村的汉奸、卖国贼、战犯、反革命分子、破坏土改的罪犯之家属,可与农民同样分得土地和其他生产资料,等等;(5)特殊土地山林的处理。南方地区经济的相对发达,不仅表现在资本主义工商业的繁荣,而且体现在农村经济的更加多样化和技术基础相对高一些。比如,更多一些茶山、桐山、桑田、果园、苗圃、鱼塘、水利设施、农业试验场等经济型园地。土地法规定,所有山林均按适当比例折合为普通耕地统一分配,原耕农民有优先分得权;原有水利设施可随田分配,不宜分配者可按原有习惯公共管理;使用机器耕种或者其他技术设备之农田、苗圃、农场、大竹园、大果园、大茶山、大桑田、大桐山等,不得分散。所有权属于地主者,经省以上人民政府批准,得收归国有;解放后开垦的荒地,归原垦者所有,不参加土改;华侨所有的土地房屋,另行处理;大森林、大水利工程、大荒地、大荒山、大盐田、矿山、湖、沼、河、港均归国有;铁路、公路、河道之护堤、护路,机场、海港、要塞等占用地,不得分配;(6)地方政策更为弹性的特点,尤以华东地区最为典型。华东地区农村,特别是江浙沪一带的苏、锡、常、沪、杭、甬地区,农村经济有五个特点:地主兼工商业或者工商业家兼出租土地者比较多;工人、职员、自由职业者出租土地者比较多;农村公地多,据 1950 年 7 月统计,一般占全部耕地的 10%—15%,多的占20% 以上;农村租佃关系比较复杂,农民普遍有永佃权,地主出租地也有田底权和田面权之分;华侨多。这些特点本来是城市经济等现代经济因素发展的结果,不仅具有资本主义经济附属的性质,也有带动农村发展和减轻农民贫困化程度的作用。为了适应这些社会状况,华东土改的政策掌握得更加灵活一些。比如,规定在 1950 年 7 月以前经过了反霸、减租、合理负担等民主改革的地方,1950 年冬天土改以前地主对自己的土地仍有所有权,农民"减租后仍须交租","地主在依法减租后向农民收租仍是合法的"[①];没收地主多余的房屋粮食"采取先留后分的办法";没收来的不适合农民居住和生产使用的地主别墅,收归政府所有,"充作农村文化教育场所或其他公用";工商业家在农村的某些土地财产,如私人住

<hr />

① 贵州省委编:《土地改革手册》,新华书店华东总分点 1951 年版,第 150 页。

宅、厂房、仓库、有利于农业生产的其他投资等,均给以保护;"一般富农的出租土地,应一律不动";分配农村公地,尤其是宗族所有的土地,"应注意尊重本族农民的意见",适当照顾本族农民的需要;对工人、自由职业者、职员、小贩等小量土地出租者给予充分照顾;"对于农民租人的有田面权的土地,在抽动时,应给原耕农民保留相当于田面权价格之土地"等等。① 上述新解放区土地改革在六个方面的政策改进,保证了土改运动中避免掠夺性的乱挖浮财,尽可能地扩大了受益面,最大限度地保护了农业经济中的商品经济和现代技术基础,缩小了土地改革的阻力,减轻了社会震动。

(五)土地改革的历史意义

瑕不掩瑜。采取一叶障目不见泰山的方法,不能正确、客观地评价历史事件,缺憾掩盖不了土地改革的伟大历史意义。史无前例的土地改革运动从根本上铲除了中国封建制度的经济基础,变地主阶级土地所有制为农民土地所有制,真正地实现"耕者有其田"的基本目标,使中国社会发生了翻天覆地的变化。1951 年 10 月 23 日,周恩来在政协一届三次会议上曾精辟地论述了土地改革的伟大意义,为评价土地改革提供了理论指导。

第一,土地改革铲除了旧的生产关系,建立全新的生产关系,解放了农村生产力。首先,废除了地主土地所有制,实现了农民土地所有制。在整个土改中,共没收征收约 7 亿亩土地,分给约 3 亿无地和少地的农民,使 60% 至 70% 的农业人口获得了土地。土地改革前,农民为耕种这些土地,每年要向地主交纳 3000 多万吨粮食的地租。土地改革后,占总人口约 92.1% 的贫雇农和中农,占有耕地 91.4%,占总人口约 5.3% 的富农占有耕地 6.4%,占总人口约 2.6% 的地主占有耕地 2.2%。历代农民梦想和追求的"耕者有其田"的愿望终于变成了现实。其次,调动了广大农民的生产积极性,促进了生产力的发展。获得土地的农民提高了生产热情。据西北区陕西、甘肃、青海三个省 49 个县不完全统计,在土地改革中,农民共兴修水渠 10820 条,兴造可浇地 74855 亩。据青海省互助县 22 个乡的调查,土改后新增加牲口 3949 头,农具 3696 件及大车 207

① 贵州省委编:《土地改革手册》,新华书店华东总分点 1950 年版,第 134 页。

辆。广大农民在大片荒芜的土地上耕种庄稼。1949 年耕地有 37048 万亩,1952 年达 50214 万亩,增长 44.4%。再次,主要农产品产量都有明显的增加。粮食由 1949 年的 2263.6 亿斤增至 1952 年的 3278.3 亿斤,增长 44%,年均增长 14.6%。棉花由 1949 年的 888.8 万担增至 1952 年的 2607.4 万担,增长近 2 倍。1952 年与 1949 年相比,粮食亩产量由 68.5 公斤增至 88 公斤,棉花由 10.5 公斤增至 15.5 公斤。人均农产品产量,粮食由 209 公斤增至 288 公斤,棉花由 0.82 公斤增至 2.29 公斤,肉类由 2.05 公斤增至 5.95 公斤。1952 年全国农业总产值 483.9 亿元,比 1949 年增加 48.5%,年均增长 14.1%。[①] 最后,土地改革为中国的工业化建设创造了前提。农民的购买力迅速提高,1951 年全国人民的购买力较之 1950 年即增加 25% 左右,其中纱布增加 10%,纸烟增加 14%,火柴增加 20%,糖增加 44%,煤油增加 47%,茶叶增加 70%。这为工业产品提供了广阔的国内市场。

从深层次来说,新中国发展的目标之一是要变农业国为工业国。而封建土地制度是国家和民族被侵略、被压迫的根源,是国家民主化、工业化、民族独立与自由、国家繁荣富强的基本障碍。土地改革之后,广大农民遵照毛泽东关于"组织起来"的指示,开展了农业互助合作运动。1952 年 10 月,中国有 4542.3 万户农民(占全国总农户的 40%)参加互助合作运动,在老解放区则有 70% 到 80%,并有若干农业生产合作社和集体农场。从这个意义上说,土地改革为走合作化道路、进行农业社会主义改造和工业化建设创造了前提条件。正如刘少奇所说:"土地改革的基本目的,不是单纯地为了救济穷苦农民,而是为了要使农村生产力从地主阶级封建土地所有制的束缚之下获得解放,以便发展农业生产,为新中国的工业化开辟道路。"[②]

第二,土地改革摧毁了地主阶级的统治,巩固了人民政权,农民翻身作了主人。土地改革的完成,标志着地主阶级作为一个阶级已经被消灭,不仅彻底打垮了骑在人民头上作威作福的"东霸天"、"西霸天",而

[①] 国家统计局编:《中国统计年鉴(1985)》,中国统计出版社 1985 年版,第 255—264 页。

[②] 中共中央文献研究室编:《建国以来重要文献选编》第 1 册,中央文献出版社 1992 年版,第 293 页。

且铲除了帝国主义、封建主义、官僚资本主义在农村的社会基础,剪除了"政权"、"神权"、"族权"、"夫权"四条绳索,从根本上结束了中国两千多年的封建制度。广大农民的政治地位和社会地位发生了根本的变化,不再是任人宰割、受人凌辱的工具、牲口,而是农村人民政权的主要力量。土改中的积极分子,大批地被选拔为乡、村基层组织的领导干部。例如,陕西省 3798 个乡,就有 172874 个积极分子被选拔为乡村干部。浙江省在土改中共涌现出 300 多万个积极分子,其中有 41.1 万余人成为乡村领导干部。干部成分亦有了很大的变化。据苏南行政区 15 个县的统计,在土地改革后的 89500 名干部中,贫雇农占 65.13%;中农占 30.05%;其他占 4.82%。真正实现了劳动群众掌握政权,新生的人民政权受人民群众的支持和拥护。为了保卫经济利益和人民政权等的胜利果实,广大农民在土地改革过程中普遍组织起来。华东、中南、西南、西北四大行政区农民协会会员约达 8800 余万人,其中妇女约占 30% 左右。农民积极分子在运动中大量涌现出来。四大行政区的民兵有 750 余万,加上其他地区,全国民兵发展到 1280 余万。这是巩固人民民主专政和保卫"翻身果实"的重要力量。①

广大农民在土改实践中认识到,谁代表他们的利益,谁侵占他们的果实,谁凌辱过他们的人格,谁组织他们掌握自己的命运。人心向背是决定成败的关键因素。人民衷心拥护党、政府和毛主席。比如,重庆郊区农民说,要不是毛主席和共产党的领导,我们哪有今天? 我们一定要好好生产,拥护毛主席。共产党的领导地位和执政地位是密切联系群众、代表人民利益的结果,是人民选择的结果。拥有了群众的广泛而坚定的支持,就拥有真正的铜墙铁壁,能够战胜一切困难。实实在在为人民群众谋利益,胜过百倍的说教。正因为共产党能够代表人民的利益,在群众中有崇高的威望,所以党的路线、方针、政策能够被群众理解和接受。当中国共产党把镇压反革命、抗美援朝同土地改革结合起来时,得到了人民群众的积极响应。在"保家卫国"的抗美援朝运动中,中国人民释放出巨大的能量。截至 1951 年 10 月,北京、天津、上海、河北省等省市,有 80% 的人订立了爱国公约。据统计截至 1952 年 5 月,全国共捐献

---

① 《人民日报》1951 年 11 月 3 日。

5.56多亿元,相当于3710架战斗机价值的钱款。四川简阳县农民捐献"棉农号"战斗机2架。青壮年踊跃报名参军,当时只有2000余万人的浙江省,竟有100余万人报名,而对他们竟是百里挑一,比选女婿还严。

第三,土地改革改变了中国农村社会的面貌,广大农民的精神文化生活水平不断提高。土地改革为广大贫苦群众提供了一定的生活条件。据华东、中南、西北、西南四大区不完全统计,在土地改革运动中,共没收了地主阶级耕畜296万余头,农具3944万余件,房屋3795万余间,粮食100多亿斤,主要分给农村中的广大贫雇农。据苏南行政区15个县的调查统计,贫雇农分得这些生产资料所占的比例分别为:耕畜90.02%;农具82.58%;房屋85%;粮食84.4%。人民生活得到改善与满足之后,对精神文化的追求成为必然。1950年冬,全国农民上冬学的增至2500万人以上,1951年上常年夜校的有1100余万人。据华东区统计,冬学入学人数1949年为3274585人,1952年12月为25130000人,增加了667%。1950年民校入学人数为656810人,1952年为7919537人,增加了1106%。1952年下半年,全国小学人数达4900万人,约占学龄儿童总数7500万人的65%。提高农民文化素质是中国社会发展的精神因素,也是农民规划自身发展的内在力量。随着人民生活方式和文化水平的提高,中国社会的风貌也悄然变化。如北京西郊许多单身的雇农,从前经常喝酒、赌钱、嫖妓,自分得土地之后,他们主动戒除丑恶嗜好,也学习精打细算,准备为自己成家立业。

总之,土地改革是铲除封建制度根基的深刻变革,使古老中国的面貌发生翻天覆地的变化。这是彪炳史册的伟大事件。薄一波指出:"通过土改,不仅使广大无地少地的农民分得了几亿亩土地和其他大量生产资料,每年不必再向地主交纳几百亿斤粮食的地租;更加重要的是:比较彻底地摧毁了封建土地制度,挖掉了我们民族贫困落后的一条重要根子,解放了农村生产力,巩固了工农联盟和人民民主专政,为国家工业化和农业的社会主义改造创造了有利条件。"[1]

---

① 薄一波:《若干重大决策与事件的回顾》(上卷),中共中央党校出版社1991年版,第111页。

二、农业合作化——社会主义改造

农民占全国人口的百分之八十以上。农村问题处理得好不好,对中国社会的发展有着举足轻重的全局性影响。新中国建立伊始,随着政权巩固和国民经济的恢复,1953 年中国共产党决定在农村开展农业合作化运动,其根本就是将中国几千年来延续下来的分散、落后的小农经济,改造成为与国家工业化相适应的社会主义的集体农业经济,为农业现代化打下良好的社会基础。

(一)农业合作化的缘起

中国有两千多年封建农业文明的历史,小农经济的根基深厚而顽固。建国后,党和政府虽在新老解放区开展了土地改革,使我国的农业生产力逐渐地从封建剥削制度下解放出来。但是,我国农业的小农经济状况没有实质的改变。这意味着小农经济的诸多弊端不仅依然存在,还对社会主义农村生产力的发展产生巨大阻碍。马克思在《资本论》中指出:"生产资料无止境的分散,生产者无止境的分离,人力发生巨大的浪费,生产条件日趋恶化和生产资料日益昂贵;是小块土地所有制必然规律。对于这种生产方式来说,好年成也是一种不幸。"①毛泽东对其也有深邃的见解,并在七届二中全会上指出:"中国还有大约百分之九十左右的分散的个体的农业经济和手工业经济,这是落后的,这是和古代没有多大区别的,我们还有百分之九十左右的经济生活停留在古代。"②除此之外,小农经济还存在不利于农田水利设施建设和利用、无力抵御自然灾害等缺点。建国之初的城市发展和国家工业化对粮食和其他农产品需求日益增长的形势下,小农经济的分散特点日益显现出来。因此,将个体经济向集体化转变,走农业合作化道路是一种经济和社会发展的历史必然。

---

① 马克思:《资本论》第 3 卷,人民出版社 1975 年版,第 910 页。
② 《毛泽东选集》第 4 卷,人民出版社 1991 年版,第 1430 页。

民主革命时期,中国共产党开展的农村互助合作运动,既为建国后的合作生产积累了丰富的生产经验,也为走农业合作化道路增加了信心支撑。上世纪 20 年代末 30 年代初的土地革命时期,中央苏区等根据地在民间固有的临时伴工、换工、互助的习惯基础上,先后建立了劳动互助社、犁牛合作社和消费合作社等多种生产性和消费性组织。这种互助组织的开展,提高了农民生产的积极性和农业生产的效率,农民群众踊跃参军,为保红色政权提供了可靠的保障。抗战时期,中国共产党在各抗日根据地继续推行互助合作运动。特别是经济严重困难时期,进行了以农业为主体的大生产运动,要求"实行按家计划,劳动互助(陕北称变工队,过去江西红色区域称耕田队或劳动互助社),奖励劳动英雄,举行生产竞赛,发展为群众服务的合作社"①此外,各根据地还建立了包括生产、消费、运输、信用等方面的综合性合作社,运输合作社以及手工业合作社。经过互助劳动的推行和各种合作社的广泛建立,生产力得以迅速提升,为抗战胜利以及后来民主主义革命在全国的胜利奠定了坚实的物质保障。在随后的解放战争时期,解放区的扩大使得农业互助合作运动更是得以稳健地发展。总之,在各个革命时期中国共产党所进行的一系列比较成功的农业合作运动实践和经验,为选择走农业集体化道路提供了信心支撑。

建国后,农业虽有了较大发展,但也出现了诸多新问题,走农业合作化道路成为解决这些问题的有效途径。首先,农村中出现了土地买卖、租借、贫富分化的现象。土地改革切实提升了农民的生活水平,也在一定程度上改善了农业生产的状况。然而,与之相伴随出现了一部分农民雇工、收买土地和一部分人出卖土地的现象。据 1952 年华北局在山西省 7 县 22 个村的调查,雇长短工者 475 户,占总户数的 20%。显然,这种旧社会人剥削人的生产关系,不仅挫伤了一部分人对新社会的信心,也使得农民翻身做主人的土地改革成为空谈。毛泽东对此强调:"现在农民卖地不好。法律不禁止,但我们要做工作,阻止农民卖土地。办法就是合作社。互助组还不能阻止农民卖地,要办合作社,要大办合作社

---

① 《毛泽东选集》第 3 卷,人民出版社 1991 年版,第 911 页。

才行"。① 其次,农村中存在走社会主义道路还是走资本主义道路的问题。建国后,社会的主要矛盾逐渐地转变为无产阶级与资产阶级、资本主义道路与社会主义道路之间的矛盾。近代以来,中国的广大劳动群众所受压迫的历史久远、程度世所罕见。建国后,他们以极大的热情盼望早日进入社会主义,但对社会主义简单地理解为集体化,把私有的东西尽与资本主义相联系。于是,农村中产生了走社会主义道路还是走资本主义道路的问题。毛泽东认识到问题的严重性,认为对于农村的阵地,社会主义如果不去占领,资本主义就会去占领。因此,只有走农业合作化的道路,才不会挫伤农民群众的积极性。再者,老解放区也出现了新问题。老解放区土地改革工作完成的较早,互助组达到了较高水平,但其发展开始出现转折的迹象。对此,山西省委在给中央的报告中指出:"山西老区的互助组织,基础较大,历史较长,由于农村经济的恢复和发展,战争时期的劳、畜力困难,已不再是严重的问题,一部分农民已达到富裕中农的程度,加以战争转向和平,就使某些互助组织发生了涣散的情形。"②因此,在这种形势下有必要引导互助组向更高级形式发展。总之,马克思主义认为,生产关系对生产力具有反作用,它直接影响生产力诸要素能否充分发挥作用,并最终影响生产力能否得到发展。毛泽东正是利用了这一原理,在未实现工业化的条件下,而决定走农业合作化道路的。

(二)初期合作化的一场争论

土地改革后的中国农村,基本上实现了"中农化"。在解放区,由于种种原因又出现了土地买卖和两极分化的现象。这就提出了一个问题,农民得到土地后,下一步该怎么办？根据过渡时期的总路线,必须进一步对农业进行社会主义改造,把农民引到互助合作的道路上来。但土地买卖和两极分化的存在使得有些地区不少互助组瘫痪了。农村经济应如何发展,向什么方向发展,成为摆在党和政府面前的难题。山西省委

---

① 《毛泽东选集》第5卷,人民出版社1977年版,第118页。

② 中共中央文献研究室编:《建国以来重要文献选编》第2册,中央文献出版社1992年版,第353页。

对此问题进行了积极探索。

1951 年春夏,围绕山西发展农业生产互助合作问题,出现了一场争论。1951 年 4 月 17 日,山西省委向华北局和中央写了一份报告,题为《把老区互助组织提高一步》。报告提出,老区互助组的发展,已经达到了一个转折点,使得互助组必须提高,否则就要后退。报告认为,随着农村经济的恢复与发展,农民自发力量是发展了的,但它不是向着我们所要求的现代化和集体化的方向发展,而是向着富农的方向发展。这就是互助组发生涣散现象的最根本的原因。报告的结论是,必须在互助组织内部进行扶植与增强新的因素以逐步战胜农民自发的趋势,积极地稳健地提高农业生产互助组织,引导它走向更高级一些的形式,以彻底扭转目前这种涣散的趋势。这里所说的增强新的因素,是指在互助组织内部增加公共积累和加大按劳分配的比重。报告认为,这些因素"虽然没有根本改变了私有基础,但对私有基础是一个否定的因素。对于私有基础,不应该是巩固的方针,而应当是逐步地动摇它、削弱它,直至否定它"。① 报告中所说的"更高级一些的形式",主要是指初级农业生产合作社。但山西省委的报告送到华北局和中央后,领导土改工作的刘少奇以及华北局并不同意报告中的观点。5 月 4 日,华北局认为山西省委报告所提到的"用积累公积金和按劳分配办法来逐渐动摇、削弱私有基础直至否定私有基础"是和党的新民主主义时期的政策及共同纲领的精神不相符合的。而到 5 月 7 日,刘少奇在中国共产党第一次全国宣传工作会议的报告中,也批评了山西省委提出的要组织初级农业生产合作社的做法。他认为用合作社、互助组的办法,使中国的农业直接走到社会主义化是不可能的,是不切实际的,那是一种空想的农业社会主义。6 月 3 日,刘少奇在同薄一波、刘澜涛、陶鲁笳等人的谈话中,又进一步提出:"在农业生产上,不能发动农民搞生产合作社,只能搞互助组。""现在农村阶级分化,正是将来搞社会主义的基础,将来我们依靠政权,下个命令就能剥夺它。""农业集体化要等机器,不要机器不妥当。农业集体化必

---

① 中共中央文献研究室编:《建国以来重要文献选编》第 2 册,中央文献出版社 1992 年版,第 354 页。

须以国家工业化使农业能用机器耕种和土地国有为条件。"①7 月 3 日，刘少奇在对山西省委报告的批语中说："在土地改革以后的农村中，在经济发展中，农民的自发势力和阶级分化已开始表现出来了。党内已经有一些同志对这种自发势力和阶级分化表示害怕，并且企图去加以阻止或避免。他们幻想用劳动互助组和供销合作社的办法去达到阻止或避免此种趋势的目的。已有人提出了这样的意见：应该逐步地动摇、削弱直至否定私有基础，把农业生产互助组织提高到农业生产合作社，以此作为新因素，去'战胜农民的自发因素'。这是一种错误的、危险的、空想的农业社会主义思想。山西省委的这个文件，就是表现这种思想的一个例子，特印发给各负责同志一阅。"②

事实上，作为长期领导土改和对农村工作有着深刻了解的刘少奇等人之所以主张农村不要急于走农村合作社道路，一方面是农村的社会生产力过于低下，需要在现实条件下恢复和发展，这一经济规律不能违背；另一方面，这种农村合作社要建立在更高生产力基础上，刘少奇等人的想法是先让农村个体经济再发展一段时间，富农也让他发展，这样做会有利于整个中国农村经济的发展，等到国家工业化建设能提供大批农业机器的时候，可以依靠政权力量，下个命令剥夺它，一举实现集体化。同年 7 月 5 日，刘少奇在中南海春耦斋向马列学院第一班学员作报告时认为，农业集体化要经过一个大的运动来达到，而不是零散地、慢慢地建立，十几年后，就发动一个运动，经过两三年搞起来。农业集体化不是逐步进行的，不是单纯依靠农村条件，而是需要依靠城市，依靠强大的工业。刘少奇的这种意见也代表着党内很大一部分人的看法。显然，这种认识与当时由新民主主义转变到社会主义的总体设想是相联系的。

但当毛泽东知道此事后，他明确表示不赞成刘少奇和华北局的意见，而是赞成山西省委的报告。薄一波回忆道："毛主席批评了互助组不能生长为农业生产合作社的观点和现阶段不能动摇私有基础的观点。他说：既然西方资本主义在其发展过程中有一个工场手工业阶段，即尚

---

① 陶鲁笳：《毛主席教我们当省委书记》，中央文献出版社 1996 年版，第 141—142 页。

② 中共中央文献研究室编：《建国以来重要文献选编》第 2 册，中央文献出版社 1992 年版，第 350 页。

未采用蒸汽动力机械、而依靠工场分工以形成新生产力的阶段,则中国的合作社,依靠统一经营形成的新生产力,去动摇私有基础,也是可行的。他讲的道理把我们说服了。"①于是,围绕山西发展农业生产合作社的争论结束。就这场关于农业合作化开展的争论,主要涉及农业合作化运动的两个根本性的问题。第一,能不能通过互助组、初级农业生产合作社,实现由个体农业向更高级的农业生产合作社过渡;第二,能不能在没有实现工业化、国家还不能提供大量农业机械的条件下,根据农民自愿原则,组织和发展农业生产合作社,实现农业合作化。当时及以后的实践证明,以土地入股、统一经营为特点的初级农业生产合作社是农民比较容易接受的一种向高级农业生产合作社过渡的适当形式。在中国,即使没有大量农业机械,但由于农业生产合作社实行统一经营,统一组织劳动力,能够合理利用土地,兴修水利,改良土壤,改良品种,采用新技术等许多单干农民难以做到的事情,特别是在抗御自然灾害方面显示了自己的优越性。在互助合作运动初期,全国创办的初级农业生产合作社绝大多数是好的或比较好的,提高了农业产量,改善了农民生活,起了示范的作用,为进一步发展互助合作事业提供了有说服力的事实。

(三)农业合作化纲领的制定——从"决议草案"到"正式决议"

1951 年 1 月,根据毛泽东的提议,全国第一次互助合作会议在北京召开。会议之后,形成《关于农业互助合作的决议(草案)》,这是中共中央关于农业互助合作运动的第一个指导性文件。毛泽东直接主持这个文件的起草工作,根据毛泽东的意见,决议草案全面分析和肯定了农民在土地改革基础上产生的两个生产积极性:一方面是个体经济的积极性;另一方面是劳动互助的积极性。农民的这些生产积极性也是迅速恢复和发展国民经济和促进国家工业化的基本因素之一。这次决议草案后经修改,12 月正式发出。关于个体经济的积极性,决议草案指出:解放后农民对于个体经济的积极性是不可避免的。可见,党充分地了解了农

---

① 薄一波:《若干重大历史决策与事件的回顾》(修订本)上卷,人民出版社1997 年版,第 197 页。

民这种小私有者的特点,并指出不能忽视和粗暴地挫折农民这种个体经济的积极性。由此,根据我们国家现在的经济条件,农民个体经济在一个相当长的时期内,将还是大量存在的。但是决议草案的重点,还是放在积极发展互助合作运动方面,并强调党中央从来认为,要克服很多农民在分散经营中所发生的困难,要使广大贫困的农民能够迅速地增加生产而走上丰衣足食的道路,要使国家得到比现在多得多的商品粮食及其他工业原料,同时也就提高农民的购买力,使国家的工业品得到广大的销场,就必须提倡组织起来,按照自愿和互利的原则,发展农民劳动互助的积极性。而农民的这种劳动互助是建立在个体经济基础上(农民私有财产的基础上)的集体劳动,其发展前途就是农业集体化或社会主义化。

同样,决议草案还批评了当时出现的两种错误倾向:一种倾向是采取消极的态度对待互助合作运动,看不出这是我党引导广大农民群众从小生产的个体经济逐渐走向大规模的使用机器耕种和收割的集体经济所必经的道路,否认现在业已出现的各种农业生产合作社是走向农业社会主义化的过渡的形式,否认它们带有社会主义的因素。这是右倾的错误的思想。另一种倾向是采取急躁的态度,不顾农民自愿和经济发展的各种必须的条件,过早地、不适宜地企图在现在就否定或限制参加合作社的农民的私有财产,或者企图对于互助组和农业生产合作社的成员实行绝对平均主义,或者企图很快地举办更高级的社会主义化的集体农庄,认为现在可以一蹴而就在农村中完全到达社会主义。这些是"左"倾的错误的思想。决议草案提出一个重要思想,就是用什么作为农村互助合作运动好坏的标准:"示范是在多方面的,但一切事情需要能够真正做到提高生产率,达到多产粮食或其他作物,增加收入这样的目的。只有在多产粮食增加收入这样的号召下,才可能动员农民组织起来。也只有真正做到这一点,农业互助组和农业生产合作社才是真正为农民服务,而为群众所欢迎,因而可能巩固下来,并影响周围的农民逐步地组织起来。因此,提高生产率,比单干要多产粮食或多产其他作物,增加一般成员的收入,这是检查任何互助组和生产合作社的工作好坏的标准。"①决

① 中共中央文献研究室编:《建国以来重要文献选编》第 2 册,中央文献出版社 1992 年版,第 510—517 页。

议草案还强调在农业互助合作运动中必须绝对遵守自愿和互利的原则。可见,草案既要保护互助合作的积极性,也要保护个体农民单干的积极性。既要防右,又要防"左"。它总结了中国共产党领导农村互助合作运动的基本经验,也反映了毛泽东这段时间对农业合作化问题的指导思想。在这个决议草案的基础上,全党对农业互助合作运动问题,统一了思想,达成了共识。

12月15日,毛泽东为中共中央起草了关于印发这个决议草案的通知,并要求将它印发到县委和区委,在党内外进行解释,并组织实行,强调要把农业互助合作"当作一件大事去做"。决议草案的广泛传达,推动了全国农业生产互助合作运动的发展。到了1952年底,组织起来的农户,老解放区占65%以上,新解放区占25%左右,全国还成立了4000多个农业生产合作社(初级社),创办了几十个高级社(当时称集体农庄)。这年的农业生产也有很大发展,粮食总产达到3200多亿斤,比上年增产400亿斤。

1953年2月15日,在毛泽东酝酿提出过渡时期总路线的时候,中共中央将这个决议草案通过为正式决议,3月26日在《人民日报》上发表。发表前,毛泽东对决议又作了一些重要修改和补充。一方面放宽了对试办高级社的条件限制,将试办少数社会主义性质的集体农庄需要"有机器条件",改为"有适当经济条件",这就是说,办高级社并不是非有农业机器不可。另一方面,强调在发展农业互助合作中间,必须十分注意对单干农民的政策问题。他加写了一段话:在解决了有关农业互助合作的许多问题之后,党中央认为必须重复地唤起各级党委和一切从事农村工作的同志和非党积极分子的注意,要充分地满腔热情地没有隔阂地去照顾、帮助和耐心地教育单干农民,必须承认他们的单干是合法的(为《共同纲领》和《土地改革法》所规定),不要讥笑他们,不要骂他们落后,更不允许采用威胁和限制的方法打击他们。农业贷款必须合理地贷给互助合作组织和单干农民两方面,不应当只给互助合作组织方面贷款,而不给或少给单干农民方面贷款。在一个农村内,哪怕绝大多数农民都加入了互助组或合作社,单干农民只有极少数,也应采取尊重和团结这少数人的态度。另一个重要补充,就是进一步强调农业生产是农村中压倒一切的工作。他斩钉截铁地指出:在农村中压倒一切的工作是农业生产工作,其他工作都是围绕农业生产工作而为它服务的。任何妨碍农业生产的所谓工作任务和工作方法,必须避免。这个重要补充,是针对当时也就是 1953 年春决议准备正式公布的时候,在相当多的一些地方党政领导过多地干涉农民,因而严重脱离群众这一突出情况而写的。

1953 年下半年,过渡时期总路线正式提出后,农业互助合作运动有了更加明确的指导思想。毛泽东越来越认为,为了适应国家工业化建设日益发展的需求,为了带动和影响其他方面生产资料所有制的改造,必须加快农业社会主义改造的步伐,推动农业互助合作运动向着更广、更高的阶段发展。

(四)农业合作化问题的报告

1955 年 7 月 31 日和 8 月 1 日中共中央召集的省、市、自治区党委书记会议在中南海怀仁堂举行。7 月 31 日,毛泽东作了《关于农业合作化问题》的报告。在报告的一开头他就说,在全国农村中,新的社会主义群众运动的高潮就要到来。我们的某些同志却像一个小脚女人,东摇西摆地在那里走路,老是埋怨旁人说:走快了,走快了。过多的评头品足,不适当的埋怨,无穷的忧虑,数不清的清规和戒律,以为这是指导农村中社会主义群众运动的正确方针。其实,这不是正确的方针,这是错误的方针。目前农村中合作化的社会改革的高潮,有些地方已经到来,全国也即将到来。这是五亿多农村人口的大规模的社会主义的革命运动,具有极其伟大的世界意义。我们应当积极地热情地有计划地去领导这个运动,而不是用各种办法去拉它向后退。这就是毛泽东对当时农业合作化形势的基本估计和判断,和对农业合作化采取的指导方针。

他批评在浙江采取的"坚决收缩"方针,"是在一种惊慌失措的情绪支配下定出来的"。他认为,这些人是"胜利吓昏了头脑"。他们看问题的方法不对。他们不去看问题的本质方面、主流方面,而是强调那些非本质方面、非主流方面的东西,以致迷惑了自己的方向。他甚至认为这些人"老是站在资产阶级、富农或者具有资本主义自发倾向的富裕中农的立场上替较少的人打主意,而没有站在工人阶级的立场上替整个国家和全体人民打主意"。① 毛泽东不是不了解,要把全国大约 1 亿 1 千万农

① 中共中央文献研究室编:《毛泽东文集》第 6 卷,人民出版社 1999 年版,第 418—433 页。

户由个体经营改变为集体经营,并且进而完成农业的技术改革,是有很多困难的。但是,他认为这些困难是能够克服的。他认为当时中国的情况是,由于人多地少,时有灾荒和经营方法落后,致使占农村人口60%—70%的贫农和下中农仍然有困难。他们为了摆脱贫困,改善生活,为了抵御自然灾害,只有联合起来,走社会主义道路。除了社会主义,再无别的出路可选择。因此,他断定,中国的大多数农民有一种走社会主义道路的积极性。而中国共产党又是能够领导农民走上社会主义道路的。这是毛泽东关于农业合作化问题全部立论的基础,是把1亿1千万农户由个体经营改变为集体经营的主要根据。毛泽东的报告用了相当的篇幅从农业合作化与工业化相互关系的角度,论证加快发展农业合作化的必要性,而批评邓子恢等人采取了"特别迟缓的速度"。

他认为中国的商品粮食和工业原料的生产水平,在当时还是很低的,而国家对于这些物资的需要却是一年一年地增大,这是一个尖锐的矛盾。如果不能在大约3个5年计划的时期内基本上解决农业合作化的问题,即农业由使用畜力农具的小规模的经营跃进到使用机器的大规模的经营,包括由国家组织的使用机器的大规模的移民垦荒在内(3个5年计划期内,准备垦荒4亿亩至5亿亩),就不能解决年年增长的商品粮食和工业原料的需要同现时主要农作物一般产量很低之间的矛盾,社会主义工业化事业就会遇到绝大的困难,从而就不可能完成社会主义工业化。他还看到社会主义工业化的一个最重要的部门——重工业,它的拖拉机的生产,它的其他农业机器的生产,它的化学肥料的生产,它的供农业使用的现代运输工具的生产,它的供农业使用的煤油和电力的生产等等,所有这些,只有在农业已经形成了合作化的大规模经营的基础上才有使用的可能,或者才能大量地使用。我们现在不但正在进行关于社会制度方面的由私有制到公有制的革命,而且正在进行技术方面的由手工业生产到大规模现代化机器生产的革命,而这两种革命是结合在一起的。在农业方面,在我国的条件下(在资本主义国家内是使农业资本主义化),则必须先有合作化,然后才能使用大机器。由此可见,我们对于工业和农业、社会主义的工业化和社会主义的农业改造这样两件事,决不可以分割起来和互相孤立起来去看,决不可以只强调一方面,减弱另一方面。

他认为为了完成国家工业化和农业技术改造所需要的大量资金,其中有一个相当大的部分是要从农业方面积累起来的。这除了直接的农业税以外,就是发展为农民所需要的大量生活资料的轻工业的生产,拿这些东西去同农民的商品粮食和轻工业原料相交换,既满足了农民和国家两方面的物资需要,又为国家积累了资金。而轻工业的大规模的发展不但需要重工业的发展,也需要农业的发展。因为大规模的轻工业的发展,不是在小农经济的基础上所能实现的,它有待于大规模的农业,而在我国就是社会主义的合作化的农业。因为只有这种农业,才能够使农民有比较现在不知大到多少倍的购买力。

关于农业合作化的发展步骤,毛泽东提出,准备以十八年的时间完成合作化,即从中华人民共和国成立到第3个5年计划最后一年即1967年完成,而且采取逐步前进的办法。他对社会改革和技术改革的进程作出一个大致规划:在第一第二两个五年计划时期内,农村的改革以社会改革为主,技术改革为辅。第三个五年计划时期内,农村的改革将是社会改革和技术改革同时并进。"中国只有在社会经济制度方面彻底地完成社会主义改造,又在技术方面,在一切能够使用机器操作的部门和地方,统统使用机器操作,才能使社会经济面貌全部改观。"①同时,毛泽东已经看到,由于中国的经济条件,技术改革的时间比社会改革的时间会要长一些,他估计在全国范围内基本上完成农业方面的技术改革,大概需要四个至五个五年计划,即二十年至二十五年的时间。在生产上,毛泽东强调农业生产合作社必须比单干户和互助组增加农作物的产量。决不能老是等于单干户或互助组的产量,如果这样就失败了,何必要合作社呢? 更不能减低产量。毛泽东三番五次地提出,农业合作社必须增产,不能减产。在他的眼里,这是一个至关重要的问题,是农业合作化成败的关键。根据各地上报的情况,现有的 65 万个农业生产合作社 80%以上是增产的,这就给毛泽东以信心和勇气,大刀阔斧地推进合作化,这也是他用来说服和批评持不同意见的同志们的主要事实依据。

毛泽东关于农业合作化问题的报告,总结了几十年来中国共产党领导农业互助合作运动的基本经验,提出不少重要的有独创性的政策思想

---

① 中共中央文献研究室编:《毛泽东文集》第 6 卷,人民出版社 1999 年版,第431—438 页。

和理论观点。这个报告,对我国农业合作化的历史和基本指导方针的许多论述是正确的。其中关于工业和农业、社会主义工业化和农业合作化、社会革命和技术革命相互关系的论述,是非常精辟的;对于农业合作化发展步骤的规划,大体上也比较稳妥。但是,由于这个报告的基本指导思想是批判"右倾",把提出不同意见、主张在推进农业合作化的实际步骤和计划上更稳当一些的邓子恢等,说成是"站在资产阶级、富农或者具有资本主义自发倾向的富裕中农的立场"。这样一来,党内正常的意见分歧被归结为方针路线之争,认识上的不同看法变成阶级立场问题。在这样的政治气氛下,不同意见就很难再发表,关于用 18 年的时间完成农业合作化的进程,实行起来势必要打乱,关于合作化由互助组到初级社再到高级社这种逐步发展的步骤,也难以保证按部就班地去实施。

(五)农业合作化的高潮

从 1951 年冬毛泽东主持制定第一个农业互助合作决议,到 1956 年底完成合作化,用了 5 年时间。这 5 年大致可划分为两个阶段。从 1951 年底到 1955 年上半年为第一阶段,从 1955 年下半年到 1956 年底为第二阶段。在第一阶段,主要是发展互助组和初级社,总的说来,基本上是在稳步而健康的情况下发展的(尽管也出现过一些波澜),互助合作的优越性逐步显现出来,并且具有相当的吸引力,这在全国许多地方都有这种情况,对农业生产起了积极作用。

初级社是中国农民的创造。它的规模不大,一般为 20—30 户。从生产要素(土地、耕畜、农具、劳动力等)的合理配置来说,它大体上是适应当时生产力水平的,是适应农民的接受程度和干部的管理水平的,有利于生产力的解放和发展。初级社还保存着半私有制,这样既能发挥个体经营的积极性,又体现集体经济的优越性,形成一种比较合理的双重结合。可以设想,如果在初级社的基础上,随着生产力的逐步提高,经济的逐步发展,按照经济规律和群众觉悟程度,经过一个比较长的历史时期,坚持稳步发展、根据各地的不同情况有先有后地发展合作化的方针,而且不要搞得那么整齐划一,那么,后来中国农村的发展将会是另一种情况,而避免走上曲折的道路。但是到了 1955 年的下半年,形势骤然起了变化,合作社的发展迅猛异常,出现了全国的合作化高潮。毛泽东对当时的形势作过这样的描述："1955 年,在中国,正是社会主义和资本主义决胜负的一年。这一决战,是首先经过中国共产党中央召集的 5 月、7 月和 10 月三次会议表现出来的。1955 年上半年是那样的乌烟瘴气,阴霾满天。1955 年下半年却完全变了样,成了另外一种气候,几千万户的农民群众行动起来,响应党中央的号召,实行合作化。"①到 1956 年 1 月底,入社的农户已占总农户的 80%。短短几个月,就达到并超过毛泽东所提出的基本完成合作化的指标。当时,毛泽东曾指出:有些同志脑子发热,报上不要再发表合作化的数字,要强调质量第一。因此,报上没有公布这个数字。到 3 月底,入社农户的比例已达将近 90%。4 月底,中央批准按照 3 月底的数字发布新闻,宣布"全国基本实现农业合作化"。到 1956 年底,全国有 96% 的农户入了社,加入高级社的农户高达 87%。原先计划 18 年完成的目标,提前了 11 年。在中国农业合作化的这个阶段,步子走得过快了。

农业合作化的过快发展和表面上的巨大胜利,助长了毛泽东对个人意志的过分自信,更加深信自己的主张总是正确的,而且是能够立即见效的。当然,这不是说,合作化高潮纯粹是个人意志的产物。这是不可能的。它的产生还有深刻的社会基础。长期处于贫困状态的中国人民,在革命胜利和建立新国家后,普遍急于摆脱原来的贫困落后状态。中国汪洋大海般的、势单力薄而又规模狭小的小农经济,在生产上确有发展互助合作的需要。但是,问题出在没有充分估量甚至不顾客观实际的条件和农民群众的觉悟程度,过急地人为地加速了合作化"高潮"的到来。

从农业合作化的加速进程中,人们看到这样一种情形:毛泽东作为享有崇高威望、深受全党和全国人民爱戴和信赖的领袖,曾经一次又一次地带领人民取得难以想象的胜利,当他提出一个主张并雷厉风行地加以推行的时候,各级干部总是闻风而动,积极贯彻实行,唯恐落在别人后头。这样,往往在相互攀比中又提出一些超过毛泽东预计的情况和规定的指标。这些反映到毛泽东那里,他十分兴奋,又进一步提出新的要求和更高的指标。如此互相影响,循环往复,使得原来提出的比较符合实

---

① 中共中央办公厅编:《中国农村的社会主义高潮》中册,人民出版社 1956 年版,第 729—730 页。

际的要求,变得逐渐并越来越离开了实际。毛泽东急于从初级社向高级社过渡,急于将小社合并为大社,还有一个重要原因,就是他更多地着眼于发挥集体经营的长处和优势力量,而对于农民个体经营(或称家庭经营)的积极性及其生命力和潜在的活力,严重估计不足,往往对它忽略,甚至把它看作是资本主义自发倾向。生产关系必须适合生产力的发展水平。在手工劳动的条件下,农民个体经营的积极性对于农业生产来说,具有十分重要的作用,这已为中国农业发展的历程所证明。毛泽东急于并社升级的另一个重要原因是:作为一个农家子弟出身而长期领导农民革命斗争的无产阶级革命家毛泽东,他的心和他的感情,总是同广大贫苦农民息息相通、紧密相连。他认为大社、高级社利于提高生产力,能够更好地为广大贫苦农民的生产和生活提供有力保障。

尽管存在种种问题,从中华人民共和国成立到1956年农业合作化基本完成,总的说来,中国农村确实发生了翻天覆地的变化,完成了两次历史性社会变革。不仅实现了"耕者有其田"的民主主义革命目标,而且完成了对于分散落后的农民个体经济的社会主义改造。在这场广大而深刻的社会主义改造运动中,没有引起社会震荡,没有出现毛泽东所担心的牲口大批死亡和粮食减产的情况,相反,粮食连年增产。在集体经济的基础上,办了许多单家独户的个体农民根本办不了的事情,在抗御自然灾害中显示出力量,特别是在全国普遍开展规模不等的农田水利基本建设,为以后农业的发展提供了长期发挥效益的重要物质条件,为实行机械耕作、机械排灌和科学种田创造了有利条件。这些都是有着深远影响的。

(六)农业合作化的意义

由于中国共产党认真执行和坚持积极引导、稳步前进、自愿互利的原则,总的说来,改造是成功的。没有选择照搬苏联"先机械化后合作化"的观点,而是创造性地提出"先合作化后机械化"。认为农业生产即使在手工劳动的条件下,依靠协作的力量也是可以在一定时期内推动农业生产发展的。中国的农业合作化采取了有计划的、逐步的、一个阶段接一个阶段的发展道路,而不是苏联那种突然的、混乱的形式。毛泽东主张将农业合作化分为三步:第一步为互助组,即劳动力入股,但农民个人保持土地和其他生产要素的所有权;然后是低级农业生产合作社,即生产性财产由集体控制,但每个农民根据他拿出的土地、工具和牲畜的多少分红;最后是高级农业生产合作社,即取消分红,严格地按劳取酬。

采取了限制而不是消灭富农的政策,与苏联驱逐和杀害富农的做法不同,在中国,富农虽然经济地位被不同的方式所削弱,并被用作政治动员其他阶层的斗争目标,但在合作化运动的最后阶段,他们还是被获准加入了农业生产合作社。这样,虽然富农仍是阶级斗争的对象,但由于他们所受待遇相对温和,因而避免了重蹈苏联所出现的混乱和对经济资源的破坏的覆辙。还避免了斯大林强调抽调剩余农产品去支持工业化的做法,而是注重在发展重工业的前提下,努力提高农民的生活水平。中国的第一个五年计划虽然也是严重地依靠农业对工业的支持,但党中央和毛泽东清醒地认识到,中国农村可以抽调的剩余农产品远远少于俄国的农村。因此,在整个"一五"计划中,党中央的政策同样着眼于增加农业产量,这样既满足了国家工业发展计划的需要,又相对提高了农民的生活水平。

由于党中央和毛泽东对农民生活水平的关心,有效地减少了合作化运动中所受的抵制并争取到更多的支持。正是由于毛泽东坚持实事求是的原则,在坚持马克思主义经典理论的前提下,根据中国国情,制定了切实可行的农业合作化政策,将农民的个体私有经济改造成了公有制经济,避免了农村的两极分化。有利于农民共同富裕,有利于农业现代化,进一步巩固了工农联盟,为其他两大改造创造了条件。促进了生产力的发展,支援了国家工业化建设,为建立社会主义集体经济作出了积极贡献,在实践中对马克思主义合作化理论进行了创新和发展。

第六章
炮击金门，武力威慑台湾

　　炮击金门是毛泽东围绕台湾问题的一次重大决策，蕴含着复杂的历史原因和深层的战略考虑。美国对台湾的武装控制是这场战争爆发的最直接原因。"二战"结束以后，台湾不仅在法律上而且在事实上已经归还中国。然而在国民党撤到台湾后，加之美国等西方反华势力的插手，使台湾再次与祖国大陆分离。1950年6月，朝鲜战争爆发，美国将第七舰队驶入台湾海峡，阻止中国人民解放台湾。1954年12月，美台签订了《共同防御条约》，1955年3月条约生效。在美国的支持下，台湾当局发出"反攻大陆"的声音，使原本属于中国内政的问题变得复杂化。1958年7月15日，美国海军陆战队在黎巴嫩首都贝鲁特附近登陆，开始武装干涉黎巴嫩和伊拉克内政，中东燃起战火。在远东，美国则重申不承认新中国，国际形势骤然紧张起来。在这一背景下，毛泽东决定炮击金门，以牵动全球战略格局，震慑美蒋顽固势力。

一、台湾问题"国际化"

(一)努力实现祖国统一

　　解放台湾,一直是毛泽东的一个夙愿,也是全中国人民的强烈愿望。当解放战争的时钟转到1948年与1949年之交的时候,毛泽东就开始把他的注意力放在了这个地方。1949年4月21日,当南京政府拒绝在和平协议上签字之后,毛泽东亲自起草了向全国进军的命令。随着渡江战役的胜利展开,中国人民解放军横扫企图盘踞中国南部的国民党残余势力。然而,由于当时解放军既没有空军也没有海军,因而对国民党控制的沿海诸岛一时还鞭长莫及,但中国共产党要完成统一中国的大业,就不能不考虑解放台湾的问题。

　　1949年7月10日,毛泽东写信给主持军委工作的周恩来时指出:必须准备攻台湾的条件,除陆军外,主要靠内应及空军,二者有一,即可成功,二者俱全,则把握更大。随后,开始组建空军。从8月份起,第三野战军开始扫清解放台湾外围屏障的作战,先后发起福州战役、漳州战役和金门战役。10月,金门战役失利,人民解放军3个团9000余人全军覆没。这一惨痛的教训一直刻在毛泽东的心头,也一直刻在全中国人民的心头。为了早日发起解放台湾的战役,毛泽东和中央军委决定第四野战军渡海兵团首先攻取海南岛,第三野战军第7、9兵团加紧攻占舟山群岛,第10兵团攻占金门,最终以第三野战军主力解放台湾。针对台湾防御力量的变化,军委决定攻台部队第一梯队的兵力由原来4个军增至6个军,总兵力达到16个军以上。

　　新中国成立之初,毛泽东就决定由粟裕负责解放台湾的筹划准备工作。1949年12月,毛泽东第一次到苏联访问。在见到斯大林的当天,毛泽东就委婉地向斯大林提出:国民党的支持者在台湾建立了一个海空军基地,人民解放军由于海军和空军的缺乏,使我们占领这个岛屿更加困难。考虑到这种情况,我们的一些将领一直在提议,请苏联援助,如可以派志愿飞行员或秘密军事特遣舰队协助夺取台湾。对中共领导人提出的援助请求,斯大林没有一口回绝,而是含糊其辞地表示,这样的援助不是没有可能的,本来是应当考虑这样做的,问题是不能给美国一个干涉的借口。如果是指挥人员或军事教员,我们随时都可以派给你们,而其他的形式还需要考虑。然而,这一战略问题却由于朝鲜战争的爆发而不得不中止。

（二）朝鲜也要统一

1950 年 1 月 17 日,金日成在为北朝鲜驻中国大使赴任举行的午餐会上,对苏联驻朝鲜顾问说:目前中国正在完成他的解放事业,下一个问题就是如何帮助我们完成统一朝鲜的问题了。他宣称毛泽东已经保证过,当中国统一完成之后,朝鲜统一就是最迫切的任务。中共将支持他完成这一任务。斯大林也曾经亲口答应他,一旦南朝鲜发动进攻,苏联可以进行反攻。可是南朝鲜没有发动进攻,朝鲜的统一问题就这样拖延下来了。金日成明确要求再次会晤斯大林,以便说明局势。斯大林在得知金日成这一请求后,于 1950 年 1 月底开始倾向于接受金日成的援助要求了。但斯大林没有向毛泽东透露半个字。3 月 30 日,金日成等人秘密访问了莫斯科。斯大林在这次会见中第一次对金日成的统一计划表示了肯定的态度,并称:如果说他在一年以前认为金日成的这个计划行不通的话,那么今天这样的计划就是可行的了。他最后没有忘记提醒金日成,他的计划必须通报给毛泽东,如果毛泽东也同意的话,他不会有反对意见。斯大林之所以始终向毛泽东封锁消息,直到最后才要求金日成征求毛泽东的同意,很大程度上是考虑到中共中央早就提出了请苏联帮助解放台湾的要求,毛泽东又亲自向斯大林本人提出请求,斯大林很难摆平毛泽东与金日成的关系。与其从一开始就向毛泽东去解释这样做的必要性,与毛泽东争论孰轻孰重,倒不如造成一个既成事实,使毛泽东无话可说。于是,5 月 13 日,金日成出现在北京中南海的怀仁堂。在当晚的会谈中,金日成首先通报了他与斯大林会谈的结果。

毛泽东早就想到金日成会有一个统一的计划,但他还是对金日成通报的情况深感意外。因为在斯大林已经明确表示同意中国进行解放台湾的军事准备,解放军进攻台湾的各项先期工作也已经按部就班地迅速展开的情况下,毛泽东怎么也想不到斯大林会突然间转而赞成首先统一朝鲜。于是毛泽东很委婉地对金日成表示:你们的大使已经几次来同我们谈过这个问题，我都告诉他现在还不可以。金日成则解释说，苏联已经帮我们做了许多准备，斯大林也同意了，只要中国同意，我们不要任何帮助。不得已，毛泽东告诉金日成，这是一个很重要的问题，他需要请苏联大使立即向斯大林核实一下。毛泽东随后中止了会谈，紧急约见苏联驻华大使罗申，要求立即给斯大林发电证实金日成的说法。

鉴于斯大林已经明确表态，毛泽东自然无法持反对态度。但他对苏联大使说，他已经注意到朝鲜半岛的情况，他完全同意朝鲜同志的估计，即由于美国势力逐渐退出南朝鲜，朝鲜的局势已经发生了很大的改变。不过他认为恐怕有必要像中苏条约那样，在中国和朝鲜之间迅速签订一个友好互助同盟条约。毛泽东显然对金日成的计划可能带来的后果有些担心，因而想到中国需要为直接援助北朝鲜做好准备。这也正是大战略家毛泽东的远见卓识之处。5月15日，毛泽东再度与金日成等会谈。他告诉金日成，原来他考虑的是应当首先解放台湾，在此之后再解决朝鲜问题，那样中国将会更充分地援助北朝鲜。但既然统一朝鲜的问题已经得到莫斯科的认可，他也同意首先统一朝鲜。但毛泽东还提出：帝国主义的事，我们做不了主，我们不是他们的参谋长，不能知道他们心里想的是什么。不过准备一下总是必要的。我们打算在鸭绿江边摆上3个军，帝国主义如果不干涉，没有妨碍；帝国主义如果干涉，不过"三八线"，我们也不管；如果过了"三八线"，我们一定打过去。因为就在金日成访苏之前不久，中国共产党和军队的领导人还特别就武力统一台湾的一些具体作战设想与苏联军事当局进行深入的讨论。而由于这时空军和海军的装备正在陆续到达，进攻台湾的技术条件问题正在通过各方面的努力而逐渐得到解决，中共中央已经有了依靠自己的力量夺取台湾的信心，并初步考虑在1951年条件基本具备后，选择适当时机实施作战行动。毛泽东无论如何没有想到朝鲜战争会排在了他解放台湾行动的前面，他最担心的显然是一旦朝鲜战争爆发，无论胜败与否，美国政府都可能会改变对台湾的政策，从而使自己解放台湾的计划面临巨大的困难。

（三）美国的公开介入

1950年6月25日，朝鲜战争爆发。当天晚上杜鲁门召开了紧急会议。国防部长约翰逊第一个发言，大谈台湾的战略地位如何。参谋长联席会议主席布莱雷德宣读了麦克阿瑟的"保台意见书"。艾奇逊当即建议出兵台湾:应当命令第七舰队进入福摩萨(指台湾),以防止战争扩大到该地区。我们应当发表一项声明:第七舰队将阻止对福摩萨的任何进攻,而福摩萨也不得进攻大陆。杜鲁门当即同意了艾奇逊的建议,并指示第七舰队未到达指定地区以前,暂不要发表任何声明。毛泽东焦虑地关注着国际上,特别是美国的反应。两天之后,一个最让毛泽东担心的局面随之出现了。6月27日,杜鲁门发表声明,公开宣布武装侵入朝鲜,干涉朝鲜内政,并命令其海军第7舰队侵入台湾海峡,霸占中国领土台湾。从这天起,美国海军第七舰队10余艘军舰占领台湾基隆、高雄两港口,并在台湾海峡进行"侦察巡逻"和作战演习。8月4日,美国空军第13联队一批飞机进占台北空军基地。同时,美国驻远东军总部还设立了名为"驻台考察团"的指挥机构,统一指挥其侵台的海、空军。

对于美国政府武装干涉中国主权的行径,中国政府和人民表示了极大愤慨。8月28日,外交部长周恩来发表了驳斥杜鲁门的声明:杜鲁门27日的声明和美国海军的行动乃是对于中国领土的武装侵略,是对于联合国宪章的彻底破坏。他代表中国政府宣布:不管美帝国主义采取任何阻挠行动,台湾属于中国的事实永远不能改变。声明号召全世界一切爱好和平、自由、正义的人们,尤其是东方各被压迫民族和人民一致奋起制止美国对东方的侵略。然而对中国政府的抗议,美国却置之不理,继续加强对台湾国民党的军事援助。7月底,杜鲁门命令美国驻远东军司令麦克阿瑟到台湾,同蒋介石商讨"军援"的具体步骤。会议决定组成联合部队,归麦克阿瑟统一指挥,美国除第七舰队外,增加第13航空队控制台湾;美蒋成立"军事联络办事处",美军可自由使用台湾空军基地;台湾国民党军队武器装备和一切作战物资均由美国供给。

在毛泽东看来,美国的这些行动显然无异于救了国民党的命。然而台湾决不能从大陆分离出去,这是毛泽东时时刻刻都在考虑的问题。可是,眼下最为紧要的是如何帮助朝鲜一把,确保这个有效战略屏障的安全,毛泽东和中共中央反复考虑后,毅然做出了出兵朝鲜抗美援朝的重大决策。也恰恰就在这个时候,美国的对台政策发生了很大的变化。这就是由原来所谓的不介入变为直接介入。美国一面鼓吹"台湾地位未定论",一面做出长久武装国民党军队阻止中国政府解放台湾的决定。9月10日,美国负责远东事务的助理国务卿腊斯克宣布美国的新远东政策,正式放弃"弃台"政策,代之以武力保台的新方针。11月,美台签订了"秘密军事协定"。根据这一协定,1951年5月1日,美国驻台军事援助顾问团在台北设立。由于美国的侵入,海峡两岸的关系变得复杂起来。

朝鲜战争停战以后,美国将其远东政策的着眼点放在对付亚洲共产主义对美国安全利益的威胁上,加紧在亚洲策划与制造一系列旨在遏制、孤立中国的"集体安全防御"条约,已在西太平洋地区对中国大陆构成一道半月形防线和包围圈,而台湾自然是这道防线上重要的战略据点。1954年夏季,围绕《共同防御条约》问题,美台双方进行了一系列的磋商。虽然美台之间也有分歧,但是要把台湾固守起来,反对共产党,这一点却是一致的。

二、运筹帷幄,决策千里

(一)中美大使级谈判

美台《共同防御条约》的签订,显露出了美国长期霸占台湾的企图,也引起国际社会的普遍关注,希望中美两国能够坐下来谈判以缓和台湾海峡紧张局势的呼声越来越强烈。1955年4月23日,周恩来总理在万隆亚非会议期间郑重宣布:中国人民同美国人民是友好的。中国人民不要同美国打仗。中国政府愿意同美国政府坐下来谈判,讨论缓和远东紧张局势的问题,特别是缓和台湾地区的紧张局势问题。这个声明,在全世界引起强烈反响,受到广泛欢迎,使中国赢得了主动。4月27日,毛泽东在北京会见巴基斯坦驻华大使苏尔丹乌丁·阿哈默德时,也表达了中国愿意同一切国家包括美国在内和平共处,愿意同美国人坐下来谈判的意愿。美国一直拒绝承认中国政府,也始终拒绝同中国进行外交谈判。但在国际舆论的压力下,也不得不做出某种表示。4月26日,美国国务卿杜勒斯发表声明,表示不排除同中国进行双边谈判。7月13日,美国通过英国向中国政府转达以下口信:中美双方各派一名大使级代表,在日内瓦举行会谈。

中美大使级会谈的举行,是由国际上各种复杂因素促成的,也是1954年以来东南沿海斗争的一个成果。1955年8月1日,中美大使级会谈在日内瓦正式开始,起初进行得比较顺利。到9月10日,在第14次会谈中就两国平民返回本国的问题达成协议,发表了有关协议的声明。一时间国际舆论普遍关注中美会谈,负责会谈的两国大使也成了新闻记者追逐的对象。然而,人们不久就看出,这将是一次"马拉松"式的、很难有什么结果的会谈。根本原因就是美国当局除遣返国民问题外,并不想就其他实质性问题(包括台湾问题在内)展开认真的讨论,有意进行拖延。它的真实意图,是想把台湾海峡两岸分裂的状况在事实上永久固定下来。1956年1月,中国政府公布日内瓦会谈情况,并通过印度向美国表示,如果再不解决问题,中国将另作打算。为了打破僵局,同年8月,中国政府还宣布一项重大决定:取消不让美国记者进入中国的禁令,并向美国15家新闻机构发出邀请,请它们派记者来华作一个月的访问。这个突如其来的决定,出乎美国的意料,使美国政府很被动。一些美国记者评论说,中国领导人成功地让美国新闻界反对美国国务院。① 美国采用拖延的办法不成,又变换手段。1957年12月12日,在第73次中美大使级会谈中,美方代表、驻捷克斯洛伐克大使约翰逊通知中方说,他已经调任驻泰国大使,美国政府已经委任他的副手马丁参赞为美方代表。这是美国设置的一个障碍,想通过单方面降低中美大使级会谈的级别,使会谈陷于停顿。在多方挽回无效的情况下,中国外交部在1958年4月12日发表声明,公布了大使级会谈长期陷于停顿的经过。

从讨价还价到借故拖延,再到中断会谈,暴露出美国政府根本无意通过谈判解决台湾问题,而想把"一中一台"或"两个中国"模式固定化、合法化的企图。美国在拖延会谈的同时,正逐步扩大对台湾的卷入程度。1955年3月3日美台《共同防御条约》生效以后,美国加强在台湾的军事指挥系统,派出美军协防台湾司令,美军驻台军事顾问团扩大到2600人,美空军第13特种航空队进驻台湾。1957年5月,美军公开宣布在台湾部署了可携带核弹头的斗牛士导弹和电导导弹,增强了国民党当局的防卫和进攻能力。从此台湾当局叫嚷反攻大陆的气焰更加嚣张。尽管美台《共同防御条约》中有限制台湾当局反攻大陆的条款,但是从1957年起,美国对国民党当局向中国大陆和沿海的骚扰破坏持纵容态

---

① 王炳南:《中美会谈九年回顾》,世界知识出版社1985年版,第64页。

度,台湾海峡局势因此变得重新紧张起来。在美国对华政策的鼓励下,国民党军的飞机深入大陆内地达到云南、贵州、四川、青海等地,空投特务,散发传单,甚至出动飞机到福建沿海轰炸。蒋介石还在金门、马祖一线增加兵力,到1958年夏季,金门、马祖的国民党军达到10万人,占其地面部队总数的1/3。

面对这样一种形势,毛泽东不能不适当调整对美政策,从争取和平到加强对美斗争。1958年6月16日,毛泽东在中南海召开会议讨论外交问题。他说和美国可以有所接触。但事实上美国也不一定愿意接触,同美国闹成僵局20年,对我们有利。一定要美国梳妆打扮后送上门来,他们对中国感到出乎意外。毛泽东决定对美斗争采取针锋相对,以文对文,以武对武,先礼后兵的做法。1958年6月30日,中国政府发表《关于中美大使级会谈的声明》。在这之前,中方曾在1月14日和3月26日再次催促美国政府派大使级代表恢复会谈。美国都不理睬,却故作姿态,似乎中美大使级会谈中断的责任是在中国方面。这种情况迫使中国政府不能不发表一个"最后通牒"式的声明。《声明》提出,中国政府要求美国政府在从今天起的15日以内派出大使级代表,恢复会谈。否则,中国政府就不能不认为美国已经决心破裂中美大使级会谈。美国不能无视中国政府这个声明,但又不愿认真对待。6月30日,先由国务院新闻发布官怀特发表谈话。第二天又由杜勒斯亲自出面,就中国政府声明发表谈话。他宣布如果中国同意改变会谈地点,美国将指派它的驻波兰大使参加会谈。但他又说,美国不会向中国限期指派大使级代表恢复会谈的"最后通牒"低头。这种妄自尊大自相矛盾的态度,使美国政府又一次错过了缓和台湾海峡紧张局势的机会。

中国政府要求美国派出大使级代表、恢复会谈的15天期限到了,却没有得到美国政府的正式答复。美国一直拖到7月28日,才将派驻波兰大使参加中美会谈的决定,通过它的驻英使馆正式通知中方代表王炳南。这时离中国政府声明规定的期限已经过了12天。同时,7月15日发生了美国海军陆战队在黎巴嫩首都贝鲁特附近登陆的事件。1958年7月14日伊拉克爆发革命,第二天美国就以此为借口对黎巴嫩进行武装干涉,同时宣布在远东的陆海空军进入戒备状态。美国的行径成为众矢之的,在世界舆论中激起一片反对声。中东事件虽然引起台湾海峡局势的进一步紧张,但是这一事件毕竟分散了美国的注意力,降低了它对台湾海峡的反应能力。而蒋介石却想趁火打劫，伺机扩大事态，在7月17日宣布国民党军处于特别戒备状态。① 同时加紧军事演习和空中侦察，摆出反攻大陆的姿态。8月6日，台湾当局宣布，台、澎、金、马进入紧急备战状态，台湾海峡的紧张局势大有一触即发之势。

（二）准备出击，节外生枝

毛泽东抓住这个时机，果断地作出炮击金门的决策。中东事件发生后，毛泽东从7月15日到18日连续4个下午召集会议，分析情况，研究对策。在认真分析中东事件和国际动向的基础上，中共中央正式作出炮击金门的决定。7月18日晚，毛泽东召集军事部门各有关单位负责人，对炮击金门作出明确指示：金门炮战，意在击美。支援阿拉伯人民的反侵略斗争，不能仅限于道义上的，还要有实际行动的支援。他认为金门、马祖是中国领土，打金门、马祖，惩罚国民党军，是中国的内政，敌人找不到借口，但对美帝国主义有牵制作用。他设想以地面炮兵实施主要打击，准备打两三个月；以两个空军师于炮击的同时或者稍后，转场南下，分别进驻汕头、连城。当天晚上，中央军委召开会议，对炮击金门作战作出了战略部署。7月20日，毛泽东召开中央政治局扩大会议，讨论目前国际国内形势和我军军事准备问题。

经中央军委批准，组成以叶飞为首的福州军区前线指挥所，还分别组成以福州军区空军司令员聂凤智为首的空军前线指挥所和以东海舰队副司令员彭德清为首的舰队前方指挥所。7月19日，叶飞一行赶到厦门，指挥部署炮击金门的作战行动。尽管福建连降罕见的暴雨，一部分公路桥梁被冲垮，部队集结遇到极大困难，但是炮击金门的准备工作，仍在有条不紊地进行。根据毛泽东的指示，彭德怀要求空军在7月27日进入福建。随后，空军完成紧急战斗转场，进入福建前线与国民党空军作战，夺取了福建上空的制空权；海军舰队和炮兵增援部队也陆续到达指定位置。但原定于7月25日开始的炮击却因毛泽东改变主意被推迟了，以后又几经变动。原来，毛泽东是在精心捕捉最佳战机。7月27日

① 军事科学院军事历史部：《中国人民解放军的七十年》，军事科学出版社1997年版，第480页。

上午,他写信给彭德怀、黄克诚,说:"睡不着觉,想了一下。打金门停止若干天似较适宜。目前不打,看一看形势。""中东解决,要有时间,我们是有时间的,何必急呢?暂时不打,总有打之一日。彼方如攻漳、汕、福州、杭州,那就最妙了。这个主意,你看如何?找几个同志议一议如何?政治挂帅,反复推敲,极为有益。一鼓作气,往往想得不周,我就往往如此,有时难免失算。你意如何?如彼来攻,等几天,考虑明白,再作攻击。以上种种,是不是算得运筹帷幄之中,制敌千里之外,我战则克,较有把握呢?不打无把握之仗这个原则,必须坚持。如你同意,将此信电告叶飞,过细考虑一下,以其意见见告。"①

叶飞与张翼翔、刘培善商议,觉得各项准备工作比较紧张,加上福建沿海受台风袭击,大小桥梁数十座被冲毁;部队疲劳过度,疾病丛生;特别是空军进入福建前线的转场尚未完成,海军入闽尚在调动中,当即复电认为推迟炮击较有把握。这样又得到延长一个月的准备时间,完成了地面炮火的集结和展开,以及对金门炮击的所有目标进行测量并一一标在图上;空军完成了紧急的战斗转场,海军舰艇和岸炮部队完成了入闽部署;制定了炮兵、空军、海军协同作战方案。还对部队进行形势任务和斗争方针政策教育。

其实还有一股外部势力的介入,使毛泽东推迟了决定。促使毛泽东推迟炮击金门,有各种因素。其中一个因素,是"长波电台"和"共同核潜艇舰队"的事件。毛泽东和其他中共领导人不能不分出精力,来处理中苏关系中的这一重大事件。苏联在中国沿海建立"长波电台"和中苏两国建立"共同核潜艇舰队"的要求,是 7 月 21 日苏联驻华大使尤金在中南海游泳池向毛泽东提出的,当即遭到毛泽东的拒绝。毛泽东把这个事件看作是苏联企图控制中国的一个严重步骤。22 日毛泽东约见尤金,历数苏联对待中国的老子党作风和大国作风。毛泽东的态度使赫鲁晓夫感到了问题严重性,立即动身,秘密来华向毛泽东解释。从 7 月 31 日到 8 月 3 日,毛泽东和赫鲁晓夫举行了 4 次会谈,最后以赫鲁晓夫收回要求而告平息。毛泽东在和赫鲁晓夫会谈期间,只字未提炮击金门的计划。

---

① 中共中央文献研究室编:《建国以来毛泽东文稿》第七册,中央文献出版社 1987 年版,第 149 页。

不过,赫鲁晓夫秘密访华,引起美国种种猜测。8月3日《毛泽东和赫鲁晓夫会谈公报》公布后,外电议论纷纷。美国当局注意到,中苏两国国防部长参加了这次首脑会谈。也注意到《公报》里有这样一段话:"双方就目前国际形势下两国所面临的在亚洲方面和欧洲方面的一系列重大问题充分地交换了意见,并且对于反对侵略和维护和平所应采取的措施达成了完全一致的协议。"①

一年后,毛泽东同赫鲁晓夫会见的时候,谈到了这个问题。毛泽东说,美国人没有多大本领,他们以为我们在炮打金门问题上达成了协议。其实,那时我们双方并没有谈这个问题。当时所以没有跟你们谈,是因为我们有这种想法,但是还没有最后决定。我们没有想到打炮会引起这么大的风波,只是想打一下,没曾想他们调动这么多的兵舰。你们走了以后,我们在8月中旬才决定打。因为8月20、21日联合国要通过美国扩军的决议,所以,我们8月21日没打,23日才打。美国人在黎巴嫩总是受到全世界人民的反对,生怕别人打他。美国人没有立刻弄清楚我们的目的,以为我们要打台湾,就把他们的军队从地中海、太平洋、西太平洋、日本、菲律宾调来。等到地中海舰队开到新加坡的时候,一看没什么事情啦,就在新加坡停下来啦,引起了印尼的恐慌。我们一骂,他们就退回到菲律宾去了,住了两个礼拜。可以看得出来,美国人这次部署很慌很乱。

在这样的背景之下,美国决定采取"战争边缘"政策,企图用恐吓的办法迫使中国政府改变炮击金门的决心。8月10日,关于伊拉克新政权,杜勒斯发表措词严厉的声明,表示"要不遗余力地促使这一短暂政权的完结"。美国国务院还向驻外使团发出《关于不承认共产党政府的备忘录》,并提出要警惕苏中联盟的危险性。8月8日和22日,美国国务院两次召开会议研究台湾海峡局势,作出三项决定:一、增派航空母舰和战斗机,向台湾提供登陆艇、响尾蛇导弹、火炮和军需。这是"武"的一手。二、通过杜勒斯复函美国众议院外委会主席摩根,向中国施压。这是"文"的一手。三、授权驻台大使对美台《共同防御条约》的换文加以"澄清",如中国大举进攻外岛,可以进行报复,但小型攻击不在其列。② 然

---

① 《人民日报》1958年8月4日。

② 转引自林正义:《一九五八年台海危机期间美国对华政策》,(台湾)商务印书馆1985年版,第56—58页。

而，外交恐吓也好，"战争边缘"政策也罢，都不可能动摇毛泽东发起炮击金门的决心。

经过多年准备，大规模炮击金门的条件已经具备。早在半年以前，1957年12月28日，由铁道兵承建的鹰（潭）厦（门）铁路正式通车，极大地提高了福建前线的国防运输能力。与此同时，毛泽东提出空军入闽的问题，于12月18日作出了批示：请考虑我空军1958年进入福建的问题。1958年7月24日，中央军委命令组建福州军区空军司令部。7月下旬，尽管连降暴雨，空军部队仍然顺利完成了入闽转场任务。国民党军得到情报，立即派飞机频繁骚扰，企图趁我空军立足未稳，先发制人。人民空军果断迎击，在7月29日到8月14日击落击伤美制国民党军飞机9架，取得了福建沿海地区的制空权。新中国成立以来，福建前线的后勤运输保障和制空权，一直是影响沿海岛屿作战和解放台湾的两大难题。如今得到相当程度的解决，为大规模炮击金门创造了条件。正当毛泽东集中精力思考台湾海峡的军事斗争问题时，福建前线炮兵在毛泽东"不打无把握之战"战略思想指导下，于8月上旬完成了集结和展开，全部进入阵地。整个炮兵阵地呈半弧状，从角尾到厦门、大嶝、小嶝，到泉州湾的围头，长达30多公里，大金门、小金门及其所有港口、海面都处在解放军的远程炮火射程之内。当时调入福建前线参战的陆海空部队，共有459门大炮、80多艘舰艇和200多架飞机。一切作战准备就绪，只等毛泽东一声令下，便可进行炮击。

8月17日，毛泽东在中共中央北戴河会议上作出炮击金门的最后决定。"直接对蒋，间接对美"八个字，就是这次炮击金门的指导方针。毛泽东并不想由炮击金门引发中美之战，也尽量避免与美国人直接交锋。毛泽东认为，整金门是在整家法，这是中国国内的事。当然，整台湾也是整家法，不过，那个地方有美国兵，那我们还是暂时不去。8月20日，叶飞接到中央军委电话，要求他立即飞往北戴河。21日下午叶飞来到毛泽东的住处，详细汇报了炮击金门的准备情况、炮兵的数量和部署，和实施突然袭击的打法。叶飞后来回忆道：

> 21日下午3点钟，毛主席找我去他的住处，我知道这是要我去接受命令了。一见到主席，我先汇报了炮击的准备情况。彭老总、林彪参加了，少奇、总理没有在，总参作战部部长王尚

荣也在。地图是摊在地毯上的。主席听我汇报时,精力非常集中。汇报完了,他别的没有说,突然提出这么一个问题:你们用这么多的炮打,会不会把美国人打死啊?那个时候,国民党军中的美国顾问一直配备到营一级。我说:那是打得到的。听我这样一说,主席又考虑了十多分钟没有说话。后来又问:能不能避免不打到美国人?我说:避免不了。主席听后,再也不问其他问题,也不给我指示,就宣布休息。这是主席要进一步考虑问题。第二天继续开会。这个时候,主席下决心了,说:那好,照计划打。并要我在北戴河指挥。①

三、炮击金门

(一)直接对蒋,间接对美

1957年8月23日17时30分,在毛泽东直接指挥下,举世瞩目的炮击金门作战终于发起。随着一串串红色信号弹的升起,福建前线36个地面炮兵营及6个海军海岸炮兵连的450余门大炮一齐开火。霎时间炮声隆隆,惊天动地,成串成群的炮弹怒吼着倾泻在金门国民党军阵地上,直打得蒋军鬼哭狼嚎,血肉横飞。经过两个多小时暴风骤雨般的轰击,共毙伤国民党军金门防卫部副司令长官赵家骧中将等以下官兵600多人,摧毁其大批军事设施。第二天,福建前线部队又组织陆、海军炮兵及海军舰艇,对金门国民党军实施第二次大规模联合打击,取得击沉击伤其大型运输舰各一艘等重大胜利。在8月23日、24日的大规模炮击作战中,金门守军被解放军炮兵打得难以招架,频频向台湾当局呼救,请求派空军轰炸大陆炮兵阵地。但由于毛泽东对此早有安排,预先派遣解放军空军、海军航空兵部队500多架战鹰入闽,并在炮击作战发起前狠狠地教训了国民党空军,夺取了福建前线制空权,因而蒋军飞机压根就不敢入大陆轰炸。直至8月25日停止炮击时,才硬着头皮出动48架

---

① 《访问叶飞谈话记录》(1984年7月22日),转引自《毛泽东传》第21章,第67页。

F—86 型战斗机窜入偷袭,其结果是损 2 架,惨败而归。8 月 26 日,彭德怀根据毛泽东等领导人的指示,向福建前线部队发出了封锁金门的作战命令:以火力割断大、小金门和大担、二担等岛屿间联系,使其不能互相支援;以炮兵打击在金门机场起降的运输机;海军加强对国民党军中、小型舰艇的打击;航空兵的任务是,坚决打击进入大陆上空的国民党军飞机,但不要越出公海线上空作战。据此,人民解放军空、海军航空兵部队与地面炮兵、海军舰艇等有关部队密切配合,从地面、海上和空中加强了对金门的封锁。在毛泽东直接指挥下,一度切断了金门与台湾的联系,使金门几乎成为一座孤岛。

金门告急,台湾当局惊慌失措,美国政府也慌了手脚。美国总统艾森豪威尔一连几天寝食难安。由于摸不清毛泽东此举的意图而作出了错误判断。他从解放军空军入闽,在空战中已击败蒋介石空军,夺取福建前线上空制空权;解放军海军入闽,已基本控制了福建沿海制海权;大批炮兵及坦克部队调入福建,鹰厦铁路已经修通,福建前线包括汕头等地已修建了大批空军作战基地等种种迹象判断,毛泽东策划这次大规模炮击金门的行动,决不只是要解放金门、马祖,而是要大举渡海解放台湾的前奏。为了保住台湾这艘不沉的航空母舰,艾森豪威尔下令将在地中海的第六舰队一半舰只调到台湾海峡,与第七舰队会合,并从驻日本、菲律宾基地和本土调兵遣将,以加强台湾海峡美军力量。就这样,毛泽东通过炮击金门,成功地把美国的注意力吸引到了远东,中东的紧张局势由此缓和下来。

炮击金门是一种特殊的作战形式。按照毛泽东的最初预想,是要通过炮击来封锁金门,最终迫使蒋介石集团放弃金门,达到收复金门的作战目的。这是充分估计到美国插手阻挠解放台湾的可能性,利用美蒋在协防金门、马祖等沿海岛屿问题上的矛盾,不给美国以武力干涉的借口,而采取的一种非常措施。8 月 25 日,毛泽东说,从这几天的反应看,美国人很怕我们不仅要登陆金门、马祖,而且准备解放台湾。其实,我们向金门打了几万发炮弹,是火力侦察。我们不说一定登陆金门,也不说不登陆。我们相机行事,慎之又慎,三思而行。因为登陆金门不是一件小事,而是关系重大。问题不在于那里有九万五千蒋军,这个好办,而在于美国政府的态度。美国同国民党订了共同防御条约,防御范围是否包括金门、马祖在内,没有明确规定。美国人是否把这两个包袱也背上,还得观察。打炮的主要目的不是要侦察蒋军的防御,而是侦察美国人的决心,考验美国人的决心。他还说,宣传上目前暂不直接联系金门打炮。现在要养精蓄锐,引而不发。

(二)精准指挥,战略摸底

在参与指挥的军事领导层里,并不是都明白毛泽东的作战意图,并发生了一些错误,为此,毛泽东责成中央军委起草了《对台湾和沿海蒋占岛屿军事斗争的指示》,指出:台湾和沿海蒋占岛屿是目前国际阶级斗争中最严重最复杂的焦点之一。解放台湾和沿海蒋占岛屿虽然属于我国内政问题,但实际上已变成一种复杂严重的国际斗争,我们不要把这个斗争简单化,而要把它看作是包括军事、政治、外交、经济、宣传上的错综复杂的斗争。台湾和沿海蒋占岛屿问题的全部彻底解决,不是短时间的事,而是一种持久的斗争,我们必须有长期的打算。《指示》还对包括炮击金门在内的沿海斗争的方针作了四点规定:一、继续炮击封锁金门,但目前却不宜进行登陆作战。二、炮击封锁金门的活动,必须有节奏,打打看看,看看打打。三、海军、空军不得进入公海作战。蒋机不轰炸大陆,我们也不轰炸金、马;蒋军轰炸大陆,我轰炸金、马,但不轰炸台湾。四、我军不准主动攻击美军。如果美军侵入我领海、领空,我必须坚决打击。《指示》还指出:一切重要的行动和宣传(文告、谈话、口号、社论、新闻、广播)都必须遵守集中统一的原则,不得自作主张。这个指示使炮击金门的斗争有了更加明确的指导原则。

继续开展炮击金门的斗争,遇到一个十分重要的问题,就是如何对付护航的美国军舰。在指导炮击金门的斗争中,毛泽东亲自掌握着斗争的策略和分寸。叶飞回忆说:

"金门向台湾告急,蒋介石便请求美国军舰护航。这样,事情就搅复杂了。怎么样对付美国人护航呢? 美国的军舰左右配置,国民党军的舰只夹在中间,而且间隔只有二海里。毛主席下令,'只准打蒋舰,不准打美舰。'要我们避开美舰护航,等蒋舰到港口后才能开炮,还要我们每半小时向北京报告一次。这个指示可难执行了,不好掌握。我们又请示一个问题:如果护航的美舰向我们开炮怎么办？毛主席马上答复：'如果美舰开炮，不准还炮。'我怕是电话里没有传清楚，又重复问了三遍，答复是'不准还击'。于是，我向各炮群下达主席的命令。这个时候，蒋舰已进至港口卸货，再不打不行了。我马上请示北京，才下令开炮。我们一顿密集的炮击，一下子击沉了一艘蒋舰。我们的炮声一响，美舰不但没有还击，反而掉转头就跑，大出洋相！美舰一跑，蒋舰孤孤单单的，完全暴露在我炮火之下，向台湾告急。台湾方面问：朋友呢？蒋舰说：什么朋友不朋友，早就逃跑了。他们互相指责，骂美国人混蛋。事后我才明白，毛主席这个动作很高明。主席的意图是要摸美国人的底。美国人表面上气势汹汹，究竟敢不敢和我们打？原来美国是只纸老虎，一打起来就跑了。金门炮战，是我们与美国互相摸底的一出戏，一出很紧张很有意思的戏。"①

9月5日，毛泽东在最高国务会议第十五次会议上讲话，着重分析炮击金门以来的国际形势。在讲话里他提出了著名的"绞索政策"：美国现在在我们这里来了个"大包干"制度，索性把金门、马祖，还有些什么大担岛、二担岛、东碇岛一切包过去，我看它就舒服了。它上了我们的绞索，美国的颈吊在我们中国的铁的绞索上面。台湾也是个绞索，不过要隔得远一点。它要把金门这一套包括进去，那它的头更接近我们。我们哪一天踢它一脚，它走不掉，因为它被一根索子绞住了。毛泽东强调，我们并不要登那个什么金门、马祖。你登它干什么？它的工事相当坚固。就是吓它一下。但是，金门、马祖并不是一定不打，一有机会，我们就钻上去，相机而行。

谈到前一天发表的《关于领海的声明》，毛泽东认为这个文件是相当复杂的。那里头要想一想才想到这个道理的。为了这个文件，准备了好几个月，去年就起草了，这回又准备了一个多月。总要有法有天吧。不然搞得无法无天就不好办事。谈到对美斗争的问题，毛泽东提出了几个

① 《访问叶飞谈话记录》(1984年7月22日)，转引自《毛泽东传》第21章，第54页。

判断,都是通过最近几年的观察得出来的。第一条,美国人和我们都怕打仗,但是谁怕得更多一点呢? 是杜勒斯怕我们怕得多一点。这里有一个力量的问题,人心的问题。人心就是力量。共产主义、民族主义、帝国主义,这三个主义里有两个主义是比较接近的,是共产主义和民族主义。第二条,美国等国结成北大西洋公约、巴格达条约、马尼拉条约等军事团体,是向社会主义进攻,还是向民族主义进攻? 现在我看是向民族主义进攻。社会主义这个"骨头"啃不动,它就啃那个比较好啃的地方。第三条,紧张局势是不是对我们有害? 对西方和我们都有利有害,但是比较起来,对我们的利是要多一点。现在当然没有战争,但是这种在武装对立的情况下的紧张局势,也是能够调动一切积极因素,并且使落后阶层想一想问题。最后,毛泽东提出要准备作战的问题。他说:世界上的事情还是要搞一个保险系数,所以要准备作战。第一,我们不要打,而且反对打。但是,世界上的事情,你不想到那个极点,你就睡不着觉。它一定要打,是它先打,打原子弹。既然是怕也打,不怕也打,二者选哪一个呢? 我看,还是横了一条心,要打就打,打了再建设。①

9 月 6 日,最高国务会议第 15 次会议继续举行。毛泽东分析了当前台湾海峡斗争的形势:"至少美国是被动的。它仓促调兵,有一个航空母舰,是从菲律宾调来的,还没有到,有些是从夏威夷调来的,有些是从日本调来的。它真诚地希望我们不去登金门,它是被那个索子把它套住了,使它难办。台湾是一根大索子把它套住,金门、马祖也算一个索子。我们这个蒋委员长,就是有那么多兵,他搞三分之一的兵力十一万人在两个岛上,其中九万五千人在金门岛,一万五千人在马祖岛。而金门岛三面在我们炮火包围中。金门距我们只有三公里。金门岛把厦门变成一个死港,马祖岛就把我们福州的闽江海口塞住了。这个东西需要整它一下。我们整金门,我们是整家法,这是我们国内的事。当然,整台湾也是整家法了,不过那个地方有你美国兵,我还是暂时不去,你过去谈判又那么冷淡,中断了好几个月。现在你想谈,那好,可以谈。你不打它就不想谈,要把这个绞索捏紧一下,它感觉到痛了,它说,好好好,我们来谈

———

① 中共中央文献研究室编:《建国以来毛泽东文稿》第七册,中央文献出版社1987 年版,第 175 页。

吧。你不捏它就不谈。他说他们已经决定了,要撤退金门、马祖,但是他又不撤。你不撤我就打,你一撤那我就可以不打了,你全部撤走我可以一炮不打。这对蒋介石也是一个难事,他怕一撤就会影响人心士气,又丧失了这两块土地,他的土地也就不大了。听说美国人也劝过他撤,不晓得是真的还是假的。你现在不撤,我们反正老是打,我可以隔几个星期或者隔几天打那么一次,或者隔个把两个月打一次,一打就是几万发炮弹,或者每天打点零炮,打个什么一百发两百发炮弹。他要拿沿海岛屿交换台湾,我们是原则上不能交换台湾。你这个沿海岛屿交我们,台湾就成为独立国。这个东西总不可以吧?! 在座诸公,可不可以? 原则上总不行吧。至于解放,哪一年解放,我们又没有定期,人民代表大会、人大常委会都没有作决议,一定要在哪一年哪一月解放。但是原则上台湾一定要解放。"谈到周恩来总理《关于台湾海峡地区局势的声明》,毛泽东说:"这是经过斟酌了的,有些观点是一路过来的,几年以来我们就是这样的观点。现在好处就是我们这一打,打出美国想谈了,它敞开了这张门了。看样子它现在不谈,也是不得下地,它每天紧张,它不晓得我们要怎么样干。那好,就谈吧。跟美国的事,就大局上说还是谈判解决,还是和平解决,我们都是爱好和平的人嘛。它前天那个东西(指杜勒斯1958年9月4日发表的声明。)前面很硬,后面就软了,就是雷声大,雨点小。"①

苏联也出面表态了,9月7日,苏共中央第一书记、苏联部长会议主席赫鲁晓夫致信美国总统艾森豪威尔,呼吁美国政府要慎重行事,否则会带来不可收拾的后果。并且强调:中国有着忠实的朋友,这些朋友在中国遭到侵略时会随时援助它。此前,9月5日晚,赫鲁晓夫让苏联驻华临时代办苏达利柯夫面见周恩来,周恩来向他表示:中国炮击金门、马祖,如果打出乱子,中国自己承担后果,不会拖苏联下水。这使赫鲁晓夫放了心。毛泽东对赫鲁晓夫致艾森豪威尔的信比较满意。9月7日清早,给周恩来写了一个批语,要他本日上午约五六个人,对赫鲁晓夫致艾森豪威尔的信稿认真研究一次。如可能的话,写出一个意见书交葛外长

---

① 中共中央文献研究室编:《建国以来毛泽东文稿》第七册,中央文献出版社1987年版,第175页。

带去。肯定正确部分占90%,可商量部分只占少数。并提出赫鲁晓夫文中应对中美新声明有所评论。

9月8日,最高国务会议第15次会议继续举行。毛泽东再次讲话:"我们前天发表了声明,美国跳起来欢迎。他们是4号声明,我们是6号声明(周恩来插话:他回答也是六号)。它6号是第二个,是回答我们的。跳起来欢迎,可见如获至宝,就是说可以不打了。在黎巴嫩,它是带着紧张的心情登陆的,生怕苏联闯祸。7月14日到18日,十五个吊桶打水。19日一块石头落地,大为欢迎。因为苏联19日发表最高会议要开会。我们呢?8月23日打炮,它忍不住了,就在第13天把底牌打出来了。到9月6日,我们把底牌打出去,中间隔了一天。华盛顿那些人老奸巨猾,一看就跳起来了。艾森豪威尔马上回华盛顿,开了个'五三'会议,实际上是最高国务会议,他叫做国防安全委员会会议,发表一个声明,立即恢复谈判(我们叫准备恢复谈判)。你看他之急。"讲到这里,毛泽东突然停下来问:"今天我们总是要打几万发炮弹吧?"周恩来答:"3万发,20分钟就解决了。"毛:"20分钟打3万发炮弹。什么时候打?"周:"12点。"毛看了一下表,说:"现在是11点半,快到了。"原来,毛泽东曾提议,从9月4日起暂停炮击3天,以观各方动态。美国却趁机恢复为国民党军护航。因此,中央军委决定9月8日对金门再次实行大规模炮击。

毛泽东接着说:"美国人不整是不行的。但是所谓'整',请同志们放心,双方都是谨慎小心的。我们已经公布了12海里,你到了7海里我都不打。我专打国民党军,我就不打你那个美国军舰,七打八打,你也得跑。"毛泽东提议把"绞索政策"发表一下。他说:"讲清楚这个问题,对人民有益处,对世界各国也有益处,对美国人也有益处。我说过,美国军队在黎巴嫩、约旦,早一点退好,还是迟一点退好呢?它把军队退了,一身干净,又是好人了。它不退,还不是侵略者?众矢之的。金门、马祖这11万人,你不退,我就有文章可做。今天打一炮,明天打一炮,有时打几万发,总是使得你不安宁就是了。"①

对于炮击金门会不会引发中美战争,毛泽东有清醒的估计。9月10

日,他收到胡志明8日来电,电报说:鉴于台湾情况之紧张,美帝态度之
顽固,请您告诉我们:(甲)可能不可能发生美华战争?(乙)我们越南应
该有什么准备?毛泽东回复说:"9月8日来信收到,谢谢你。我认为:
(甲)美国人怕打仗,就目前说,很少可能大打起来;(乙)贵国似可以照
常工作。"前一段的斗争,已初见成效。通过炮击金门、封锁台湾海峡,显
示了中国人民一定要解放台湾的决心,迫使美国政府亮出了"底牌",并
准备恢复中美大使级谈判。在这种情况下,中国方面准备采取缓和的政
策。此时,美蒋在防御外岛问题上的矛盾已开始显露出来,美国人也已
经看出蒋介石的意图。9月7日,美国军舰为国民党海军护航,在金门料
罗湾港口附近,国民党海军舰只遇到人民解放军猛烈炮击时,美舰掉头
就走,撤离了金门海域。11日,美国国防部长麦克尔罗伊告诉艾森豪威
尔,参谋长联席会议认为国民党军应当撤出金门、马祖,或者作为前哨,
仅部署少量人员。他认为蒋希望促成美国与中国之问的战争作为中国
国民党进攻大陆的序幕。

(三)再一次谈判陷入僵局

9月15日,中断了9个月的中美大使级会谈重新恢复。斗争从福建
前线转移到了谈判桌前。会谈地点由日内瓦改为波兰首都华沙。中方
的代表没有变,仍然是驻波兰大使王炳南,美方的代表换为驻波兰大使。
毛泽东对中美重开谈判十分重视。据王炳南回忆:"在返回华沙前,毛主
席特意接见了我,指出了在会谈中应该注意的事项。他说,在同美国人
的会谈中,你要多用一种劝说的方法,譬如说,你们美国是一个大国,我
们中国也不小,你们何必为了仅仅不到一千万人口的台湾岛屿与六亿中
国人民为敌呢?你们现在的做法究竟对美国有什么好处呢?他还说,在
会谈中要多用脑子,谦虚谨慎,说话时不要对美国人使用像板门店谈判
那样过分刺激的语言,不要伤害美国民族的感情。中国人民和美国人民
都是伟大的民族,应该和好。他还向在座的同志指示,在我返回华沙时
由新华社发一条消息,就说王炳南回国述职完毕。"①在第一次会谈时,
美方代表没有提出方案。王炳南提出中方的方案,建议双方共同发表声

---

① 王炳南:《中美会谈九年回顾》,世界知识出版社1985年版,第72—73页。

明,保证通过和平谈判解决中美之间在台湾和远东其他地区的争端,并就以下五点达成协议:

第一,中国政府声明,台湾和澎湖列岛是中国的领土,金门、马祖等沿海岛屿是中国大陆的内海岛屿。中国政府有权采取一些适当的方法,在适当的时候,解放中国的这些领土,这是中国的内政,不容许外国干涉。

第二,美国政府保证从台湾、澎湖列岛和台湾海峡撤出它的一切武装力量。

第三,中国政府声明,直接威胁厦门、福州两海口的,为国民党军队所占据的金门、马祖等沿海岛屿,必须收复。如果国民党军队愿意主动从这些岛屿撤走,中国政府将不予追击。

第四,中国政府声明,在收复金门、马祖等沿海岛屿以后,将争取用和平方法解放台湾和澎湖列岛,并且在一定的时期内避免使用武力实现台湾和澎湖列岛的解放。

第五,中国政府和美国政府一致认为,在台湾海峡公海和公海上空的航行和飞行的自由和安全,必须受到保证。

按照毛泽东原先的设想,中方的这个方案,应当是一个争取主动并使美国陷入被动的方案。9 月 13 日他在武昌写信给周恩来、黄克诚,嘱咐说:"华沙谈判,三四天或者一周以内,实行侦察战,不要和盘托出。彼方亦似不会和盘托出,先要对我们进行侦察。"①然而,由于中方代表过早地提出自己的方案,给美方代表产生一个错觉,误以为中国政府急于解放金门、马祖,便想趁机抬高要价,态度再次强硬起来。中方方案提出三天以后,9 月 18 日,美方正式提出一个"停火"方案,要中国"放弃对金门和马祖群岛使用武力或武力威胁"。同一天,美国国务卿杜勒斯在联合国大会发言,也提出要尽快"停火"。美国还动员北欧国家和印度等国,向联合国提出所谓"停火"方案,导致了谈判再一次陷入僵局。

9 月 18 日,毛泽东得知这一消息后立即写信给周恩来,对谈判提出指导意见。周恩来收到毛泽东来信,立刻开会研究,于当天夜间致信毛

---

① 中共中央文献研究室编:《建国以来毛泽东文稿》第七册,中央文献出版社1987 年版,第 184 页。

泽东:"我方方案提得过早,给了对方一个错觉,以为我们急于求成,因而杜勒斯今日在联大讲话便强调停火,但也提到了消除挑衅行为。同时,彼此都露了底,美国知道我们目前不会扩大战事到台湾,我们知道美国不愿卷入金马战争。蒋介石希望金门战争扩大,拖美国下水;美国想压我们停火,摆脱它的被动地位。根据这些情况,我们认为,针对美国的停火要求,我们应该从各方面扩大要求美军停止挑衅和从台湾和台湾海峡撤退的活动。"周恩来提出了五条具体措施:一、准备一个驳斥杜勒斯联大演说的外长声明;二、声明发表后,动员各地报纸、各党派、各人民团体广泛响应;三、将我们的斗争策略分告苏联代办和刘晓转告赫鲁晓夫和葛罗米柯,以便苏联和兄弟国家配合我们行动;四、以我名义致电西哈努克,感谢他支持我们,向他解释美国所谓的停火的阴谋,说明我国收复沿海岛屿的决心和解放台湾的神圣权利,这些不容美国干涉;五、将上述同样内容以外交备忘录形式递交社会主义国家、亚非和北欧国家政府,唤起它们注意。毛泽东9月19日凌晨收到周恩来的来信。晨4时即复信告知周恩来:18日夜来信收到,极好,有了主动了,读完后很高兴,即照办。你来信及我这封复信,请即转发王炳南、叶飞二同志,使他们明白我们这种新方针,新策略,是主动的、攻势的和有理的。高屋建瓴,势如破竹,是我们外交斗争的必须形态。

9月20日,中国外交部长陈毅发表声明,驳斥杜勒斯在联大的发言,指出:中国在金门、马祖并未同美国打仗,根本谈不上"停火"。中国惩罚金门、马祖蒋介石军队,属于中国内政,外人不能干涉。解决台湾海峡紧张局势的关键是美国撤军。与此同时,中国还积极做一些国家的工作,劝这些国家不要上美国"停火"建议的当。福建前线部队再次猛烈炮击金门、马祖,加大了对国民党的军事压力。9月22日,周恩来致信毛泽东,对金门作战方针提出建议,特别重申了"打而不登,断而不死"。毛泽东当天回复周恩来:你9月22日3时对金门作战方针问题上的批语是很对的,即照此办理,使我们完全立于不败之地,完全立于主动地位。美国人见中国政府态度十分强硬,便又想主动摆脱僵局。9月30日,杜勒斯在记者招待会上表示,如果在台湾地区有了可靠的停火,在金门、马祖保持大量部队就是愚蠢的、不明智的、不慎重的。他还说美国没有保卫沿海岛屿的任何法律义务。10月1日,美国总统艾森豪威尔也说所有这些军队驻在那里并不是一件好事情。这些迹象表明美国开始总结前一段的教训,调整对台政策,企图在中国沿海岛屿地区从"战争边缘"政策转变为"脱身"政策。

毛泽东敏锐地看出这个变化。他在 10 月 2 日会见保加利亚、阿尔巴尼亚、罗马尼亚、蒙古、苏联、波兰六国代表团时说:"杜勒斯现在很不好办,他搞得很被动。人们责问他,为什么管到金门去呢?……全世界除了杜勒斯,都说金门是中国的岛屿,金门问题是中国的内政。所以他现在搞得很不好办事啦!我们还要继续使他难办,使他继续处于困难地位。不要轻易饶他!不要轻易让他溜掉!在这个地方大概他一时也相当难溜。"①"不要轻易让他溜掉!"这是毛泽东针对美国当局的"脱身"政策而作出的一个重要决断。但毛泽东并没有立即做出最后的决定,他又考虑了两三天。他还需要冷静地观察一下美国特别是蒋介石方面的反应。

(四)《告台湾同胞书》

10 月 5 日早上 8 时,毛泽东给彭德怀和黄克诚写了一封信,指出不管有无美机美舰护航,10 月 6、7 两日,我军一炮不发;敌方向我炮击,我也一炮不还。偃旗息鼓,观察两天,再作道理。空军必须防卫,但不出海。还有一事:两天中,不要发表公开声明,因为情况如何,尚待看清。6 日凌晨 2 时,毛泽东又给彭德怀、黄克诚等写了一封信"昨天我说不发声明,看两天再说。随后想了一下,还是先作声明为好,所以有告台湾同胞书。此件即将发出,请福建前线广播电台多播几次,为盼!"②从"偃旗息鼓"到"先作声明",发生的变化,说明毛泽东经过深思熟虑、反复考量,最后下定不让美国从金门、马祖脱身的决心。还告诫台湾当局不要跟美国人跑到底,不要相信美国人不会抛弃他们。

《告台湾同胞书》是毛泽东在 10 月 6 日凌晨一时写完的。一开头就说:"我们都是中国人。三十六计,和为上计。"接着,指出国共双方在一

---

① 中华人民共和国外交部、中共中央文献研究室编:《毛泽东外交文选》,中央文献出版社、世界知识出版社 1994 年版,第 356 页。

② 中共中央文献研究室编:《建国以来毛泽东文稿》第七册,中央文献出版社 1987 年版,第 196 页。

个中国问题上的共识："台、澎、金、马是中国领土,这一点你们是同意的,
见之于你们领导人的文告,确实不是美国人的领土。台、澎、金、马是中
国的一部分,不是另一个国家。世界上只有一个中国,没有两个中国。
这一点,也是你们同意的,见之于你们领导人的文告。""美国人总有一天
肯定要抛弃你们的。你们不信吗? 历史巨人会要出来作证明的。杜勒
斯九月三十日的谈话,端倪已见。站在你们的地位,能不寒心? 归根结
底,美帝国主义是我们的共同敌人。"

《告台湾同胞书》驳斥了杜勒斯的所谓"停火"建议,再次重申早日
和平解决台湾海峡两岸关系的倡议:"中华人民共和国与美国之间并无
战争,无所谓停火。无火而谈停火,岂非笑话? 台湾的朋友们,我们之间
是有战火的,应当停止,并予熄灭。这就需要谈判。""你们与我们之间的
战争,三十年了,尚未结束,这是不好的。建议举行谈判,实行和平解决。
这一点,周恩来总理在几年前已经告诉你们了。这是中国内部贵我两方
有关的问题,不是中美两国有关的问题。"

《告台湾同胞书》还宣布:"从 10 月 6 日起,暂以 7 天为期,停止炮
击,你们可以充分地自由地输送供应品,但以没有美国人护航为条件。
如有护航,不在此例。"①在从金门、马祖撤军的问题上,美蒋之间是存在
矛盾的。毛泽东发表《告台湾同胞书》有利于进一步加深美蒋之间的矛
盾。根据中共中央的分析,在台湾问题上,美国手里有三张牌。一张是
保卫金马,另一张是搞"两个中国",第三张是冻结台湾海峡。经过前一
段的斗争,美国人收回了第一张牌。对第二张牌,中国政府坚决反对,蒋
介石也不接受。至于第三张牌,由于蒋介石的强烈不满,美国人还不会
马上打出来。中央原先的方针是准备分两步走:先收复包括金门、马祖
在内的沿海岛屿,再争取解放台湾。现根据目前的局势变化,决定还是
把蒋介石继续留在金门、马祖沿海岛屿上,暂时不收回,今后争取一下子
收回这些沿海岛屿、澎湖列岛和台湾。

从"两步走"改变为"一揽子"解决,这是对台湾海峡关系产生长远
影响的重大决策。后来,毛泽东在回顾炮打金门这段历史时,对于这个

---

① 中共中央文献研究室编:《毛泽东文集》第 7 卷,人民出版社 1999 年版,第
420—421 页。

重大决策是怎样改变的和为什么要改变,作了很详细、很生动的说明:"金门打炮每一个环节都是我跟总理搞的,如何打法等等。那么一个严重的局面,美国十二艘航空母舰来了六艘,第七舰队是他最大的舰队,搞边缘政策,护航。这个地方是美国军舰,这个地方是国民党军舰(主席讲这两句话时,摆两个茶杯作比)相隔这么一点。他这里铺起美国国旗也不动,他也不打我们,我们也不打他,我们专打国民党。这个事情不能粗枝大叶,要很准确,很有纪律,后头转到双日不打单日打,以后又搞什么告台湾同胞书这套东西。每天全世界的一切舆论,一切消息你都要看完,每天两大本(指新华社编的内部资料《参考资料》),你才了解情况,才知道动向,不然怎么决策?开头我们不是在这里报告了吗?那个时候,我们跟张文白,还有许多朋友,都是一致的,要把金门、马祖搞回来。后头一到武昌,我不是跟你(指张治中)一道吗?形势不对了,金门、马祖还是留给蒋委员长比较好,金、马、台、澎都给他。因为美国就是以金、马换台、澎这么一个方针,如果我们只搞回金、马来,恰好我们变成执行杜勒斯的路线了。所以,10月间回到北京的时候就改变了,金、马、台、澎是一起的,现在统统归蒋介石管,将来要解放一起解放,中国之大,何必急于搞金、马?这样,我们就不会变成杜勒斯的部下了,不然他就是我们的领导者,就是以金、马换台、澎,蒋介石不做总统。蒋介石不做总统,这个我们也不赞成。美国人压迫他,不要他做总统,要陈诚做,讲好了的,蒋介石答应了的,陈诚也答应了的。后头我们这个消息使他知道了,他就有劲了,共产党支持嘛,他现在决定做总统了,是蒋介石做总统比较好,还是别人做比较好?在目前看,还是蒋介石比较好。他这个人是亲美派,但是亲美亲到要把他那点东西搞垮,他就不赞成。"①

《告台湾同胞书》发表一个星期过去了,10月13日,毛泽东又起草了一项命令:金门炮击,从本日起,再停两星期,借以观察敌方动态,并使金门军民同胞得到充分补给,包括粮食和军事装备在内,以利他们固守。本来双方正处在敌对状态,我方却要停止炮击,专门让对方补充粮食和弹药,这种打法,在古今中外的战史上极为罕见。然而,这正是这场金门

<hr />

炮战的特殊之处。毛泽东把它叫作基本上还是文打。命令解释:"兵不厌诈,这不是诈。这是为了对付美国人的。这是民族大义,必须把中美界限分得清清楚楚。我们这样做,就全局说来,无损于己,有益于人。有益于什么人呢? 有益于台、澎、金、马一千万中国人,有益于全民族六亿五千万人,就是不利于美国人。"命令重申:"待在台湾和台湾海峡的美国人,必须滚回去。他们赖在这里是没有理由的,不走是不行的。""台、澎、金、马整个地收复回来,完成祖国统一,这是我们六亿五千万人民的神圣任务。这是中国内政,外人无权过问,联合国也无权过问。"命令重申不准美国军舰护航的原则:"金门海域,美国人不得护航。如有护航,立即开炮。"①这一条底线,向全世界昭示了中国政府决不容忍任何外国干涉中国内政的坚强决心。

毛泽东同时还起草了一个《再告台湾同胞书》,后来没有发表。从中可以看出毛泽东在当时的重要思想。他写道:"自从美帝国主义占据台湾以来,形势已经改变了。美帝国主义成了我们的共同敌人。国民党已经不是我们的主要敌人。我们和你们还是敌对的,但这种敌对,较之民族矛盾,已经降到第二位。几年前,周恩来总理即向你们建议和谈,就是这个道理。如果和谈胜利妥洽成功,则我们两党又可以化敌为友。我们建议:台湾、澎湖、金门、马祖全体军民同胞团结起来,采取坚定而又灵活的政策,减少你们内部的磨擦,一致对付民族敌人。"总之,隔日炮击的用意,在于击破美国搞"两个中国"的阴谋。这样,逢单日炮击就有了双重意义:一方面,它使金门继续成为美国的绞索;另一方面,使蒋介石有充分理由拒绝从金门、马祖等外岛撤军,以利于反对美国搞"两个中国"的阴谋。

后来经毛泽东同意,中央军委于1959年1月9日指示前线部队,今后逢单日不一定都打炮。至此,为时4个多月的炮击金门作战基本结束,但象征性的炮战仍在断断续续地进行着,这种奇特的作战方式一直延续到20世纪70年代末。这场被艾森豪威尔称为"滑稽歌剧式战争"的炮击金门作战,自始至终都是在毛泽东直接掌握和指挥下进行的。打打停停,停停打打,双日不打单日打,毛泽东巧妙地将军事斗争与政治、

---

① 《人民日报》1958年10月13日。

外交斗争有机地结合起来,轻松自如地操纵着战争的主动权,成功地驾驭着战争的发展方向,从而取得了丰硕的斗争成果。几十年后,老将军叶飞满怀钦佩之情回顾毛泽东亲自领导炮击金门作战的往事:毛主席的政略、战略和外交策略真是高明,美蒋完全被毛主席的高明策略牵着鼻子走,打炮也演变成美、蒋、我三方之间一种特殊的对话,一种不在谈判桌上进行的谈判。这真是古今中外战争史上的奇观。

第七章
探索中国式建设道路

  毛泽东是一个伟大的探索者。他在艰辛探索中国式社会主义建设道路的历程中,提出了丰富的且具有开创性的建设理论,但也包含了一些矛盾的观点或论断,其中既有对马克思主义的重大发展和突破,也有对乌托邦空想的追求;既有成功的经验,也有失误的教训。但无论是成功的,还是失败的,或是有待于用实践进一步验证的,都是我们今天建设中国特色社会主义的珍贵思想财富。正是基于此,为了更好地开创中国特色的社会主义伟大事业,我们必须实事求是地回顾毛泽东探索的轨迹,整理、总结他的结论,进一步学习他的探索精神,恢复和发展他的正确思想,吸取他的失败教训。

一、"大跃进"运动

"大跃进"运动,是毛泽东在建设社会主义道路上的一次重要尝试,总体上来讲,并不是一次成功的社会主义建设模式的探索,似乎值得总结的内容要远远大于其中值得借鉴的典范。我们现在之所以有这样的一种结论和看法,更多的是站在回顾历史的角度进行总结和思考,但抛开这些历史的总结法则,置身于当时的社会发展中,可能会看到这段史实发生的另一面:这场经济建设的"大跃进"运动是众多国际因素的使然。

(一)西方国家对中国的孤立和封锁

新中国成立后的一个相当长的历史时期,世界处于社会主义与资本主义两大对抗体系之中;帝国主义国家不承认中国,对中国采取政治孤立、经济封锁和军事包围的政策。"以美国为首的侵略集团无时不希望颠覆我们的人民共和国,如果我们不以最快的速度进行建设,我们的安全不能认为有充分的保证"①。在这样一个帝国主义发动新的战争威胁始终存在的国际环境下,中国如何生存和发展,换句话说,如何在这样的国际环境下站住脚,根据国际形势适时的调整发展策略,是毛泽东日夜思虑的一个问题。

"中国经济落后,物质基础薄弱,使我们至今还处在一种被动状态,精神上感到还是受束缚,在这方面我们还没有得到解放。"②事实上,毛泽东首先要做的是稳定和恢复国民经济。为此,他实施了土地改革运动,整顿国家财政状况以及开展经济领域的"五反"运动等措施。这样国家经济状况在 1952 年底逐渐稳定下来并获得了初步发展,也为大规模的经济建设奠定了坚实基础。再就是,到 1956 年完成的三大改造。这

---

① 《人民日报》1958 年 2 月 3 日。

② 中共中央文献研究室编:《毛泽东文集》第 7 卷,人民出版社 1999 年版,第 350 页。

样公有制经济便确立了在国民经济中的主导地位,使得国家能更有效地组织起较大财力集中进行社会主义现代化建设。不只如此,一个个国家基础工业项目先后完成,鞍山钢铁厂、沈阳第一机床厂、长春第一汽车制造厂等。这一个个经济成就的实现,在中国乃至世界历史上是史无前例的,也创造了一个几乎在极为困难条件下进行独立自主建设的奇迹,在一定程度上也大大刺激了毛泽东要在短时间内改变中国人民贫穷落后的决心。

"如果不在今后几十年内,争取彻底改变我国经济和技术远远落后于帝国主义国家的状态,挨打是不可避免的。"我们要"力求在一个不太长久的时间内改变我国社会经济、技术方面落后的状态,否则我们就要犯错误"①。这种迫切的进行经济建设的心情,在 20 世纪 50 年代中后期他的国家建设备思路中是非常清晰的。其中,他明确地提出了这样的国家建设计划:加快社会主义建设步伐,抢时间、争速度、力争在帝国主义发动新的战争之前把中国建设好,发展好重工业,特别是钢铁工业,完成社会主义工业化,从而有雄厚的物质力量应付可能发生的战争。甚至,在 1957 年也就是中共八大召开后的第二年,毛泽东一改八大时对经济建设的正确判断思路,提出了十五内年赶超英国的战略。可以说,这些经济建设计划的提出正是对西方长期封锁孤立的一种回应。

(二)有利于中国经济建设的国际和平局面不断出现

国际环境是指在一定历史时期内对一国生存和发展产生重大影响的各种外部因素的总和。它既包括国际政治、经济、军事形势,还包括世界科技革命潮流和文化意识形态领域的合作、交流与斗争态势。科学判断国际环境的利弊及其发展趋势,是任何一个国家的政党制定正确的路线和方针政策的基本依据。党的八大前后,整个大国际环境出现了一些有利于我国社会主义建设的深刻变化。

抗美援朝战争的胜利,沉重打击了美帝国主义的嚣张气焰,"中国由此走出被帝国主义强加在自己头上的国际局部战争环境。以此为契机,

---

① 中共中央文献研究室编:《毛泽东文集》第 8 卷,人民出版社 1999 年版,第 340—341 页。

中国共产党和中国政府积极开展外交活动,为在国内进行大规模有计划的经济建设创造有利的国际和平条件",也是中国周边和平局面开创的重要契机。1954年我国同印度、缅甸两国共同倡导了和平共处五项原则。在1955年的亚非会议上,中国的和平外交政策得到世界的进一步认可,由此确定了以和平共处五项原则为基础的"万隆精神"。正是在这一和平外交的指引下,到1959年底,我国同包括英、荷、瑞等西方国家和一部分亚非拉国家共33国建立了外交关系,中国的国际反战和平统一战线队伍愈来愈壮大。特别重要的是,战后形成了一个9亿多人口、地理上连成一片、以苏联为首的社会主义国家的友好大家庭,中国同苏联东欧国家友好合作关系进一步发展和加深。事实上,这些社会主义国家的团结一致,也是我国进行社会主义建设的最有利的国际支撑。

同时世界人民也不断进行和平斗争。"二战"结束以后,被压迫民族和人民的独立解放斗争风起云涌,亚非拉国家纷纷从殖民统治下获得独立,"特别是最近(指1956年)埃及把苏伊士运河公司收归国有的震动世界的事件,证明了民族独立运动已经形成为一种巨大的世界力量","民族独立运动的高涨又削弱了帝国主义的侵略势力,有利于世界和平的事业,因而也有利于社会主义国家的和平建设"。① "就是在美国统治集团内部,也有一些头脑比较清醒的人逐渐认识到战争政策未必对美国有利"。② 西欧各国掀起了声势浩大、日益广泛的和平民主运动,支援包括中国在内的亚非人民的民族独立和解放运动。这些国际形势总体上的日趋缓和,为实现党的工作重心转移、开展大规模社会主义建设提供了有利的外部环境。而此时的毛泽东依据这些国际形势的变化,作出了及时准确的判断,并认为现在国际形势的发展对于我国的建设事业更加有利。

(三)苏联等国家提供了大量的社会主义建设经验

苏联东欧社会主义建设的成就及其经验教训,也为毛泽东探索中国

---

① 中共中央办公厅:《中国共产党第八次全国代表大会文献》,人民出版社1957年版,第46页。

② 中共中央办公厅:《中国共产党第八次全国代表大会文献》,人民出版社1957年版,第77页。

式建设道路提供了有力支持和有益的启示。作为世界上第一个社会主义国家,苏联社会主义建设的巨大成就,为中国和其他国家的社会主义建设提供了可资借鉴的模式和范例。中国在苏联的援助下开始了工业化建设。但是在社会主义现代化建设的实践中,苏联模式的弊端日渐暴露出来,如政治经济高度集中,农轻重比例严重失调,生产单位缺乏自主性等。这些问题,促使毛泽东探索出一条不同于苏联模式的、符合中国国情的工业化道路。不仅如此,毛泽东还在吸取苏共20大和斯大林错误的基础上,提出了反对个人崇拜,加强民主法制建设,正确处理人民内部矛盾的一系列观点和主张。毛泽东指出:"苏共20大破除了那种认为苏联、苏共和斯大林一切都是正确的迷信,有利于反对教条主义。不要再硬搬苏联的一切了,应该用自己的头脑思索了"。[①] 这促进了中共思想的解放,有利于我们独立自主地探索适合中国情况的社会主义建设道路。

波匈事件则为我们的建设提供了另一面。就波匈事件发生来讲,表面上是当时苏共领导人赫鲁晓夫关于打破对斯大林个人崇拜的秘密报告的原因,但从根本上则是波匈两国人民不满国家的经济文化等建设事业。这一事件的发生给当时以毛泽东为首党中央领导很大的震撼:社会主义制度并不是平镜一面,仍是一个矛盾的集合体。而在这些众多矛盾中以人民内部的矛盾为主,这个主要矛盾要依靠国家的发展和建设才能得以解决。正因为如此,1957年2月,毛泽东在《关于正确处理人民内部矛盾的问题》的讲话中,在明确提出我国社会存在着两类性质根本不同的矛盾,并把正确处理人民内部矛盾作为国家政治生活的"总提纲"的同时,还进一步提出了解决的原则和方针,包括在政治思想上,采取"团结——批评——团结"的原则;在民族关系上,要各民族平等团结和实行民族区域自治的方针;在与各民主党派关系上,采取"长期共存,互相监督"的方针等。但在这个讲话中,毛泽东更加注重经济问题,不仅再次强调社会主义社会的基本矛盾仍是生产关系和生产力之间的矛盾,上层建筑和经济基础之间的矛盾基础,也提出了更加详尽的具体的经济发展构想,其中制定了"统筹兼顾,适当安排"的方针,提出了发展工业化道路的

问题,在着重重工业的同时应充分注意发展农业和轻工业。事实上,在吸取波匈事件经验教训的基础上,毛泽东在某种程度上是对苏联建设模式的一种批判性继承、发展,并决定了要走中国式工业化发展道路以借此解决人民内部矛盾这一主要社会矛盾。

(四)"二战"后世界第三次科技革命的迅猛发展

世界科技革命的迅猛发展促使毛泽东下定决心加快发展的步伐。在 20 世纪五六十年代资本主义发展的黄金期,现代科学技术突飞猛进,以信息技术、原子能、航天、生物遗传工程和半导体等为代表的第三次科技革命在世界范围内勃然兴起,成为推动经济和社会发展的决定性因素。当时世界科技革命发展的这一趋势也为毛泽东所深刻洞悉,"资本主义各国,苏联,都是靠采用最先进的技术,来赶上最先进的国家,我国也要这样,我们不能走世界各国技术发展的老路,跟在别人后面一步步地爬行。我们必须打破常规,尽量采用先进技术,在一个不太长的历史时间内,把我国建设成为一个社会主义的现代化的强国",而"科学技术这一仗,一定要打,而且必须打好。不搞科学技术,生产力无法提高"。① 为此,毛泽东和党中央采取了两项重大部署:一是加强对科学技术工作的领导。党中央批准成立国家科学规划委员会,制定了《1956—1967 年科学技术发展远景规划纲要(草案)》,使我国科技事业走上正轨;二是研究解决党对知识分子的政策。1956 年 1 月,周恩来在关于知识分子问题的会议上提出:科学是关系国防、经济和文化各方面的有决定性的因素,社会主义建设除了必须依靠工人阶级和广大农民的积极劳动外,还必须依靠知识分子的积极劳动。②

如果说,上述国际因素对促使毛泽东带领中国人民搞好经济建设起了积极作用,那么有些国际因素在很大程度上干扰了毛泽东探索中国式建设道路的正确选择,带来了消极影响。首先,苏共二十大对中共八大决策的负面影响。毫无疑问,苏共二十大对中共八大产生过积极影响,

---

① 中共中央文献研究室编:《毛泽东文集》第 8 卷,人民出版社 1999 年版,第 232 页。

② 转引自 1956 年 1 月,周恩来在关于知识分子问题会议上的讲话。

如打破盲目崇拜,强调注重实际研究等,但是苏共二十大对社会主义社会阶级斗争的特点、解决方法等缺乏足够的认识,其中,这次会议就简单认为苏联的阶级斗争矛头已主要转向了国际舞台。在当时的世界两大对抗体系下,苏联作为社会主义阵营的排头兵,对中国的一些内外决策影响是显而易见的。正因为如此,毛泽东把很多注意力放在了国际敌我矛盾斗争上,但真正面临国内问题时更容易犯"左"的错误。其中,很明显的一点就是,中共八大虽然讲到了阶级斗争,但对阶级斗争在一定时期、一定条件下激化的可能性没有做出足够的估计和清醒的预测,对阶级斗争形势的估计过于简单化、理想化,导致接下来遇到某种矛盾激化的情况,就很容易回到以前的那种以阶级斗争为主要矛盾的看法、做法上去。1957 年反右派斗争严重扩大化就是明证。1957 年 10 月毛泽东又提出,无产阶级和资产阶级的矛盾,社会主义道路和资本主义道路的矛盾,毫无疑问,这是当前我国社会的主要矛盾。① 反过来,这就很容易否定了八大关于我国社会主要矛盾的正确判断。其次,20 世纪 50 年代后期中苏不正常关系的发展,直接导致了毛泽东要尽早实现"赶超"。中苏在渡过蜜月期后尤其是在赫鲁晓夫上台后,围绕着两国的国家利益和对国际共产主义运动中的一些重大问题的认识,出现了尖锐的分歧。苏联的大国沙文主义表现得越来越明显。1956 年 2 月,在苏共"二十大"上赫鲁晓夫作了《关于个人崇拜及其后果》的秘密报告,全盘否定了斯大林,并粗暴地干涉兄弟党和国家的内政,这就激起了中共等党的不满和抵制,中苏两党因此出现了分歧,造成国际共产主义运动内部思想混乱、队伍涣散。为了维护社会主义阵营的团结,1956 年 4 月,毛泽东在同苏共中央主席团委员米高扬及苏联驻华大使尤金谈话时,着重提出斯大林"功大于过"②。但苏共"二十大"已成了中苏两党两国关系破裂的起点,在一些原则性问题上双方逐步走向了对立。譬如,1958 年苏联向中国提出了组建联合舰队和长波电台的建议,企图从军事上控制中国,但遭到中国的明确反对。此后,中苏两国关系日趋冷落。毛泽东曾说:"事实上同苏联闹翻是 1958 年,他们要在军事上控制中国,我们不干。"③而此刻,

---

① 转引自毛泽东在 1957 年 9—10 月间召开的八届三中全会上的讲话。

② 《关于国际共产主义运动总路线的论战》,人民出版社 1965 年版,第 69 页。

③ 转引自 1966 年 3 月 28 日毛泽东接见日本共产党代表团的讲话。

苏联提出在最短的历史时期内,解决苏联的基本经济任务——赶上并超过最发达的资本主义国家。1957 年 10 月,苏联提出十五年赶超美国的目标,这在某种程度上助长了毛泽东等领导人本来就已存在的急躁冒进情绪。而毛泽东把中苏两党的意见分歧和两国关系的日益恶化,提升到与苏竞赛,走出苏联大党主义大国主义阴影的高度来加以认识。他在批转给王稼祥的一份《内参》上批示:"一个百花齐放,一个人民公社,一个大跃进。这三件,赫鲁晓夫是反对的,或者是怀疑的。我看他们是处于被动了;我们非常主动,你看如何? 这三件要向全世界作战,包括党内大批反对派和怀疑派"。①

当我们考察"大跃进"运动发生的原因时,当时特定的国际环境对中国的影响是不应忽视的。对"大跃进"运动发生时的国际环境进行分析和考察,一方面有助于深化对毛泽东发动"大跃进"运动的初衷和教训的正确认识;另一方面也有利于更好地结合国际形势把握现代化建设的基本规律。

(五)"大跃进"运动的准备及展开

把自己的决心变成全党全国人民的行动,这是毛泽东的领导艺术。毛泽东先后主持召开了 1958 年 1 月的南宁会议、1958 年 3 月的成都会议、1958 年 5 月在北京召开的党的八大二次会议。这几次会议严厉地批评了 1956 年的反冒进,为"大跃进"运动的兴起和发展做好了充分的舆论准备。这几次会议之后,以大办钢铁为中心的"大跃进"运动在全国范围内开展起来。

1. 南宁会议

南宁会议于 1958 年 1 月 11 日至 22 日召开,毛泽东主持会议。主要议题是讨论 1958 年的预算和经济计划以及正在酝酿形成的《工作方法六十条(草案)》。11 日晚,毛泽东在会上第一次讲话,着重讲反对分散主义和关于反冒进两个问题。关于反对分散主义,毛泽东说国务院向全国人大的报告,他有两年没看了。只给成品不给原料不行,要离开本子讲问题,把主题思想提出来,进行交谈。财经部门不向政治局通情报,没

---

① 李锐:《庐山会议实录》,河南人民出版社 1999 年版,第 292 页。

有共同语言。毛泽东批评分散主义是针对国务院的。接着毛泽东又批评反冒进。他说管"实业"的人当了大官、中官、小官，自以为早已红了，钻到里面出不来。1956年冒进，1957年反冒进，1958年又冒进。看是冒进好，还是反冒进好？他举了治淮河的例子，治淮河六七年花了12亿人民币，只搞了12亿土方。安徽今年已经搞了8亿土方，再搞8亿土方，不过花几千万元。毛泽东带有警告的口气说："不要提反冒进这个名词，这是政治问题。首先没有把指头认清楚，10个指头，只有1个长了疮，多用了一些人（工人、学生），多花了一些钱，这些东西要反。当时不提反冒进，就不会搞成一股风。吹掉了三条，一为多快好省，二为四十条纲要，三为'促进委员会'。这属于政治不属于业务。一个指头有毛病，整一下就好了。没有搞清楚6亿人口的问题，成绩是主要的，还是错误是主要的？是保护热情、鼓励干劲、乘风破浪，还是泼冷水泄气？"①

　　1月12日上午继续开会。毛泽东在讲话的开头就说，8年来我们为这样一个工作方法而奋斗，就是指多快好省。他继续批评反冒进："在杭州会议上，我当着恩来发了一通牢骚。《中国农村的社会主义高潮》一书的序言对全国发生了很大的影响，是'个人崇拜'，'崇拜偶像'？不管什么原因，全国各地的报纸、大小刊物都登载了，发生了很大的影响。这样我就成了'冒进的罪魁祸首'。财经工作有很大成绩，10个指头只有1个不好，讲过一万次不灵。工作方法希望改良一下子。这一次千里迢迢请同志们来一趟，是总理建议的。本来我不想多谈，有点灰心丧志。"他甚至说："右派的进攻，把一些同志抛到和右派差不多的边缘，只剩了50米，慌起来了。什么'今不如昔'，'冒进的损失比保守的损失大'。"他说："最怕的是6亿人民没有劲，抬不起头来"。反冒进就是泄了6亿人民的劲。他讲到宋玉写《登徒子好色赋》的故事，说他们用的都是一个方法，叫作"攻其一点，不及其余"。毛泽东再次批评分散主义。他说："我对付分散主义的办法是消极抵抗，还要小会批评，当着众人批评。事先要通一点情报，总是说没有搞好，实际上是封锁。开会前十分钟把文件拿出来，要人家通过，不考虑别人的心理状态"。"我不是攻击所有的人，

<hr>

　　①　转引自中共中央文献研究室编，逄先知、金冲及主编：《毛泽东传（1949—1976）》上册，中央文献出版社2003年版，第769页。

是攻击部长以上的干部,攻击下倾盆大雨的人"。①

从 1 月 11 日到 14 日,毛泽东连续三次讲话集中批评分散主义和反冒进,形成了工作方法 24 条。从 1 月 15 日起,各省市党委第一书记和国务院分管经济工作的负责人在会上作 1958 年工作安排的汇报,毛泽东每天都出席会议并不断插话,有时还讲得很长。1 月 16 日,柯庆施汇报,毛泽东讲了一大段话,从柯庆施的一篇报告谈起。柯的报告是 1957 年 12 月 25 日在上海市一届二次党代会上作的,题为《乘风破浪,加速建设社会主义的新上海》。毛泽东对柯庆施的报告大加称赞:"这一篇文章把我们都压下去了。上海的工业总产值占全国的 1/5,有一百万无产阶级,又是资产阶级最集中的地方,资本主义首先在上海产生,历史最久,阶级斗争最尖锐,这样的地方才能产生这样一篇文章。这样的文章,北京不是没有也,是不多也。"很明显,毛泽东是借此批评国务院主持经济工作的领导人。毛泽东问周恩来:"恩来同志,你是总理,你看,这篇文章你写得出来写不出来?"周恩来答:"我写不出来。"毛泽东又说:"你不是反冒进吗?我是反反冒进的"。② 毛泽东说:"周恩来的报告(指 1957 年 6 月 26 日一届全国人大四次会议的政府工作报告)中说,有人认为我国的发展国民经济计划在 1956 年全面冒进了,在 1957 年又全面冒退了。很明显这种意见是不正确的。1956 年的计划采取了跃进的步骤,而且在各方面取得了如前所说的巨大成就。不错,某些指标是大了一些。但这是属于局部性质的缺点。是一篇马克思主义的文章。问题是如何说成绩与缺点。省委书记要研究理论,培养秀才,都要研究文法、考据、辞章,一人每年搞个把篇文章,事情就好办了。"他批评许多省委、部委整天忙于事务性工作,昼夜奔忙。考据之学、辞章之学、义理之学不搞,也不下去跑一跑,思想僵化。针对这些情况,他提出领导干部要学理论,读点书。还要学习一点外文。他说:没有理论,凭什么做领导工作?领导干部要自己动手,集体创作,开动脑筋,不搞出点理论问题不行。1 月 17 日,李先念汇报。毛泽东又一次批评反冒进。他拿着《人民日报》关于反冒进的

① 转引自中共中央文献研究室编,逄先知、金冲及主编:《毛泽东传(1949—1976)》上册,中央文献出版社 2003 年版,第 769 页。

② 薄一波:《若干重大决策与事件的回顾》(修订本)下卷,人民出版社 1997 年版,第 662 页。

那篇社论,念一段批驳一段。1 月 19 日晚,毛泽东单独与周恩来谈了一次话,接着开全体大会,周恩来和刘少奇都在会上发言,对反冒进承担了责任。1 月 20 日,分管计划、财政和经济的三位副总理李富春、李先念和薄一波汇报工作。毛泽东在插话中,继续提出一些严厉批评。他提出要采取使中央和地方的意见相结合的开会方法。南宁会议就是一个由部分中央负责人和地方负责人参加的小型工作会议。毛泽东集中了中央的和地方的多方意见,在杭州会议十七条的基础上,逐步形成了工作方法六十条。毛泽东在讲到六十条形成过程时说:"这是中央和地方同志1958 年 1 月先后在杭州会议和南宁会议上共同商量的结果。这几十条,大部分是会议上同志们的发言启发了我,由我想了一想写成的;一部分是直接记录同志们的意见;有一个重要条文(关于规章制度)是由刘少奇同志和地方同志商定而由他起草的;由我直接提出的只占一部分"。①

　　1 月 21 日,毛泽东在南宁会议上作总结讲话,主要讲工作方法六十条,形成正式文件《工作方法六十条(草案)》。这是在探索中国社会主义建设道路的过程中产生的又一个重要文献。如果说《论十大关系》所要解决的是如何处理经济建设中几个主要的矛盾,那么《工作方法六十条》所要解决的是经济建设的领导方法,但是其中有不少"左"的脱离实际的东西。毛泽东为什么要在这个时候突出地提出工作方法问题呢?这同他对国内政治经济形势的估计是分不开的。他认为现在人民群众在生产战线上的积极性和创造性空前高涨,全国人民为 15 年赶超英国这个口号所鼓舞,一个新的生产高潮已经或正在形成。为了适应这种情况,中央和地方党委的工作方法,有作某些改变的需要。《六十条》的内容十分广泛,不仅讲工作方法,还涉及党的工作重点转移、党的战略任务和目标,以及思想方法等等。《六十条》中最引人注目的,是提出技术革命,要求从 1958 年起,把党的工作着重点放到技术革命上去。毛泽东说:"我们一定要鼓一把劲,一定要学习并且完成这个历史所赋予我们的伟大的技术革命"。② 与此同时,规定县以上各级党委要抓社会主义建

----

　　① 中共中央文献研究室编:《毛泽东文集》第 7 卷,人民出版社 1999 年版,第344—345 页。

　　② 中共中央文献研究室编:《毛泽东文集》第 7 卷,人民出版社 1999 年版,第350 页。

设工作,抓社会主义工业,抓社会主义农业;从一九五八年起,中央和省、市、自治区党委要着重抓工业,抓财政、金融、贸易。在刚刚经历了一场政治运动之后,这些规定给人以耳目一新的感觉,使人振奋,令人鼓舞。这是中共八大关于以经济建设为中心的正确路线的延续。

毛泽东关于工作重点转移的决策,无疑是正确的。但它是在不断革命的思想指导下提出的。毛泽东和中国共产党这时在理论上还没有形成一个明确而坚定的以经济建设为中心的基本观点,即社会主义的根本任务是发展社会生产力。因此,当着毛泽东认为需要提出另外的新的任务时,工作重点就会随之而改变,就像后来所发生的那样。《六十条》提出的任务和目标,是在反对右倾保守、批评反冒进的政治气氛中,在没有经过充分科学论证的情况下确定的,要求过高、过急,是难以达到的。例如,五至八年内完成农业发展纲要四十条,三年内大部分地区的面貌基本改观等。而在一年以前,毛泽东还是这样估计的:"中国可能在三、四个五年计划内,初步地改变面貌"。① "大跃进"运动就是在这些不切实际但却十分鼓舞人心的口号的激励下,在过高过急的任务的压力下,一步一步地发动起来的。

南宁会议是一次重要的会议,它对中国后来的发展产生过重大影响。这次会议继承了中共八大以经济建设为中心的正确路线,并且提出要努力开创一个社会主义建设的新局面,迅速改变中国的落后面貌,把中国早日建设成为强大的社会主义国家。在南宁会议上表现出来的毛泽东与中央其他几位领导人的分歧,不是在是否要以经济建设为中心这个问题上,而是在建设速度的问题上。由于毛泽东严厉批评了反冒进,又提出一些超过实际可能性的高指标而被会议一致通过,这就直接导致"大跃进"的开始发动。经过南宁会议,毛泽东的主张在中共最高领导层被一致接受了。在毛泽东看来,这是关键但又远远不够的,还必须把他的主张推广到党内外的更大范围,推广到全党和全国人民中间去。

2. 成都会议

3月的川西平原,呈现一片美丽的景色。金色的油菜花、紫色的蚕豆

---

① 中共中央文献研究室编:《建国以来毛泽东文稿》第七册,中央文献出版社1987年版,第141页。

花、绿色的麦苗，间以数不尽的竹林盘，恰似一幅鲜艳的图案，镶嵌在这块肥沃的土地上。此时在党内随着批评反冒进的范围越来越大，地方上的一些领导人竞相攀比，提出的生产指标越来越高。毛泽东的头脑越来越不冷静了。成都会议就是在这种情况下召开的，整个会议期间，毛泽东的心情极为舒畅。一方面，周恩来、陈云等都对反冒进问题作了检讨，承认了错误。另一方面，各地区正在制定新的跃进指标，人民群众的劳动热情被激发起来，一个空前规模的社会主义生产高潮看起来已在各行各业普遍出现。他感到经过南宁会议，到这次成都会议，情况已经根本扭转过来，"大跃进"已成定局，这使他始终处于亢奋之中。

3月9日是会议的第一天，毛泽东提出了二十几个问题，重点讲反冒进，反对经济工作中的教条主义。这次对反冒进的批评，提到了一个更高的层次，成了马克思主义还是非马克思主义的问题。他说："两种方法的比较，一种是马克思主义的'冒进'，一种是非马克思主义的反冒进。究竟采取哪一种？我看应采取'冒进'。很多问题都可以这样提。"毛泽东尖锐地批评了经济工作中的教条主义。他认为规章制度从苏联搬来了一大批，但害人不浅。那些规章制度束缚生产力，制造浪费，制造官僚主义。苏联的经验只能择其善者而从之，其不善者不从之。把苏联的经验孤立起来，不看中国实际，就是不择其善者而从之。①

3月10日，毛泽东在讲话中进一步批评教条主义。他分析了教条主义产生的原因。一、重工业的设计、施工、安装自己都不行，没有经验和专家，部长是外行，只好抄外国的，抄了也不会鉴别。二、对苏联和中国的情况都不了解。对苏联的经验、情况、历史发展不甚了解，既然不了解只好盲目地学他们。三、精神上受到压力。菩萨比人大好多倍，是为了吓人。戏台上的英雄豪杰一出来，与众不同。斯大林就是那样的人。四、不懂得比较法，不懂得树立对立面。对许多规章制度，我们许多同志不去设想有没有另外一种方案，择其合乎中国情况者应用，不适合者另拟，也不作分析，不动脑筋，不加比较。毛泽东回顾了1956年以来独立探索的历程：1956年4月的《论十大关系》，开始提出我们自己的建设路

---

① 中共中央文献研究室编:《毛泽东文集》第7卷，人民出版社1996年版，第51页。

线,原则和苏联相同,但方法有所不同,有我们自己的一套内容。1957年在《关于正确处理人民内部矛盾的问题》的报告中,讲了工农业同时并举、中国工业化的道路、农业合作化等问题。这一年发生了一件大事,是全民整风、反右派,群众性的对我们的批评,对人们思想的启发很大。

这是毛泽东自1956年初批评教条主义以来又一次批评教条主义。1956年那一次,以苏联为鉴,引发了探索中国社会主义建设道路的思想解放,提出了一系列从中国实际出发的新思路。成都会议这一次的批评,提出的一些见解,从道理上讲也不能说不对,比如学习要与独创相结合,但由于指导思想上的"左",由于忽视客观规律,片面地强调"破除迷信,解放思想",因而在实际工作中助长了盲目蛮干情绪,把许多必要的、合理的规章制度也当作迷信而废除了,造成无章可循或作出一些不恰当的规定,破坏了正常的经济秩序。

从3月10日到19日,会议听取各省、市、自治区党委负责人汇报。毛泽东作了许多插话,归纳起来主要有这样一些内容:社会主义建设路线的形成,再有5年就差不多了,苦战3年,也可能形成。过去的8年,顾不上也抽不出手抓建设。现在才有可能抽出时间来研究建设,开始摸工业。现在建设路线还没有完全形成。科学、文教、商业还没有摸。我们一定苦战3年,切实去形成一条完整的、我们中国的建设社会主义的路线;苦战3年基本改变本省面貌。7年内实现四十条。农业机械化争取5年实现。可不可以这样提,各省可议一下;10年或稍多一点时间赶上英国,20年或稍多一点时间赶上美国,那就自由了、主动了;实现四十条,辽宁3年,广东5年,3年恐怕有困难,可以提3年到5年。

3月20日,毛泽东发表第三次讲话,他对于汇报中提到的改良农具的群众运动给予很高的评价,称之为技术革命的萌芽,是一个伟大的革命,应该推广到一切地方去。他说群众性的创造是无穷无尽的,是从下而上搞起来的,我们发现了好的东西,就要加以总结推广。关于社会主义建设的总路线,毛泽东说:还在创造中,基本点已经有了,现在已经使得少数人感觉这条路线是正确的。可能还有很多人是将信将疑,或者说是不自觉的。对于我们来说,从理论上和若干工作的实践上,认为这条路线是正确的。但15年赶上英国还只是口号,全国工业化尚未实现。在我脑筋中存在问题。是好还是天下大乱,我现在没有把握。所以现在要开会,要每年抓四次,看到有问题就调节一下。他认为这个路线开始形成,由于两个原因,根本的是群众斗争的创造,其次是领导机关反映了这些创造。总路线开始形成但是尚待完善,尚待证实,不可以说已最后完成了。毛泽东对于已经和正在出现的跃进局面,从根本上说是肯定的和欣喜的。但对这样一件从未干过又毫无经验的大事业,他似乎也预感到可能会出什么乱子。但他相信这条社会主义建设总路线是正确的,广大人民群众的积极性和创造性已经高涨起来,只要中央和省市自治区这两级领导一年抓四次,开会研究,看到有问题就调节一下,就不会出大问题。

3月22日,毛泽东第四次讲话。毛泽东的精神越来越兴奋,情绪越来越高昂,思想越来越活跃。这次主要讲要有势如破竹、高屋建瓴的气概,要敢想敢说敢做。为此他提议把会议延长两三天,专门谈谈思想问题,以解放思想,提高风格。他认为要提高风格,振作精神,要有势如破竹、高屋建瓴的气势。要做到这点,必须抓住马克思主义的基本理论和工作中的基本矛盾。但我们的同志有精神不振的现象,是奴隶状态的表现,像京剧《法门寺》里的贾桂一样,站惯了不敢坐。对于马克思主义经典著作要尊重,但不要迷信马克思主义本身就是创造出来的,不能抄书照搬。一有迷信就把我们脑子镇压住了,不敢跳出圈子想问题。为了活跃党内思想,在领导干部中形成带头学理论、想大事、抓大事的风气,毛泽东提议创办党的理论刊物,中央办一个,各省都办一个。

3月25日,毛泽东第五次讲话,主要讲思想方法问题。对反冒进的问题也主要是从这个角度去讲的。他说:"马克思主义的理论基础,第一是唯物论,第二是辩证法。"我们许多同志对此并不那么看重。反冒进不是什么责任问题,不要说得太多了,我也不愿听了。不要老做自我批评,作为方法问题的一个例子来讲是可以的。接着他说:"唯物论是世界观,也是方法论。""我们的主观世界只能是客观世界的反映,主观反映客观是不容易的,要有大量事实,在实践中反复无数次才能形成现实。一眼望去,一下抓住一两个观点,并无大量事实作根据,是不巩固的。"要真真实实地听下级的话,个别交谈,小范围交谈。省委和中央解决问题都是如此,反冒进也是一种客观反映。把个别的特殊的东西误认为一般的全面的东西。辩证法是研究主流与支流、本质与现象、主要矛盾与次要矛盾。过去发生反冒进等错误,即未抓住主流和本质,把支流当作主流,把次要矛盾当作主要矛盾来解决。国务院开会对个别问题解决得多,但有时没有抓住本质问题。他说许多同志不注意理论。思想、观点、理论就是客观世界的反映。客观世界所固有的规律,人们反映它不过是比较地合乎客观情况。任何规律即是事物的一个侧面,是许多个别事物的抽象,离开客观的具体事物,哪还有什么规律?

3月26日,历时18天的成都会议结束了。在会议的最后毛泽东又讲了话,这是他在成都会议上的第六次讲话。他说:"这次会议开得还可以,但事先未准备虚实并举,实业多了一点,虚业少了一点。这也有好处,一次解决大批问题,并且是跟地方同志一起谈的,也就比较合乎实际。""过去我们太实了。要引导各级领导同志关心思想、政治、理论的问题,红与专相结合。"毛泽东再次强调一年抓四次,特别是今年要抓紧一点,以便更及时地掌握群众的情绪,稳一点掌握建设的速度。下次会议7月开,重点是工业。这正是毛泽东以往所不很熟悉的。①

成都会议是继南宁会议之后中共中央召开的又一次重要会议,在发动"大跃进"的道路上大大向前推进了一步。从批评反冒进为主,转到发动"大跃进"为主,是一次发动"大跃进"的中央会议。生产指标一涨再涨;完成任务的时限一缩再缩。反教条主义、反经验主义和"破除迷信,解放思想"的口号,本来都是好事情,但是在"左"的、急于求成的思想指导下,却鼓励了不尊重客观规律的盲目蛮干情绪。由于反复讲唯物论、辩证法,使得批评反冒进、发动"大跃进"更具备了一定的理论形态。

3. 八大二次会议

中共八大二次会议于1958年5月5日在北京召开。会议的第一天由刘少奇代表中央委员会作工作报告,但基本思想还是毛泽东的。它充分表达了毛泽东自1956年以来,主要是南宁会议以来,在历次会议上讲话的主要内容:"调动一切积极因素,正确处理人民内部矛盾;巩固和发展社会主义的全民所有制和集体所有制,巩固无产阶级专政和无产阶级的国际团结;在继续完成经济战线、政治战线和思想战线上的社会主义革命的同时,逐步实现技术革命和文化革命;在重工业优先发展的条件

---

① 中共中央文献研究室编:《毛泽东文集》第7卷,人民出版社1996年版,第55页。

下,工业和农业同时并举;在集中领导、全面规划、分工协作的条件下,中央工业和地方工业同时并举,大型企业和中小型企业同时并举;通过这些,尽快地把我国建成为一个具有现代工业、现代农业和现代科学文化的伟大的社会主义国家。"①这些可看作毛泽东在探索中国社会主义建设道路上所取得的成果。

关于 15 年赶英的口号,按照毛泽东和中共中央的意见,在党内小范围里头,掌握的口径是,7 年赶英,15 年赶美,但公开上还是 15 年赶英。不过工作报告作了一个修改,把过去说的 15 年或者更长的时间赶上英国,改为 15 年或者更短的时间赶上英国。一"长"一"短",这一字之差,反映了毛泽东对中国经济发展速度估计上发生的变化。工作报告突出了建设速度问题,并且说明为什么必须加快建设的速度,指出:"建设速度的问题,是社会主义革命胜利后摆在我们面前的最重要的问题。我们的革命就是为了最迅速地发展社会生产力。我国经济本来很落后,我国的外部还有帝国主义,只有尽可能地加快建设,才能尽快地巩固我们的社会主义国家,提高人民的生活水平"。②

毛泽东在 5 月 8 日、17 日、20 日、23 日四次在大会上讲话,主题是破除迷信,解放思想,敢想敢说敢做。5 月 8 日,以"破除迷信"为题发表第一次讲话:我们的同志有几怕。第一种怕教授,第二种怕马克思。以为马克思住在很高的楼上,要搭很长的梯子才能爬上楼去。我看楼下的不要怕楼上的人。列宁说的和做的,许多东西都超过了马克思。我们做的也有许多超过了马克思。我们的实践超过了马克思。实践里出理论。我们干成功了,在意识形态上反映出来就是理论。他说:"不要妄自菲薄,看不起自己。我们被帝国主义压迫了 100 多年。它们总是宣传那一套:要服从洋人。封建主义又宣传那一套:要服从孔夫子。对外国人来说,我们不行。对孔夫子来说,我们也不行。""总之,这都是迷信,一切迷信都要打破。"他再一次引用大量事例,证明自古以来,大学问家、发明家,开头都是年轻人、被人看不起的人、受压迫的人或者学问比较少的

---

① 中共中央文献研究室编:《建国以来重要文献选编》第 11 册,中央文献出版社 1995 年版,第 303—305 页。

② 中共中央文献研究室编:《建国以来重要文献选编》第 11 册,中央文献出版社 1995 年版,第 288 页。

人。他说:"我们的同志不要被大学问家、权威、名人吓倒。要敢想、敢说、敢做……劳动人民蕴藏着的创造性、积极性很丰富,过去就是上层建筑——党和政府不提倡,或提倡不够,压制住了,没有爆发出来。现在开始看见劳动人民、6 亿人口的这种创造性。去冬今春才开始爆发出来。我们现在的办法就是揭盖子,破除迷信,让劳动人民的积极性都爆发出来。"他说:我也不懂工业,可是我不相信工业就是高不可攀。我和几个搞工业的同志谈过,开始不懂,学几年也就懂了,没有什么了不起。把它看得那么严重,这种心理状态是不正常的。我看 15 年赶上英国,赶上美国差不多。照李富春同志的话,稍微多一点时间,比如 20 年是尽够的。但这个不发表,15 年赶上英国的口号不要变。"不要改变我们的口号,不要加上一个什么十五年或者二十年赶上美国。但是高级干部、全国代表大会代表应当知道这个方向。"毛泽东还讲到,要学习列宁,敢于插旗子,敢于标新立异。插旗子不要有空白,要把资产阶级插的拔掉,换上无产阶级的旗子。最后,把他的讲话归纳为:"破除迷信,不要怕教授,不要怕马克思"。①

5 月 20 日,毛泽东再一次就破除迷信问题发表讲话,还讲了以普通劳动者的姿态出现、外行领导内行、插红旗辨风向等问题。去掉官气,以普通劳动者的姿态出现这个问题,从南宁会议一路下来,并写进了《工作方法六十条(草案)》。在这次讲话中,进一步发挥了这个思想,把它提到高尚的共产主义精神的高度加以提倡和强调,同时严厉地批评使人厌恶的官气。他说:"这个问题要特别提出来,是因为我们有些干部是老子天下第一,看不起人,靠资格吃饭,做了官特别是做了大官,就不愿意以普通劳动者的姿态出现。这是一种很恶劣的现象。如果大多数干部能够以普通劳动者的姿态出现,那末这少数干部就会被孤立,就可以改变官僚主义的习气。靠做大官吃饭,靠资格吃饭,妨碍了创造性的发挥。因此,要破除官气,要扫掉官气,要在干部当中扫掉这种官气。谁有真理就服从谁,不管是挑大粪的也好,挖煤炭的也好,扫街的也好,贫苦的农民也好,只要真理在他们手里就要服从他们。如果你的官很大,可是真理

① 中共中央文献研究室编:《建国以来毛泽东文稿》第七册,中央文献出版社 1987 年版,第 85 页。

不在你手里也不能服从你。再说一遍,要是大多数干部扫掉了官气,剩下来的人就是有官气也容易扫掉了,因为他们孤立了。官气是一种低级趣味,摆架子、摆资格、不平等待人、看不起人,这是最低级的趣味,这不是高尚的共产主义精神。以普通劳动者的姿态出现,则是一种高级趣味,是高尚的共产主义精神。"毛泽东认为外行领导内行是一个普遍的规律。他这样说:是不是可以说,人人是内行,人人又是外行呢? 世界上有万门行业,有万门科学技术,有万种职业。一万行,每人只能精通一行或两行。懂这一种,对这一种就是内行,对那九千九百九十九种来说,就是外行。毛泽东讲话的另一个重要内容,是插红旗、辨风向。他说:"凡是有人的地方总要插旗子,不是红的,就是白的,或是灰的,不是无产阶级的红旗,就是资产阶级的白旗? ……现在还有一部分落后的合作社、机关、部门、车间、连队、学校、企业,那里边插的还不是红旗,是白旗或者灰旗。我们要在这些地方做工作,发动群众,大鸣大放,贴大字报,把白旗拔掉,插上红旗。任何一个地方都要插红旗,让人家插了白旗的地方,要把他的白旗拔掉"。①

　　5 月 23 日,毛泽东在会上发表最后一次讲话,主要讲辨别风向问题:"大风好辨别,小风就难辨别,领导干部要特别注意这种小风。宋玉写了一篇《风赋》有阶级斗争的意义。风就是一种风,对贫民一种态度,对贵族又是一种态度。'夫风生于地,起于青蘋之末,浸淫豀谷,盛怒于土囊之口。'这里写了一个辩证法。风有小风、中风、大风。'起于青蘋之末',他说风就是从那个浅水中小草的尖端起的。'浸淫',就是慢慢地,逐步逐步地。'豀'就是河川;'谷'就是河谷。'豀谷'就是在那两个高山中间的山谷。'盛怒'就是生了大气了。'土囊之口',大概是三峡那个地方。从四川刮起一股风,通过三峡,叫'土囊之口'。有书为证,你们去翻那个《昭明文选》第四十五卷,我昨天还翻了一下。问题是这个风'起于青蘋之末'的时候最不容易辨别,我们这些人在一个时候也很难免。'起于青蘋之末',大概是成都的那个地方。'浸淫豀谷'大概是隆昌、重庆那个地方。然后到三峡这么一吹,就生了大气。这次我从那里过了一下,

　　① 中共中央文献研究室编:《建国以来毛泽东文稿》第七册,中央文献出版社1987 年版,第 85 页。

第七章　239

我想大概是那个地方。他说的那个'豁谷'究竟在哪里？可能就是那个三峡。"毛泽东这段形象而富有哲理的话,给人们留下了无穷的回味。

从 5 月 8 日开始大会发言,口头发言的 117 人,书面发言的 140 人,其中有中央、省市自治区、地、县各级的领导人。大会发言都是充满激情的,有不少豪言壮语。中央一些部门负责人和地方上的一些负责人,纷纷提出各自部门和各自地区的生产高指标。"15 年赶上美国"的口号特别令人振奋。提前 5 年完成全国农业发展纲要(原规定 12 年完成,已经是脱离实际的),也是一些代表发言的主题。冶金部门提出,1959 年钢产量计划 1200 万吨,1962 年 3000 万吨,1967 年 7000 万吨,1972 年 1.2 亿吨。化工部门提出,我国化学工业也能在 15 年赶上美国,而且群众可以用土办法办化学工业。铁道部门提出,在今后 15 年内修建 12 万公里铁路(当时全国共有 3 万公里)等等。这些高指标是在不断批评反冒进,批评教条主义,大力倡导破除迷信的过程中,人们的头脑越来越发热,一步一步抬起来的。毛泽东对大会发言很重视,听得很有兴致,几乎每次大会都出席。

八大二次会议通过了党的"鼓足干劲、力争上游、多快好省地建设社会主义"总路线,通过了 15 年赶上和超过英国的目标,通过了提前 5 年完成全国农业发展纲要,还通过了"苦干 3 年,基本改变面貌"等口号。总路线和一系列口号被党的全国代表大会通过,这标志着经过南宁会议、成都会议至八大二次会议,一步一步地发动"大跃进"的重大决策最后确定,全国"大跃进"已进入高潮。

(六)"大跃进"运动的后果及教训

八大二次会议后,工农业生产战线上的"跃进"消息不断报来,毛泽东为之高兴并作了许多批示。6 月 6 日,王鹤寿报告说,他与林铁(华北协作区主任)商谈的结果,认为华北地区钢的生产能力,1959 年底达到 800 万吨是可能的。毛泽东将这个报告批给邓小平时写道:"1962 年,可产 6000 万吨钢"。① 这个数字比刚刚闭幕的八大二次会议上冶金部报告

---

① 中共中央文献研究室编:《建国以来毛泽东文稿》第七册,中央文献出版社 1987 年版,第 115 页。

的计划数又翻了一番,事实上是不可能做到的。但这个由业务主管部门提出的报告对毛泽东产生了明显影响。6月7日,冶金工业部向中共中央政治局报告关于1962年主要冶金产品生产水平的规划。毛泽东将此件批发给正在召开的军委扩大会议。批示中写道,只要1962年达到6000万吨钢,超过美国就不难了。

6月16日,国务院副总理兼国家计划委员会主任李富春向中共中央政治局报送"二五"计划要点,提出第二个五年的任务是:提前实现农业发展纲要;建成基本上完整的工业体系,5年超过英国,10年赶上美国;大大推进技术革命和文化革命,为在10年内赶上世界上最先进的科学技术水平打下基础。这个报告使毛泽东"大开眼界"。他将这个报告批给军委扩大会议时写了一段批语,其中说:"很好一个文件,值得认真一读,可以大开眼界。这是你们自己的事情。没有现代化工业,哪有现代化国防?自力更生为主,争取外援为辅,破除迷信,独立自主地干工业、干农业、干技术革命和文化革命,打倒奴隶思想,埋葬教条主义,认真学习外国的好经验,也一定研究外国的坏经验——引以为鉴,这就是我们的路线。经济战线上如此,军事战线上也完全应当如此。"国家计委的这个计划要点,将赶上美国的时间又提前了5年。国务院副总理兼财政部部长李先念向中共中央政治局报送第二个五年财政计划要点,其中谈到粮食"今年麦季增产已经达到350多亿斤,比1956年全年粮食增产的数字150亿斤还要多200亿斤"。毛泽东也批给军委扩大会议,称"此件很好"。6月17日,国务院副总理兼国家经济委员会主任薄一波向中共中央政治局报送的报告,汇报了1958年国民经济形势和1959年的经济发展。其中说1959年我国主要工业产品的产量,除电力外都将超过英国的生产水平。毛泽东将这个报告批给军委扩大会议时,改成一个十分醒目的标题《两年超过英国》,并批示:"超过英国,不是15年,也不是7年,只需要2年到3年,2年是可能的。这里主要是钢。只要1959年达到2500万吨。我们就钢的产量上超过英国了"。[①] 短短几个月的时间,超英的时间就由15年改为2年。

---

① 中共中央文献研究室编:《建国以来毛泽东文稿》第七册,中央文献出版社1987年版,第119页。

　　就是在这种气氛下,毛泽东对经济形势的估计越来越乐观,情绪也越来越兴奋,作出了钢产量翻一番的重大决策,即从 1957 年的 535 万吨增加到 1958 年的 1100 万吨。关于当时的具体情况,陈云是这样说的:"6 月 19 日晚上开各大区协作会议以前,主席在北京游泳池召集中央一些同志,王鹤寿也参加了。主席问他,去年是 530,今年可不可以翻一番?王鹤寿说,好吧!布置一下看。第二天他就布置了。所以是 6 月 19 日才决定搞 1100。"毛泽东后来也讲过这件事:"开始是 600 万吨,第二本账是 700 万吨,第三本账是 800 万吨,争取 900 万吨(指 1959 年钢产指标几次变化的数字,即薄一波 1958 年的报告中提出的 624.8 万吨称第一本账;4 月 15 日国家经委根据各地报来的钢产指标汇总的 711 万吨。称第二本账;5 月 26 日至 30 日召开的政治局扩大会议决定的 800 万吨到 850 万吨,称第三本账)。我说你索性翻一番,那么拖拖拉拉的干什么?王鹤寿同志就很有劲地布置了"。[①] 这个攸关全局的重大指标就这样来确定,显然缺乏科学论证,是不符合经济发展的客观规律的。隔了仅仅两天,6 月 21 日,冶金部党组送来一个报告,说华东协作区会议规划 1959 年华东地区(不包括山东)钢的生产能力为 800 万吨,这是一个极重要的建议指标。根据这个指标,我国钢铁工业的发展又将进入一个新的水平。其他各大协作区也分别召开冶金工业的规划会议。从各大协作区会议的情况看,1959 年钢的产量可以超过 300 万吨,而 1962 年的生产水平则可能达到 8000—9000 万吨以上。毛泽东对这个报告极为重视,更坚定了钢产量翻番的决心,很快将报告批给各大协作区,各省、市、自治区党委,各中央委员,中央各部委,中央国家机关各党组,及军委扩大会议各同志。

　　谭震林 6 月 25 日将在合肥召开的华东四省一市第一次农业协作会议上的总结呈给了毛泽东。这个总结说,华东闽、浙、苏、皖、上海四省一市今年粮食总产量可能达到 1200 亿斤,比去年增加 500 多亿斤。这就是说华东四省一市平均每人 1000 斤粮食的任务,原先设想要 4 年到 5 年完成,今年一年就完成了。全国粮食的产量估计可能达到 5000 亿斤以上。

---

　　①　转引自中共中央文献研究室编,逄先知、金冲及主编:《毛泽东传(1949—1976)》上册,中央文献出版社 2003 年版,第 825 页。

当然,这又是一个使毛泽东高兴的消息。毛泽东将总结推荐给《红旗》杂志发表了。从上述毛泽东写的一系列批语来看,他对这些使人眼花缭乱的高指标是相信了。这对毛泽东产生的影响是相当大的。在这里仿佛又重复了当年农业合作化时的类似情景:毛泽东首先提出反右倾保守的指导思想;在这个指导思想下,同样对领导工业生产缺乏经验的各级领导干部层层加码,纷纷提出比毛泽东更高的指标,又反过来影响毛泽东;根据这些不实的情况,毛泽东再进一步提出更高的要求,并且深信这是能实现的。如此几经往复,所谓"大跃进"的局面也就越来越远离实际,成为主观主义的幻影。

毛泽东发动"大跃进",从他的主观愿望来说,是为了尽快改变中国贫穷落后的面貌,使国家早日富强起来,使中华民族早日立于世界先进民族之林,再不受帝国主义的欺侮。这些都是 100 多年来中国人民梦寐以求的理想和为之奋斗的目标。毛泽东是实事求是思想路线的创立者、调查研究的倡导者。但在"大跃进"过程中,他背离了这些原则,从主观愿望出发,实行了一些超越历史发展阶段的政策,片面地夸大了主观能动性和人的意志的作用,因而在实际工作中出现很多违反自然规律和经济规律的情况。调查研究不是没有,但大多是走马观花式的观察,或是从各级领导干部的汇报中得到很多并不真实的和虚假的东西。而这些不真实和虚假的东西,归根到底是从上面(包括毛泽东)用行政力量压出来的。根据这些来决定事关全局的重大问题,是多么危险!这是一个严重教训。在发动"大跃进"的过程中,毛泽东不断地强调解放思想,破除迷信,但不像过去那样讲实事求是,从思想路线上偏离了正确方向。把解放思想同实事求是统一起来,使党的实事求是思想路线得到恢复和发展,是中国共产党经过以后 20 年的曲折道路,从总结正反两方面经验教训中得出来的。

"大跃进"最大的教训是急于求成,违背了经济发展的客观规律。新生的人民共和国,凭着社会主义制度的优越性,经济发展速度完全可以快一些,也应当快一些。但是由于要求过急,提出许多脱离实际的高指标和根本无法实现的工作任务,而且把是否实现这些高指标和工作任务作为严重的政治问题。这样,就在党内助长了浮夸虚报、说假话、强迫命令等坏作风的滋长。实事求是的思想原则被抛弃了,主观愿望代替了科学论证。所谓"破除迷信"连科学的东西也破除了。以钢产量指标为代表的一系列高指标,牵动了全局,一压下来,正常的经济秩序被完全打乱,许多正确的政策规定也成为一纸空文。

毛泽东曾经谆谆教导党内同志:在胜利面前务必保持谦虚谨慎,防止骄傲自满情绪的滋长。但不幸的是,在一个接连一个的胜利面前,他自己却骄傲起来了。他常说:三年半的时间就取得了解放战争的胜利,他没有想到;农业合作化完成得那么快,他没有想到;工商业的社会主义改造搞得那么顺利那么快,他也没有想到。这么多原来以为十分困难的任务,都一个一个顺利地实现了,在他看来,哪还有什么困难不能克服呢? 由于毛泽东在全党和全国人民中享有无与伦比的崇高威望,由于他过分地自信,由于听到赞扬的话越来越多,使他逐渐地难以再听不同意见了,进而开始背离党的民主集中制原则。正是由于这些原因,导致毛泽东轻率地发动了"大跃进"。这些都是值得借鉴和深刻总结的经验教训。

"大跃进"中取得的一些成绩不可抹煞,但为此而付出的代价是巨大的。"大跃进"对生产力造成的破坏,给国家和人民带来的损失,是灾难性的。这是毛泽东和中国共产党犯的一个严重错误。关于"大跃进"运动,在1981年6月中共十一届六中全会通过的《关于建国以来党的若干历史问题的决议》中,公正地作出如下论断:"1958年,党的八大二次会议通过的社会主义建设总路线及其基本点,其正确的一面是反映了广大人民群众迫切要求改变我国经济文化落后状况的普遍愿望,其缺点是忽视了客观的经济规律。在这次会议前后,全党同志和全国各族人民在生产建设中发挥了高度的社会主义积极性和创造精神,并取得了一定的成果。但是由于对社会主义建设经验不足,对经济发展规律和中国经济基本情况认识不足,更由于毛泽东同志、中央和地方不少领导同志在胜利面前滋长了骄傲自满情绪,急于求成,夸大了主观意志和主观努力的作用,没有经过认真的调查研究和试点,就在总路线提出后轻率地发动了'大跃进'运动和农村人民公社化运动,使得以高指标、瞎指挥、浮夸风和'共产风'为主要标志的'左'倾错误严重地泛滥开来"。①

---

① 中共中央文献研究室编:《三中全会以来重要文献选编》(下),人民出版社1982年版,第805—806页。

二、大兴调查研究之风

1960 年下半年，新中国面临着建国以来最为严重的经济困难。在残酷的现实面前，毛泽东逐步认识到，造成近几年工作严重失误的根本原因是违背了实事求是的思想路线和工作方法。于是他在 1961 年 1 月向全党发出"大兴调查研究之风"的号召。此后毛泽东不仅身体力行，率先垂范，而且还积极推动和领导全党进行调查研究，使 1961 年真正成为他所期待的"调查研究年"。事实证明，1961 年在全党普遍开展的调查研究，对于恢复党的实事求是的优良传统和作风，对于让党的政策特别是农村政策回到正确轨道上来，对于调整农村中的生产关系，促进农业生产力的恢复和发展，起到了至关重要的作用。

（一）多灾多难的六十年代

20 世纪 50 年代后期，在缺乏认真、深入调查研究的情况下，毛泽东和中央轻率地发动了以钢为纲、钢产量翻番，以粮为纲、粮食产量翻番为中心内容的"大跃进"运动和以"一大二公"为特征的农村人民公社化运动，结果使得以高指标、瞎指挥、浮夸风和"共产风"为主要标志的"左"倾错误严重泛滥开来。加之从 1959 年起，我国农田连续遭受大面积自然灾害，农副产品产量急剧下降，国民经济、人民生活和社会主义事业遭到重大损失。此时，中苏关系发生的重大变化更是雪上加霜，使得中国已经发生的经济困难变得更加严重。

1958 年底至 1959 年上半年，毛泽东和中共中央曾采取一系列措施，试图解决这些问题，但 1959 年夏天庐山会议上对彭德怀的批判以及随后发动的反对所谓右倾机会主义的斗争，使这些努力大半付诸东流。1959 年下半年，种种"左"的做法又卷土重来。进入 1960 年，经过所谓反右倾、鼓干劲，在"争取国民经济继续跃进"的口号下，提出大办钢铁、大办县社工业、大办水利、大办交通、大办养猪场、大办文教，不仅过高的生产指标没有实质性的降低，不仅超越生产力水平的生产关系没有得到有效调整，而且以"共产风"为主的"五风"愈刮愈烈，比 1958 年有过之而无不及。受其影响,再加上在一些地区发生了严重的自然灾害,我国的粮食生产在 1959 年大幅度减产后,1960 年又出现大幅度减产,产量仅有 2870 亿斤,比 1957 年减少 26% 以上,从而使我国的粮食供应和副食品供应出现了从城市到农村全面紧张的局势。1959 年下半年,我国的农村地区就已发生了普遍的饥荒。当时在河南商城地区"劳动改造"的著名思想家顾准,在其所写的《商城日记(1959. 10——1960. 1)》中,对商城附近农村地区的饥荒状况有十分真实而具体的记载。从顾准的日记来看,这一地区的饥荒是从当年中秋过后开始的。当时"吃饭问题已经紧张"。至 11 月初,在顾准的日记上,已有农民断炊、因肿病而死人的记载:"徐家断炊。收成,亩产三四百斤,各家偷藏一些稻米,均被翻检以去。来时断炊,吃菜而已。""民工队来买菜的人说,村里的红薯已经吃光了,这应该是真的。""刘引芝的父亲死了。肿病——劳动过度,营养不良。缝纫室张的哥嫂同时死亡,也是肿病。"由于粮食短缺,农民普遍以菜代饭。但蔬菜的供应也渐渐紧张起来。顾准 11 月 27 日的日记写道:"蔬菜作为代食品,民工队竞来买撇的菜叶。菜园的白菜可砍的可撇的都将完结。"在这种情况下,不正常死亡的情况大量发生,常常是一家连死几人。在顾准 12 月 17 日的日记上,我们可看到:"八组(指顾准所在的劳动队八组)黄渤家中,老婆、父亲、哥哥、二个小孩,在一个半月中相继死亡。""一家连死几人之例,已听到的有:柳学冠,母亲和弟弟;张保修,哥哥和嫂子;黄渤,则上举五人即是。"商城沈家畈附近有一个生产队,七十余人死了三十余个。① 商城地区只是当时农村发生饥荒情况的一个典型而已,全国其他地区的农村情况也差不多。

1960 年 3 月 22 日,毛泽东在批阅山东省六级干部会议秘书处编印《会议情况》第一期时,就已了解到部分农村地区缺粮并发生农民非正常死亡的情况。② 毛泽东在了解到这些情况后,曾发出指示要求各地干部注意处理此类事件,周恩来还指示对安徽和县铜城闸与无为县的情况进行调查。因此,毛泽东和中共中央对当时农村中发生的饥荒应该说多少

---

① 顾准著,陈敏之、丁东编:《顾准日记》,经济日报出版社 1997 年版,第 26、12、51、52、119 页。

② 中央文献研究室编:《建国以来毛泽东文稿》第九册,中央文献出版社 1996 年版,第 98 页。

是知道一些的。但对饥荒究竟严重到什么程度,毛泽东和中共中央高层其他负责人在相当长的一段时间里并没有明确的概念,则是事实。毛泽东和中共中央在相当长一段时期内,以为农村中的饥荒只是个别地区的个别现象,甚至怀疑反映上来的某些农村地区饿死人的情况是不是夸大其词。为什么会造成这样一种情况呢? 这与毛泽东和中共中央当时很难通过正常渠道了解到基层特别是农村地区的真实情况有关。"大跃进"运动和人民公社化运动除了对国民经济造成严重破坏外,还严重地败坏了党的风气,造成不讲真话、弄虚作假、浮夸风在各级干部中相当盛行。1959年庐山会议后,党内一部分敢讲真话的同志受到错误打击,更助长了弄虚作假的风气。1959年下半年和1960年上半年,毛泽东和中共中央所了解到的很多情况都是虚假的、不真实的。如关于粮食产量,1959年河南省的负责人反映说,当年河南粮食产量达到450亿斤,但实际只有240亿斤,虚报了210亿斤。① 江苏省的负责人则向毛泽东反映说,1959年江苏出现大面积高产,粮食问题已经解决了。② 再如关于食堂问题,1959年各地人民公社的公共食堂就已经暴露出严重的问题,社员在食堂吃不好,吃不饱,食堂实际上已经难以为继,但1960年2、3月间,贵州、河南等省居然还给中央打报告吹嘘在这些省份公共食堂办得如何好,对巩固社会主义阵地发挥了多么大的作用。贵州省委的报告说贵州全省有食堂13万多个,固定的或基本固定的占80%左右,出现了一批办得很好的食堂,显示了食堂的优越性和重要性。③ 河南省委的报告则说河南全省有农村公共食堂近33.6万个,在公共食堂就餐的人数占到农村总人口的99%,其中最好的一类食堂占66%,二类食堂占31.2%,三类食堂只占2.8%。④ 对饿死人的情况也是如此。1960年3

---

① 转引自中共中央文献研究室编,逢先知、金冲及主编:《毛泽东传(1949—1976)》上册,中央文献出版社2003年版,第1115页。

② 转引自中共中央文献研究室编,逢先知、金冲及主编:《毛泽东传(1949—1976)》上册,中央文献出版社2003年版,第1017页。

③ 中央文献研究室编:《建国以来毛泽东文稿》第九册,中央文献出版社1996年版,第45页。

④ 中央文献研究室编:《建国以来毛泽东文稿》第九册,中央文献出版社1996年版,第74—75页。

月,毛泽东、周恩来看到了反映这方面问题的材料后,有关部门曾组织过调查。1960 年 4 月底,毛泽东外出视察工作时,有人向毛泽东这样反馈调查的结果:"我们派了十几个考察团到安徽阜阳专区,考察的结果,他们反映的材料,事实上,那个死人是个别的,多数人治好了,外流的人数也不多,而且粮食吃得相当多"。① 发生了饿死人的严重情况,下面的干部居然还敢隐瞒真实情况,可见毛泽东和中共中央当时要了解到真实情况有多难了。

由于对农村中发生的真实情况不了解,毛泽东和中共中央对农村工作中问题的严重性、紧迫性,在 1960 年上半年的认识是相当不够的,因而没有及时采取有力的措施来解决农村工作中存在的问题。这无疑使得农村的紧张局势进一步加剧。应该说,20 世纪 60 年代初期国民经济的严重困难,固然与毛泽东"左"的指导思想有关,在相当程度上,还与一部分干部热衷于弄虚作假,反映假情况、假信息,而毛泽东又轻信这些假情况、假信息,并据此作出了错误的决策是有关的。对这一点,毛泽东后来是认识到了的,并有过正确的论述。1961 年 3 月 13 日,毛泽东在广州召开的中共中央中南局、西南局、华东局负责人和这三个地区所属省市自治区党委负责人参加的工作会议(称"南三区会议")上说:"过去这几年我们犯错误,首先是因为情况不明。情况不明,政策就不正确,决心就不大,方法也不对头。"他还说:"最近几年吃情况不明的亏很大,付出的代价很大"。②

后来毛泽东在着手纠正"大跃进"运动和人民公社化运动中的"左"倾错误时,多次提到他在这一时期为假象所迷惑,上当受骗,并提出要把他为假象所迷惑的情况作为一个重要的教训来吸取。1961 年 1 月 9 日,他在中央工作会议上听取汇报时,提到 1959 年曾被河南省虚报的 450 亿斤的粮食产量所迷惑;1961 年 6 月 12 日,他在中央工作会议上又提到自己受过骗,说曾相信河南一位省委书记说的,以为河南的食堂半机械化可普遍啦,其实根本没有。因此他提出要防止上当受骗,不要被假象所迷惑。怎样才能不被假象所迷惑呢? 毛泽东得出的结论就是不要满足

① 转引自中共中央文献研究室编,逢先知、金冲及主编:《毛泽东传(1949—1976)》上册,中央文献出版社 2003 年版,第 1069 页。

② 中央文献研究室编:《毛泽东文集》第 8 卷,人民出版社 1999 年,第 253 页。

于看下面交上来的表格、报告,不要满足于听汇报,而要亲自进行调查研究。1961 年 1 月 9 日他在中央工作会议上说:"我们要透过现象看本质,不要被现象所迷惑,要反映真正的客观实际。这几年,我们在许多工作中缺乏一种谨慎的和实事求是的态度,为某些现象所迷惑,值得我们注意"。① 1961 年 3 月 13 日,他在广州召开的南三区会议上说得更加明确:"我们了解情况主要不靠报表,也不能靠逐级的报告,要亲自了解基层的情况"。② 因此,1961 年初毛泽东大兴调查研究之风,是与 1959 年下半年和 1960 年上半年他和中共中央不能了解到基层的特别是农村地区的真实情况,因而不能及时作出正确的决策密切相关的,是他重视吸取这一反面教训的结果。

(二)调查研究思想的酝酿

1961 年初毛泽东提出在全党大兴调查研究之风,是经过了一个思想酝酿过程的。这个思想酝酿过程是从什么时候开始的呢? 是从 1960 年 6 月中共中央政治局扩大会议开始的。对农村中发生的严重饥荒,在 1960 年上半年,毛泽东由于对真实情况不了解,并没有给予足够的重视。但是到了 1960 年的夏天,毛泽东开始感到了农村问题的严重性。1961 年 3 月 19 日,毛泽东召集参加修改人民公社工作条例第二稿的人员谈道:"农村问题在 1959 年即已发生,庐山会议反右,使问题加重,1960 年更严重。饿死人到 1960 年夏天才反映到中央"。此外,到 1960 年春夏之交,国民经济其他方面的问题也开始大面积暴露,而且由于毛泽东发现得晚,这些问题当时已经是很严重的问题。这也使得毛泽东开始正视国民经济中特别是农村经济中存在的严重问题。

1. 上海会议

在此背景下,1960 年 6 月 10 日至 18 日,毛泽东在上海主持召开中

---

① 转引自中共中央文献研究室编,逄先知、金冲及主编:《毛泽东传(1949—1976)》上册,中央文献出版社 2003 年版,第 1115 页。

② 中央文献研究室编:《毛泽东文集》第 8 卷,人民出版社 1999 年版,第 253—254 页。

共中央政治局扩大会议,主题是讨论第二个五年计划后 3 年的补充计划。这是一次重要的但迄今没有引起注意的会议。在这次会议上,毛泽东在 1959 年的庐山会议后,第一次对国内的经济形势作了比较清醒的估计,明确意识到了党的工作已处于全面被动的局面,因而提出要争取主动权,要降低计划指标。在毛泽东的主持下,这次会议对 3 年补充计划的 14 项指标作了较大幅度的调整,有的比第二个五年计划原定的指标还低。这次会议在工作的指导思想上还明确了两点:一是坚持以农业为基础的方针,加快发展农业;二是强调作计划必须留有余地。因此,这次会议实际上是三年经济困难时期的一个重要转折点,是一个由不切实际的鼓吹"大跃进",转向实事求是地制定国民经济发展指标和发展速度的转折点。虽然由于在会议结束后,毛泽东和中共中央将主要的注意力转向了处理中苏关系问题,会议的精神没有得到认真地全面地落实,因而这次会议对纠正当时正在严重泛滥的以"共产风"为标志的"左"倾错误,对扭转当时日趋严重的经济困难,没有产生明显的实际作用,但这次会议所取得的重要成果,为 1960 年底、1961 年初全面开展的纠正"左"倾错误作了思想上的准备。毛泽东关于纠正"左"倾错误,克服国民经济严重困难的一些重要思想,在这时已经开始产生。这些思想不仅包括上述已经提到了的要争取主动权的思想,要加快发展农业的思想,作计划必须留有余地的思想,还包括要恢复实事求是传统的思想,要开展调查研究的思想。

会议期间,毛泽东还结合会议的主题,对过去十年来社会主义革命和建设的经验教训,特别是对"大跃进"运动和人民公社化运动以来的经验教训,进行了反思,写了一篇重要的文章——《十年总结》。在这篇文章中,毛泽东虽然仍然肯定总路线、"大跃进"、人民公社,肯定 1959 年庐山会议对彭德怀的批判,但他指出,自 1958 年"大跃进"以来,农业方面犯了错误,一直处于被动地位,农业方面犯了什么错误呢? 就是"指标高了,以至不可能完成"。① 因此他提出要争取主动权。如何争取主动权呢? 就是要把过高的指标改过来。应该说他的这一思想在当时虽然具

---

① 中央文献研究室编:《建国以来毛泽东文稿》第九册,中央文献出版社 1996 年版,第 215 页。

有积极作用,对于会议全面降低计划指标起了促进作用,但仍然是存在局限性的,仍然是不彻底的,事实上要把当时的被动局面扭转为主动局面,并不是把生产指标降下来就能解决的。但重要的是,毛泽东在提出争取主动权的同时,阐述了三点与他后来倡导全党大兴调查研究之风有着密切联系的思想。第一点是什么是主动权?毛泽东在文章中指出:"主动权,就是'高屋建瓴'、'势如破竹'。这件事来自实事求是,来自客观情况对于人们头脑的真实的反应,即人们对于客观外界的辩证法的认识过程"。① 在这里,毛泽东把主动权与实事求是联系了起来,认为没有实事求是就没有主动权,没有对客观情况的真实反映就没有主动权,实际上是从一个侧面强调了实事求是的极端重要性,强调了真实地了解客观情况即调查研究的重要性。第二点是过去全党在工作上犯错误是由于思想方法不对头,忘记了实事求是的原则。毛泽东在文章中说:"管农业的同志、管工业的同志和管商业的同志,在这一段时间内,思想方法有一些不对头,忘记了实事求是的原则,有一些片面思想(形而上学思想)。"还说:"现在就全党同志来说,他们的思想并不都是正确的,有许多人并不懂得马列主义的立场、观点和方法。我们有责任帮助他们,特别是县、社、队的同志们"。② 在这两段话中,毛泽东实际上是强调了要确立马克思主义的思想方法,恢复实事求是的思想路线。因为既然犯错误是由于不懂得马列主义的立场、观点和方法,是由于思想方法不对头,是由于忘记了实事求是的原则,那么要改正错误就必须恢复实事求是的思想路线。第三点是对真理的认识,由必然王国到自由王国的飞跃,需要一个过程。我们对社会主义时期的革命和建设,还有一个很大的盲目性,还有一个很大的未被认识的必然王国。我们要以第二个十年时间去调查它,去研究它,找出它的固有规律,利用这些规律为社会主义的革命和建设服务。毛泽东明确地提出要以第二个十年的时间来进行调查研究,找出社会主义革命和建设的客观规律。上述三个方面的思想,即强调实事求是的重要性,强调要恢复实事求是的思想路线,提出要以第二

① 中央文献研究室编:《建国以来毛泽东文稿》第九册,中央文献出版社 1996 年版,第 215 页。

② 中央文献研究室编:《建国以来毛泽东文稿》第九册,中央文献出版社 1996 年版,第 214—215 页。

个十年的时间进行调查研究。

2. 着力解决农业问题

1960年下半年,毛泽东对农村地区的紧张局势有了进一步的了解。10月26日,他看到中共中央组织部、中央监察委员会四名干部关于河南省信阳地区大量饿死人和干部严重违法乱纪等问题的调查材料。随后便约刘少奇、周恩来商讨对策。与此同时,毛泽东和中共中央也开始从治标、治本两个方面采取措施来缓解农村的紧张局势。治标方面,毛泽东和中共中央考虑的是如何帮助农民群众度过饥荒。这一方面,中共中央除了采取压低粮食口粮标准、从国外进口粮食、瓜菜代替主食等措施外,还动员各地大规模采集和制造代食品,并专门成立了以周恩来为首的瓜菜代领导小组和专门办公室,具体指导这一工作。治本方面,毛泽东和中共中央开始采取措施调整农村的生产关系,制止猖獗一时又为害极大的"五风"。1960年11月3日,中共中央发出由周恩来主持制定的《关于农村人民公社当前政策问题的紧急指示信》。指示信要求在农村坚决反对和纠正"一平二调"的错误;提出允许社员经营少量的自留地和小规模的家庭副业;提出要坚持按劳分配的原则,供给部分和工资部分三七开等。指示信发出之前,毛泽东在上面批示:"用电报发出,越快越好"。① 显示出了他解决农村问题的急迫心情。有材料显示,中共中央指示信发出前后,毛泽东解决农村问题的决心已经非常明确而坚定。

1960年11月15日,毛泽东在一个批示中提出,5个月内一定要把全部形势都转变过来。他说:"共产党要有这样一种本领,5个月工作的转变,一定争取1961年的农业大丰收"。② 在同一天,毛泽东在为中共中央起草的给各中央局、各省、市、自治区党委的指示中说:"必须在几个月内下决心彻底纠正十分错误的共产风、浮夸风、命令风、干部特殊风和对生

---

① 转引自中共中央文献研究室编,逄先知、金冲及主编:《毛泽东传(1949—1976)》上册,中央文献出版社2003年版,第1100页。

② 中央文献研究室编:《建国以来毛泽东文稿》第九册,中央文献出版社1996年版,第350页。

产瞎指挥风,而以纠正共产风为重点,带动其余四项歪风的纠正"。① 毛泽东一定要解决农村问题的这样一种决心,是纠正农村工作中的"左"倾错误,调整"一大二公"的人民公社体制和农村生产关系的前提,也是他大兴调查研究之风的重要的思想基础。正是在给各中央局、各省、市、自治区党委的指示中,毛泽东提出要解决农村工作中存在的问题,就要做到情况明、决心大、方法对。如何才能做到情况明、决心大、方法对呢?他要各地学习湖北省的经验,这一经验就是湖北省委通过在湖北沔阳县通海口公社搞试点,了解到这一公社在"共产风"、干部瞎指挥等方面存在严重问题,然后采取有力措施纠正这些问题,使情况得以好转,并在全省推广在通海口公社的做法。毛泽东从湖北省委的经验中得到启示,认为省委自己全面彻底调查一个公社(错误严重的)使自己心中有数的方法是一个好方法,并向各省委推荐这一方法。可以说,这时通过调查研究解决农村问题的思想在他心中已逐渐清晰,并最终在 1960 年底至1961 年初召开的中央工作会议上变得明确起来。1960 年 11 月 3 日中共中央《关于农村人民公社当前政策问题的紧急指示信》发出后,对于调整农村中过"左"的经济政策,纠正各种不正之风,调动广大农民的生产积极性,起到了一定的作用。但是,这一指示信对于农村生产关系的调整还远没有到位,对于人民公社体制中的公共食堂、供给制、基本核算单位过大等仍然予以肯定。这样,从根本上影响农民群众生产积极性的平均主义问题并没有得到解决。由于这一原因,同时也由于害怕政策多变,这一指示信中规定的允许农民经营少量的自留地和家庭副业的政策在一些地方并没有调动起农民在这一方面的积极性。各地纷纷报告:发还给农民的自留地,农民不要;苦口婆心地劝说农民饲养家畜家禽,农民就是不听。此外,在某些地区,由于干部的思想认识不一致,或者由于干部存在工作作风上的问题,中央的政策甚至根本没有同群众见面,更谈不上执行了。这些情况说明,有必要进一步采取更加得力的措施来解决农村工作中存在的问题。正是在这种背景下,1960 年底至 1961 年初在北京召开了中共中央工作会议。

---

① 中央文献研究室编:《建国以来毛泽东文稿》第九册,中央文献出版社 1996年版,第 352 页。

3. 中共中央工作会议

1961 年 12 月 23 日,中央工作会议在京举行,在会议正式开始之前毛泽东听取了第一次汇报。毛泽东对全国县、社、队的情况和干部队伍情况作了一个分析。他认为就全国来说,按县、社、队为单位,大体是三、五、二的比例,即百分之三十是好的,百分之五十是中间的,百分之二十是坏的。在坏的中间,有若干单位领导权被人家拿去了。他把干部分成六类:第一类,五类分子,地主阶级复辟的,就是反革命;第二类,本来是好的,变坏了,被人家拉过去了,也是反革命;第三类,死官僚主义分子,死也不改,"共产风"一直刮,党的话不听,不能说是我们的人,是敌人;第四类,情况不明,头脑不清,不知道什么是三级所有、队为基础,不知道什么是全民所有、集体所有、个人所有,不知道价值法则、按劳取酬、等价交换,不知道什么是社会主义与共产主义,总之是糊涂人;第五类,知道一些,不甚清楚;第六类,头脑清楚,事情办得好,"共产风"很少或者没有。毛泽东认为中央和省两级要担一些责任。毛泽东说摸底排队很重要,不然心中无数。毛泽东肯定县、社、队的干部百分之九十基本上是好的,百分之十是坏的,包括打进来的、变质的和死官僚。毛泽东对这次整风整社寄予很大希望,他说只要把整风整社搞好了,转变局面、争取丰收并不困难。他认为战胜灾荒、争取丰收有许多有利条件,最主要的是有了苦战三年的经验,包括正面的和反面的经验。过去一搞就是几个大办。看来大办只能有一个,大办这个就不能大办那个。过去我们大办工业,现在要大办农业,由大办工业转变到大办农业。

随着会议对问题讨论的逐步深入,毛泽东的认识也在逐步发展。谈到价格问题时,毛泽东提出要提高粮食价格。这个问题是毛泽东经过反复考虑的。当时毛泽东主要考虑的是吃商品粮的一亿多人口的稳定问题,特别是大中城市的稳定问题。现在他想出一个两全其美的办法,既不影响社会稳定,又能照顾到农民的利益:只提收购价,不提销售价。他算了一笔账,提收购价而不提销售价,每年差价只有 10 亿元,问题不大。毛泽东还深有感触地说:"现在看来,建设只能逐步搞,恐怕要搞半个世纪。"谈到"共产风"时,毛泽东再次承担了责任。在汇报中涉及省委作检讨的问题,毛泽东说:"刮'共产风',中央是有责任的,各省委把中央的责任担起来了。过去这些事情是专管部门搞的,可是有我们看过的,批准的,如大办水利、大办副食品基地、养猪等。我们有责任,这样才能总结经验"。

毛泽东专门讲了一下总结经验的问题。他说:这几年说人家思想混乱,首先是我们自己思想混乱。一方面纠正"共产风",纠正瞎指挥风;另一方面,又来了几个大办,助长了"共产风",不是矛盾吗?庐山会议时以为,"共产风"已经压下去了,右倾又压下去了,加上几个大办就解决问题了。原来估计1960年会好一些,但没有估计对。1960年天灾更大了,人祸也来了。这人祸不是敌人造成的,而是我们自己造成的。今年一平二调比1958年还厉害,突出的是大办水利,大办工业,从农业上调劳动力过多。他说:我跟好多外国人都讲过,我们搞经济工作没有经验。我们搞革命、搞阶级斗争有经验,搞建设没有经验。他又说,三年经验对我们有很大的帮助,要真正地好好地总结三年经验。把这几年的经验总结起来,接受过来,就可以把消极因素转化为积极因素。信阳专区就是一个证明。争取明年形势好转是有条件的,有办法的。

1961年1月3日,中央工作会议继续进行。关于1961年钢产指标,这是一个牵动全局的问题,讨论得最多。李富春汇报开始想搞2150万吨,后来逐步下调,现在降到2000万吨。毛泽东说:是否搞那么多,能不能办得到?首先要保证农业,而后炼钢。总之,今年就是要缩短重工业的战线,延长农业轻工业的战线。刘少奇说:指标搞低些,努力去超过。毛泽东说:这3年都是指标定高了,后来退下来。1958年北戴河会议后从9月开始大搞,1959年庐山会议整风反右以后,又大搞,1960年又搞了1年。这3年大搞钢铁,挤了农业。因此,我怀疑就是1870万吨,是否也会紧张。对钢产指标产生怀疑是对的,但仅仅怀疑仍远远不够。当时钢铁及整个工业战线的困难情况还没有充分暴露,毛泽东等人对工业战线的困难形势完全估计不足。在钢、铁等工业产品产量问题上,他们基本上还没有跳出高指标的框框。毛泽东又问到粮食定购问题。他说陈伯达送给他宝坻县一个生产队的材料。那个生产队经过整风,干部作风转变了,社员生产情绪提高了,生产增加了,只要他有余粮,还是要卖给国家的。从这个材料,毛泽东得到一个启发,他希望各省市区的同志,各中央局的同志,自己去摸一个生产队,心中就有数了。他说,现在整风是整顿那些坏的单位,最好摸一个有曲折发展过程的单位,如宝坻县那个生产队,刮过"共产风",后来纠正了,生产又上去了。

　　1月9日，毛泽东听第五次汇报。这一天，毛泽东向会议印发了胡乔木起草的党政干部"三大纪律、八项注意"草案，要各组讨论。鉴于几年来干部队伍中存在严重作风不纯的情况，毛泽东要胡乔木仿照红军的"三大纪律、八项注意"，制定一个适用于党政干部的"三大纪律、八项注意"。毛泽东对胡乔木起草的这个草案不太满意。毛泽东修改为：（一）一切从实际出发；（二）提高政治水平；（三）实行民主集中制（其中第二条，经过会议讨论，修改为"正确执行党的政策"）。他解释第一条时指出，我们干部的作风问题，主要是不从实际出发，工作中主观主义很多，要整主观主义。毛泽东抓到了干部作风亦即党风中的要害问题。对"八项注意"值得注意的是，他加了一项"没有调查没有发言权"。今天重提，显得格外重要。他说：要强调调查研究。现在调查之风不盛行了，对很多事情发言权有了，言也发了，就是没有调查。其实调查材料不在多，一个好材料就可以使我们了解问题的实质。由此，毛泽东提出不要为假象所迷惑。他说河南1959年就说有450亿斤粮食，实际只有240亿斤，210亿斤是假象，我们被这种假象弄得迷糊了。事物反映到我们脑子里，要加以分析，去伪存真，去粗取精，由表及里，由此及彼，抓住本质。我们要透过现象看本质，不要被现象所迷惑，要反映真正的客观实际。这几年，我们在许多工作中缺乏一种谨慎的和实事求是的态度，为某些现象所迷惑，值得我们注意。当然，我们的认识只能大体上接近客观实际，力求缩小同客观实际的距离。

　　经过五次汇报会的讨论、酝酿和思考，毛泽东关于大兴调查研究之风的思想逐渐形成。在中央工作会议最后的一天，1月13日，毛泽东发表了以大兴调查研究之风为主旨的讲话。他说："这一次中央工作会议，开得比过去几次都要好一些，大家的头脑比较清醒一些。比如关于冷热结合这个问题，过去总是冷得不够，热得多了一点，这一次结合得比过去有进步，对问题有分析，情况比较摸底。当然，现在有许多情况，就中央和省一级来说，还是不摸底。""我希望同志们回去之后，要搞调查研究，把小事撇开，用一部分时间，带几个助手，去调查研究一两个生产队、一两个公社。在城市要彻底调查一两个工厂、一两个城市人民公社。""这些年来，我们的同志调查研究工作不做了。要是不做调查研究工作，只凭想象和估计办事，我们的工作就没有基础。所以，请同志们回去后大兴调查研究之风，一切从实际出发，没有把握就不要下决心。"毛泽东提出,要做到情况明,决心大,方法对。首先是要情况明。这是一切工作的基础,因此要摸清情况,要做调查研究。他说:"今年搞一个实事求是年好不好? 河北省有个河间县,汉朝封了一个王叫河间献王。班固在《汉书·河间献王刘德》中说他'实事求是',这句话一直流传到现在。提出今年搞个实事求是年,当然不是讲我们过去根本一点也不实事求是。我们党是有实事求是传统的,就是把马列主义的普遍真理同中国的实际相结合。但是建国以来,特别是最近几年,我们对实际情况不大摸底了,大概是官做大了。我这个人就是官做大了,我从前在江西那样的调查研究,现在就做得很少了。今年要做一点,这个会开完,我想去一个地方,做点调查研究工作"。①

　　毛泽东关于调查研究问题作过许多论述,在毛泽东思想中占有特别重要的地位。但它们绝大部分是革命战争时期的著述,新中国成立后,这方面的论著就很少见了。毛泽东这篇讲话,可以说是新中国成立后第一次比较集中地讲调查研究问题。它是在探索中国社会主义建设道路上经过一段曲折之后,总结经验的产物。这个讲话标志着中国共产党实事求是精神在一定程度上的恢复,为克服面临的严重经济困难,尽快恢复和发展国民经济,提供了重要思想武器。

　　(三)调查研究活动的展开

　　毛泽东在中共八届九中全会结束的时候,再一次就调查研究问题发表讲话。他说希望 1961 年成为一个调查年,大兴调查研究之风。调查要在实际中去调查,在实践中才能认识客观事物。毛泽东克服严重经济困难、扭转整个形势的基本思路已经明确,那就是从解决农业问题入手,紧紧抓住调查研究这个工作环节。农业生产的恢复和发展,是整个国民经济恢复和发展的基础,是贯彻"调整、巩固、充实、提高"八字方针的基础。根据毛泽东的指示,广东、湖南、浙江三个调查组很快组成,分别由陈伯达、胡乔木、田家英率领赶到调查地点。这是毛泽东直接领导的调查组到实践的第一线,到最基层去作系统的历史的调查研究。毛泽东带

---

　　① 中共中央文献研究室编:《毛泽东文集》第 8 卷,人民出版社 1999 年版,第 233—237 页。

头作调查在全党起了表率作用。三个调查组向毛泽东提供了许多具体的、生动的、有重要价值的第一手材料,成为毛泽东调整农村政策的重要依据。

1961年3月29日,中共中央向全国农村党支部和人民公社全体社员,发出《关于讨论农村人民公社工作条例草案给全党同志的信》。信中指出,在农村人民公社方面,有以下五个迫切需要解决的问题。第一,在分配上生产队和生产队之间,社员和社员之间,都还存在着程度不同的平均主义现象。第二,公社规模在许多地方偏大。第三,公社对生产大队一般地管得太多太死,生产大队对生产队,也一般地管得太多太死。第四,公社各级的民主制度不够健全。第五,党委包办公社各级行政的现象相当严重。① 这五个问题的提出,是毛泽东号召大兴调查研究之风,各级领导干部,包括毛泽东本人在内,调查研究的第一批重要成果。

经毛泽东修改审定了中共中央《关于认真进行调查工作问题给各中央局,各省、市、区党委的一封信》。信中要求县级以上党委的领导人员,首先是第一书记,把深入基层,亲身进行有系统的典型调查,每年一定要有几次,当作领导工作的首要任务,并且要定出制度,造成风气。信中有一个名句:"在调查的时候,不要怕听言之有物的不同意见,更不要怕实际检验推翻了已经作出的判断和决定"。这句话给人留下了很深的印象,增强了人们在调查研究中解放思想的勇气和力量。此信的发出进一步推动了全党的调查研究工作。

广州会议是一次十分重要的会议。用毛泽东的话来评价,这是公社化以来中央同志第一次坐下来一起讨论和彻底解决农业问题。广州会议的主要成果就是制定了人民公社"六十条"草案。广州会议和"六十条"草案,从纠"左"的程度来看,超过了自第一次郑州会议以来的历次会议和文件。"六十条"的制定,在重新纠"左"的道路上前进了一大步。但并不是人民公社所有问题都得到解决,供给制、食堂这两个直接影响群众积极性、关系广大农民群众切身利益的问题,就没有解决。但前一阶段的调查研究,为这些问题的解决作了一定的准备。"六十条"集中了

---

① 中共中央文献研究室编:《建国以来重要文献选编》第14册,中央文献出版社1997年版,第221、222页。

广大干部和群众的意见和要求。但它是不是正确,是不是符合实际? 行得通行不通? 还有些什么问题没有解决? 这就需要再拿到干部和群众中去征求意见,放到实践中去检验。这是毛泽东历来倡导的群众路线的工作方法。广州会议后,从中央领导人到各省、市、自治区负责人,包括毛泽东领导的三个调查组,带着"六十条"草案,深入基层征求意见,开展更大规模、更加深入的调查研究。

由毛泽东主持的中央局第一书记会议在 10 月 6 日晚召开,专门讨论以生产队为基本核算单位问题。会前毛泽东印发了胡耀邦报送他的《二十五天三千六百里路的农村察看》报告。报告说形势确实比去年好。所到之处群众都说形势比去年好多了,不平调了,不瞎指挥了,干部不打人整人了,能多劳多得,生产、生活有了奔头。根本问题在于认真而具体地贯彻农业六十条。大队统一分配,在当前是保护队与队之间的平均主义的一个堡垒。经过邯郸时,听说主席早就说过这个问题,并且说用分配大包干代替"三包一奖",是解决生产在小队而分配在大队这个矛盾现象、真正调动小队积极性的一个大问题。我认为这是十分正确的。同时,报告对一些地方实行分田到户或包产到户,担心会导致降低整个社会生产力水平。当时在中共党内,对以生产队为基本核算单位的认识并不一致,包括一些省委书记和相当数量的地委、县委书记在内。在高级干部中,像胡耀邦这样以正式报告的形式,如此鲜明地表达对以生产队为基本核算单位的主张的肯定和支持,为数不多。毛泽东看了报告,十分高兴,在批语中写道:"此件写得很好,印发各同志,值得一看。"10 月 7 日,中共中央关于农村基本核算单位问题的指示,经过毛泽东审阅修改后发出。指示要求各中央局,各省、市、自治区党委,各地委、县委,在 10 月下半月和 11 月上半月内,仔细地研究一下这个问题。各级党委的有关负责同志,都要亲自下乡,并且派得力的工作组下去,广泛征求群众意见,深入进行调查研究。

又一轮大规模的调查研究工作在全党兴起。毛泽东派田家英率调查组再次去农村调查。田家英选在山西长治地区的一个村庄,作为调查地点。这是老解放区,而且有良好的农业合作的基础。经过调查,他认为毛泽东的意见完全正确。邓子恢于 10 月 28 日到了福建龙岩,进行基本核算单位下放试点情况的调查。11 月 9 日给毛泽东写了一个报告。报告反映,对基本核算单位下放,各级干部和群众一致拥护。但有少数大队干部感到权力受到限制,有抵触情绪;小队干部和群众中,也有一部分人主张维持现状。报告对体制改变后出现的问题,提出了具体解决办法。23日,毛泽东把邓子恢的调查报告批转给各中央局和各省市自治区党委。他在为中央起草的批语中说:"邓子恢同志这个报告很好,发给你们参考。因为目前各地正在普遍试点,此件可发至地、县、社三级党委参考。认真调查研究,对具体问题作出具体的分析,而不是抽象的主观主义的分析,这是马克思主义的灵魂。建议在12月20日以前,各省委第一书记带若干工作组,采取邓子恢同志的方法,下乡去,做10天左右的调查研究工作。"在每走出一步的时候,不是没有不同意见的争论。但最后取得基本一致的认识,并不是靠批判,更不是靠斗争,而是靠调查研究,各级党委第一书记带头到实践中去,"向群众寻求真理"。实践中提出的问题,总归要到实践中去寻找答案。农村人民公社工作条例的制定,对农业生产的发展起了重大的积极作用。随着这个条例的制定,其他许多领域,在总结一九五八年以来经验教训的基础上,通过调查研究,也都相继制定了相关的条例,形成包括许多重要方面的一整套具体政策。被"大跃进"和"反右倾"运动打乱了的工作秩序逐步恢复,走上正常轨道。

1961年的大兴调查研究之风给人们留下了深刻的记忆,为后人提供了许多值得借鉴的东西;毛泽东对怎样建设适合中国情况的社会主义,进行了积极而又有意义的探索。

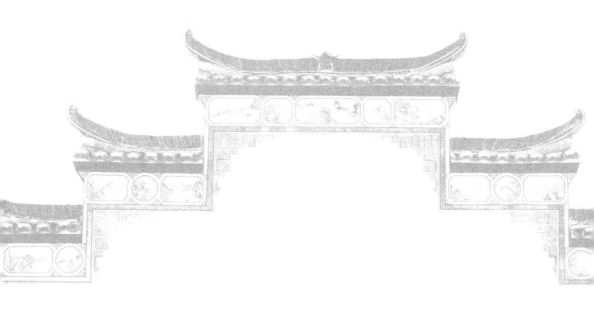

第八章
从"百家争鸣"到文化界的风暴

　　国家的发展离不开文化事业的繁荣,为了顺应这一历史要求,毛泽东提出了"双百"方针,新中国的文化事业获得了前所未有的发展。然而,由于指导思想的偏差,为了实现文化领域的思想统一和突出马克思主义的指导原则,致使中国文化界风暴骤起……

一、百家争鸣

自 1956 年毛泽东提出"双百"方针以来,"百家争鸣"成为建设和繁荣社会主义文化事业的一面旗帜,一直指引着我们。"百家争鸣"缘起于对春秋战国时代多种学术派别竞起、异说纷呈的形容,应当说,春秋战国时期是一个思想活跃,文化繁荣的盛世,事实上,也是中国历史上为数不多的几个文化发展期,更是奠定中国古代几千年文化根基的时代。对于深谙历史知识的毛泽东,他也渴望在建国后有一次大的文化发展,改变长期以来的文化颓废局面,为社会主义的文化发展奠定一个良好的开端。

1956 年,社会主义改造运动即将胜利完成,中共中央开始考虑加快经济和科学文化建设,但整个文化状况是相对复杂的。一方面,刚刚经过大规模思想改造运动和一系列思想文化领域的批判及肃反运动,不少人心有余悸;另一方面,在学习苏联的问题上出现了严重的教条主义。也正是在这段时间里,苏共二十大批判斯大林,揭露了苏联社会主义建设中存在的一些问题。对于准备召开八大的中国共产党来说,需要再一次破除教条主义,在新的历史条件下探索中国社会主义建设道路的问题。1956 年 4 月 25 日毛泽东在中共中央政治局扩大会议所做《论十大关系》报告论述了这个问题。

而正是在探讨《论十大关系》时提出了"双百方针"。在关于《论十大关系》报告讨论会上,陆定一谈到学术、艺术、技术性质的问题要让它自由。陈伯达在发言中提出"在文化上、科学上,恐怕基本上要提出这样两个口号贯彻,就是'百花齐放''百家争鸣'"。毛泽东在会议总结时说:"艺术问题上的百花齐放,学术问题上的百家争鸣,我看应该成为我们的方针"。① 5 月 2 日,他在最高国务会议上正式宣布了这个方针。

---

① 转引自中共中央文献研究室编,逄先知、金冲及主编:《毛泽东传(1949—1976)》上册,中央文献出版社 2003 年版,第 491 页。

(一)繁荣文艺离不开发展马克思主义

提出此方针的目的就是要繁荣文艺,发展马克思主义。毛泽东在讲到"双百"方针的由来时说:"百花齐放是文艺界提出的,后来有人要我写几个字,我就写了'百花齐放,推陈出新'。现在春天来了嘛,一百种花都让它开放,不要只让几种花开放,还有几种花不让它开放,这就叫百花齐放。百家争鸣是说春秋战国时代,2000 年以前那个时候,有许多学派,诸子百家,大家自由争论。现在我们也需要这个"。① 我们从这里可以清晰地看到,这一方针是毛泽东鉴于我们国家需要迅速发展科学文化事业的迫切要求以及历史经验,并根据我国思想文化界的实际情况,吸取我国古代学术发展的历史经验的基础上提出来的。

提出这一方针的理念源于毛泽东认为艺术上的不同形式和风格的自由发展,科学上的不同学派的自由争论,是艺术和科学发展的一条必由之路。这是因为"艺术和科学中的是非问题,应当通过艺术界和科学界的自由讨论去解决,通过艺术和科学的实践去解决,而不应当通过简单的方法去解决"。② 在"百家争鸣"的形成过程中,毛泽东对我国艺术界和科学界的现状作过深入的调查研究,同时对苏联在这方面的教训作过认真的分析思考,发表过许多精辟的见解。当时,我国自然科学界在苏联教条主义的影响下,出现了对不同学派乱贴"标签",乱戴"帽子",抬高一个学派,压制另一个学派的现象。例如建国初期,在遗传学领域独尊李森科为社会主义学派,指责摩尔根为资本主义学派。著名物理学家胡先骕在《植物分类学简编》中批评了李森科,竟然遭到政治批判。1956 年 4 月 28 日,毛泽东在中央政治局扩大会议上有针对性地说,讲学术,这种学术也可以讲,那种学术也可以讲,不要拿一种学术压倒一切。

毛泽东之所以有这样的看法,主要在他看来:"历史上新的正确的东西,在开始的时候常常得不到多数人承认,只能在斗争中曲折地发展。

---

① 中共中央文献研究室编:《毛泽东文集》第 7 卷,人民出版社 1999 年版,第 44 页。

② 中共中央文献研究室编:《毛泽东文集》第 7 卷,人民出版社 1999 年版,第 229 页。

正确的东西,好的东西,人们一开始常常不承认它们是香花,反而把它们看作毒草。"他列举了古今中外的一些人和事,像孔夫子、司马迁、孙中山、释迦牟尼、耶稣、哥白尼、伽利略、达尔文等都曾经历艰苦的斗争。他又结合现实情况指出,即使在社会主义社会中,由于鉴别不清,也常有压抑新生力量,压抑合理的意见的事情发生。因此,"对于科学上、艺术上的是非,应当保持慎重的态度,提倡自由讨论,不要轻率地作结论。我们认为,采取这种态度可以帮助科学和艺术得到比较顺利的发展"。①

同样在毛泽东的文化理念中,百家争鸣不仅是繁荣文化的必由之路,也是把马克思主义基本原理同中国具体实际相结合,从而加强马克思主义在思想文化界的领导地位的根本途径。新中国成立后,在党的领导下,经过《武训传》批判、《红楼梦》研究批判、胡适学术思想批判、胡风文艺思想批判和知识分子思想改造运动,在学术思想领域,资产阶级唯心论受到削弱,马克思主义的辩证唯物论和历史唯物论初步占领了主导地位,但这种地位还不够巩固,需要进一步加强。同样,毛泽东述认为意识领域的美与丑的斗争,善与恶的斗争、唯物主义与唯心主义的斗争、香花与毒草的斗争等等更离不开马克思主义的指导。他说:"真的、善的、美的东西总是在同假的、恶的、丑的东西相比较而存在,相斗争而发展的。当着一种错误的东西被人类普遍地抛弃,某一种真理被人类普遍地接受的时候,更加新的真理又在同新的错误意见作斗争,这种斗争永远不会完结。这是真理发展的规律,当然也是马克思主义发展的规律"。②

中国文化的"百家争鸣"离不开马克思主义指导。他认为马克思主义的产生、发展史就是这样的。在他看来,马克思主义的三个组成部分是在研究资产阶级的东西,研究德国的古典哲学、英国的古典经济学、法国的空想社会主义,并且跟它们作斗争的过程中产生的。马克思主义的诞生是如此,马克思主义的发展也是如此。他在《关于正确处理人民内部矛盾的问题》讲话中指出:"马克思主义在开始的时候受过种种打击,被认为是毒草。现在它在世界上的许多地方还在继续受打击,还被认为

---

① 中共中央文献研究室编:《毛泽东文集》第 7 卷,人民出版社 1999 年版,第 230 页。

② 中共中央文献研究室编:《毛泽东文集》第 7 卷,人民出版社 1999 年版,第 230—231 页。

是毒草。在社会主义国家里,马克思主义的地位不同了。但是就是在社会主义国家里,还是有非马克思主义的思想存在,也有反马克思主义的思想存在。"他分析了我国阶级斗争的形势后指出:在意识形态方面,社会主义和资本主义之间谁胜谁负的问题还没有真正解决。因此"马克思主义仍然必须在斗争中发展。马克思主义必须在斗争中才能发展,不但过去是这样,现在是这样,将来也必然还是这样"。①

　　而现实的中国思想文化现实需要马克思主义。1957 年 3 月 17 日,毛泽东在天津党员干部会议上讲话,从扩大《参考消息》发行范围问题,讲到党内党外都应该同那些反马克思主义的东西作斗争,使马克思主义发展起来。他说中国办事情,如果我们不发展马克思主义,那么事情就办不好。把马克思主义的原理原则拿到中国来实行的时候,就要带有中国的色彩,就要按照具体情况解决具体问题。马克思主义要跟非马克思主义作斗争才能发展起来,百家争鸣之所以需要,就是这个道理。

　　对有人提出马克思主义能不能批评的问题,毛泽东作了明确回答。他说:"马克思主义者不应该害怕任何人批评。相反,马克思主义者就是要在人们的批评中间,就是要在斗争的风雨中间,锻炼自己,发展自己,扩大自己的阵地。"结论是"实行百花齐放、百家争鸣的方针,并不会削弱马克思主义在思想界的领导地位,相反地正是会加强它的这种地位"。②

　　那么如何在百家争鸣中处理、运用好马克思主义的问题。毛泽东认为发展马克思主义不是自然而然就会实现的,实行"百家争鸣"更不是对各种不同的思想任其自由发展。首先,他强调马克思主义在思想文化界必须力争占统治地位。"统一物的两个互相对立互相斗争的侧面,总有个主,有个次。在我们无产阶级专政的国家里,当然不能让毒草到处泛滥。无论在党内,还是在思想界、文艺界,主要的和占统治地位的,必须力争是香花,是马克思主义。毒草,非马克思主义和反马克思主义的东西,只能处于被统治的地位。""从这样的观点看来,百花齐放、百家争鸣,

---

① 中共中央文献研究室编:《毛泽东文集》第 7 卷,人民出版社 1999 年版,第 230 页。

② 中共中央文献研究室编:《毛泽东文集》第 7 卷,人民出版社 1999 年版,第 232 页。

就是有益无害的了"。①

如何对待文化中的非马克思主义呢？毛泽东指出：对于错误的思想，比如对于辩证唯物主义的对立面唯心主义，文艺作品中反映资产阶级、小资产阶级倾向的东西，应该给予批评，不批评是不对的。② 同时他又强调对待人民内部的思想问题，对待精神世界的问题，用简单的方法去处理，非常有害。因为一方面，不让发表错误意见，结果错误意见还是存在着。另一方面，正确的意见如果是在温室里培养出来的，没有见过风雨，没有取得免疫力，遇到错误意见就不能打胜仗。因此，只有采取讨论的方法，批评的方法，说理的方法，才能真正发展正确的意见。再次，他提出了辨别香花和毒草的标准。由于百家争鸣这个口号，无产阶级可以利用它们，资产阶级也可以利用它们，其他的人们也可以利用它们。所谓香花和毒草，各个阶级、阶层和社会集团也各有自己的看法。因而"百家争鸣"是有阶级性的，是无产阶级的方针，这是我们党和国家的性质决定的。

(二)正确处理人民内部矛盾

毛泽东《在中国共产党全国宣传工作会议上的讲话》中明确指出："百花齐放，百家争鸣"这个方针不但是使科学和艺术发展的好方法，而且推而广之，也是我们进行一切工作的好方法。这就拓展了"百家争鸣"的适用范围，使之成为领导和治理我们国家的基本方针。毛泽东认为领导我们的国家可以采取两种不同的方法，或者说两种不同的方针，这就是放和收。放，就是放手让大家讲意见，使人敢于说话，敢于批评和争论；不怕错误的议论，不怕有毒素的东西；发展各种意见之间的互相争论和互相批评，既容许批评的自由也容许批评批评者的自由；对于错误的意见，不是压服，而是说服，以理服人。收，就是不许人家说不同的意见，不许人家发表错误的意见，发表了就"一棍子打死"。这不是解决矛盾的

---

① 中共中央文献研究室编：《毛泽东文集》第 7 卷，人民出版社 1999 年版，第197 页。

② 转引自中共中央文献研究室编，逄先知、金冲及主编：《毛泽东传(1949—1976)》(上册)，中央文献出版社 2003 年版，第 643 页。

办法,而是扩大矛盾的办法。两种方针,二者必取其一。我们采取放的方针,因为这是有利于我们国家巩固和文化发展的方针。毛泽东把"放"还是"收"作为领导国家的方针问题,坚持只能放、不能收的思想,具有深刻的理论和实践意义。

坚持采取"放"的方针是基于对社会主义社会基本矛盾和人民内部矛盾的深刻认识。社会主义社会有没有矛盾?斯大林在相当长的时间内否认社会主义社会存在矛盾,认为政治上、道义上的一致是推动社会主义社会前进的动力。毛泽东经过长期观察和实践,肯定社会主义社会仍然存在着矛盾。基本矛盾仍然是生产关系和生产力之间、上层建筑和经济基础之间的矛盾。不过这些矛盾同旧社会相比,具有根本不同的性质和情况罢了。在社会主义社会里,大规模的阶级斗争基本结束以后,这个基本矛盾突出地大量地表现为人民内部矛盾。敌我矛盾和人民内部矛盾相比,人民内部矛盾已经成为主要矛盾,并且成为推进社会发展的动力。正确处理人民内部矛盾的问题已经是党和国家政治生活的主题。这是毛泽东把马克思主义基本原理同中国具体实践实行第二次结合,同时吸取苏联的经验教训得出的科学论断,是对科学社会主义理论的首创性贡献。

毛泽东非常重视正确处理人民内部矛盾的问题。他认为,这个问题关系到团结各族人民进行一场新的战争——向自然界开战,发展我们的经济和文化,巩固我们的新制度,建设我们的新国家这样一个重大的问题。因此对于处理人民内部矛盾的问题,采取正确的方针至关重要。他指出,人民内部矛盾不同于敌我矛盾,矛盾的性质不同,采取的方针也不同。人民内部矛盾一般来说,是在人民利益根本一致的基础上的矛盾。解决这类矛盾是分清是非的问题。他根据我们处理党内矛盾的历史经验,提出了正确处理人民内部矛盾的方针。这就是采取民主的方法,批评与自我批评的方法,具体化为一个公式,叫做"团结——批评——团结"。这也就是"放"的方针。毛泽东在天津党员干部会议上发表讲话,结合当时党内的思想状况,进一步阐述了这个问题。他问道,因为阶级斗争基本结束而显露出来的各种东西,各种不满意,许多错误的议论,我们应该采取什么方针,他明确回答:我们应该采取"百花齐放,百家争鸣"的方针,在讨论中,在辩论中解决。只有这个方法,别的方法都不妥。而现在党内有一种情绪,就是继续过去那种简单的方法,你不听话就"军法从事"。那是对付敌人的,那个办法不行了。他反复强调人民内部的思想问题只能采取说服的方法,不能采取压服的方法。强调党的干部要学会写说理的文章和会作说理的报告。① 显而易见,毛泽东不仅把"百家争鸣"当作发展科学、繁荣文化的方针,而且把它上升为在新的条件下正确处理人民内部的各种矛盾,尤其是解决精神世界方面的问题的基本方针。用"百家争鸣"团结几百万知识分子,团结几亿人民,调动他们的积极性,为社会主义事业服务。

毛泽东在全国宣传工作会议上着重讲了这个问题,希望用这样的方针团结几百万知识分子,团结几亿人民,改变现在这种面貌。毛泽东在对全国 500 万知识分子状况分别从政治态度和世界观两个方面进行分析和估计的基础上,提出同知识分子建立三个层次的共同语言的要求。毛泽东认为我们国家主要存在三部分人,就是工人、农民、知识分子。知识分子的性质就是为工人、农民服务的。他们是脑力劳动的工人,是用脑子的工人。正因为他们是教育人民的,因此他们应该先受教育,尤其是在社会大变动的时期。在他看来,知识分子还应在自觉的基础上继续加强学习和改造。如果知识分子读了一些马克思主义的书,又在同工人、农民的接触中,在自己的工作实践中有所了解,我们同知识分子就有共同的语言。这就是:爱国主义方面的共同语言、社会主义方面的共同语言、马克思主义世界观方面的共同语言。要有更多的知识分子接受马克思主义世界观,需要今后几个五年计划的时间。毛泽东提出的这三个层次的共同语言,是我们党同知识分子团结的思想基础,也是发挥他们在社会主义事业中积极作用的重要条件。毛泽东对我国知识分子状况的估计和提法是完全正确的。1964 年毛泽东把知识分子"是脑力劳动的工人"这个提法,换成"是脑力劳动者",但其精神实质是一致的。

毛泽东认为 500 万知识分子是我们国家的财产。我们的国家是一个文化不发达的国家。500 万知识分子对于我们这样一个大国来说是太少了。不论科学家、新闻记者、文学家和艺术家都是人民的先生。没有知识分子我们的事情就不能做好,所以我们要好好团结他们。同时他还

_____

① 转引自中共中央文献研究室编,逄先知、金冲及主编:《毛泽东传(1949—1976)》上册,中央文献出版社 2003 年版,第 640 页。

提出了一些争取团结知识分子的具体政策措施。1957年4月4日在杭州召开的江苏、浙江等四省市的思想汇报会上他提出,应吸收一批知识分子进党内来训练。如不争取一批知识分子入党,将来无人去做争取知识分子的工作,对我们党团结大多数知识分子为社会主义工作的总方针不利。百家争鸣是争取知识分子的政策,是开放的政策,而组织上是关门的,这不行,不协调。① 毛泽东要求全国一切大专院校、科研机关、文学艺术团体、报社、杂志社和出版机关的党组织讨论一次。这里毛泽东非常明确地把"百家争鸣"作为从思想上和组织上争取团结广大知识分子建设社会主义的基本方针,并提出了一些相关政策措施。毛泽东曾经把"双百"方针的重大意义做过这样的概括:"采取现在的方针,文学艺术、科学技术会繁荣发达,党会经常保持活力,人民事业会欣欣向荣,中国会变成一个大强国而又使人可亲"。② 这是毛泽东毕生艰辛探索、执着追求的中国社会主义社会的理想境界。由于种种原因,这种境界在他生前不但没有实现,而且还从"百家争鸣"变成了"两家争鸣"。

(三)从"百家争鸣"变成"两家争鸣"

1957年春天的整风中,"百家争鸣"曾经出现了生动活泼的良好局面。然而时隔不久,"百家争鸣"就被认为实质上是无产阶级和资产阶级"两家争鸣",进而整风转为反右,从此"百家争鸣"方针基本上是有名无实。为何会发生这样的转变? 一般认为远因是国际共运新形势引起毛泽东警觉,近因是"鸣""放"过程中少数知识分子言论过激产生负面影响。其实毛泽东提出"百家争鸣"的出发点以及他与知识分子在认识方面的分歧,是发生这样转变的主要原因。

毛泽东认为,"百家争鸣"的基本点就是在人民内部发扬社会主义艺术民主和学术民主,艺术上不同的形式和风格、流派可以自由发展,科学上的不同流派可以自由讨论;艺术上和科学上的是非问题,通过批评与

---

① 转引自中共中央文献研究室编,逄先知、金冲及主编:《毛泽东传(1949—1976)》(上册),中央文献出版社2003年版,第657页。

② 中共中央文献研究室编:《建国以来毛泽东文稿》第六册,中央文献出版社1992年版,第405页。

自我批评来解决,发扬正确和先进的东西,克服错误和落后的东西,用真、善、美克服假、恶、丑,使社会主义的科学、文化和文艺事业得以迅速而健康地发展。但是毛泽东最初提出这一方针的基础,是他对当时形势的主观认识和阶级斗争的哲学思想。因此,"百家争鸣"的理论设想多少带有理想化倾向。"奠定双百方针基础的是一个乐观的前提,这就是人民基本团结一致,拥护已建立的社会主义制度"。① 不管是毛泽东还是中国共产党的其他领导人,从开始时就把人民设想为十分拥护中国的革命和建设,拥护中共的政策,并且人民也是一个十分团结的有机整体。因为人民的利益是基本一致的,所以在建设社会主义时六亿人几乎是"团结得像一个人"。"百家争鸣"中要"放"要"鸣"的知识分子也被设想为是十分拥护共产党拥护社会主义的,尽管提出批评,也是要为蒸蒸日上的社会主义祖国服务。毛泽东设想随着国家向社会主义改造的越来越高的阶段发展,人民的批评会越来越加强团结;基本上团结的人民懂得自由不应超出社会主义纪律的界限,懂得民主应与集中相结合。

毛泽东对"百家争鸣"的最初设想是:中国在各种爱国力量的统一战线的基础上比较和平地向社会主义和共产主义过渡时,中国共产党主张自下而上的批评和党外监督的"双百"方针,会有助于防止脱离人民,有助于和平地解决领导和被领导之间非对抗性的矛盾。因为"百家争鸣"的前提带有过于乐观的理想化倾向,所以后来毛泽东发现"事情正在起变化",整风中国内出现了大量过激的言论,国际上出现了波匈事件。所有这些情况都越出了他所预想的轨道,对形势的估计不再是"风乍起,吹皱一池春水",而变成了"黑云压城城欲摧"。权宜之计只有尽快解决当前的矛盾,只有改变既定方针,或者对"百家争鸣"的方针做出新的解释。毛泽东认为,对立统一规律是宇宙的根本规律,这个规律,在自然界、人类社会和人们的思想中都是普遍存在的。"马克思主义必须在斗争中才能发展,不但过去是这样,现在是这样,将来也必然还是这样。正确的东西总是在同错误的东西作斗争的过程中发展起来的。真的、善的、美的东西总是在同假的、恶的、丑的东西相比较而存在,相斗争而发展的。当

---

① 【美】莫里斯·梅斯纳著,张瑛等译:《毛泽东的中国及其发展——中华人民共和国史》,社会科学文献出版社 1992 年版,第 221 页。

某一种错误的东西被人类普遍地抛弃,某一种真理被人类普遍地接受的时候,更加新的真理又在同新的错误意见作斗争。这种斗争永远不会完结。这是真理发展的规律,当然也是马克思主义发展的规律"。①

毛泽东曾把正确的意见比喻为一朵花,如果正确的意见这朵花是在温室里培养出来的,如果这朵花没有见过风雨,没有取得免疫力,那么一遇到错误意见它就不能打胜仗,正确的意见这朵花就会在风雨中凋零。正是从这种观点出发,毛泽东提出了"百花齐放,百家争鸣"这个方针。1957年,毛泽东在《关于正确处理人民内部矛盾的问题》中对"双百"方针的提出做出过这样的解释——"它是根据中国的具体情况提出来的,是在承认社会主义社会仍然存在着各种矛盾的基础上提出来的,是在国家需要迅速发展经济和文化的迫切要求上提出来的"。② 毛泽东认为提出"百花齐放,百家争鸣"方针,目的就是把毒草,把非马克思主义和反马克思主义的东西,摆在我们同志面前,摆在人民群众和民主人士面前,让他们受到锻炼。不要封锁起来,封锁起来反而危险。在毛泽东看来,"百家争鸣"更像是种牛痘。"为什么要种牛痘? 就是人为地把一种病毒放到人体里面去,实行'细菌战',跟你作斗争,使你的身体里头产生一种免疫力"。③

毛泽东不仅认为"百家争鸣"符合辩证法和对立统一规律,他还认为"'百花齐放,百家争鸣'这个方针不但是使科学和艺术发展的好方法,而且推而广之,也是我们进行一切工作的好方法。这个方法可以使我们少犯错误。有许多事情我们不知道,因此不会解决,在辩论中间,在斗争中间,我们就会明了这些事情,就会懂得解决问题的方法。各种不同意见辩论的结果,就能使真理发展。对于那些有毒素的反马克思主义的东西,也可以采取这个方法,因为同那些反马克思主义的东西进行斗争,就会使马克思主义发展起来。这是在对立面的斗争中的发展,是合于辩证

---

① 中共中央文献研究室编:《建国以来毛泽东文稿》第六册,中央文献出版社1987年版,第142页。

② 中共中央文献研究室编:《建国以来毛泽东文稿》第六册,中央文献出版社1987年版,第142页。

③ 中共中央文献研究室编:《建国以来毛泽东文稿》第六册,中央文献出版社1987年版,第142页。

法的发展"。① 这样推而广之,就把"百家争鸣"推广到了包括思想认识、意识形态和世界观的各个领域。在世界观领域,毛泽东认为,无产阶级和资产阶级之间在意识形态方面的阶级斗争,是长时期的、曲折的,有时甚至是很激烈的。无产阶级要按照自己的世界观改造世界,资产阶级也要按照自己的世界观改造世界。在世界观和意识形态领域,社会主义和资本主义之间谁胜谁负的问题还没真正解决。那么,意识形态的阶级斗争既是不可避免的,也是有益的、必要的。国际范围内社会主义与资本主义的斗争、唯物主义和唯心主义斗争、辩证法和形而上学的斗争,让毛泽东更加清楚地认识到"百家争鸣"实质上就是"两家争鸣"。苏共二十大的召开在国际共产主义运动中是一划时代的事件。中国共产党人在苏共二十大中更多地看到了苏联社会主义建设中的缺点和错误,毛泽东认为最主要的是"苏联现在不搞对子,只搞'单干户',说是只放香花,不放毒草"。"苏联那里的许多毒草,是以香花的名义出现的,那里的许多怪议论,都戴有唯物主义或社会主义现实主义的帽子"。②

毛泽东始终相信实行"百家争鸣"的方针,并不会削弱马克思主义在思想界的领导地位,相反地正是会加强它的这种地位。在无产阶级专政的国家里,当然不能让毒草到处泛滥。无论在党内,还是在思想界、文艺界,主要的和占统治地位的,必须力争是香花,是马克思主义。毒草,非马克思主义和反马克思主义的东西,只能处在被统治的地位。1957 年 3 月 6 日,全国宣传工作会议开幕,毛泽东明确宣布:"'百花齐放,百家争鸣',这是一个基本性的同时也是长期性的方针,不是一个暂时性的方针。"但是,仍然是在宣传工作会议上的讲话中,毛泽东提出了一个"百家争鸣"实质上是"两家争鸣"的论点:"我们提倡'百家争鸣',在各个学术部门可以有许多派、许多家,可是就世界观来说,在现代,基本上只有两家,就是无产阶级一家,资产阶级一家。或者是无产阶级的世界观,或者

---

① 中共中央文献研究室编:《建国以来毛泽东文稿》第六册,中央文献出版社1987 年版,第 142 页。

② 中共中央文献研究室编:《建国以来毛泽东文稿》第六册,中央文献出版社1987 年版,第 142 页。

是资产阶级的世界观"。①"这个'百家争鸣'实质上即'两家争鸣'的论点,并不是毛泽东一时兴之所至随口说出的妙语,而是他的一种很执著的观念"。"两家争鸣"成了无产阶级和资产阶级之间在世界观和意识形态方面的阶级斗争。"这种'争鸣'的结局是预先就确定了的:只能是无产阶级的意识形态克服资产阶级的意识形态,一个吃掉一个,结果就只能是一家独鸣了。"②这样,在1957年,对于"百家争鸣"的解释已经同原来的设想不是一回事了。"百家争鸣"实质是"两家争鸣"的论点就成了连结"百家争鸣"和反右派斗争的过门。有了"两家争鸣"思想,就会有意识形态领域的无产阶级与资产阶级的斗争,就会有反右派斗争。1957年从整风到反右的转变和反右派斗争的扩大就找到了理论支持。这种"两家争鸣"的思想,在反右派的斗争中得到了充分的体现并显示了一定的威力。

毛泽东和知识分子之间的认识分歧主要表现在两个方面。首先,毛泽东和知识分子在世界观和马克思主义的认识上存在分歧。毛泽东在《在中国共产党全国宣传工作会议上的讲话》中说:"现在的大多数的知识分子,是从旧社会过来的,是从非劳动人民家庭出身的。有些人即使是出身于工人农民的家庭,但是在解放以前受的是资产阶级教育,世界观基本上是资产阶级的,他们还是属于资产阶级的知识分子。"那么这500万知识分子对待马克思主义是什么态度呢?"赞成而且比较熟悉的,占少数;反对的也占少数;多数人是赞成但不熟悉,赞成的程度又很不相同。这里有三种立场,坚定的,动摇的,反对的三种立场"。③所以毛泽东在《关于正确处理人民内部矛盾的问题》中说:"我国知识分子的大多数,在过去七年中已经有了显著的进步。他们表示赞成社会主义制度。他们中间有许多人正在用功学习马克思主义,有一部分人已经成为共产主义者。毛泽东提出没有正确的政治观点,就等于没有灵魂"。毛泽东

---

① 中共中央文献研究室编:《建国以来毛泽东文稿》第六册,中央文献出版社1987年版,第142页。

② 朱正:《1957年的夏季:从百家争鸣到两家争鸣》,河南人民出版社1998年版,第38页。

③ 中共中央文献研究室编:《建国以来毛泽东文稿》第六册,中央文献出版社1987年版,第142页。

还认为"世界观的转变是一个根本的转变,现在多数知识分子还不能说已经完成了这个转变"。①

毛泽东和知识分子、党外人士在重大问题的认识上有根本分歧。毛泽东认为党和政府工作中出现的问题是作风问题,是官僚主义倾向加强,革命意志衰退,可以通过整风解决。而部分知识分子和部分党外人士认为要真正解决问题光整风是不够的,根本问题是要实现政治民主化、健全社会主义法制。知识分子和民主党派及无党派人士提得最多的是有职无权问题,他们更多的是要参加社会主义国家的政权,他们在整风中也表现出了对意识形态、对社会主义制度的不同意见。科技界提出了一个"科学纲领",社会科学界要求恢复一些旧社会学,经济学界指责中国的经济学停滞在相当幼稚的阶段,过多地搬用了苏联教科书的东西,反对教条地因袭《资本论》这样的经典著作。这些都与毛泽东的设想不一样,也远远超出了他所能接受的限度。再加上匈牙利事件的发生,更使毛泽东对知识分子的动机产生了严重的怀疑,认为他们是趁机对共产党发难。知识分子在1957的整风中提出以上那些过激言论之后就"形式上还在人民内部,但实际上是敌人"。因为他们反对社会主义,反对共产党的领导,反对无产阶级专政。总之,不合乎六条标准就是毒草。既然已经是毒草,那么在无产阶级专政的国家里是决不能让资产阶级思想的毒草泛滥的。思想领域的这场"两家争鸣"的斗争就成了一场大战(战场在党内,又在党外),不打胜这一仗,社会主义是建不成的,并且有出"匈牙利事件"的某些危险。"两家争鸣"战争的性质一确立,对待阶级敌人就不是"和风细雨"的方式所能解决问题的,只有采用在战争年代所熟悉的群众运动的方式,"又和肃反联系起来了"。"百家争鸣"要实现的有利于而不是不利于培养人民群众敢讲话的目标,1957年经过急风暴雨式的反右派斗争"不仅没有能够实现,反而变得更糟了"。②

实践证明,"'百花齐放,百家争鸣'方针,同党的文艺、学术为人民服务、为社会主义服务的方针以及党在科学文化领域其他重要方针一起,

---

① 中共中央文献研究室编:《建国以来毛泽东文稿》第六册,中央文献出版社1987年版,第142页。

② 薄一波:《若干重大决策与事件的回顾》,中共中央党校出版社1991年版,第622页。

是我国社会主义的科学文化事业繁荣进步的根本保证"。① "百花齐放，百家争鸣"是一个民主的、符合我国国情的科学文化方针，它不仅为科学和文化艺术的发展指明了正确的途径，而且对于社会主义政治文明和精神文明建设也有重要的指导意义。1957 年经历了从"百家争鸣"到"两家争鸣"的转变，"文化大革命"十年中"百家争鸣"更是备受挫折，直到中共十一届三中全会以后，才得以恢复。剖析 1957 年"百家争鸣"转变为"两家争鸣"的主观原因，是为了更好地吸取经验教训，是为了更好地贯彻党的"百家争鸣"思想，避免历史错误重演。

二、文化界的风暴

新中国成立后，毛泽东首要考虑的就是在军事、政治、经济、思想文化等方面如何巩固和建设新中国的问题。土地改革、镇压反革命和抗美援朝使中国共产党在经济、政治以及军事上得到了极大巩固。然而毛泽东也深知文化建设巩固的重要性尤其一个有几千年封建传统文化的国家很多封建思想文化的毒瘤是必须铲除的，应当说，如何让马克思主义文化成为新中国社会的指导文化思想是他面临的一个重要课题。事实上，早在革命年代毛泽东本人就非常注重思想文化的改造，因为是实现思想统一的重要措施。在延安，在战争年代，他的文艺思想和政治思想，曾经广泛影响了一代人，但那毕竟只是在中国共产党领导下的区域。而现在整个中国呈现在他的面前，他必须在全国范围内重新进行政治教育。在他看来，政治教育工程应该包括三个方面，即重新教育那些在解放前的政权下成长起来的人，以及以这样的方式教育新一代和重新教育那些在政治、经济和思想上受到腐蚀甚至变质的人。而在这个巨大的教育工程中，执行的主体大多是知识分子，而毛泽东认为，知识分子本身面对社会主义制度下新资产阶级分子的腐败影响方面更加脆弱。1950 年6 月 23 日，在全国政治协商会议一届二次会议的闭幕词中，毛泽东明确

---

① 中央文献研究室编：《关于建国以来党的若干历史问题的决议注释本》，人民出版社 1983 年版，第 247 页。

指出了今后的一项工作：知识分子的改造。随后从 1951 年 10 月开始，知识分子的思想改造逐步由北京扩大到全国整个知识界，并形成高潮。新中国漫长的知识分子改造的道路就这样拉开帷幕了。

（一）从胡风案说起

1. 毛泽东与胡风的分歧

就两人的经历讲，胡风和毛泽东显然存在很大的不同。从胡风来讲，他早年曾加入中国社会主义青年团，1931 年还加入了日本共产党，回国后任职于"左联"。但胡风不是马克思主义的专门研究家，不可能对马克思的思想有全面系统的研究。但相对于毛泽东来讲，长期从事革命斗争，更熟悉马克思主义思想，更熟悉如何用马克思主义思想指导文化建设，为政治服务。

这种经历的不同使其彼此间在认识和理解文艺与政治的关系问题上差异更大。毛泽东注重的是文艺的政治意义和工具性。他认为"文艺是从属于政治的，但有反转来给予伟大的影响于政治。"他强调："党的文艺工作，在党的整个革命工作中的位置，是确定了的，摆好了的；是服从党在一定革命时期内所规定的革命任务的。"就是实际上要求作家、艺术家把"政治标准"放在第一位，而忽视了文艺本身的发展规律，否定了文艺的相对独立性。而胡风作为一名文艺理论家，不仅始终反对将文艺降低为政治的附庸，而且在自己的论著中也从来不同意"政治标准第一"的文艺批评原则，胡风始终强调的是"社会学与美学原则相统一"的批评方法。① 他认为："文学与政治的联结（矛盾与统一）问题，实质上就是创作与生活，或者说创作实践与生活实践的联结问题"。② 但就胡风来讲，胡风在关于文艺于政治的关系问题上虽然有其鲜明的阶级立场、阶级情感，但并不希望文艺异化成为政治的附庸，成为党派斗争的牺牲品，显然，这种立场和观点决定了和毛泽东的文艺观似乎有较大的距离。或许正是这种对于文艺的理解，使自己置身于了这场建国之初的文化风暴中

---

① 范际燕、钱文亮：《胡风论》，湖北人民出版社 1999 年版，第 174 页。
② 晓风：《胡风选集》第一卷，四川人民出版社 1996 年版，第 283 页。

心之中。

他们两个彼此的经历不同也导致了对中国社会各阶层的作用和认识有着较大不同。作为政治家,毛泽东虽然十分清楚,"中国的革命运动,都是从觉悟了的学生青年、知识青年们开始发起的"①,以及知识分子"在现阶段的中国革命常常起着先锋的和桥梁的作用"。②"没有知识分子的参加,革命的胜利是不可能的"③等等观点,但他在很长一段时期或者说是在内心深处始终把知识分子作为一个并不是中国革命的可靠阶级来看待的,似乎骨子里有种毫不掩饰地鄙薄其革命性。比如建国之后,毛泽东曾讲过"知识分子是最无知识的"之类的话。那么,什么是毛泽东最看重的革命阶级呢?农民,因为他出身于农民,更因为他的革命之路也是源于农民。这种对农民天然的感情和看重似乎在其一生中都没有改变过,事实上,关于农民的重视和倚重在他本人的革命著作中都有很明显的阐述。正是这种对农民的信任、组织和依靠,尽其一生对农民本身的落后性却很少进行批判教育和改造。但对于知识分子来讲,毛泽东似乎总是有一种本能的防范和讨厌。胡风和他的朋友们最为注重的是五四启蒙主义传统。对此胡风有一个完整的概括:五四"以意识斗争为先锋的社会斗争,那基本的内容就是使人民底创作历史的解放要求从'自在的'状态进到'自为的状态',也就是从一层又一层的沉重的精神奴役的创伤下面突围出来,解放出来,挣扎出来,向前发展,变成物质的力量"。④他不仅现实地同情农民非人般的处境,而且也清醒地认识到"精神的奴役创伤"的存在,他反对漠视农民所遭受的封建毒害,反对一味地歌颂甚至美化农民,却闭口不谈农民的缺陷、封建意识和落后性。在他看来组织农民参加革命斗争和对农民的启蒙教育是不可或缺的。

当有人试图将"人民"与"知识分子"对立起来的时候,胡风等人总是会激愤地强烈反抗。胡风针锋相对地指出,虽然存在着"知识分子底游离性,即所谓知识分子底二重人格"的问题,但"知识分子也是人民",而且是"人民底先进"部分,他们掌握着时代的先进思想,不但是新思想

① 李锐:《李锐反"左"文选》,中央编译出版社 1998 年版,第 139 页。
② 毛泽东:《毛泽东选集》第 1 卷,人民出版社 1973 年版,第 604 页。
③ 毛泽东:《毛泽东选集》第 1 卷,人民出版社 1973 年版,第 581 页。
④ 胡风:《胡风评论集》(下),人民文学出版社 1985 年版,第 292 页。

的创造者,更是传播者。① 这就必然影响中国的思想文化,乃至影响到整个中国社会现代化的历史进程。他们在知识分子问题上之所以毫不让步,原因大概就在这里。直到晚年,胡风与绿原谈起《论现实主义的路》,他说:"我不过是为知识分子多说了几句话。真不知道十多年来为什么要那样轻视知识分子,不知为什么离开五四精神越来越远"。② 这几个迟来的"不知道",是多么的沉重,又包含了多少历史的辛酸啊!

对五四运动的评价与继承是胡风文艺思想的关键所在,由此衍生的文艺论争不断,其中民族形式与大众化讨论可谓是焦点问题。民族形式与大众化问题的提出主要是为了解决文艺与人民群众斗争生活、欣赏趣味、接受水平脱节的问题,提倡民族形式,就意味着作家创作要将民族的审美传统和人民群众的欣赏习惯等因素考虑进去。因此,这里包含了民族文学遗产继承、改造、文学大众化等诸多话题。在对文艺的民族形式和世界文艺问题的看法上,胡风与毛泽东的分歧也十分突出。在毛泽东看来,既然文艺只能是政治斗争的工具,那么作为无产阶级政治斗争工具的无产阶级文艺就必须、也只能无条件地为无产阶级的政治斗争服务了;而"中国的革命实质上是农民革命",所以作为政治工具的文艺实际上也就是为农民的革命服务,为农民服务;既然文艺形式必须符合农民的欣赏水平和习惯,而农民的欣赏水平和习惯主要是传统、简单、落后的民族形式,那么无产阶级文艺当然就只能重视、提倡、推广并发展"民族形式"。换言之,毛泽东是主张唯民族形式独尊的。当然,毛泽东之所以对民族形式情有独钟,也与他受中国旧籍浸润既深且重、对中国古典极其偏爱甚至嗜好有密切关系。据毛泽东研究专家李锐说,在毛泽东居室,他每次去都是"满墙古籍,半榻旧书"。这个经常谆谆告诫全党要"认真看书学习,弄通马克思主义"的中国最伟大的马克思主义者,其常置案头的并非马恩典籍,也不是列宁的著作,而是被他整整咀嚼了 7 遍的《资治通鉴》。在毛泽东的著作里,除了"集体智慧的结晶"《实践论》和《矛盾论》这两篇外,几乎再也找不到马恩著作的直接引文。③ 毛泽东所擅长的也是引经据典,介绍古书。毛泽东对现代文艺和外国文艺了解不

---

① 胡风:《胡风评论集》(下),人民文学出版社 1985 年版,第 349 页。

② 绿原:《我与胡风》,宁夏人民出版社 2003 年版,第 536 页。

③ 李锐:《李锐反"左"文选》,中央编译出版社 1998 年版,第 162 页。

够,在这方面欣赏能力因此比较欠缺,甚至可以说对某些问题的看法存在着偏见。

也正是因为如此,毛泽东终生只喜欢、只看重、也只倡导"新鲜活泼的、为中国老百姓所喜闻乐见的中国作风和中国气派"。① 作为文艺理论家的胡风认为,对于民众的欣赏水平与欣赏习惯不能一味迎合,丰富并提高民众欣赏的文艺形式以培养和提高他们的欣赏力,是文艺本身发展的要求。胡风还强调:"文艺,只要是文艺,不能对于大众底落后意识毫无进攻作用,通体都像甜蜜蜜的花生糖一样,连白痴都是高兴接受的"。② 他一针见血地从文艺所应具有的社会功能的角度对文艺提出了基本要求,而且不无嘲讽地严肃批评了那种在文艺界乃至政界占绝对大多数的人们在文艺形式问题上只顾一味迎合民众的欣赏习惯,却完全忽视文艺的启蒙、教化和改造作用的突出问题。胡风认为,不能把本民族传统的旧形式(民间形式)视作现实或现代意义上的"民族形式",甚至不遗余力地予以"提倡",因为传统的文艺形式本身沾染了大量的封建毒素,是非弃旧图新不可的。他提醒并告诫作家们:"不能陶醉于'优良的传统'而忘记了我们文化底严重的落后,不能陶醉于'继承'和'发扬'而忘记了文艺底生命要随着历史要求或历史发展而摆脱应该摆脱的旧的东西,达到应该达到的新的东西;在今天没有革新是就等于放弃了文艺的。"胡风还认为,发展并创造文艺的民族形式,必须学习国际革命文艺的经验;只有这样才能够把"国际的东西变成民族的东西",把"民族的东西变成国际的东西"。③ 他还主张发展并创造民族形式,必须发扬五四新文艺传统。在"论民族形式问题"一文中,胡风曾这样激情澎湃地评价五四新文艺:五四新文艺"正是市民社会突起了以后的、累积几百年的、世界进步文艺传统底一个新拓的支流。那不是笼统的'西欧文艺',而是:在民主要求底观点上,和封建传统反抗的各种倾向的现实主义(以及浪漫主义)文艺;在民族解放底观点上,争求独立解放的弱小民族文艺;在肯定劳动人民底观点上,想挣脱工钱奴隶底命运的、自然生长的新兴

---

① 毛泽东:《毛泽东选集》第 1 卷,人民出版社 1973 年版,第 822 页。
② 胡风:《胡风选集》第 1 卷,四川人民出版社 1996 年版,第 342 页。
③ 胡风:《胡风选集》第 1 卷,四川人民出版社 1996 年版,第 312 页。

文艺"。①

2. 毛泽东介入"胡风案"

1950年《人民日报》连续发表两篇文章批评所谓胡风"七月派"作家阿垅的文章;接着《光明日报》、《文艺报》相继批评胡风的新诗作《时间开始了》以及路翎、冀方的作品。对电影《武训传》的批判,引起了文艺界的强烈震动。在"清除文艺工作中浓厚的小资产阶级倾向"的主旨下,文艺界拉开了整风的序幕,其内容为重新学习毛泽东的《在延安文艺座谈会上的讲话》,确立毛泽东文艺思想的领导地位。在这次整风中,《〈文艺报〉通讯员内部通报》刊登了一些读者给《文艺报》的来信,提出应该对胡风的文艺思想展开批判。于是,在上海主持文艺工作的夏衍问北京对胡风如何处理,在北京的周扬写信给夏衍等,主张吸引他积极参加学习,然后采取适当方式,对他的文艺思想进行批评,帮助他作自我检讨。这便有了1952年4月,周扬和胡风的一次长谈。就在这个时候,胡风看到了《胡风文艺思想研究资料》的小册子,没有出版年月和出版出处。关于这次会谈,胡风后来回忆:"周扬同志斥责我是'抽象地看党',严厉地斥责我是个人英雄主义,说我把党员作家批评'尽'了"。② 实事求是地说,周扬的这些批评是有一定道理的,做人比较直率的胡风,在文艺问题上确实很较真,而且他们的批评有些确实内容过于偏激,存在着明显的缺陷。但这次会谈总使胡风心里感到不安,终于促使他于5月4日分别给毛泽东和周恩来写信,表达了他对文艺界正在酝酿的对他的批评的看法,并要求讨论他的文艺观点,还附上了《〈文艺报〉通讯员内部通报》所发表的要求公开批评胡风文艺思想的读者来信。

毛泽东当时是不是看了这封信,或看后有什么表示,现在还不清楚。不过周恩来看后,给胡风回了信。信中说,如能对你的文艺思想和生活态度作一检讨,最好不过,并也可如你所说结合20年来的"不安"情况。他还让周扬带话给胡风,说不要先存一个谁对谁错的定见,平心静气地好好谈谈。然而就在这时,20世纪40年代同胡风持相同观点的《论主

---

① 胡风:《胡风选集》第1卷,四川人民出版社1996年版,第321—322页。

② 胡风:《胡风自传》,江苏文艺出版社2006年版,第29页。

观》作者舒芜,站出来"反戈一击",使胡风陷入了困难境地。1952 年 5 月,在纪念毛泽东《在延安文艺座谈会上的讲话》10 周年的日子里,舒芜在武汉的《长江日报》发表了《从头学习毛主席〈在延安文艺座谈会上的讲话〉》的文章。舒芜在文中对照《讲话》,检查了自己过去的错误,认识到自己所写的《论主观》是以一篇宣扬资产阶级唯心论的谬误文章。舒芜还披露了一件事:十年前,《讲话》发表的时候,国民党统治内某些文艺工作者,认为这些原则对是对,但也不过是马克思主义 ABC 而已。6 月 8 日,《人民日报》全文转载了舒芜的文章,并配写了编者按,指出:发表《论主观》的《希望》"是以胡风为首的一个文艺上的小集团办的。"9 月 25 日舒芜又在《文艺报》上发表文章说:根深蒂固的资产阶级文艺思想使我们对党的文艺领导,完全采取对抗的态度。这样,我们必然要形成一个文艺上的小集团……当时,以胡风为核心,常在《希望》杂志上发表作品的我们几个人,确实形成了这样一个文艺小集团。《文艺报》也加写了一个编者按,说这个小集团"在基本路线上是和党领导的无产阶级的文艺路线——毛泽东文艺方向背道而驰的"。舒芜的自责与揭露使胡风极为被动,也使胡风更急于要弄清他的问题。

1952 年 7 月,胡风从上海来到北京,分别找了周扬和丁玲,要求讨论他的文艺思想。于是周扬 7 月 23 日给周恩来写信,汇报中宣部的安排:我们准备召集少数党内的文艺干部讨论胡风的理论……意见一致后,即召开讨论胡风理论的小型座谈会,由胡风首先作自我检讨性的发言,然后大家发表意见,进行辩论。批评的文章,选择一两篇好的在报上发表。周恩来同意了这个安排。9 月 6 日到 12 月 16 日,由周扬主持,先后在北京东城区东总布胡同丁玲的住处,召开了四次包括胡风在内的有 10 多人参加的座谈会,胡绳、周扬、何其芳、林默涵、冯雪峰等人都发了言,对胡风的文艺思想进行全面的批评,希望他能够虚心地听取大家的意见,进行自我检讨。随后中宣部指定何其芳和林默涵写文章进行公开批评。为了使文艺界不感到突然,在批评文章发表前,1953 年 1 月 29 日由林默涵向北京各文艺团体的负责干部作了一次报告,介绍批评胡风文艺思想的经过情形。好让在京的文艺界人士有个思想准备。这本来是一个报告会,因觉得座谈会名义更随便些,所以在开会通知上说的是座谈会,这就使会议名义与内容不符,一些与会者便有了不让大家发言的印象。《文艺报》1953 年第 2、第 3 期公开发表了林默涵的《胡风的反马克思主义的文艺思想》和何其芳的《现实主义的路还是反现实主义的路?》两篇文章。对胡风的批评就这样全面公开了。就现在所能见到的资料来看,对以上这些过程,毛泽东似乎还没有具体介入。

毛泽东开始注意这一件事,应该是1953年2月的事。这年的2月25日,一位听取了林默涵报告的文艺家,以"一个普通的文艺工作者"的名义给毛泽东写了一封信,反映该座谈会讨论胡风文艺思想的情况及他个人的感受,说自己对批评胡风的文艺思想很不理解,感到压抑和苦闷。3月4日,毛泽东看到了这封信,并指示要中宣部副秘书长熊复去"调查一下,以其情形告我"。① 按照毛泽东的批示,熊复于1953年4月8日就此事向毛泽东写了调查报告。报告在讲了座谈会的来龙去脉后说,林默涵、何其芳的文章发表以后,文艺界一般反映对胡风的文艺思想的批评是正确的、中肯的。在公开批评胡风前,《文艺报》和《人民日报》都收到许多批评胡风文艺思想或检查自己受胡风文艺思想影响的读者来信。林、何文章所提观点大都是读者来信已经提出来的,只是更为系统。但也有少数读者对批评胡风表示不满或对于批评的论点表示不同意。这两年来,不少文艺批评中,的确存在着简单化、断章取义、指责多于鼓励等缺点。这些现象在去年《人民日报》纪念毛泽东《在延安文艺座谈会上的讲话》发表十周年的社论中已经指出。最近这种"左"的倾向已经有所改变,但又呈现了文艺批评不够活跃的现象。我们已经注意到这个问题,正由文艺处收集材料,研究改进文艺批评工作。

从这个调查报告的内容来看,该报告还是比较公正和客观的。姑且不管毛泽东读了这个报告后会有什么样的想法,我们只需要明白的是毛泽东在这个时候介入胡风案的。虽然毛泽东在这个时候插手了,但他的作用还没有明显表露出来。建国初期,一批来自延安而建国后又主持着思想文化领域的知识分子为了积极响应党建设社会主义文化的号召,为了建立新的文化体制,对与毛泽东文艺思想相左的文人知识分子展开了批评。因此,对胡风文艺思想的批评也就是不可避免的。也许有人会说,前面对《武训传》的批判、对胡适唯心思想的批判,毛泽东也曾经介入

① 中央文献研究室编:《建国以来毛泽东文稿》第四册,中央文献出版社1990年版,第83页。

过。但结果不一样,所介入的程度是存在差别的,毛泽东的直接介入使得该案披上了浓厚的政治色彩。

3. 胡风的"三十万言意见书"

1953 年 1 月 5 日和 3 月 19 日,毛泽东为中共中央分别起草了《反对官僚主义、命令主义和违法乱纪》和《解决"五多"问题》的党内指示。胡风以为中共中央开始对党内的官僚主义重视起来了,那么解决文艺界的官僚主义问题是时候了。胡风准备用确凿的事实,证明自己的正确和对手们的错误,他要向最高层陈述一整套文艺方案,要让他们相信只有采纳自己的方案才能扭转文艺创作的局面。1954 年的三四月间,在路翎、徐放、谢韬、绿原等朋友们的支持、协助和参与下,胡风写成了后来被称为"三十万言意见书"的主体部分《关于几个理论性问题的说明材料》,又于 6 月写了《作为参考的建议》,合在一起,于 7 月间以《关于几年来文艺实践情况的报告》(以下按人们习惯的说法称为《意见书》)为题呈给政务院文教委员会副主任习仲勋,并由他转给了中共中央。《意见书》共分为四个部分:(一)几年来的经过简况。陈述了自己从进入解放区以来的经历与遭遇,指责周扬等人把他视为文艺界"惟一的罪人或敌人"。(二)关于几个理论性问题的说明材料。"关于现实主义的一个基本问题",就林默涵、何其芳发表于文艺报的文章中关于现实主义的问题阐明了自己的观点:"关于几个具体的论点",就"关于生活或生活实践"、"关于思想改造"等四个问题进行商讨;关键在哪里? 即著名的五把刀子理论问题。(三)事实举例和关于党性。这部分是有关人事关系的一些材料。(四)作为参考的建议。在这一部分中,胡风就文艺领导、文学运动的方向、话剧运动的方式、电影四个方面提出了自己的建设性意见。

让胡风意想不到的是,恰恰是胡风自己的《意见书》,直接引起了对其文艺思想的批判。胡风晚年在和朋友们回忆往事时,也曾承认这是一个策略上的失误。但是胡风写《意见书》是回应当时别人的批判,阐明自己的文艺思想,希望自己的文艺思想能为繁荣社会主义文艺做出贡献。可是胡风的忠心和使命感并没有得到赏识。富于政治斗争经验的毛泽东有他自己的打算,他并没有对《意见书》直接发表自己的看法。而是把这个《意见书》转交到了中国作家协会主席团,让文艺界自己拿出处理意见。1954 年 10 月 31 日到 12 月 8 日,中国文联和作协两个主席团连续几次联合召开扩大会议,检查批评《文艺报》编者所谓向资产阶级权威投降和压抑新生力量的错误,对《文艺报》本来就有意见的胡风也参加了这个会议,并在会上作了两次慷慨陈词。在发言中,他列举了自己的作品受到粗暴对待的事实,证明文艺批评家们"充满了'左'的激情","是以'立法者'的姿态来说话","在作品的任何词句任何形容词里都可以找出'资产阶级'以至'反抗祖国'的罪名来",从而"严重地摧残着文学创作的生机……"

结果在25日的会议上就有人反驳胡风了。12月8日周扬在具有总结性的发言《我们必须战斗》里,则专门有一节"胡风先生的观点和我们的观点之间的分歧",提出胡风不仅在《文艺报》问题上有许多观点同我们有根本分歧,而且"历来就存在着分歧",问题还在于,20世纪40年代写《论主观》的舒芜在建国后放弃了过去的观点,站在马克思主义方面来了,"党对他的这种进步表示欢迎,而胡风先生却表现了狂热的仇视"。这里需要特别指出的是,周扬的这个发言已不完全代表个人。因为周扬事先将这个讲话稿送给了毛泽东审阅。12月8日早,毛泽东看了这个稿子,作了部分修改,并批语"你的讲话稿是好的"。① 这可能是毛泽东对文艺界公开批评胡风一事较早的表态。1954年12月10日,《人民日报》全文发表了周扬的发言,这样的举措毫无疑问是经过毛泽东同意的,这事实上拉开了对胡风的公开批判的帷幕。

1955年中国作协决定在《文艺报》第1、2期合刊公开发表胡风的《意见书》,并就此给中央写了一个请示报告,并随同报告还附上一个准备同《意见书》一并印发的"说明"。毛泽东对这个"说明"作了认真修改。值得一提的事,他把"说明"原文中胡风后面的"先生"二字去掉了;在原文中"本主席团认为该报告中关于文艺思想部分和组织领导部分,涉及当前文艺运动的重要问题"后面加写道:"主要是针对着1953年《文艺报》刊载的林默涵、何其芳批判胡风资产阶级文艺思想的两篇文章而作的反批判";在文末他加上一句"为便于读者研究,将林默涵、何其芳的两篇文章也重印附发"。然后批示,让刘少奇、周恩来、邓小平"即阅",退

---

① 中央文献研究室编:《建国以来毛泽东文稿》第四册,中央文献出版社1990年版,第625页。

陆定一"照办"。下决心公开胡风的《意见书》,大的动作就开始了。这显然出乎胡风的意料。毛泽东对中国作协请示报告及"说明"的批示修改,是1955年1月12日。胡风听到风声后,于1月14日晚上,找周扬谈了一次话,作了自我检讨,并提出在发表《意见书》时将一份《我的声明》附于卷首。在《我的声明》中,胡风作了两点声明:"(一)这个'材料'里面所表现的我对文学事业的态度,我已初步认识到是错误的,是有害的。(二)这个材料里面对今天的文艺运动得出的判断是带有很大主观成分的。其中有些具体提到的情况和例证,当时没有很好地调查研究,后来发现有不切实际之处,但现在'材料'已印好,来不及修正。以上一切,我当负我应负的责任,希望同志们加以批判。"

1月15日,周扬将同胡风谈话的情况写了一个报告给中宣部长陆定一并转毛泽东。毛泽东看报告后批示:"刘、周、小平阅,退周扬同志:(一)这样的声明不能登载;(二)应对胡风的资产阶级唯心论,反党反人民的文艺思想,进行彻底的批判,不要让他逃到'小资产阶级观点'里躲藏起来。"①这样胡风的文艺思想已经不是他自己所说的"小资产阶级"的性质,而是"反党反人民"的性质了。1955年1月20日,中宣部正式给中央写一个《关于开展批判胡风思想的报告》。《报告》提出:胡风的思想在群众中起的迷惑作用和毒害作用,比公开的反动思想要危险得多。因此,对胡风的资产阶级文艺思想必须进行彻底的批判,以消除它在文艺界及读者中的影响。这个报告照例送到了毛泽东的案头。毛泽东认真批阅了这个报告并作了修改,增加了一些要害的字句。《报告》原文中说:"胡风的文艺思想,是彻头彻尾资产阶级唯心论的,是反党反人民的文艺思想。他的活动是宗派主义小集团的活动,其目的就是为他的资产阶级文艺思想争取领导地位,反对和抵制党的文艺思想和党所领导文艺运动"。在这段话后面,毛泽东加上:企图照他自己的面貌来改造社会和我的国家,反对社会主义建设和社会主义改造。胡风的这种思想,代表反动的资产阶级思想,他对党领导的文艺运动所进行的攻击,是反映目前社会上激烈的阶级斗争。经毛泽东修改之后,胡风的问题就已经不是

---

① 中央文献研究室编:《建国以来毛泽东文稿》第四册,中央文献出版社1990年版,第九页。

思想认识,而是有目的的进攻;已不是文艺问题,而是激烈政治斗争的问题了。

批阅中宣部报告前后,毛泽东又专门找陆定一、周扬、林默涵三人到中南海他的办公室当面汇报批判胡风的具体计划。1月26日,中共中央批转了中宣部的报告。中央在批语中作了这样的要求,要把批判胡风作为工人阶级与资产阶级的一个重要斗争对待,作为党外宣传唯物论反唯心论的一项重要工作来看待。于是全国上下很快掀起了一场大规模的针对胡风反动文艺思想的批判运动。全国各地纷纷召开作家、文艺工作者、大学教师的座谈会和批判会。一时间,全国各大报刊均刊登了大量批判胡风的文章。有人统计,1月至5月12日,共有446篇各类批判文章公开发表,批判规模之大,建国以来十分罕见。尽管如此,总体来说,这一阶段的批判还限制在思想理论范围和宗派活动方面。批评虽然严厉,但还没有从政治上根本否定胡风的意思。

4.“胡风案”发生了质变

1955年5月,毛泽东看了舒芜关于胡风的揭露材料后,当即断定胡风等人组织了“反党集团”,从而胡风事件的性质发生了剧变。1955年1月,胡风自他的《我的声明》被拒绝发表后不久,又写了一份《我的自我批判》,交给了《文艺报》,由于文章中辩护和解释的内容占很大比重,而勇于承认错误的内容较少,文艺界领导认为不行又退给了胡风。2月,胡风又交出了《我的自我批判》的第二稿,被认为基本上可以接受,但希望能改得更好些。随后胡风又作了修改,于是到3月份终于定稿了。同时,《文艺报》也决定发表胡风《我的自我批判》的第三稿。强大的舆论压力和紧张的政治空气,迫使胡风最终开始低头认错,并把认错的范围缩小到了个人的历史方面。胡风在文中指出了各个历史阶段自己的观点和行为与毛泽东思想相违背的地方以及它们所带来的种种“极其有害的影响”。

就在这期间,《人民日报》的一位编辑约舒芜写批判胡风的文章。舒芜交给她一批胡风给他的私人信件。《人民日报》文艺部的同志看了后觉得很重要,又建议舒芜把这些信件交给林默涵。林默涵发现信中暗语很多,请舒芜把信中人们不容易看懂的地方作些注释,同时把信按内容分类,整理得较为醒目一些。林看后又交给了周扬。周扬看后觉得可以公开发表一下,林默涵表示赞同。这样林默涵就将这些材料交给了《文艺报》,请主编康濯加一个编者按语发表。康濯和《文艺报》同仁经过商量,决定将这个材料和胡风的《我的自我批判》同时在《文艺报》5月份的第九期上发表。然后再发一、二期给胡风的"自我批判"提意见的文章,这就结束批判胡风文艺思想的运动。《文艺报》向上面汇报了这个打算,得到了周扬的同意。周扬忽然想到,这个材料比较重要,发表前应该给毛主席看看才好。

周扬就于5月9日把胡风写的一篇"自我批判"和舒芜提供的材料清样一同送给毛主席,并且给毛主席写了一封信。周扬给毛泽东的信是这样说的:"胡风的自我检讨和舒芜的揭露材料,拟在下期《文艺报》(即本月15日出版的)一同发表,胡风文前加了一个编者按语,我送上清样,请你审阅。同期《文艺报》还有二篇许广平驳斥胡风的文章。附告。"毛泽东首先对《文艺报》为舒芜提供的材料拟的题目《关于胡风小集团的一些材料》就大不满意,改成了《关于胡风反革命集团的一些材料》,而《文艺报》写的按语更是觉得"不好",便动手"改写"一个。说"改写"其实是重写。毛泽东在"按语"是这样写的:"胡风的一篇在今年1月写好、2月作了修改、3月又写了'附记'的'我的自我批判',我们到现在才把他和舒芜的一篇'关于胡风反革命集团的一些材料'一同发表,是有这样一个理由的,就是不让胡风利用我们的报纸继续欺骗读者。从舒芜文章所揭露的材料,读者可以看出胡风和他所领导的反共反人民反革命集团是怎样老早就敌对、仇视和痛恨中国共产党的和非党的进步作家。读者从胡风写给舒芜的那些信上,难道可以嗅得出一丝一毫的革命气味来吗?……胡风反革命集团中像舒芜那样被欺骗而不愿意永远跟着胡风跑的人,可能还有,他们应当向政府提供更多的揭露胡风的材料。隐瞒是不能持久的,总有一天会暴露出来。从进攻转变为退却(即检讨)的策略,也是骗不过人的……应当得到胡风更多的密信,我们希望他交出来。一切和胡风混在一起而得有密信的人也应当交出来,交出来比保存或销毁更好些……帮助政府彻底弄清胡风及其反革命集团的全部情况,从此做个真正的人,是胡风及胡风派每一个人的唯一出路。"新的"按语"写后,就把一个纯粹的思想批判一下子定性为"反党集团"、"反革命集团"了。

富于斗争经验的毛泽东,始终都非常重视阶级斗争,毛泽东就是把胡风等人当作阶级斗争对象来批判的。也许有人会问,胡风案之前的几场批判——《武训传》的批判、《红楼梦》研究的批判，为什么就没有被拔到这个高度呢？这就需要我们来探讨下一个问题了。有一个问题必须认识到：胡风等人身上确实有宗派主义的影子，至少是给其他人有这样的印象。胡风本人性格耿直、容易走极端，新中国成立前在文艺界积累了不少恩恩怨怨。这些旧的恩怨就像一颗定时炸弹，谁也搞不清什么时候会爆炸。建国以后，胡风们在应对知识界的风暴、文艺界的风暴的时候，确实经常书信往来，反复商量，进退、取舍，都是有目的、有计划的，甚至他们在对外保密上都很有纪律。而胡风也确实有一套长期坚持的、有自己特色的观点、主张和理论，并且为了贯彻他的这一套，几十年来他几乎是无所不用其极，从来就没有做过任何自我批评，但是一旦形势对他不利的时候，他也能够做一些检讨。在当时阶级斗争尖锐化和"左"的思想影响下，胡风和他的朋友们确实具备潜在的被打成宗派集团、反革命集团的性质和条件。毛泽东在建国后，对知识分子本来就是不放心的。毛泽东在建国后对知识分子一直比较敏感，他要求全国思想和行动一致。他经常认为知识分子的独立思考会干扰他的决策，会对共产党的执政带来不利影响。对于知识分子的一些言论和活动，尤其是派系活动，十分敏感。因此，不难想象，当毛泽东看到这些充满不少晦涩暗语和带有宗派活动味道的通信材料后，他的阶级斗争的神经很快就紧张起来了，毫不犹豫地给胡风等人戴上了"反党集团"、"反革命集团"的帽子，从而把胡风的问题一下子提到了前所未有的高度。

5 月 13 日，按照毛泽东的意思，他写的"按语"和胡风的《我的自我批判》以及舒芜提供的材料，在《人民日报》上发表了。5 月 18 日，《人民日报》以《提高警惕，揭露胡风》为总标题，发表了一组声讨、批判、揭发"胡风反革命集团"的文章。而这个总标题是毛泽东在审阅这组文章的清样时重拟的，原题为《胡风的反党反人民集团必须彻底批判》。同日，全国人民代表大会常务委员会根据《人民日报》公布的"材料"批准逮捕了第一届全国人民代表大会代表胡风，胡风的夫人梅志也同时被捕。紧接着，全国各地逮捕"胡风集团骨干分子"的行动迅速展开。5 月 25 日中国文联和作协主席团扩大联系会议通过决议，开除胡风的中国作协会籍，撤销他的作协理事、文联委员会和《人民文学》编委的职务。胡风其人此后 25 年在中国社会生活中消失了，但对胡风的批判斗争却进入了高潮。5 月 24 日，《人民日报》公布了《关于胡风反革命集团的第二批材料》。这些材料都是从胡风与其"集团"成员在解放以后往来的 68 封所谓"密信"中摘选的,包括了三个方面内容:一、对中国共产党的领导、对毛泽东《在延安文艺座谈会上的讲话》、对文艺界领导的诬蔑与攻击;二、胡风如何扩大其反动集团,如何偷窃文件、探听情报;三、胡风在其向中国共产党和革命文艺路线发起的猖狂进攻失败后,如何布置伪装,以待时机。发表前,毛泽东审阅了这批材料,并对按语作了修改,加写了两段话:有些同情胡风或者口头上反对胡风但内心是同情胡风的人们在说,那些材料大都是解放以前的,不能据此定罪。那么,好吧,现在请看第二批材料。他们是把希望寄托在反革命政权的复辟和人民革命政权的倒台上的。他们认为,这就是他们要"等待"的"时机"。

6 月 10 日,《人民日报》又公布了《关于胡风反革命集团的第三批材料》。这批材料在发表前照例送毛泽东审阅。看得出,毛泽东的审阅是相当认真的,因为他修改了两次,并写了 17 条按语。毛泽东的按语中指出:胡风集团不是一个简单的"文艺"集团,而是一个以"文艺"为幌子的反革命政治集团。一切暗藏的反革命分子必须揭露! 他们的反革命罪行必须受到应有的惩罚! 并告诫人们必须研究胡风等人的策略,以便战胜他们,切不可书生气十足,把复杂的阶级斗争看得太简单了。① 同时,毛泽东还指示陆定一、周扬、邓拓,注意批判胡风文章的写法:"定一、周扬、邓拓同志:社论和'材料'两件都作了些修改和补充,请你们酌定。请照此再打清样送给各政治局同志看。关于写文章,请注意不要用过于夸大的修饰词,反而减损了力量,必须注意各种词语的逻辑界限和整篇文章的条理。废话应当尽量除去。"②《第三批材料》的公开发表,就把对胡风案的定性正式明确下来了。在这个第三批材料中的 19 条按语中,已经明确为毛泽东所写而收入《毛选》第五卷的就有 6 条,其余部分,"文革"中也都作为他的文章看待。三批材料公开了,材料中充满着晦涩难懂的暗语,而且材料中胡风们的观点确实有明显的不足,以及一些孤立地看起来很似针对中国共产党的恶毒的谩骂,广大热爱新中国、拥护中

---

① 中央文献研究室编:《建国以来毛泽东文稿》第四册,中央文献出版社 1990 年版,第 154 页。

② 中央文献研究室编:《建国以来毛泽东文稿》第四册,中央文献出版社 1990 年版,第 109 页。

国共产党的普通老百姓愤怒了。从这些经过整理的材料看胡风分子的罪恶真是"铁证如山"了。那些不熟悉胡风的人,对他恨之入骨;那些熟悉他的,也有的开始动摇了。社会各界掀起了声讨胡风的浪潮。这一时期,全国各大报刊刊登出了大量批判胡风的文章。仅《人民日报》从1955年1月至9月间就刊登了363篇批判胡风的文章,这就意味着每天都有批判胡风的文章见报。作为中国共产党中央委员会机关报,对胡风案尚且如此重视,其他各地方报刊对该案的关注就更加积极了。

面对全国规模铺天盖地的批判,胡风的朋友们纷纷表态,或是真诚的醒悟和忏悔,或是听从了胡风的劝告,积极表态以保全自己安然过关。在突如其来的政治压力面前,在历史摆出的严峻选择面前,他们无法回避,不可能闭上眼睛,保持沉默。不幸的是,他们"现在所说的每一句话",不管是真诚也好,虚与委蛇也好,都将成为他们新的罪证。因为他们如今的一切努力,都为时已晚,结局早已给他们安排好,他们没得选择。为了让全国人民对胡风案提高警惕,中共中央决定将关于胡风的材料印成小册子在全国发行。毛泽东还亲自为这本书写了序言。这一年的5月到6月成了"胡风分子"的黑色日子。"在全国清查中,共触及两千多人。正式定为胡风集团分子的有78人。其中给予撤销职务、劳动教养、下放劳动等处理的61人"。①

(二)从整风运动到反右斗争扩大化

确定整风运动,实际上是从1956年9月党的八大即开始酝酿和提出了。当时全国范围内提前完成了"一五"计划和三大改造,阶级矛盾逐渐退居次要矛盾,党和国家的工作重心正在经历从革命到建设的深刻改变,人民内部矛盾日益显现和突出,上升为主要矛盾。而党内许多干部对这一新形势、新出现的矛盾和问题缺乏思想准备,往往用老眼光看待新问题,把一些群众闹事和尖锐的批评一概视为阶级斗争的表现,企图采取简单粗暴的办法压制。在一部分干部中间,官僚主义、宗派主义、主观主义的思想作风滋长,影响党和人民群众的团结。共产党整风的目的

---

① 石维行:《十一届三中全会以来重大冤假错案平反概略》,《党史研究资料》1982年第59期。

就是从思想教育入手,推动全党认识由革命转入建设的新形势,学习正确处理人民内部矛盾的新课题,以适应新形势、新任务的要求。

从 1956 年起,毛泽东连续发表了《论十大关系》、《关于正确处理人民内部矛盾的问题》及其他重要讲话,号召要扩大民主,贯彻"双百"方针和"长期共存、互相监督"的方针,团结一切可以团结的力量,正确区分两类不同性质的矛盾。党的八大后,历经八个月的准备,于 1957 年 4 月 27 日,中共中央正式发出《关于整风运动的指示》,指示进一步强调指出,应当把正确处理人民内部矛盾作为当前整风的主题。要求反对三个主义,多开展批评和自我批评运动,坚决执行"知无不言、言无不尽,言者无罪、闻者足戒,有则改之、无则加勉"的原则,以达到"惩前毖后,治病救人"的目的。应该肯定,中共中央发动整风运动的态度是坚定正确的,方法和目标也是稳妥正确的。

1957 年 4 月 30 日,毛泽东邀请民主党派负责人和无党派人士在天安门城楼上举行座谈,请党外人士帮助中共整风。他指出,整风的总题目是正确处理人民内部矛盾,反对三个主义,整风会影响到党外。规定非党员自愿参加,自由退出,有意见就说,党内外打成一片。之后中共中央统战部于 5 月 8 日到 6 月 3 日召开了 13 次民主党派负责人、无党派人士座谈会。5 月 15 日至 6 月 8 日统战部和国务院第八办公室联合召开 25 次工商界人士座谈会。国务院其他各部门、各省市和一些高校也相继召开座谈会征求意见,中共态度非常真诚。在座谈会上,党外人士对党和政府提出了大量的批评、意见和建议。有人指出,党的领导干部存在骄傲情绪,主要表现在:好大喜功、急功近利、鄙视既往、迷信将来。民革的邵力子、刘斐,民盟的杨明轩,民进的王绍鏊和致公党的黄鼎臣等提出,中国革命和建设必须由中共领导,但共产党的领导要通过国家机关去实现,不能代替行政布置工作,党政要分开,不能以党代政,等等。对此,中共表示高度重视和欢迎,随后多次发出指示:党内确有一小部分人在工作中存在着反人民的思想作风,高人一等,盛气凌人,虽非全部但很普遍,此种错误急需改正。应该说,整风运动初期总的发展形势是比较好的。

整风运动开展后,极少数资产阶级右派分子错误地估计了当时的国际国内形势,散布反对党的领导和社会制度的言论,放肆地向党进攻,使整风运动出现了异常复杂的情况。他们说什么"现在学生上街,市民跟上去,形势非常严峻"。"共产党已经进退失措",局势已是"一触即发","毛主席他们混不下去了,该下台了",攻击共产党的领导是"党天下","现在政治黑暗,道德败坏,各机关都是官僚机构,比国民党还坏"。他们全盘否定社会主义改造和各项建设成就,说"历次运动失败者居多"。他们甚至公开提出要共产党退出机关学校,公方代表退出公私合营企业,叫嚣"根本的办法是改变社会制度",要求各党派"轮流坐庄""一党执政有害处"。他们还把矛头直接指向党中央和毛泽东,说"三害""应向党中央和毛主席那里挖","最近大家对小和尚提了不少意见,但对老和尚没有提意见"。右派分子别有用心的煽动和阴谋活动,加上当时采取的大鸣大放的形式,一些地方举行群众性集会,贴大字报,某些报刊也传播一些错误言论,一时间造成了极为紧张的气氛。毛泽东密切注视着国内形势的发展和变化。

这时的形势发展,已使毛泽东的注意力不再专注于领导整风运动的深入开展,而渐渐转向对右派势力的分析和考虑如何反击右派的进攻。5月中旬,毛泽东写了《事情正在起变化》一文,他指出,"在民主党派中和高等学校中,右派表现得最坚决最猖狂"。"右派的企图,先争局部,后争全部。先争新闻界、教育界、文艺界、科技界的领导权"。"有反共情绪的右派分子为了达到他们的企图,他们不顾一切,想要在中国这块土地上刮起一阵害禾稼、毁房屋的七级以上的台风。"毛泽东认为,党外知识分子中右派约占百分之一到百分之十,党内也有一部分知识分子新党员,跟社会上的右翼知识分子互相呼应。根据毛泽东和中央精神,从5月中旬到6月上旬,中共中央连续发出多次党内指示,制定反击右派的策略。中心就是要让右派任意鸣放,使其充分暴露;党员和左派暂不发言,准备后发制人。

1957年6月8日,中共中央发出毛泽东起草的《组织力量反击右派分子的猖狂进攻的指示》,正式发动反击右派的斗争。7月1日,毛泽东又为《人民日报》撰写社论《〈文汇报〉的资产阶级方向应当批判》,这标志着反右斗争在全国范围内展开和进一步升级。随着时间的推移,因为毛泽东认识上的偏差和对形势的错误估计,原本主观上还想把这场斗争限制在一定范围内,终因采用大规模群众运动的方法而违背了自己的初衷,即混淆了两类不同性质的矛盾,使得反右派斗争出现了严重扩大化:把大量的属于人民内部的矛盾当成了敌我矛盾,把许多出于善意向党和政府提出正确批评意见的人也视为资产阶级右派。如七一社论中,毛泽东就公开点名批判了章伯钧、罗隆基和民盟、农工民主党,并肯定地认为,资产阶级右派就是资产阶级反动派。1957 年 7 月,中共中央在青岛召开了一次省市委书记会议,会上讨论了毛泽东撰写的《一九五七夏季的形势》一文,进一步部署反右派斗争。文章首次提出了政治路线上和思想路线上社会主义革命的错误命题,强调指出"这个斗争,从现在起,可能要延长 10 年到 15 年之久"。毛泽东还提出要分期分批在全国城乡普遍进行整风反右和社会主义教育运动。

8 月 1 日,毛泽东估计,随着反右斗争的深入开展,右派分子将逐渐增多。9 月 20 日至 10 月 9 日,八届三中全会召开,会议的主题是整风反右,会上毛泽东在《做革命的促进派》的讲话中又轻率地改变了八大关于国内主要矛盾变化的正确分析,认为当前的主要矛盾仍是阶级矛盾。这次会议前,整风反右主要在省市以上党政机关、大专院校、民主党派、新闻界、科技界、文艺界、卫生界中进行。青岛会议后,中共中央又发出一系列文件,进一步把反右斗争推向自然科学界和中小学校职员,推向全国各个领域。且运动中不断采用"指标现象",促使各地各部门划分右派分子数字化、指标化,反右派斗争严重扩大化。到 1958 年秋,整个运动结束时,全国共划分右派分子 55 万多人。

1957 年的反右斗争扩大化给新中国造成了极其严重的后果:其一,反右扩大化严重挫伤了广大人民建设社会主义的积极性,造成了国内政治生活的不正常。在反右斗争中被划为"右派分子"的人中,有极少数是反党反社会主义的,但大多数人只是善意的向党和政府的工作提意见和建议的,本身并不反党反社会主义。他们遭受长期打击迫害,不受专业岗位任用,这不仅是他们个人的损失,更是当时党和国家的损失。其二,反右扩大化打断了全党整风运动的进程,使整风运动没有达到预期的目的。整风运动本是借开展反对三个主义以正确解决人民内部矛盾的,可结果却因毛泽东《事情正在起变化》一文而使得党中央指导思想发生变化,运动主题也由人民内部矛盾转为敌我矛盾、党内整风转向反击右派。其三,反右扩大化使得党中央对当时国内主要矛盾产生了错误判断,致使"左"倾的错误开始出现。八届三中全会的主题是整风反右,毛泽东轻率改变八大关于国内主要矛盾变化的正确分析,滋长"左"倾错误认识,是其理论上的一个重大失误。随后,庐山会议和"大跃进"运动更是这一错误的继续。其四,整风运动起初是用民主的方法让人提意见和建议,要求"知无不言,言无不尽,言者无罪",可是在随后的反右斗争中,又反复动员大家"鸣放""引蛇出洞"等,在处理阶段却又把本属于人民内部矛盾的正常言行说成是反党反社会主义的,甚至把向党交心所讲的过去的缺点、错误说成是反动言行,严重损害了社会主义民主和法制。总之,反右斗争扩大化的后果是极其严重的,它不仅使我国错过了宝贵的发展时机,而且也是中共在探索适合中国特色的社会主义道路上的一次严重挫折。

第九章
处理接班人问题

　　遵义会议后,作为中国共产党第一代中央领导集体的核心,毛泽东担任中共中央主要领导人长达41年。在此期间,为了中国革命的顺利发展和中国社会主义事业的长治久安,苦心孤诣,反复思考,多次选择接班人。毛泽东选择接班人的实践,留下了诸多发人深省、引人反思的经验与教训。

一、处理高、饶事件

1955 年 3 月 21 日,在中共中央召开党的全国代表会议上通过了一份撤销高岗、饶漱石党内外一切职务、开除他们党籍的决议。在这次会议上,邓小平还作了《关于高岗、饶漱石反党联盟的报告》。这是由经济恢复阶段进入有计划地大规模经济建设转变时期中国共产党内所经历的一场严重的政治斗争,也是毛泽东带领全党为增强团结、稳妥慎重地处理党内问题所获得的一场胜利。这场斗争粉碎了极具野心、把矛头指向刘少奇和周恩来、妄图取而代之并登上党和国家领袖位置的高岗、饶漱石的狂妄阴谋,为加强党的建设和正确处理党内问题积累了重要经验。

(一)高、饶进京

在政治、经济和军事等方面完成新政权巩固后,毛泽东决定开展有计划的大规模经济建设。为了加强中央的集中统一领导和更好的适应社会的各方面建设,毛泽东决定将各中央局和大区军政委员会的领导及部分工作人员调到北京,同时调整和增设了中央的一些国家机构。根据这样的部署,西南局的邓小平于 1952 年 8 月调回北京,担任了政务院副总理。东北局的高岗、华东局的饶漱石等也陆续调回北京,担任了党和国家的重要领导职务。

在这些调回的领导中,高岗的位置尤为显赫。他 1926 年加入中国共产党,1927 年参与了陕北根据地的创建,曾任红军第二十六军政治委员,红十五军团政治部主任,1936 年至 1945 年先后担任过中共陕北省委书记、陕甘宁边区党委书记兼陕甘宁保安司令部司令员、陕甘宁边区中央局书记以及中共中央西北局书记等职,在中共七届一中全会上还被选为中央政治局委员。抗战胜利后,高岗来到东北担任了中央东北局第一书记,兼任东北人民政府主席、东北军区司令员和政委。全国解放后又担任了中央人民政府副主席职务。回京后,高岗又被安排为有"经济内阁"之称、与政务院平行的国家计划委员会主席,其位置之显要,权力之显赫,远高于同时调回北京的其他几位领导人。①

从华东局来的饶漱石被任命为中组部部长,并和邓小平、彭德怀、林彪、彭真、薄一波等十几人同为国家计委的委员。对于这样的安排,权欲熏心的高岗、饶漱石并不满意。特别是高岗,对于自己职位处在刘少奇之下,感到很不痛快,便把刘少奇工作中的一些缺点错误搜集起来,加以整理,到处传播,夸大其词地散布刘少奇七大以来犯了一系列的错误。他发现在发展农业生产互助合作组织和向社会主义过渡等问题上毛泽东与刘少奇的看法不同,便以为刘少奇的威信和地位将会发生动摇,不会再受到中央的信任。于是他授意别人写文章,用他的名义发表以抬高自己。他把刘少奇关于党对民族资产阶级政策的观点,关于农村互组合作的观点,关于富农党员的处理问题的观点等等,统统作为“党内的右倾思想”,在自己写的文章中加以系统的批判。

高岗还天真地认为,中央的重新分工是在削周恩来总理的权力。1953年初,毛泽东认为政府工作中存在分散主义的现象。中央据此作出了关于加强中央人民政府系统各部门向中央请示报告的制度及加强中央对于政府工作领导的决定,关于加强对中央人民政府财政经济部门工作领导的决定,并撤销了政务院党组干事会(即总党组),规定政府各部门的党组直接受党中央领导,政府工作中一切重要的方针、政策、计划和重大事项均须事先请示中央,经中央讨论决定和批准后才能执行。与此同时,中央对政务院各口的工作重新作出如下分工:周恩来负责外交工作;高岗、李富春、贾拓夫负责计划工作和八个工业部的工作;董必武、彭真、罗瑞卿负责政法工作(包括公安、检察、法院工作);陈云、薄一波、曾山、叶季壮负责财政、金融、贸易工作;邓小平负责铁路、交通、邮电工作;邓子恢负责农林、水利、互组合作工作;饶漱石负责劳动工资工作;习仲勋负责文教工作。

这显然是中央为加强集中统一领导所采取的重要措施,但高岗、饶漱石却认为是周恩来失去了毛泽东的信任,中央在削他的权力。他们又认为自己的权势在不断扩大,有可能会担任更高的职务,于是个人野心便急剧地膨胀起来。特别是毛泽东为减轻自己日益加重的工作负担和

---

① 杨尚昆:《回忆高饶事件》,《党的文献》2001年第1期。

为加强集体领导,曾考虑将领导班子分为一线、二线,高岗、饶漱石便认为领导机构和人事安排将会有大幅度调整,这是实现自己权力野心的大好机会,于是两人配合得更密切了,加快了篡夺党和国家权力的步伐。

高岗和饶漱石有一个共同的特点,那就是追求和满足权欲,寻求和角逐个人的权势。1953年中央酝酿召开党的第八次全国代表大会和第一届全国人民代表大会,并具体考虑中共中央是否增设副主席和总书记,政府体制是否像苏联那样采用部长会议制。在毛泽东提出中央分一线、二线主张的时候,他们都感到争夺更高位置的时机到了。高岗看到饶漱石手中握有的中央组织部的人事大权,饶漱石看到高岗可能取代刘少奇而成为毛主席唯一助手的趋势,于是两人便相互利用,互相勾结,分别做起了当党的副主席和当政务院总理的美梦,壮起胆子开始向党发难了。

(二)大闹财经会议

全国财政经济工作会议于1953年6月至8月举行。会议的重点是批判和修正新税制工作的问题,但高岗借此之机以批判薄一波为名大肆攻击刘少奇。

这次全国财政经济工作会议的主要议题是统一党内对过渡时期总路线的认识,提出发展国民经济第一个五年计划,检查纠正缺点错误。在这方面重点是批判修正新税制工作的问题。当时任财经委副主任、财政部长的薄一波对这方面工作中出现的问题,负有一定的责任。而高岗借此机会制造紧张空气,大搞"批薄射刘",把矛头指向刘少奇和周恩来。他硬说财政工作中的错误是路线错误,财政部是独立王国,"有财无政",财政部长薄一波是"财霸",并断章取义地引用刘少奇曾经讲过的一些话,加以扭曲,痛加批判,用指桑骂槐的手法影射中央书记处书记刘少奇和周恩来。高岗不仅在会上大搞阴谋,而且在会外散布流言蜚语,指名道姓地污蔑和攻击刘少奇、周恩来。他把刘少奇1945年关于"和平民主新阶段"的讲话、1957年同安子文等人的讲话、1951年对中共山西省委《把老区互助组织提高一步》的批语、摘要整理在一起,作为向党发难的炮弹,攻击刘少奇犯有对资产阶级、富农投降的原则性错误,胡说中央有宗派,刘少奇有"圈圈",周恩来有"摊摊",薄一波、安子文是刘少奇所谓

"圈圈"里的人。因而他抓住薄一波不放,在会议上掀起了一阵阵腥风恶浪。①

6月15日,中央举行了政治局会议,毛泽东批评刘少奇、薄一波"保护私有经济,保护资本家财产"是犯了右倾机会主义错误。他还把刘少奇同志的右倾思想概括为三种表现:一是提出"新民主主义社会秩序",什么叫确立"秩序"?一经确立,就不能打破了,新民主主义就压倒了。二是"由新民主主义直向社会主义",刘少奇同志提出至少要搞20甚至30年新民主主义,也就是全面发展资本主义经济,再"走向社会主义",资本主义经济一旦壮大了,会甘心情愿走向社会主义吗?再来一场革命?或者说,我们这一代共产党人都老了死了,再搞社会主义?司马昭之心,路人皆知。"刘克思"之心也是路人皆知。三是刘少奇同志提出"确保私有制",实际上就是从经济基础上否定了我们的革命性质。私有财产为剥削制度的经济基础,封建阶级和资产阶级的命脉所在,为万恶之源,我们非但不予保护,而是要以革命的手段,分期分批,完全彻底地铲除之!②

高岗看到党的第二把手刘少奇受到毛泽东如此严厉的批评,感到刘少奇的位置可能不稳固了。两天后,他未经政治局授权,突然在财经会议上传达了毛泽东对刘少奇、薄一波的严厉批评,引起了两种截然不同的反应。一种认为高岗违反工作纪律,落井下石,不利党中央的团结统一。一种认为毛泽东既然批评了刘少奇、薄一波的错误,高岗的传达可说是本次会议的思想指针。听了这两种反映之后,毛泽东说,话是他讲的,讲了就负责任,高岗只是做了传声筒,有什么了不起。有了毛泽东的支持,高岗胆更壮了,暂时放过作过一次检讨的周恩来,在大会小会上决不放过薄一波。他本是要痛痛快快批评刘少奇的,但怕引起多数人的反感,不敢像毛泽东那样指名道姓,而是把刘少奇的一些言论加在薄一波的头上痛加批判,也就是"明批薄,暗射刘"。

从7月14日开始到25日,又接连召开了八次会议,主要是对薄一波开展"桌面上的斗争",气氛颇为紧张。7月25日,具体负责新税制的吴

---

① 罗平汉:《高饶事件的前前后后》,《文史天地》2005年第1期。

② 毛泽东:《关于过渡时期总路线问题文献选载》,《党的文献》2003年第4期。

波看到如此疾风骤雨的斗争,心里觉得不安,就给周恩来递条子要求发言。他说修正税制从开始到出台是自己一手操办的,主要错误在自己,薄一波对此只负有点头的责任和领导的责任。吴波就此作了检讨,但又坚持认为他们犯了错误,不管受什么处分,还是多收了税,他们认为确实是为国家多收了税。在极大的压力下,吴波能勇敢地站出来按照事实说话,使薄一波颇为感动,也使不少人感到敬佩。8月1日,薄一波作了第二次检讨。尽管他努力从思想深处检查自己的错误,可是还是过不了关。这次财经会议要讨论的毛泽东提出的总路线和五年计划、财政问题、民族资产阶级问题等一个也没有讨论,仅薄一波检讨问题竟搞了一个来月还是不能收场,这怎么能不让参会的许多同志感到焦心和不解呢?事后才知道,这是高岗、饶漱石在会上串连造成的。陶铸就曾揭发说,第一次领导小组会议后高岗把他请到家里吃饭,要他放头炮,狠狠整一下薄一波,希望大家能勇敢发言。

由于高岗、饶漱石的煽风点火,财经会议后期开始偏离方向,开了两个月没有解决问题。薄一波已作了两次检讨,但会上有人还不让他过关,而要他作第三次检讨。薄一波此时已看穿了一些人的用心,为了不把事态扩大到中央领导核心,他不仅拒绝作第三次检讨,且不管会上人们说他什么,他都一言不发。会议的这种状况完全违背了毛泽东的原意,他要求周恩来快作结论并结束会议。

8月12日,即会议结束的前一天,毛泽东在怀仁堂向出席会议的全体人员发表了讲话。他说在批判薄一波的错误中,周、陈都说要负责任,我说我也要负责任,各有各的账。他的错误在于:(1)抓得少,抓得迟,这是第一条,也是主要的一条。过去忙于土改、抗美援朝,"三反"后应抓财经,抓了一些,但没有钻。我对财经工作生疏,是吃老资格的饭,过去一凭老资格,二凭过去的革命工作较丰富的经验,现在是建设时期,缺乏知识,未钻进去,要亡羊补牢。(2)统得死了,我也有份。我说过要统收统支,对统收我抓了,统支我没有抓紧,不注意。这一次会议提醒了我,要统一集中,但分级管理也是很必要的。(3)预算问题。去年11月搞起,经过1月财经会议,中央也讨论了。预算中16万亿(旧币——笔者注)是虚假数字,我现在才知道。利润打的太多,支出的太多了。我虽然说了'三道防线'——增产、节约、发行,但错误是报纸上公布得早了,应该慢慢来(苏联今年预算现在才公布),我也有急躁冒进。(4)查田定产,我支持过。到武汉、南京后,听到对此问题有反映,我说作个五年计划吧。回到北京,邓子恢同志看我口气松了,说查田定产否定了土改成果,根本行不通。我说,听你的吧。(5)扫盲,我开始支持过,后来不行了,接受大家的意见,修改了原来的意见。(6)失业人员登记,是我的意见,失业的160万人,加上半失业的人数很多。原因是我接到800封信都是这个问题,劳动部当时又说这样做没有问题,有些失业救济经费还花不出去。我让恩来同志召集了会议,宣布了劳动就业办法,给地方上增加了麻烦,但也给失业者些希望……我是中央主席,都有我的份。① 这些错误,中央政治局正在逐步的纠正中。身为领袖的毛泽东作出如此姿态的自我批评,使周恩来甚觉宽慰,使薄一波消除了不少怨气。历时两个月的全国财经工作会议,有疾风,有骤雨,在高岗似乎占上风的情况下结束了。这次会议的情况与结果引发了许多人的疑问,毛泽东从中也好像察觉到了点什么。

(三)高、饶开展行动

如果说1953年夏季的全国财经工作会议是高岗、饶漱石政治野心的最初暴露的话,那么后来他们的一些活动更使他们进一步滑向分裂党的深渊。1953年秋的一天,在杭州西湖休养的林彪,接待了到来的高岗。高岗这次是在全国财经会议之后,专门向中央请假而到华东、中南休养的。此人擅长活动,在财经会议前后他就利用在自己住地组织舞会、设宴请客等形式,拉拢干部,散布流言,挑拨离间,制造党内不和。他煞有介事地胡说毛主席批评某某某了,对某某某不满意了,又捏造说毛主席对他如何器重,如何依靠他去做经济工作,如果他离开北京,毛主席休假就不放心了等等,以此来贬低中央其他领导同志,抬高自己。这次他周游华东、中南又放风说,毛泽东已不重视刘少奇,打算让刘少奇搞“议会”(人大常委会),周恩来当部长会议主席,由他高岗搞政治局。到另一个地方,他又表示不同意周恩来当部长会议主席,主张由林彪担任。他还在军队一些高级干部中散布自己发明的“两党论”和“军党论”。在他看来我党有“军队的党”和“白区的党”,而“党是军队创造的”,“枪杆子上

---

① 史云、李新:《毛泽东与高饶事件》,《文史月刊》2003年第5期。

出党"。他公开反对毛泽东提出的"我们的原则是党指挥枪,而决不容许枪指挥党",企图取消党对军队的领导。①

他说党的历史上有"二元论",党的六届七中全会通过的《关于若干历史问题的决议》要修改,决议中关于刘少奇是党的正确路线在白区工作中的代表的提法不对头,需要重新作出结论。他别有用心地将党的干部分为两个部分,说毛主席代表红区,刘少奇代表白区。他又说"军队的党"是党的主体,而他是这个主体的代表人物,现在党和国家领导机关的权力掌握在"白区的党"的人们手里,应当彻底改组。他制造白区干部要篡夺党的舆论,企图欺骗军队中的高级干部跟随他进行分裂党的活动。接着他又南下杭州、广州对人说,毛主席说过"林不如高",按地位排列,过去是"林高"(林彪、高岗),现在应该是"高林"了。② 尽管如此,他还是要取得林彪对自己的支持的。

在高岗到南方活动的同时,身在北京的饶漱石则导演了一场"讨安倒刘"的闹剧。1953年2月,党中央拟将书记处下属的办公机构加以调整,以加强集体领导,特意委托刘少奇找人商拟调整方案。刘少奇考虑可试行中央各部部长集体办公制度,就去征求高岗的意见。而高岗却怀疑这是刘少奇为掌握书记处的权力,不同刘合作。3月初,中组部副部长安子文听到了高岗转达的毛泽东同他谈话的内容,说是中央政治局成员要改组,要加强中央各部机构,便未经中央授权,草拟了一份中央政治局委员名单和中央各部主要负责人名单。他草拟的政治局委员名单分为两组,一组为毛泽东、刘少奇、周恩来、朱德、陈云(以上为书记处成员)、高岗、林彪、彭德怀、邓小平、饶漱石、薄一波、邓子恢(以上为各中央局书记),另一组写有董必武、林伯渠、彭真、张闻天、康生、李富春、习仲勋、刘澜涛。他还列出了组织部、宣传部、政治统战部、农村工作部、财经工作部等中央各部的负责人和中央正副秘书长名单。安子文把这个名单让高岗看过,又同饶漱石谈过。高岗又怀疑这是刘少奇授意搞的,向他进行试探的,便大造舆论,说政治局委员名单中"有薄无林"(即有薄一波而无林彪),连朱总司令也没有了。还造谣说刘少奇不同意陈正人担任建

---

① 罗平汉:《高饶事件的前前后后》,《文史天地》2005年第1期。

② 杨尚昆:《回忆高饶事件》,《党的文献》2001年第1期。

委副主任或中组部副部长,不支持陶铸在广西的工作等等。① 在中组部内部,作为组织部长的饶漱石也施用当年整陈毅的故伎,不请示中央,抓住私拟政治局委员名单这一问题,向副部长安子文发动无情"斗争",无限上纲,借此影射刘少奇,与高岗的分裂阴谋相配合。他的这种做法被中央发现后,仍不听从中央的指示,仍然不停止"斗争"。

由于有饶漱石的首先发难对准了安子文,山东分局的组织部长在大会上公然站出来作煽动性发言,恶毒攻击中组部 1953 年以前的领导有"右倾思想",工作是"敌我不分,对坏人没有足够的警惕",污蔑中组部没有执行党的路线。事后查明,这些发言是高岗等人事先准备好的。坐在会议主席位置上的饶漱石津津有味地听着这些发言,兴奋得身子不由得轻轻摇晃起来,压得坐椅吱吱发响。当发言者说"完了",他又带头鼓掌,满面笑容地目送发言者走下台去。在会上还有人预谋点刘少奇的名,公开"摊牌",要挟中央,妄图夺取人事权,对中组部进行改组。饶漱石诡秘地说:"先慢一步,等高主席回来再全面行动!"会议的情况引起了毛泽东的注意,他一针见血地指出,饶漱石是"新官上任,刚来即斗"。为了解决所谓的"饶、安的矛盾问题",弄清是非,开展批评与自我批评,把中组部的争论拿到桌面上来解决,根据毛泽东的指示,由刘少奇、朱德、李富春、胡乔木、习仲勋、杨尚昆、钱英、饶漱石、安子文以及 6 个中央局组织部长组成的会议领导小组专门召开会议。就在毛泽东尽力扭转组织工作会议方向的时候,康生的内务系统派在饶漱石家中的眼线,搞到一份近段时间饶漱石和其亲信密谋搞倒刘少奇、周恩来的谈话记录,呈送到了毛泽东的手中。

(四)击垮高、饶联盟

毛泽东决定组织一次工作领导小组会议,批评教育饶漱石。并规定此次会议只针对饶漱石,即不涉及高岗,他对高岗还是要保护和继续重用的。一天晚上,刚刚睡下的饶漱石被人从离毛家湾一号很近的住处叫出来,来到会场。他看见会场被摆成长方形,北侧是毛泽东、朱德、刘少奇、周恩来、陈云、董必武、林伯渠、彭真,南侧是邓小平、李富春、邓子恢、

---

① 杨尚昆:《回忆高饶事件》,《党的文献》2001 年第 1 期。

康生、习仲勋、薄一波、刘澜涛、安子文、郭峰等。饶漱石被服务员领到南侧一个座位上,左边是康生,右边是邓小平,对面是刘少奇、周恩来。这阵势把他刚吃过安眠药的困意全部吓跑了。"饶漱石同志! 你犯了众怒,知道吗? 外沽清正之名,内结虎狼之势,你肯不肯承认?"毛泽东双目锐利地盯着他,饶漱石顿时感到五雷轰顶,不知所措。"主席问话,你为什么不回答?"坐在对面的周恩来目光如锥子一样直对着饶漱石,气愤地问。"主席,我不明白你的意思……"饶漱石结结巴巴地说,能看出他的身子在发抖。毛泽东喝了口茶水,平静地说:"好,你不明白不要紧,我背一首唐代孟郊的《古意赠梁肃补朔》给你听:曲木忌日影,谗人畏贤明。自然照烛间,不受邪侯轻。不有百炼火,孰知寸金精? 金铅正同炉,顾分精与粗……这首五言诗的意思,你也不明白?"听完诗,饶漱石更糊涂了,嗫嚅道:"报告主席,本人浅陋,确实不明白你的深意。"毛主席说:"我只取起首两句:曲木忌日影,谗人畏贤明。你饶漱石是不是曲木? 是不是谗人? 最好还是由你自己来回答。好了,闲话少说。中央委托你和少奇同志主持全国第二次组织工作会议,你不按中央原定的方针开会,而妄自作主,政出旁门,呼朋引类,搞什么'批安射刘',吵吵闹闹,批批斗斗,已经一个多月过去了,直闹得会议开不下去。我只得同意了刘少奇的意见,先开领导小组会议,学习《苏共党史》的六条结束语,解决中组部内部的团结问题,可你和你的朋友好大的能耐啊,一个星期的领导小组会开不来,又是你们在喊批喊斗,左右局面,以致领导小组会也开不下去。安子文、刘少奇果真就那么罪大恶极、非斗倒不可吗? 这里,我不是说安子文没有犯严重的错误,包括刘少奇在内,有错误,是要批评,甚至处理。但你饶漱石作为组织部长,上台即斗,外善内恶,巧言令色,额之厚矣! 你饶漱石是不是这样?"①

毛泽东的话让饶漱石感到了问题的严重性。他只好说:"主席、各位同志,我承认犯了严重错误。我承认,我名义上是斗争安子文同志,实际上是针对刘少奇多年来向资产阶级妥协投降的右倾机会主义路线,这也是主席多次严肃批评过的。我说安子文在财经会议上一言不发,沉默对抗,包庇薄一波,也是冲着刘少奇的。"毛泽东生气地说:"你饶漱石错误

---

① 史云、李新:《毛泽东与高饶事件》,《文史月刊》2003 年第 5 期。

估计了形势,自以为得计,不以为愚蠢。你们乘机在背后大做手脚,你以为党中央没有察觉?安子文私拟两份中央领导人员名单,错误严重。我历来劝诫大家,要注意一种倾向掩盖另一种倾向。要搞阳谋,不要搞阴谋。你们这些背后动作,我决不允许。"他话题一转,又问饶漱石:"那么我问你一个问题,请当着大家的面回答,你们在组织会议上的活动,是自发的?还是有组织的?"饶漱石当然不敢承认是有组织的,强辩说:"大家是自发的。我看了薄一波、安子文的档案,有很多历史疑点。我承认是我在会议上提了出来,大家也有同感,就形成了一致的局面。"一贯精明干练、足智多谋的饶漱石,被毛泽东逼问得无路可退,无理可辩,真是跌得太重太惨了,他唯一的希望是高岗回京之后能帮自己一把。

其实,对于高岗、饶漱石的分裂活动,毛泽东早在全国财经会议后期就有所察觉,全国组织工作会议的一些情况更引起了他的警惕。从沈阳回到北京东交民巷 8 号院的高岗,得知在组织工作会议上砸了锅、翻了船的饶漱石天天流泪,接受批判,并不准见客,不准接电话,连行动自由也被限制了。他感到自己应该帮助饶漱石解脱困境,就去菊香书屋见了毛泽东。他简单地汇报了在东北安顿从朝鲜撤回来好几个兵团的志愿军的情况,接着又说他在杭州替毛泽东看西湖边别墅的情况。毛泽东冷冷地盯着高岗,说道:"你到南方,听说发了不少高论啊?什么红区党、白区党、根据地党、军队党、枪杆子里面出党组织。人家说你这是提倡'军党论'。对这件事你怎么解释?"高岗知道有人给他打小报告了,真的着了急,辩解道:"主席啊,你千万不要听信,这是一些小人的背后流言。我高岗能有什么理论?我的原话根本不是这个意思。"他又说道:"刘少奇为了整我,而先整饶漱石。""那么你是来替饶漱石求情来了?是饶漱石要你出面的,还是出自你本意?你了解他吗?还是称兄道弟了?"毛泽东听完高岗的自我辩解后又问:"我在北京,饶漱石也在北京,他自己有脚,为什么不直接来找我?人不来,还可以打电话、拍电报嘛!"[①]高岗说饶漱石不准出门,不准接电话,怎么来见你啊!毛泽东听后,第二天就撤销了对饶漱石的"保护性措施"。

1953 年 12 月,毛泽东离开北京去杭州休假,并在那里主持起草共和

---

① 杨尚昆:《回忆高饶事件》(续),《党的文献》2001 年第 2 期。

国的第一部宪法。依照惯例，他外出期间由刘少奇主持中央工作。因高岗、饶漱石的破坏捣乱，闹得刘少奇无法正常工作，所以刘少奇说，主席号召全党要谦虚，我看还是由书记处同志轮流负责好。毛泽东不说话，书记处其他人不赞成轮流负责，周恩来主张照以前的老规矩办，仍由少奇同志负责。而高岗则说，主席的威望不是我们中的任何一个人能代替的，我看还是轮流好。轮流吧，搞轮流可以发挥每一个人的作用。毛泽东说："再过几天我就满60了。孔子说过，六十而耳顺。可我觉得我还不够耳顺。今天达不成协议，下次再说吧，散会。"就在这几天，高岗活动得更猖獗更露骨了。事过多年之后，邓小平在一次谈话时曾说，毛泽东同志1953年底提出中央分一线、二线后，高岗活动非常积极。他首先得到林彪的支持，才敢放手这么搞。那时东北是他自己，中南是林彪，华东是饶漱石。对西南他用拉拢的办法，正式和我谈判，说刘少奇同志不成熟，要争取我和他一起拱倒刘少奇同志。我明确表示态度，说刘少奇同志是好的，改变这样一种历史形成的地位不适当。高岗也找陈云同志谈判，他说搞几个副主席，你一个，我一个。这样一来，陈云同志和我才觉得问题严重，立即向毛泽东同志反映，引起他的注意。① 毛泽东根据反映作了一些调查，一次他开玩笑地对前来问候自己身体情况的罗瑞卿说："我这是政治感冒，鼻子不灵。"还说："睡觉有两种情况，一种是睡在床上，一种是睡在鼓里，若不是其他同志向我反映高岗的问题，我还蒙在鼓里呢！"②

1953年12月24日，毛泽东主持召开政治局扩大会议，包括薄一波在内共有20多人出席，正式决定他外出休假期间中共中央工作由刘少奇代理主持。他不指名地在会上说，北京城里有两个司令部，颐年堂门可罗雀，东交民巷8号车水马龙。一个是以我为首的司令部，就是刮阳风，烧阳火；一个是以别人为司令的司令部，就是刮阴风，烧阴火，一股地下水。③ 毛主席把话说得很明确了，只差没有点名。高岗、饶漱石知道情况不妙，开始慌乱起来。高岗再次想到了林彪，希望继续得到他的支持。此时，林彪已经清楚北京发生的这场严重斗争。政治局扩大会议后，毛

---

① 罗平汉：《高饶事件的前前后后》，《文史天地》2005年第1期。
② 史云、李新：《毛泽东与高饶事件》，《文史月刊》2003年第5期。
③ 杨尚昆：《回忆高饶事件》(续)，《党的文献》2001年第2期。

泽东已派陈云去杭州和林彪谈了话。毛泽东说:"陈云同志,你去告诉林彪同志,要他对高岗再也不要袒护了! 否则,我们就要与他分裂了!"到杭州后,陈云向林彪传达了政治局会议精神和毛泽东的讲话。林彪让陈云转告毛泽东,他完全拥护中央的决定,对高饶分裂我们党的活动,过去和将来都会高度警惕。

不久,高岗给毛泽东写了封信,要求来杭州面谈。毛泽东拒绝了这一要求,回信让他找刘少奇谈。同时还给刘少奇去信,要求他与高岗谈话。"要商量的事情可与周恩来一道谈,也可加上邓小平。"刘少奇根据毛泽东的意见,约上周恩来、邓小平与高岗谈了两次,与饶漱石谈了一次,均无效果。高岗、饶漱石的材料一件一件地被挖了出来,其中一份材料分量很重,分为以下几点:一、高岗多次在东北局重要会议上说,毛主席打仗行,搞政治行,搞经济不行,搞工业更不行。只有高岗既懂军事又懂政治,懂经济,懂工业,比较全面;二、高岗多次对身边信得过的人说,刘少奇、周恩来等人对外是亲美亲西方派,对内是资本家派,主张实行资本主义,保护资产阶级利益。毛主席是个中间派,不想亲苏,也不想亲美。只有他高岗是个坚决的亲苏派、亲社会主义派;三、高岗多次对他信得过的人说,有人把现在党中央的矛盾比作历史上的刘项之争,秦楚大战,很生动。决定中国前途命运,秦的代表是他高岗,楚的代表是刘少奇;四、高岗在主持东北局和东北人民政府期间,曾多次私自向苏联老大哥透露我党的重大机密,建立个人联系。并多次说,如果北京搞不下去,他就准备退回东北去,必要时把毛主席也接过去,哪怕成为老大哥的一个加盟共和国也要在东北地区全面实行社会主义。他实际是妄图在东北建立独立王国;五、高岗秘密命令东北军区司令部保卫局,秘密成立了一支500人的特种部队,武器从苏联内务部获得。官兵每人配一支无声手枪。成立这支特种部队,高岗没有向中央军委报告。六、高岗生活腐败。①

毛泽东看到这些材料后大怒,接着让刘少奇召开会议,决定给高岗纪律处分。1954 年 2 月 17 日晚,古老的北京灯笼高悬,银花怒绽,流光灯火将元宵节之夜装扮得分外美丽。高岗在东交民巷 8 号院刚吃过元

---

① 史云、李新:《毛泽东与高饶事件》,《文史月刊》2003 年第 5 期。

宵饭,就被中央警备局的小车接到丰泽园门前。他走进会议室,只见在座的有刘少奇、周恩来、董必武、林伯渠、邓子恢、邓小平、李富春、彭真、康生、杨尚昆、李克农、王稼祥、谢富治、安子文。这些人都以冷漠的甚至是仇视的目光,盯望着自己。"主角到了,现在开会!"刘少奇看见高岗进来了,威严地说道。"请问这是什么会? 政治局委员没有来齐,中调部、中联部、公安部、政法委的人却来了,这算个什么会?"高岗怀疑而又不满地大声问。"高岗你住嘴! 有你讲话的时候! 下面,由邓小平同志传达毛泽东主席 2 月 14 日的重要谈话。"刘少奇厉声说道。这一下真把高岗给镇住了,莫非自己真的走到了被清算、被斗争的地步? 他头脑里一直嗡嗡乱响,等了好一阵才听清邓小平在说:"遵照主席的指示,中央决定成立两个会议小组,分头解决高岗、饶漱石的问题,对他们进行最后的斗争挽救……"听到这里,高岗抓起放在桌上的皮包边向外走边说:"老子不开你们这个鸟会! 邓小平同志假传圣旨,我要去杭州见毛主席!"周恩来大声说:"高岗同志,冷静一点吧! 参加革命都 20 年了,你怎么还这样不成熟呢?"刘少奇用严厉的口气大声说:"只要高岗走出颐年堂半步,他就永远回不来了!"

见如此阵势,高岗把皮包往桌上一甩,骂骂咧咧地坐了下来。邓小平气愤地拍着桌子说:"高岗同志,你太不像话了! 在党的会议上撒野,还没有先例呢。"此时,老特工出身的中宣部部长李克农看见被高岗甩在桌上的皮包里蹦出一只比肥皂盒稍大一点的半透明盒子。他立即抢到手上,打开取出一支袖珍手枪来。高岗见状,立即要抢走手枪,手却被谢富治和杨尚昆抓住了。刘少奇发出命令:"来人! 把高岗带下去! 他的行凶武器留下来,是他搞反党叛乱的铁证!"高岗被带到了北京西郊玉泉山庄 5 号自己的别墅里。第二天下午,刘少奇代表政治局、书记处到玉泉山庄 5 号向高岗宣布,中央成立审查高岗专案组,组长由周恩来兼任,副组长是李富春、康生。他要求高岗端正态度,坦白交代,争取宽大处理。而高岗仍是死硬到底,拒不承认自己的罪行。

1954 年 2 月 15 日,高岗在床上给专案组写了个交代:"我活腻了,如你们所说有罪,我是想拱倒刘少奇,抓到党内第二把手的位置,今后接替毛主席,自己做领袖。我的问题,毛主席最清楚,他应在党内有个说法。"当日下午,在政治局和书记处扩大会议上,周恩来代表中央专案组对高岗问题作了结论,列出九大罪状,定为高、饶反党集团的主谋。当晚高岗写下绝命书,天亮时分他吞下一周来所藏的 21 颗安眠药,但未能死去。8 月 17 日,他再次服用大量安眠药,自杀身亡。饶漱石以包庇坏人罪判刑 14 年,1975 年死于狱中。

1954 年 8 月 15 日至 28 日,全国人大第一次会议召开,通过了《中华人民共和国宪法》,选举毛泽东为国家主席,朱德为副主席,刘少奇为人大常委会委员长,任命周恩来为国务院总理。

关于这场斗争,薄一波在其《若干重大决策与事件的回顾》一书中,专门写了一章《关于高、饶问题》,提出了三点经验教训:第一,全党同志首先是党的高级干部在马列主义、毛泽东思想的原则基础上的团结和统一是党的生命。第二,共产党人不可追求个人的权力、地位。第三,党中央处理高、饶问题是稳妥的和慎重的。他认为党中央和毛主席对高、饶采取了"惩前毖后,治病救人"的方针,与过去党内曾经发生过的"残酷斗争,无情打击"的错误做法完全不同。这三条教训和经验,是我们应该时刻记取的。

二、粉碎林彪集团

(一)接班人地位的确立

20 世纪 60 年代中期,毛泽东选接班人的问题日渐突出。因为,一方面,苏共二十大上,赫鲁晓夫全盘否定斯大林,使苏联领导层发生了巨大的变化,党内有不少同志认为这是由于斯大林没有选好接班人的缘故;另一方面,阶级斗争扩大化的错误日益深入到党内,毛泽东认为赫鲁晓夫式的人物正在被培养成为接班人。因而毛泽东发动"文化大革命"的目的之一,即是要解决接班人问题。当然,"接班人"既包括无产阶级事业的接班人,也包括毛泽东自身的接班人。这时毛泽东已经年过七旬,个人交接班问题已提上议事日程。可是挑选党和国家最高领导人的接班人,是关系到党和国家生死存亡的大事,毛泽东在选择林彪为接班人的问题上一直犹豫不决,至于什么时候决定林彪代替刘少奇作为他的接班人,毛泽东并未说明,具体时间虽无从考定,但有几个资料值得重视:毛泽东在 1965 年夏接见来访的法国文化部部长时还说,我和戴高乐一样,没有接班人。① "文化大革命"前,周恩来曾对王稼祥说:将来的接班人或者是林元帅,或者是邓总书记。因为两人的年龄差不多。到底是谁,没有定。② 1966 年 7 月 8 日,毛泽东在《致江青信》中也流露出对林彪能否当合格接班人的犹豫态度。上述这些讲话、信件表明,毛泽东对林彪在一定程度上是有保留意见的,但毛泽东的天平最终还是倾向了林彪,毛泽东开始倚重林彪,并寄予极大的希望,林彪的地位开始直线上升。

1966 年 8 月,中共八届十一中全会对中央领导机构——政治局、政治局常委、书记处进行了调整。政治局常委的顺序是:毛泽东、林彪、周恩来、陶铸、陈伯达、邓小平、康生、刘少奇、朱德、李富春、陈云。最重要的变化是:刘少奇由第二位降到第八位,林彪由第六位上升到第二位,奇迹般地超过周恩来、刘少奇等人,排在仅次于毛泽东的位置上。原来有 5 个常委兼副主席,这次全会并未重新选举党的副主席,林彪却在会后成为党中央的唯一副主席,其余 4 人(刘少奇、周恩来、朱德、陈云)只任常委不兼副主席、八届十一中全会明确宣布林彪为"副统帅"、"最亲密的战友",内部讲是"接班人"。尽管当时强调这次全会的选举结果不对外公布、不见报,但当时参加全会的代表都清楚这样一个事实:毛泽东出于对中央一线领导的不满,否定和取消了中央第一线;林彪正在取代刘少奇成为毛泽东的接班人。

八届十一中全会闭幕后,8 月 18 日,在天安门广场召开了有百万人参加的"庆祝无产阶级文化大革命"的大会。毛泽东等中央领导出席了这次大会。在天安门城楼上,人们可以清楚地看到,站在毛泽东身边的不再是刘少奇,而是林彪。会上林彪发表了重要讲话。8 月 19 日,《人民日报》以《毛主席同百万群众共庆文化大革命》为标题报道这次大会,报道中写道:"毛主席和林彪同志肩并肩地站在天安门上,看着浩浩荡荡的游行队队伍"。"毛主席和林彪、周恩来等同志在天安门上检阅游行队

---

① R. 特里尔著,刘路新等译:《毛泽东传》,河北人民出版社 1989 年版,第 410 页。

② 张素华等编著:《访于南——从毛泽东处理"九一三"事件说开去》,《说不尽的毛泽东——百位名人学者访谈录》,辽宁人民出版社、中央文献出版 1995 年版,第 483 页。

伍,不时地向百万革命群众招手致意。在举行庆祝游行的过程中,毛主席和林彪等同志在天安门上一再向着广场上的百万群众鼓掌。"《人民日报》上发表的照片之一就是"毛主席和林彪同志在天安门城楼上同百万革命群众一起,鼓掌庆祝无产阶级文化大革命。"这一切已向人们清楚地表明,中央在人事上已经有了重大变动。

如果说八届十一中全会后,林彪作为毛泽东的接班人只是一种可能的话,那么中共九大的召开和党章的修改,就说明林彪从此成为毛泽东正式的、合法的、无可争议的接班人了。在九届一中全会上,林彪被选为中央委员会副主席,在中央政治局常务委员会委员的排名上林彪也是紧随毛泽东之后。九大通过的《党章》给予林彪以高度的评价:"一贯高举毛泽东思想伟大红旗,最忠诚、最坚定地执行和捍卫毛泽东同志的无产阶级革命路线",并且清楚地写着"林彪同志是毛泽东同志的亲密战友和接班人"。① 一部神圣的党章就这样被注入了浓厚的封建色彩,这完全背离了党的民主集中制和集体领导的原则,与无产阶级政党的性质是根本不相容的,同党章中关于"党的中央委员会全体会议产生中央政治局、中央政治局的常务委员会、中央委员会主席、副主席"的规定也是相抵触的。这在中国共产党历史上是绝无仅有的,在国际共运史上也是没有先例的。林彪的"副统帅"、"接班人"地位就这样被法定形式和组织程序固定下来了。

(二)毛泽东与林彪的分歧与矛盾

1971 年 8 至 9 月,中共九届二中全会在庐山召开。林彪集团抓住设国家主席和称天才两个问题,制造了妄图分裂党的严重事态。毛泽东对陈伯达进行了严厉的批判,挫败了林彪集团的阴谋活动。九届二中全会上发生如此尖锐、激烈的政治斗争,并不是偶然的。中共九大以后,毛泽东与林彪在政治、外交、军事等领域内,围绕着"接班人"问题、国际形势问题、军队领导权问题、国家主席问题、个人崇拜问题产生了一系列分歧,矛盾日益激化。

---

① 李作民、王前、张晓峰:《中国 20 世纪全史》第 9 卷,中国青年出版社 2001 年版,第 320 页。

中共八大时,中共中央就开始采取组织措施解决"接班人"的问题,并且曾经形成了比较理想的领导集体。九大是第二次解决这一重大问题了。九大党章指出:"林彪同志是毛泽东同志的亲密战友和接班人。"八大党章曾经规定"中央委员会认为有必要的时候,可以设立中央委员会名誉主席一人"。这是因为毛泽东曾向中央建议,他准备到适当的时候不再担任中共中央主席,他说:要是马克思不请我,我就当那个名誉主席。九大党章取消了设立名誉主席的规定,这表明毛泽东已改变了八大所安排的解决"接班人"问题的一些措施和原则,表明只要毛泽东在世,林彪不可能通过毛泽东退居二线的形式直接"接班"了。林彪显然意识到了这一点。在战争年代,林彪就注意防备毛泽东。建国以后,尽管林彪在公开场合竭力吹捧、颂扬毛泽东,但他口是心非,言行不一。林彪被定为"接班人"之后,反而更加不信任毛泽东,他曾经说过:"我这个接班人是不保险的,不可靠的,现在是没有人。刘少奇不也当过接班人吗?"①这说明领袖与"接班人"的关系并不是固定的、永久的,即使成为"接班人",仍然可能出现变化。

事实上,毛泽东与林彪在很多问题上认识并不一致,行动也多有不同。在九大筹备期间,据林彪秘书回忆:1969年2月的一天下午,林彪对他说:"主席让我作政治报告,并说,这次报告不用事先写成稿子,叫我口头讲,然后整理一下;如果需要对外发表,就摘用记录稿。我提出在党代表大会上正式作报告,最好请中央文革给写个稿子……主席同意了,最后决定由陈伯达、张春桥、姚文元三个人组成一个小组,起草政治报告"。② 毛泽东一反由他主持重要会议(如七大和八大)的做法,只要求林彪作口头的政治报告,并且先不决定这个报告是否公开发表。仅仅从这一点来看,已经表现出了毛泽东对林彪的特殊考虑。在九大期间,毛泽东就"接班人"的问题与林彪谈过话,毛泽东对林彪谈到,你年纪大了以后谁来接班? 曾提到张春桥的名字。毛泽东关于张春桥也可以接班的话,林彪绝不会对此无动于衷。叶群曾经说,九大以后,"在苏州,他转

---

① 赵文魁:《林彪反革命集团的形成》,江波、黎青编:《林彪:1959年以后》,四川人民出版社1993年版,第209页。

② 张云生:《毛家湾纪实——林彪秘书回忆录》,春秋出版社1988年版,第209—210页。

氨酶高,我们俩人都哭了。他哭政治上的,我哭主要是政治上的,加上责任上的"。① 林彪虽然在毛泽东面前没有表示对"接班人"的看法,但林彪对自己在未来的政治生活中的地位是深感忧虑的。而且林彪的身体"和毛主席比,差得很远,拖不过毛主席"。② 叶群的这句话真正说出了他们认为林彪难以接班的另一点认识。因此,林彪要实现接班,首先必须通过各种途径巩固和提高自己已有的地位,这就成为林彪集团在九大以后的战略目标和一切行动的出发点。

九大以后,毛泽东与林彪在外交、战争等问题上产生了明显的分歧。1969 年,苏联在珍宝岛与我边防部队发生流血冲突以后,继续在中苏边境制造紧张局势。毛泽东开始考虑要改变腹背受敌的状况,他在一次谈话中说中苏发生交战了,给美国人出了个题目,好作文章了。他从战争和战略的高度提出:"美国的全球战略理论不是已经提出了信号吗,他要打'两个半战争',如果他缩减到了一个半战争,你联系起来想想他们会怎么样?"③毛泽东同意陈毅、徐向前、聂荣臻、叶剑英四位老帅的建议,认为国际上两大阶级的对抗,集中地表现为中、苏、美三大力量之间的斗争;一方面美苏均以中国为敌,另一方面它们又互相为敌,而现实的威胁是在它们之间;美苏矛盾高于中苏、中美矛盾,中苏矛盾又高于中美矛盾;中国可以利用美苏矛盾,打开中美关系僵局,抵制苏联的严重威胁。他经过深思熟虑,毅然决定调整我国外交战略。9 月 11 日,周恩来与柯西金在北京机场举行会晤,这次会晤促成 10 月 20 日开始的中苏边界谈判,把中苏关系从战争边缘拉了回来。而这时林彪仍坚持战争不可避免、要与苏联坚决对抗的观点。

9 月 27 日,林彪指示:"用打仗的观点观察一切,检查一切,落实一切。"同年 10 月 18 日,林彪借口"加强战备,防止敌人突然袭击",背着毛泽东向黄永胜下达了调动全军各部队立即进入一级战备状态的"紧急指示",该指示随即以"林副主席指示第一号令"下达全军执行。由于中国

① 赵文魁:《"571"工程纪要》,江波、黎青编:《林彪:1959 年以后》,四川人民出版社 1993 年版,第 263 页。

② 肖恩科:《超级审判》,济南出版社 1992 年版,第 143 页。

③ 吴旭君:《毛主席的心事》,中共中央文献研究室编:《缅怀毛泽东》(下册),中央文献出版社 1993 年版,第 644 页。

军队大幅度调动,中苏、中蒙边境的苏军也进入了戒备状态,部队频繁调动。驻在太平洋地区的美军,也奉命开始全面戒备。全球战备空气紧张。就在中苏珍宝岛武装冲突前夕,尼克松当选美国总统。毛泽东深入研究了尼克松竞选中和就职以后企图缓和中美关系的种种迹象,采取了若干有别于从前的措施。但是对于是否允许美国真正从越南脱身,怎样消耗美国的政治、军事力量,林彪则有不同的看法。据林彪秘书回忆:"范文同与武元甲约见林彪的愿望实现了。事后我看过林彪与他们谈话的记录。林彪所谈的内容,中心是一个'熬'字。林彪对他们说:'面对强大的美国,你们的办法就是熬,熬就是胜利。'"① 毛泽东在一次谈话中说:他(指林彪)是讲打的。林彪马上就解释说:讲道理讲不清楚,就只有打。林彪的认识与世界的战略形势存在着距离,也多少不同于毛泽东的战略。

"文化大革命"前夕,林彪就诬陷罗瑞卿要夺军权而将罗打倒,"文化大革命"爆发后,林彪的野心有了极大的发展,他利用毛泽东重用军队、重用军队领导人来支持和控制"文化大革命"的时机,打倒与他意见不一致的军队领导干部,形成和巩固了林彪集团。1969 年,林彪对其亲信黄永胜、吴法宪、李作鹏、邱会作说:军队的权力就集中在你们几个人身上,不要把权交给别人。九大时,黄、吴、叶、李、邱均进入政治局,并且把持了军委办事组,林彪集团在事实上控制了军委的领导权。同年 10 月 18 日,林彪的"第一号令"下达后的第二天,林彪办公室才以电话记录传阅件送中共中央、毛泽东。毛泽东审读传阅件后异常不满,指示烧掉这个"第一号令"。② 由于执行"第一号令",全国许多大中城市进行防空演习和紧急疏散人口;海军、空军和 11 个大军区的部队和重型装备、物资紧急疏散,全军共疏散 95 个师、94 万人,疏散 4100 余架飞机和 600 余艘舰艇,③整个国家处于临战状态。毛泽东是中共中央主席、中央军委主席,是中国人民解放军的领导者,他在苏联对中国发动战争问题上的认识与林彪不一致,但问题的严重性在于林彪不报经毛泽东的批准,擅自调动

---

① 张云生:《毛家湾纪实——林彪秘书回忆录》,春秋出版社 1988 年版,第 329 页。

② 苏采青:《"文化大革命"党史辨误三则》,《中共党史研究》1989 年第 5 期。

③ 汪东兴:《汪东兴日记》,中国社会科学出版社 1993 年版,第 232 页。

全军进入战备状态。

林彪调动全军进入战备状态的命令在全军得到贯彻执行,正是因为林彪具有"副统帅"和"接班人"的军事和政治地位。也正是这一命令的贯彻执行,才清楚地表明在军队内已经出现了林彪集团公然无视毛泽东领导权威的严重形势。1970 年 5 月,毛泽东在一次谈话中指出:什么叫政权? 什么叫力量? 什么叫权力? 没有别的,只有军队。林彪的行动在毛泽东看来,是矛盾性质发生了变化的表现。说明毛泽东对林彪的信任程度已经发生了变化。

1970 年 3 月 7 日,毛泽东提出了筹备第四届全国人民代表大会的建议,并且具体地提出了在宪法中不设国家主席、他不当国家主席的意见。此后,毛泽东和林彪展开了激烈的斗争。1970 年以前,我国的历次宪法都有设立国家主席的条款。1959 年以前由毛泽东担任国家主席。此后根据毛泽东的建议,全国人民代表大会选举刘少奇担任国家主席。毛泽东在 1961 年针对中共中央主席与国家主席的关系发表过重要谈话。他说:"前年,中华人民共和国主席改名换姓了,不再姓毛名泽东,换成姓刘名少奇,是全国人民代表大会选出来的。以前,两个主席都姓毛,现在,一个姓毛,一个姓刘。过一段时间,两个主席都姓刘。要是马克思不请我,我就当那个名誉主席"。① 这一谈话表明由刘少奇担任国家主席,同设立中共中央名誉主席一样,是将最高权力平稳过渡到"接班人"手中的重要措施。因此,1970 年毛泽东决定不设国家主席,说明他要改变"接班人"先担任国家主席职务的这样过渡办法。这一建议更为直接地改变了应该由"接班人"林彪担任国家主席的安排。取消国家主席职务,不仅仅意味着取消了林彪未来接班人的过渡手段和法律保障,还意味着毛泽东对林彪判断的不确定性。

林彪经过长时间思考之后,他一反"主席拥护的你就拥护,主席反对的你就猛反对"的"处世方法",②于 4 月 11 日向政治局建议:毛泽东兼任国家主席,"这样做对党内、党外,国内、国外人民的心理状态适合。否则,不适合人民的心理状态"。毛泽东于林彪建议的第二天即 12 日就予

---

① 熊向晖:《毛泽东主席对蒙哥马利谈"继承人"》,外交部外交史编辑室编:《新中国外交风云》,世界知识出版社 1990 年版,第 55 页。

② 肖恩科:《超级审判》,济南出版社 1992 年版,第 84 页。

以批示："我不能再作此事,此议不妥。"但是,因为有林彪支持,政治局内有人继续赞成设立国家主席、由毛泽东担任国家主席。4月下旬,毛泽东第三次提出他不当国家主席的意见。他说:孙权劝曹操当皇帝。曹操说,孙权是要把他放在炉火上烤。我劝你们不要把我当曹操,你们也不要做孙权。毛泽东这一次坚持他的意见,已经与前两次有了很大的不同,带有指出存在分裂危险的深刻含义了。毛泽东的谈话,对林彪思想上形成的冲击,绝不亚于听到张春桥也可以接班时产生的震动。5月中旬,林彪与吴法宪谈话,继续坚持设立国家主席的主张,他说:不设国家主席,国家没有一个头,名不正言不顺。林彪此时的理由,已经改变了以前"不适合人民的心理状态"的说法,而具有了对抗性,其实质是指责毛泽东正在制造"名不正言不顺"的政治局面。7月中旬,毛泽东第四次提出不设国家主席的意见,更为明确地指出了设国家主席是"形式",不要"因人设事"。8月初,林彪通过叶群对吴法宪说:"林彪的意见还是要坚持设国家主席,你们应该在宪法工作小组提议写上这一章。"到九届二中全会前夕,形成了双方都不退让的态势。

就在毛泽东提出不设立国家主席的建议之后,毛泽东与林彪的矛盾又在另一个问题上突出起来。4月3日,毛泽东在审阅《列宁主义,还是社会帝国主义?》一文时作了一个重要的批示,批示说:"关于我的话,删掉了几段,都是些无用的,引起别人反感的东西。不要写(这)类话,我曾经讲过一百次,可是没有人听,不知是何道理,请中央各同志研究一下。"毛泽东删掉若干内容,基本上是一些吹捧性的文字,如:"毛泽东同志全面地总结了无产阶级专政的正反两个方面的历史经验,天才地创造性地运用唯物辩证法……"这些内容曾经在九大党章草案上出现过,但因毛泽东本人反对,有些已被删掉了。

九大以后,由于林彪的提倡,类似的内容又以稍稍变化的文字在社会上广泛使用。这个批示表明毛泽东对"没有人听,不知是何道理"的状况极为不满。其实"一百次""没有人听",是因为林彪的提倡和鼓吹。毛泽东是知道这一原因的,所以他要求"请中央各同志研究一下"。林彪是以"一贯高举毛泽东思想伟大红旗,最忠诚、最坚定地执行和捍卫毛泽东同志的无产阶级革命路线"而著称的,但毛泽东却指责他的赞颂之词"都是些无用的"。毛泽东的这一批示,虽然没有点林彪的名字,但却极为鲜明地表现了对林彪赞颂毛泽东真实目的的怀疑。

林彪集团已经知道自己的对立面是毛泽东,他们的策略和活动就从两个方面展开:一个方面是直接反对毛泽东;另一个方面是打击对林彪构成直接威胁的张春桥等人,以此来间接削弱毛泽东的力量。据林彪秘书回忆:"1970年夏天,毛家湾的待客热有一个很窄的范围。说来说去就是这些人:从陈伯达到黄、吴、李、邱。他们相聚的时间大都在晚上,力图避开钓鱼台方面的注意。例如陈伯达到毛家湾来,通常是从钓鱼台出发后,先在市内其他地方兜兜圈子,然后再转向毛家湾……这类事情多起来以后,我们在旁看热闹的工作人员们也就慢慢明白了:九大前夕开始形成的两个新的营垒,已经阵线分明了……7月的一天,叶群从外边开会回来,趾高气扬地在秘书们面前流露说:'政治局开会讨论四届人大问题,争论可激烈啦!我站在多数一边,那个少数孤立了'。从我们接触到的一些蛛丝马迹中可以判断出,所争论的问题中心是如何对待毛主席的问题。"①

　　历史自身就是一个发展过程。从井冈山认识林彪直至"文化大革命"爆发,毛泽东对林彪的信任是与日俱增的。建国以后,尤其是毛泽东不满意刘少奇之后,毛泽东更加倚重林彪,对林彪是寄予了极大的希望的。毛泽东虽然信任林彪,但他对林彪仍然是一分为二的,他一针见血地指出过林彪"5·18"讲话的目的是:"我猜他们的本意,为了打鬼,借助钟馗。我就在20世纪60年代当了共产党的钟馗了"。他还说:"在重大问题上,违心地同意别人,在我一生还是第一次。"

(三)林彪集团的覆灭

　　九届二中全会后,毛泽东采取一系列措施,解决在庐山会议上暴露出来的问题。毛泽东还采取"甩石头"、"掺沙子"、"挖墙脚"等办法削弱林彪集团的势力。主要办法有四条:一是写了《我的一点意见》,"批了陈伯达搞的那个骗了不少人的材料"。二是1870年12月16日,毛泽东在中共三十八军委员会《关于检举揭发陈伯达反党罪行的报告》上批示,要求北京军区开会讨论为何听任陈伯达乱说乱跑,他在北京军区没有职

① 张云生:《毛家湾纪实——林彪秘书回忆录》,春秋出版社1988年版,第382—385页。

务,中央也没有委任他解决北京军区所属的军政问题,是何原因使陈伯达成了北京军区及华北地区的太上皇的问题。三是1971年1月8日,毛泽东在济南军区"反骄破满"的报告上批示:"我军和地方多年没有从这一方面的错误思想整风,现在是进行一场自我教育的极好时机了"。①中共中央、中央军委转发了济南军区的报告和毛泽东的批示,人民解放军开展了一场反对骄傲自满、提倡谦虚谨慎的自我教育运动。四是1971年2月,毛泽东严厉批评军委办事组召开的军委座谈会"根本不批陈"。毛泽东称这些办法就是拿到这些石头,加上批语,让大家讨论,这是"甩石头"为了打破林彪集团包办军事工作的局面,1971年4月,毛泽东派纪登奎等人参加由黄永胜、吴法宪把持的军委办事组,这就是毛泽东在南巡谈话中所说的"掺沙子","土太板结了就不透气,掺一点沙子就透气了"。这样可以对林彪的权力起到一定的牵制作用。1971年1月,毛泽东指示改组北京军区,免去北京军区司令员郑维山和政委李雪峰的职务,任命李德生任北京军区司令员,谢富治任北京军区第一政委,纪登奎任第二政委,谢富治任北京军区党委第一书记,李德生任第二书记,纪登奎任第三书记。这就是毛主席在南巡谈话中所说的改组北京军区,这叫"挖墙脚"。

1970年12月,按照毛泽东的提议,周恩来主持召开了华北会议。这次会议主要是揭发批判陈伯达在华北地区的一些活动和罪行。这一系列措施,对于在全党和全国人民中,首先是在高级干部中,揭露林彪集团的真面目和提高思想认识起了积极作用。而对于林彪集团,则既是教育挽救,又是对他们权势的削弱。毛泽东在九届二中全会上及会后,屡屡强调要"保林"的态度也在不断动摇。1970年12月,毛泽东与斯诺会晤,对林彪鼓吹的"四个伟大"提出了前所未有的严厉批评,说"'四个伟大'是形式主义,讨嫌"。1971年5月底,中共中央向各地下发了1970年12月《毛主席会见美国友好人士斯诺谈话纪要》。这个谈话作为中共中央文件的附件发至全党,实际上是公开了毛泽东对林彪一些做法的反感和不满。而此时,毛泽东等待林彪自己觉悟的耐心正在动摇。

---

① 中共中央文献研究室编:《建国以来毛泽东文稿》第十三册,中央文献出版社1998年版,第200页。

到 1971 年夏,一些迹象表明,毛泽东对林彪的态度有一个根本性的转变。8 月 14 日至 9 月 21 日,毛泽东离开北京去南方各地巡视。在武汉、长沙、南昌、杭州和上海,分别同湖北、河南、广东、广西、江西、江苏、福建等省的党政军负责人,进行了多次谈话。毛泽东谈话的主要内容是:着重谈了 1970 年 8 月在庐山会议上同一些人搞突然袭击抢班夺权的斗争,指名批评了林彪、陈伯达、黄永胜、吴法宪、叶群、李作鹏、邱会作等人,以及同他们一伙关系诡秘的人;讲了划分正确路线和错误路线的三项基本原则:"要搞马克思主义,不要搞修正主义;要团结,不要分裂;要光明正大,不要搞阴谋诡计";重申了党的干部政策,强调对犯错误的同志要实行"惩前毖后,治病救人"的方针,指出:我们的干部大多数是好的,不好的总是极少数。林彪探知毛泽东南巡谈话的内容,特别是毛泽东谈到"庐山这件事还没有完,还没有解决"、"陈伯达后面还有人"、"有人急于想当国家主席,急于夺权",①还明确地讲到仍有"两个司令部"的存在等内容后,已清楚地意识到毛泽东认为自己已充当了反对他的另一个司令部的头头,毛泽东已将批判的矛头直接指向他了。毛泽东说:"犯了大的原则的错误,犯了路线、方向错误,为首的,改也难。历史上,陈独秀改了没有?瞿秋白、李立三、罗章龙、王明、张国焘、高岗、饶漱石、彭德怀、刘少奇改了没有?没有改。""对这些人怎么办?还是教育的方针,就是'惩前毖后,治病救人'。对林还是要保。回北京后,还要找他们谈谈"。从这些话中可以看出,毛泽东虽然已对林彪完全失去了信任,并把他放在了与自己对立的位置上。但直到此时,毛泽东仍没有完全放弃对林彪要保、要教育的态度。

林彪一伙虽受到打击,却并不甘心失败。他们开始重新考虑夺取最高权力的方式。1971 年 8 月 8 日晚,叶群与吴法宪、邱会作等人在林彪家里密谈。据吴法宪、邱会作在"九一三"事件后交代,这次密谈重点讨论"四届人大"过关问题。叶群说:不是那么容易过关,事情无法预料,那么多代表,你们不端林彪,别人也要端,要追问下去怎么办。叶群还说:不是只保林彪的问题,林彪和你们分不开,黄、吴、李、邱都要保,你们靠林彪,林彪也靠你们,就这么几个"老战友",死也死在一起,不能再受损

---

① 邵一海:《林彪"9·13"事件始末》,四川文艺出版社 1996 年版,第 57 页。

伤了。叶群还说:办法总会有的,"天无绝人之路"豁出来。吴法宪顺着叶群的话说:我们这些人搞文的不行,搞武的行。吴法宪后来交代:"我这个话是响应林彪、叶群搞反革命政变的话。这句话来源于林彪"。于是林彪一伙总结失败教训,阴谋策动反革命武装政变。林彪集团凶恶的一翼——以林彪之子林立果为头目的"联合舰队",在这种形势下开始跃跃欲试。林立果对九届二中全会有个分析:"这是一次未来斗争的总预演,演习,拉练。双方阵容都亮了相,陈是斗争中的英雄,吴是狗熊,我方此次,上下好,中间脱节,三是没有一个好的参谋长。这些老总们政治水平低,平时不学习,到时胸无成竹,没有一个通盘,指挥军事战役可以,指挥政治战役不可以。说明了一点,今后的政治斗争不能靠他们的领导,真正的领导权要掌握在我们手里。"这个谈话要点,反映了林彪集团对庐山这场斗争的估量,暴露了他们的政治野心和反革命阴谋。同时透露出"联合舰队"将要走上第一线,企图用武力实现篡夺党和国家最高领导权的阴谋。

1970 年 11 月,林彪对林立果说:要与军以上的干部见见面,不见面就没有指挥权。① 1971 年,林彪在苏州对林立果说:"南唐李后主有两句诗'几曾识干戈','垂泪对宫娥'。他就是因为不懂武装斗争的重要性,所以才亡了国。这是前车之鉴,我们不能束手待毙。"②可局势的发展,使林彪集团陷入更加被动的境地。随着批陈整风的深入,林彪的接班人地位岌岌可危,林彪集团的宗派势力濒于瓦解。在这种情况下,林彪集团面临着两种选择,或是改正错误或是对抗到底。林彪集团选择了后者。以林立果为首的法西斯组织"小舰队"开始走上前台,他们制定了武装政变计划《"571 工程"纪要》,决心铤而走险,准备以武装政变拯救其即将覆灭的命运。1971 年 9 月 5 日和 6 日,林彪、叶群先后得到周宇驰、黄永胜的密报,获悉了毛泽东南巡谈话的内容,决定在旅途中对毛泽东主席实施谋杀,发动武装政变。9 月 8 日,林彪下达了武装政变手令:"盼照立果、宇驰同志传达的命令办",并由林立果、周宇驰对江腾蛟和空军司令部副参谋长王飞以及"联合舰队"的其他骨干分子进行具体部署。

---

① 于弓:《林彪事件真相》,中国广播电视出版社 1988 年版,第 403 页。

② 中共中央文献研究室编:《周恩来年谱》(1949—1976)(下卷),中央文献出版社 1997 年版,第 44 页。

正当林彪集团的小舰队紧张地策动武装政变的时候,毛泽东对他们的阴谋有所警觉,突然改变行程,于9月12日安全回到北京。谋杀毛泽东的计划失败后,林彪一伙人于13日零时32分登机强行起飞出逃,途中机毁人亡。至此,林彪接班人的闹剧落下了帷幕。

"九一三事件"对中国社会产生的震动中,毛泽东受到的震撼首当其冲。在逐步失去对林彪信任的最后一刻,他也未必会想到自己亲自选定的接班人会是如此结局! 历史的辩证法是无情的,毛泽东试图通过"文化大革命"在中国"反修防修",经过天翻地覆竟结出"九一三事件"的苦果。林彪事件的爆发使毛泽东开始对"文化大革命"中的一些具体措施进行重新审视,对一些过激做法加以更正。

三、最终选择了华国锋

经过反复思考,毛泽东决定把党和国家最高领导权力交给中共中央政治局委员、国务院副总理华国锋。

毛泽东认为,华国锋具有在县委、地委、省委主持领导工作的丰富经验,经受了"文化大革命"的考验,到中央工作后在党政军领导工作中又积累了新的经验,各方面都能够接受。因此,毛泽东最后毅然选择了华国锋。华国锋接班后,立即与叶剑英等一起,依靠中共中央政治局的集体力量,代表中国人民的根本利益,粉碎了江青反革命集团,毅然决然的结束了"十年内乱",为党和人民立了大功。但是华国锋缺乏彻底否定"无产阶级文化大革命"、彻底否定"无产阶级专政下继续革命的理论"、彻底否定"以阶级斗争为纲"的政治远见,也缺乏解放思想、拨乱反正、革故鼎新、改革开放的大智大勇。因此,华国锋成为结束"十年内乱"与实现当代中国历史性伟大转折之间的"一个过渡人物"。

(一)毛泽东记住了华国锋

1955年7月,毛泽东作了《关于农业合作化问题的报告》。17岁参加革命且已经有了丰富的农村工作经验的华国锋,在学习毛泽东报告的基础上,深入农村调查研究,写出了《克服右倾思想,积极迎接农业合作化高潮的到来》、《充分研究农村各阶层的动态》、《在合作化运动中必须坚决依靠贫农》等三篇在指导思想上符合毛泽东意向的文章,这些带有湖南乡土气息的文章引起了毛泽东的兴趣,并记下了华国锋这个名字。1955 年秋天,毛泽东回到湖南视察,在长沙第一次接见了担任湘潭地委书记的华国锋。蓄着平头、穿着朴素而神情激动、面相忠厚的华国锋,给毛泽东留下了老实厚道、忠诚可信的印象。

　　1955 年 10 月,毛泽东破例邀请华国锋列席中共七届六中全会扩大会议,并让华国锋在全会上介绍了湘潭地区农业合作化运动的经验。华国锋的会议发言再次给毛泽东留下了深刻的印象。会议期间,毛泽东以赞许和意味深长的口吻对华国锋说:"你是个老实人。""你是我的父母官哪!"35 岁的华国锋在仕途上可以说是一片光明。1959 年 6 月下旬,毛泽东回到湖南长沙。毛泽东在长沙约见了担任中共湖南省委统战部部长兼省委文教办主任的华国锋,并提出要回韶山家乡看看。华国锋立即作出安排并陪同毛泽东到韶山。华国锋在汇报农村形势时,没有唱高调,而是实事求是地说:"田瘦了,牛瘦了,人瘦了。产量不可能那么高了。"毛泽东对这位老实人说的老实话认真听了,没有发火,这与一个月后对待彭德怀的态度简直判若两人。1959 年 7 月的"庐山会议"上,彭德怀的问题牵连到中共湖南省委第一书记周小舟。中共湖南省委书记周惠也险些入围,虽幸免于难,但也被打入另册。湖南的班子在毛泽东眼中是靠不住了,中央迅速调湖北省委书记张平化接任周小舟,毛泽东还亲自提名华国锋担任中共湖南省委书记处书记。这以后,毛泽东每次到湖南,都要把华国锋召到身边,听取他的汇报,以赞许的目光看着这位讲老实话的人。

　　1963 年,华国锋到广东参观学习以后,写了《关于参观广东农业生产情况的报告》,毛泽东读后很有感触,写了很长的一段批示,号召全党克服骄傲自满、固步自封的错误思想。从此,华国锋不仅在湖南的地位更加稳固,在全党也多少有了名气。毛泽东在北京亲自总结表彰并树立了"农业学大寨"的典范。华国锋则在湖南亲自总结推广了岳阳县毛田区"可贵的革命干劲",把毛田区搞成了全国仅次于大寨的农业典型。后来毛泽东乘车途经岳阳,对前来迎候的华国锋说,他想去毛田看看。从岳阳去毛田,近百公里,当时还有几十公里不通汽车,华国锋十分遗憾地说明了这一情况,毛泽东玩笑般地说"给我弄辆牛车,我坐牛车去也行呵!"

毛泽东玩笑轻松的话语包含着对华国锋的器重和赞许,华国锋心里热乎乎的。

(二)受到毛泽东的器重

1964 年 7 月 1 日,由于华国锋的努力、陶铸的首肯,韶山毛泽东陈列馆破土动工了。华国锋主持奠基,尔后他调动全省一切力量来支援这项工程建设。10 月 1 日,韶山毛泽东陈列馆落成开馆,从动工到落成,仅用100 天,华国锋创造了一个奇迹。在开馆仪式上,华国锋发表了真情洋溢的讲话。陈列馆开馆后,收集到了毛泽东的弟弟、堂妹的照片。华国锋马上将照片亲自送到北京,请毛泽东过目。毛泽东很高兴,他在照片的背面批了两句话:原件退还,洗一套送我。华国锋回到湖南后,对韶山毛泽东陈列馆馆长马玉卿说:"这是无价之宝。你们赶快将照片洗出来,送一套给毛主席。"不久,华国锋带着冲洗出来的照片再上北京,将照片亲自交到毛泽东手中。1965 年,中共湖南省委和省政府决定由华国锋担任工程总指挥,为毛泽东的故乡湘潭修建干渠长达 240 公里的韶山灌区工程。华国锋调集 10 万民工,发挥冲天干劲,引涟水灌溉一百多万亩农田,新造农田 6800 亩。他还在卧龙般的渡槽上亲笔题写了"云湖天河"四个大字。这一壮举,是他之前几任省委书记因顾虑较多而未曾做到的。

1969 年 4 月,华国锋在党的第九次全国代表大会上当选为中央委员,这是一个明显上升的信号。1970 年 12 月,新的湖南省委成立,华国锋任省委第一书记。几年光景下来,华国锋已成为颇有政治实力的一方大员,实实在在成了毛泽东家乡的大父母官。1970 年 7 月,华国锋担任工程总指挥长兼党委书记的欧阳海灌区,经过 4 年苦战终于全面竣工。这是湖南境内继韶山灌区之后又一个大型水利工程,它成功地解决了湖南郴州、衡阳两个地区水旱威胁的问题,是华国锋"抓革命,促生产"的丰硕成果。毛泽东得知后,对此十分赞赏。毛泽东在湖南视察时,向华国锋详细询问了欧阳海灌区的建设情况,并向华国锋讲起了被灌区拦腰截断的春陵江的典故。毛泽东说:"相传,春陵是古代的一个人的名字,他在这一带一直为人民做好事,后代人为了纪念他,把这条河改名为春陵江。"这个典故寓意着毛泽东对华国锋这几年工作的高度评价,也表明毛泽东一直在关注着华国锋政治上的进步。1970 年 8 月 23 日,党的九届二中全会在庐山召开。毛泽东亲自提名调华国锋到中央工作,同时继续兼任湖南省委第一书记、广州军区政治委员和湖南省军区第一政治委员。

1970 年 12 月 18 日,毛泽东在一次同友人斯诺谈话时,谈到了华国锋。毛泽东说:“湖南省的人物也出来几个了。第一个是湖南省委现在的第一书记华国锋,是老班子里的人。”斯诺回去以后,写了一篇记述在北京与毛泽东谈话情况的文章,发表在美国《生活》杂志上,其中也提到了华国锋的名字。华国锋因此也引起了国外的较多注意。1971 年 8 月 14 日,毛泽东离开北京,开始了他为期将近一个月充满神秘色彩的南巡。毛泽东这次南巡的目的,是向各地党、政、军负责人打招呼、吹风,是要从思想上、组织上彻底了结去年“庐山会议”上没有了结的林彪、陈伯达、黄永胜、吴法宪、叶群、李作鹏、邱会作等人的问题。8 月 25 日和 8 月 27 日,华国锋作为陪同人员在武昌、长沙两地听毛泽东讲党的历史和庐山会议情况。毛泽东当着华国锋等人的面,毫不留情地质问广州部队司令员丁盛、政委刘兴元说:“你们同黄永胜关系那么密切,来往这么多,黄永胜倒了,你们得了?”这样一个重要的机会,聆听毛泽东回顾党的历史和现状,自然使华国锋政治觉悟和责任感大大提高。

(三)关键时刻的抉择

周恩来去世后,国内外舆论密切关注的一个重大话题,是由谁来接替中国总理的职务。本来早已主持国务院工作并排名第一副总理的邓小平理应是最适当的人选,但是“反击右倾翻案风”已持续两个月,使这种选择很难成为可能。如果按副总理排名的次序,下一个是张春桥。江青一伙也渴望张春桥能取得这个职位。这是一个牵动全局的关键问题。作为决策者的毛泽东郑重地考虑这件事。

1975 年 12 月以来,根据毛泽东的意见,中央政治局继续开会,听取邓小平的检讨。在这期间,邓仍暂时留在原来的岗位上,党中央和国务院的许多重要事务(包括周恩来的治丧工作等)还是由邓小平具体负责。同时,毛泽东还多次阻止江青等插手党政业务工作。1976 年 1 月 12 日,他建议印发邓小平的两次书面检查,并指示将这件事“暂时限制在政治局范围"。15 日,邓小平仍出席周恩来追悼大会并且由他来致悼词,成为他这时很引人注目的一次公开露面。1 月 20 日政治局会议后,邓小平致信毛泽东,再次提请解除担负的主持中央日常工作的责任。他十分清楚,自己的目前处境已日益困难。第二天上午,毛泽东在听取毛远新关于政治局会议情况汇报时表示邓小平还是人民内部问题,引导得好,可以不走到对抗方面去。又说邓小平工作问题以后再议。对他可以减少工作,但不脱离工作,不应一棍子打死。此后邓小平不再主持中央的工作。

这种情况下,迫切需要确定一位国务院主要负责人。对这个关系全局的问题,重病中的毛泽东保持着清醒的头脑。据张玉凤回忆:"这些天,主席醒来,也不光听文件了,总是在扳手指头,考虑问题。还问我政治局同志的名字,我就一个一个地报出当时政治局委员的名字。一月中旬,毛远新来见主席。他问主席对总理的人选有什么考虑。主席考虑了一下说:要告诉王洪文、张春桥让一下。然后主席扳着手指数政治局同志的名字,最后说,还是华国锋比较好些。毛远新点头说是。就这样,毛泽东提议华任代总理,主持政治局工作。"①毛泽东还说让邓小平专管外事。

由华国锋出任国务院代总理,是许多人没有想到的。由于毛泽东病重、周恩来逝世,这个决定实际上表明华国锋将主持中央日常工作,自然格外引人注目。对华国锋的职务,这时还没有正式任命。1 月 24 日,罗马尼亚国务委员会副主席波德纳拉希逝世。第二天,新华社播发了由毛泽东、朱德联名发给罗领导人的唁电,在电文末尾,通常应当有联合署名的国务院领导人的名字,这个电报上却没有。中共中央和国务院的大量日常工作也亟须有人主持,不宜再有耽搁。鉴于这种情况,毛泽东在 28 日正式提议由华国锋主持中央日常工作。31 日,毛远新给毛泽东的请示报告中说:我已和王洪文、张春桥谈过,传达了主席对华国锋、陈锡联工作安排的指示,他们表示完全拥护,保证支持。此事可由政治局指定专人分别向中央党、政、军部门进行传达。毛泽东阅后批示:"同意。还应

① 转引自中共中央文献研究室编,逄先知、金冲及主编:《毛泽东传(1949—1976)》上册,中央文献出版社 2003 年版,第 1766 页。

同小平同志谈一下"。①

2月2日,中共中央发出通知:一、经毛主席提议,中央政治局一致通过,由华国锋任国务院代总理;二、经毛主席提议,中央政治局一致通过,在叶剑英生病期间,由陈锡联负责主持中央军委的工作。对于毛泽东的决定,江青等口头表示"完全拥护",实际上心中极为不满。他们本来期盼着在打倒邓小平以后,由王洪文重新主持中央日常工作,张春桥主持国务院工作。他们已着手做这方面的准备,认为有相当的把握。周恩来逝世后不久,"四人帮"控制下的上海曾出现"要求"张春桥当总理的大标语,受到毛泽东的批评。一月下旬,在中央领导人中排名仅次于毛泽东的王洪文私下准备好一篇在中央"打招呼"会议上的讲话稿,打算以中央日常工作主持人的身份作报告,这些也因毛泽东1月28日的提议而落空。这两件事对"四人帮"是沉重的打击。2月3日,张春桥私下写出一篇"有感",其中用"得志更猖狂"、"来得快,来得凶,垮得也快"等语言诅咒已不再主持中央日常工作的邓小平,同时也包含着对华国锋的不满。2月7日,华国锋首次以国务院代总理的身份出面接见外国驻华使节。几天后,针对海外有关"(中国)搞经济工作的是求实派"的说法,姚文元在日记中不满地发问:"经济工作什么时候能由真正的马克思主义者来领导呢?"显然,"四人帮"认为毛泽东选定的华国锋不是"自己人",并对他们没有在党和国家领导岗位中取得主导地位而耿耿于怀。

毛泽东选择华国锋而没有让"四人帮"夺取最高领导权的野心得逞,对中国社会历史的发展起到重要作用,对党能够顺利地粉碎"四人帮"也起了重要作用。

---

① 中共中央文献研究室编:《建国以来毛泽东文稿》第十三册,中央文献出版社1987年版,第263页。

责任编辑:王世勇

图书在版编目(CIP)数据

毛泽东与共和国非常岁月/高中华,尹传政 著. —北京:人民出版社,2013.1
（2020.6 重印）

ISBN 978－7－01－011189－6/－O2

Ⅰ.①毛…　Ⅱ.①高…②尹…　Ⅲ.①毛泽东(1893~1976)-生平事迹
Ⅳ.①A752

中国版本图书馆 CIP 数据核字(2012)第 211000 号

毛泽东与共和国非常岁月
MAOZEDONG YU GONGHEGUO FEICHANG SUIYUE

高中华　尹传政　著

人 民 出 版 社 出版发行
（100706　北京市东城区隆福寺街 99 号）

北京汇林印务有限公司印刷　新华书店经销

2013 年 1 月第 1 版　2020 年 6 月北京第 3 次印刷
开本:710 毫米×1000 毫米 1/16　印张:21
字数:320 千字

ISBN 978－7－01－011189－6/－O2　定价:78.00 元

邮购地址 100706　北京市东城区隆福寺街 99 号
人民东方图书销售中心　电话 (010)65250042　65289539